# 再审之道

## 民商事案件
## 司法观点与实务要点

罗 毅 —— 主编

法律出版社
LAW PRESS · CHINA
—— 北京 ——

**图书在版编目（CIP）数据**

再审之道：民商事案件司法观点与实务要点 / 罗毅主编. -- 北京：法律出版社，2024

ISBN 978 - 7 - 5197 - 9105 - 6

Ⅰ. ①再… Ⅱ. ①罗… Ⅲ. ①再审－研究 Ⅳ. ①D915.180.4

中国国家版本馆 CIP 数据核字（2024）第 088720 号

**再审之道：民商事案件司法观点与实务要点**
**ZAISHEN ZHIDAO: MINSHANGSHI ANJIAN SIFA GUANDIAN YU SHIWU YAODIAN**

罗 毅 主编

策划编辑 蒋 橙
责任编辑 蒋 橙
装帧设计 李 瞻

**出版发行** 法律出版社
**编辑统筹** 法律应用出版分社
**责任校对** 晁明慧
**责任印制** 刘晓伟
**经 销** 新华书店

**开本** 710 毫米×1000 毫米 1/16
**印张** 27.25 **字数** 412 千
**版本** 2024 年 8 月第 1 版
**印次** 2024 年 8 月第 1 次印刷
**印刷** 三河市兴达印务有限公司

地址：北京市丰台区莲花池西里 7 号（100073）
网址：www.lawpress.com.cn
投稿邮箱：info@lawpress.com.cn
举报盗版邮箱：jbwq@lawpress.com.cn

销售电话：010 - 83938349
客服电话：010 - 83938350
咨询电话：010 - 63939796



**书号**：ISBN 978 - 7 - 5197 - 9105 - 6
**定价**：98.00 元

凡购买本社图书，如有印装错误，我社负责退换。电话：010 - 83938349

主　　编

罗　毅

编辑委员会

于诗佳　卢禹竹　王　雷　曾　艳　段　雯

# 自序

# Preface

每一次公正的判决，都可以为法治信仰增加一块基石；每一次错误的判决，都可能成为松动基石的撬杠。司法中万分之一的失误，对当事人就是百分之百的伤害。民事再审程序，是人民法院对已经发生法律效力的判决、裁定、调解书，认为确有错误，依法进行再次审理并予以救济的程序，是守护公平正义之门的最后希望。

回望近三十年执业生涯，我与诸多律师同仁一道，共同奋战在民商事诉讼的最前线，真真切切地感受到了再审案件带来的巨大挑战。面对"申诉难""改判难"的困境，我们抱着拓荒者的心态不懈斗争，越阡度陌，走过了荆棘丛生的泥泞之路，有受挫后的郁闷，亦有胜诉后的欣喜。

一路以来，作为四川省人大常委，四川省人大代表，四川省律师协会副会长，四川省高级人民法院特约监督员，四川省法官遴选委员会委员，四川省检察官遴选委员会委员，我始终心系行业变革，见证了当事人申请再审制度的不断完善，也关注着民商事再审制度的每一次细微进步；潜心耕耘、顺势而为，牵头组建了罗毅律师再审团队。

团队成员在再审领域攻坚克难，凭借深厚的专业积淀稳步前行，决胜于法庭、静思于灯下。办案之余，我们会一起研读经典再审案例，如切如磋、如琢如磨，从中提炼要点、参悟启示。

通过一次次再审案例研习会，我们发现，只读条文仅能触及法律的冰冷脉络,唯有深入案例才能感知其丰富内涵。每一个再审案例都是司法智慧的结晶,蕴含着法官办案思路、司法发展趋势,是律师代理案件的灯塔。因此,我萌生了记录再审研习成果的想法,匠心打造的《再审之道:民商事案件司法观点与实务要点》应运而生。

在本书中,我们在裁判之海中精选最高人民法院和地方高级人民法院70篇再审案例,内容涵盖常见合同争议、建设工程纠纷、涉不动产纠纷、担保纠纷和公司纠纷等争议频发领域,从基本案情、裁判要旨、再审研习、实务建议、要点提示等方面展开深入分析。通过解读一个个鲜活的再审案例,用轻松精彩的文字浓缩我们的所思、所想、所感,诠释裁判经验、舆情民意和再审要旨,于方寸间勾勒出中国法治图景。

今天,我们正式将满溢墨香的《再审之道:民商事案件司法观点与实务要点》敬赠诸君,让我们一起了解再审、走进再审。

读至此处,或许有读者会问:罗主任,你本可选择躺平,为何还要如此内卷,花费大量精力研究再审、分享再审成果?

我心中已有答案。因为再审承载着法律人对理想情怀的期许,是依法纠错的最后一道屏障,更是当事人“最后一根救命稻草”。我希望通过再审程序,为一审、二审未被公正对待的当事人发声,让委托人切身感受到法律的温度和厚度。依靠再审,我们可望扭转乾坤、激浊扬清,实现对抱诚守真的褒扬、对背信弃义的斥责、对正当权益的捍卫。

踏平坎坷成大道,风雨之后见彩虹。愿公平与正义的光芒照拂每一位正直善良的人。

是为序。

罗毅

甲辰之春　于发现书院

# 目 Contents 录

## 01 第一部分 再审案例之常见合同争议篇

# 02 第二部分

## 再审案例之建设工程纠纷篇



# 03 第三部分

## 再审案例之涉不动产纠纷篇

05 第五部分

## 再审案例之公司相关纠纷篇

第一部分

# 再审案例之
# 常见合同争议篇

1
PART

# Case 1 按日累计违约金的诉讼时效起算点

再审法院：最高人民法院

再审案号：（2019）最高法民申 6048 号

《民法典》第 585 条虽以专款对违约金进行规定，但在司法实践中仍有诸多争议。特别是在迟延履行的场合，根据债务人逾期履行的时间按日累计违约金的条款是极为普遍的。违约方迟延履行时间越长，因此产生的违约金总额就越大，使得这种违约金与固定金额的违约金在许多方面有所区别。由于现行立法对于这种违约金诉讼时效的起算点并没有直接规定可适用，学术界对此众说纷纭，实践领域亦理据各异，裁判结果迥然不同。

## 基本案情

2013 年 11 月 14 日，舒城县国土资源局在舒城县招投标中心对位于舒城县春秋路与纬一路交叉口，编号为 2013－67 号地块的国有建设用地使用权进行挂牌出让。舒城中豪公司以 292, 760, 000 元竞得该地块，并签订成交确认书。

2013 年 11 月 21 日，舒城县国土资源局、舒城中豪公司就编号为 2013－67 号地块签订《国有建设用地使用权出让合同》，约定宗地总面积 48, 796 平方米，土地出让总价款为 292, 760, 000 元。该合同第 10 条约定按以下时间和金额分 2 期向出让人支付国有建设用地使用权出让价款。第一期：146, 380, 000 元，付款时间为 2013 年 12 月 14 日之前。第二期：146, 380, 000 元，2014 年 11 月 14 日付清。该合同第 30 条关于违约责任约定如下：受让人应当按照合同约定，按时支付国有建设用地使用权出让价款；受让人不能按时支付国有建设用地使用权出让价款的,自滞纳之日起,每日按迟延支付款项的1‰向出让人缴纳违约金;受让人延期超过60日,经出让人催交后仍不能支付国有建设用地使用权出让价款的,出让人有权解除合同,受让人无权要求返还定金,出让人并可请求受让人赔偿损失。该合同第38条约定出让人未能按期交付土地或交付的土地未能达到合同约定的土地条件或单方改变土地使用条件的,受让人有权要求出让人按照规定的条件履行义务,并且赔偿迟延履行而给受让人造成的直接损失;土地使用年期自达到约定的土地条件之日起算。

合同签订后,舒城中豪公司陆续分多笔向舒城县国土资源局支付土地出让金。其中,最后几笔的支付情况为:2015年5月15日,支付500万元;2015年10月30日,支付800万元;2015年11月20日,支付200万元;2015年12月9日,分两笔支付268万元。至此,合同约定的应交纳土地出让金292,760,000元,舒城中豪公司已全部支付完毕。但因舒城中豪公司付款存在迟延,舒城县国土资源局提起诉讼要求判决舒城中豪公司立即支付延期交付土地出让款违约金4504.11万元。

## 裁判要旨

经一审、二审和再审审理,人民法院最终认为:案涉《国有建设用地使用权出让合同》中约定的违约金计算方式为"自滞纳之日起,每日按迟延支付款项的1‰向出让人缴纳违约金",以日为单位计算违约金数额的,应视为继续性债权,在计算违约金诉讼时效时应当以每一个违约金债权产生的日期分别计算。故一、二审判决依据《最高人民法院关于适用〈中华人民共和国民法总则〉诉讼时效制度若干问题的解释》第2条的规定认定因舒城县自然资源和规划局(原舒城县国土资源局)未及时主张2015年10月1日之前的违约金,诉讼时效期间届满,并无不当。

## 再审研习

在(2019)最高法民申6048号案中,当事人就按日计算违约金的诉讼时效起算应如何起算争议巨大，最高人民法院最终认为按日计算违约金是继续性债权，诉讼时效应以每个违约金债权产生的日期分别起诉，并以此为由驳回了申请人的再审申请。但事实上，(2019)最高法民申6048号并非个案，关于按日计算违约金诉讼时效如何起算的争议由来已久。

在《最高人民法院公报》(2005)民一终字第85号案例中，虽然当事人事先约定债务人迟延交房时应按日计付违约金，但债权人在合同履行期届满后5年才提起诉讼主张按日计算的违约金，双方当事人对诉讼时效是否已过各抒己见，一审重庆市高级人民法院和二审最高人民法院最终认定债权人主张违约金是一项未确定履行期限的整体权利，债权人在任何时候都可以主张其权利，当且仅当债务人拒绝履行时，违约金诉讼时效才应当起算，因此该案诉讼时效并未经过。该裁判观点激起无数讨论，崔建远教授主张这种违约金属于继续性债权，诉讼时效应从合同迟延履行之日起按日分别起算；[①]韩世远教授则认为应支持最高人民法院的观点，将按日累计的违约金认定为履行期限不确定的债权，按照《最高人民法院关于审理民事案件适用诉讼时效制度若干问题的规定(2022年修正)》(以下简称《诉讼时效规定》)第4条予以确定。[②]

目前，该问题在司法实践中仍存争议，笔者对各家观点进行梳理，归纳出四种代表性裁判观点，以下分述并提出笔者见解，以期能使这个问题变得清晰。

### (一)裁判观点一：自主债迟延履行时一同起算

**案例索引：天津市高级人民法院民事判决书(2020)津民终1316号**

该种裁判观点认为，自合同迟延履行开始，债权人便知晓其权利受到侵害，而违约金乃原本之债的延续，诉讼时效应当与原本之债同一，因此两项请求权的诉讼时效一并开始起算。

这种裁判方法是对《民法典》第188条的直接适用，最贴近现行立法，是人民法院较为常见的一种裁判方法。上海市高级人民法院甚至专门对商品房预售合同纠纷中按日支付违约金的诉讼时效起算问题作出了回答，[③]他们认为违约行为已经发生，债权人权益受损的事实就已确定，无论是按日还是

① 参见崔建远：《继续性债权与诉讼时效》，载《人民法院报》2003年6月27日，第3版。

② 参见韩世远：《商品房买卖中的迟延损害、违约金与时效》，载《法律适用》2010年第11期。

③ 参见上海市高级人民法院：《上海高院民事法律适用问答》2002年第3期。

按月支付违约金都仅是违约金数额的计算方式，并不能因此产生新的债务，故违约金的时效起算不受影响。无独有偶，海南省高级人民法院亦作出了类似规定，以指导法院在商品房买卖领域的裁判。①

笔者并不赞同上述观点，原因如下。

第一，这种观点建立于同一性理论，该理论认为如果原债是为了满足当事人的给付利益，那么当给付利益因合同未履行或未适当履行而没能被满足时，原债转换为损害赔偿之债，此时这种损害赔偿请求权是原债请求权的继续，两项请求权的本质是相同的，只是外在形态有所变更，故应受到法的同一对待。但事实上，在同一性理论兴盛之时，由于当时民事责任形式较为单一，受害人的救济权主要表现为请求权并且以一定的给付为对象，这个理论似乎能够将债和责任承前启后相联系。但是随着责任形式的重大发展与完善，现在不仅仅将损害赔偿作为责任承担方式，停止侵害、赔礼道歉、恢复名誉等民事责任承担方式也开始被广泛适用，这种同一性观念可能已不再合时宜。同时，由于这种学说始终没有就这两项请求权在何种程度或何种意义上具有同一性进行论证，即使在以金钱给付作为民事责任的情形下，推论出债和责任的法律适用应当一模一样（包括诉讼时效也需要同时起算）这一结论，确实难以让人信服。

第二，这种观点没有考虑按日累计的违约金本身较之其他违约金（如固定金额违约金）所具有的特殊性，简单类比主债请求权，就会出现一个不恰当的结果：在没有中止和中断的情况下，迟延履行的状态尚未推移到未来的某个时点，该时点的违约金尚未产生，但其诉讼时效已经起算甚至可能已经经过，债务人因此天然享有时效抗辩权，这对债权人而言显然是不公平的。

综上，按日累计的违约金诉讼时效自主债迟延履行之日起算的观点值得商榷。

**（二）裁判观点二：自债务人实际履行时起算**

**案例索引：广西壮族自治区南宁市中级人民法院民事判决书（2014）南市民一终字第949号**

该种裁判观点认为，双方约定的违约金数额从约定履行之日起随时间的

---

① 参见海南省高级人民法院2011年公布施行的《关于办理商品房买卖合同纠纷案件的指导意见（试行）》第1条第2款。

推移按一定标准不断增长，虽然债权人在债务人违约之日便已知晓其权利受到了侵害，但债务人究竟延迟履行至何时未定，即具体的违约金数额未定，只有待违约金金额确定下来，诉讼时效才能起算。

笔者认为前述观点在适用中存在不妥之处，原因如下。

第一，违约金数额的确定仅是债之标的额的确定，只是违约金关系在量上的确定，债权人可以就此主张一个数额确定的违约金。但此时债权人违约金权利的确定并不等于权利因此受到侵害，而后者才是诉讼时效起算的前提条件。

第二，由于债务人究竟何时履行无从得知，有可能会持续很长一段时间，亦有可能直接拒绝表示不愿履行。对于前者，债权人除了等待别无他法，这样势必使得债权人处于权利不能有效行使的尴尬境地，双方当事人之间的法律关系长时间得不到稳定，这样既不利于债权人自身权益维护，又不利于纠纷及时解决；对于后者，更是存在导致这种裁判方法在实践中无法操作的极端示例，因为债务人若拒绝履行，根本不存在基础合同实际履行之日，诉讼时效也无法起算，这显然是不合理的。

综上，按日累计的违约金诉讼时效自债权人实际履行主债时起算的裁判方法尚值得商榷。

**（三）裁判观点三：自主债迟延履行时按日分别起算**

**案例索引：最高人民法院民事裁定书（2019）最高法民申 6048 号**

该种裁判观点认为，延期支付违约金的请求权属于继续性债权，即逾期一日计算一日的违约金，这些每日发生的违约金就应单独计算诉讼时效。在未出现诉讼时效中止和中断的情形下，起诉之日起倒数 3 年之内发生的违约金债权的诉讼时效尚未届满，应予保护。

应当说，这种观点的支持者众多，其一方面可以敦促债权人及时维护自己权益，有利于纠纷解决；另一方面，还可以在债务人的时效利益和债权人的救济权利之间谋求均衡保障。[①] 北京市高级人民法院 2014 年出台的《关于审理房屋买卖合同纠纷案件若干疑难问题的会议纪要》持该观点，明确"约定违

---

① 参见陈嘉贤：《按日累计的违约金请求权诉讼时效何时起算》，载《人民司法》2011 年第 22 期。

约金为按日(月)计付的继续性违约金的,以每个个别的债权分别单独适用诉讼时效"。

但笔者仍有不同的观点。根据继续性债权之关系理论,继续性债务的给付形态有两种,其一为连续给付,强调给付的连绵不绝、前后相继,因此也称为非回归性给付;其二为继续给付,表现为个个给付的反复,因此也称为回归性给付。[①] 对于前者,大多仅产生一个请求权,只有出现债务人履行有瑕疵等情况,衍生出相关损害赔偿责任,而统一的请求权又未能满足债权人权利救济的需要时,才会区别于该整体权利而独立产生损害赔偿权。对于后者,由于个个给付的存在,将继续性合同的整体债权划分为多个债权,由于每一个债权在法律和经济上具有某种程度上的独立性,[②]因此较产生同一的请求权,每个债权分别产生请求权更加合理。租赁合同中租金的给付义务、供应水电气合同中使用费的给付义务就是典型的个个给付,其定期给付行为基于履行期限约定,各期债权虽具有牵连性,但更侧重于彼此之间相互独立。

在按日累计违约金的约定中,并不能将"按日累计"与"按日结算"相等同,按日累计的违约金不应被理解为这种违约金以每日为明确的履行期限;债务人当日未履行当日应为的违约金给付义务,当日就成立一个单独的债。从文义解释出发,当事人没有明确表达该种按日累计的违约金应当按日支付,我们也无法依据《民法典》所规定的"随时履行原则"推理出违约金的履行期限。此外,从交易习惯的层面讲,基于交易讲究效率的基本理念,按日累计的违约金条款中并无当事人达成以一日为一期进行结算并给付的合意,债务人也确实不需要在以一日为单位的时间经过后,向债权人支付当日产生的违约金,因为这显然是不经济的。有学者认为,依照"期限代人催告"之规则,按日累计的违约金若一日一结,每日履行期限届满后,基于债务人的迟延必定会进一步产生迟延利息,这显然不符合交易习惯。[③]

正是因为无法确定违约金债务的履行期限,这种按日累计的违约金之给付义务呈整体性,并不存在个个给付之分。债务人应当支付违约金的义务从

---

① 参见史尚宽:《债法总论》,中国政法大学出版社2000年版,第237页。

② 参见崔建远:《继续性债权与诉讼时效》,载《人民法院报》2003年6月27日,第3版。

③ 参见韩世远:《商品房买卖中的迟延损害、违约金与时效》,载《法律适用》2010年第11期。

其迟延履行基础合同时便产生，基于迟延状态的持续，违约金的给付义务随着时间的推移仅发生数量上的增加，但本质是不变的。违约金给付义务具有整体性、同一性，这意味着逾期一日产生一日的违约金是债权人享有的具有整体性特征的权利，应当说该权利之质的整体性大于量的独立性，故这样的给付义务从整体而言对应一个统一的请求权而不是对应多个个别的请求权。有学者称，将该种违约金债权与定期履行的租金债权相提并论，实属虽流传甚广但存在重大误解。

综上，笔者不赞同仅仅因为按日累计的违约金与定期支付的租金都具有随时间的推移而不断增加的特点就将二者相提并论，进而得出在法律适用方面等同对待之结论。确定这种违约金的诉讼时效起算点还是应当从该违约金自身特性出发，这才是合情合理的。

**（四）裁判观点四：按履行期限不确定的债务处理**

**案例索引：广东省中山市中级人民法院民事判决书（2014）中中法民一终字第344号**

该种裁判观点认为，迟延履行违约金按日累加计算，是债权人主张违约金债权的计算方法，这既不应理解为当事人对违约金支付期限的约定，也不意味着每逾期一日就单独地产生一个违约金债权。由于合同没有明确约定违约金支付期限，故这种违约金应属没有履行期限的整体债务，《诉讼时效规定》第4条规定，诉讼时效应自债权人宽限期限届满或债务人明确拒绝履行时起算。

相较其他观点，笔者较为支持这种观点。在按日累计的违约金约定中，由于当事人无法预计债务人是否会迟延履行以及迟延履行会持续多久，所以往往并不会事先约定违约金应于何时支付。再加之“按日累计”不等同于“按日结算”，这些违约金虽每日递增，但其本质属性是相同的，从债权人的角度来看，其享有的是一项整体性权利，不需要也没有必要每日向违约方主张自己的违约金权利。相对应的债务人的违约金给付义务也应具有整体性，并且这种违约金给付义务实质上的整体性大于数量上的独立性。因此，笔者认为不应将“每日”理解为违约金的履行期限，而应将该种违约金理解为一个履行期限未定的债务。由于履行期限不确定，该债权在请求权方面受到抑制，[①]诉讼时效的起算应当按照《诉讼时效规定》予以确定，即债权人第一次向债务人主张权利而债务人明确表示拒绝的，诉讼时效从其拒绝之日起算；在不存在上述情况时，诉讼时效从债权人确定的宽限期届满之日起算。

对于这种观点也有学者表示反对，认为从结论来看，如果在债务人不明确拒绝履行合同时，诉讼时效的起算取决于债权人是否请求履行，将导致出现当事人双方利益失衡的局面：一方面，债务人可能长时间地处于被追索的不稳定地位；另一方面，债权人不请求履行，违约金总额持续增长，存在债权人为了追求一笔数额可观的违约金而缺乏及时行使权利的动力的可能性，其虽“躺在权利上睡觉”，但并不会因此利益受损，反而可能额外获利。

笔者认为有必要对上述批判做出回应。首先，对于反对者提出的诉讼时效起算取决于债权人的行为，债务人可能长时间地处于不稳定法律关系中的观点，应当说所有的未定履行期限合同中的双方当事人的法律关系都可以被评价为不稳定的，《诉讼时效规定》第 4 条具有普适性，而并非仅适用于按日累计的违约金；法律之所以这样规定，是基于债权请求权职能受到抑制，是有其法理依据的。另外，债务人对时效起算并不是束手无策，因为对于无履行期限的合同，根据随时履行原则，债务人亦可以随时履行，主动向债权人表达他愿意在某个日期前履行债务，诉讼时效便从该期限届满时起算，因此他并不是处于完全被动的地位。

其次，反对者的第二个理由在于债权人可能为了取得高额违约金而不积极行使权利，同时该行为也不会因此遭受时效上的不利，与诉讼时效制度的价值不符。对此，笔者认为，虽然权利人未及时行使权利可能会因诉讼时效制度而利益受损，但这仅是诉讼时效制度为了维护社会公共利益而不得已对私人权利的修正。在强调权利不得滥用的同时，诉讼时效更不能成为义务人逃避义务履行的“合法工具”。我们在理解和适用诉讼时效时，由于它在一定程度上存在对正当权利的限制，因此在可能导致债权人利益未受到完全保护的情况下，对其具体规则设计更应当从有利于保护债权人的角度出发，才能真正实现平衡合同双方的利益。即使在现实中存在如反对者所言的极端现

① 参见崔建远：《无履行期限的债务与诉讼时效》，载《人民法院报》2003 年 5 月 30 日，第 3 版。

象，即债权人不积极行使权利并主张高额的违约金，债务人也可以根据违约金司法调整规则，请求法院或仲裁机构予以适当调减，因此并不会造成利益失衡的局面。

## 实务要点

在债务人迟延履行的场合，按日累计违约金的条款是极为普遍的。对于这种违约金，虽然我国立法仅将其规定为一种合同责任的承担方式，但正如韩世远先生所言，当我们谈及"违约金"时，其实包含两层含义，其一是"违约金责任"，其二是"违约金合同或条款"。[①] 前者从违约责任层面来理解违约金，将其作为一种违反合同的民事责任承担方式；后者则从违约金约定本身能够构成一个相对独立的债的层面来理解违约金，将当事人的意思表示作为违约金之债的主要内容并以此为前提确定其法律适用。从这一视角出发，违约金条款本身可以独立于主债务进行法律适用。

考虑到诉讼时效制度是为了维护社会公共利益而不得已对私人权利的修正，在强调权利不得滥用的同时，该制度不能也不应当成为义务人逃避义务的"合法工具"。对其具体规则设计，更应当从有利于保护债权人的角度出发，才能真正实现平衡合同双方的利益。因此，按日累计的违约金债务应被认定为履行期限不确定的债务，按照《诉讼时效规定》第 4 条分情况予以确定时效起算点，才更加合乎法理和情理。当然，为了保证违约金制度在司法实践中畅通无阻地运行，笔者建议尽快出台相关司法解释对这个问题予以明确，防止同案不同判的情形出现，以确保法律的稳定和统一。

**法条链接**

《最高人民法院关于审理民事案件适用诉讼时效制度若干问题的规定》第四条

① 参见韩世远：《违约金散考》，载《清华大学学报（哲学社会科学版）》2003 年第 4 期。

# Case 2　刑民交叉案件中如何认定表见代理

再审法院：最高人民法院

再审案号：（2018）最高法民再126号

《民法典》第172条规定了表见代理制度，该制度旨在保护善意第三人的信赖利益与交易安全，无权代理人在客观上形成可信赖的表象，若合同相对人无过失，代理行为有效。我国现行民事法律对表见代理制度表述较抽象，最高人民法院暂未就该制度出台统一的指引，导致法院在该类审理案件时裁判尺度不统一。笔者查阅相关法律条文、相关案例、理论学说后以(2018)最高法民再126号案为例，浅析刑民交叉案件中表见代理的认定标准。

## 案件概述

**(一)基本案情**

2009年6月，湖南省建筑工程集团总公司徐州苏安分公司(以下简称苏安分公司)与济宁金丰混凝土有限公司(以下简称金丰公司)签订了混凝土买卖合同。金丰公司依约供货，苏安分公司未支付货款，并中途解除合同，致使合同大部分需货未履行。2010年1月6日，金丰公司起诉至山东省金乡县人民法院，主张苏安分公司已被吊销营业执照且不属于法人，依法应由其法人湖南省建筑工程集团总公司(以下简称湖南总公司)承担责任。金丰公司的诉请如下：(1)湖南总公司支付货款416,870元及约定利息(自2009年8月2日起至实际付清之日止按银行同期贷款利率的4倍计付)；(2)湖南总公司偿付合同未履行部分金丰公司的可得利益损失数额742,750元(按约定每立方米50元，未履行部分14,855立方米计付)。

苏安分公司辩称：苏安分公司与金丰公司不存在混凝土买卖关系，也没有授权项目部签订合同。合同既约定利息又约定逾期违约金属于双重计算，可得利益不是法定的，苏安分公司不应承担责任，请求法院驳回金丰公司的诉讼请求。

湖南总公司辩称：湖南总公司未设立苏安分公司，亦未承接涉案工程，涉案纠纷系刘某阳等人假冒湖南总公司名义设立苏安分公司非法生产经营所致。苏安分公司已被吊销，湖南总公司不应承担苏安分公司的民事责任，请求法院驳回金丰公司对湖南总公司的诉讼请求。

**（二）审理流程**

| 法院 | 案号 | 裁判情况 |
| --- | --- | --- |
| 金乡县人民法院 | （2010）金商初字第4号民事判决 | 判令湖南总公司支付欠付货款及违约金 |
| 济南市中级人民法院 | （2012）济商终字第348号 | 维持原判 |
| 山东省高级人民法院 | 再审判决（2013）鲁民提字第44号 | 维持原则 |
| 最高人民检察院 | 高检民监〔2016〕245号民事抗诉书 | 抗诉 |
| 最高人民法院 | 再审裁定（2017）最高法民抗6号 | 提审/指令审理 |
| 最高人民法院 | 再审判决（2018）最高法民再126号 | 改判 |

**（三）争议焦点**

刘某阳以苏安分公司名义与金丰公司签订合同是否构成表见代理，湖南总公司是否应当承担责任。

## 裁判要旨

**（一）抗诉前再审裁判要旨**

山东省高级人民法院认为，关于湖南总公司对苏安分公司所欠金丰公司的货款是否承担民事责任的问题，可从以下方面考虑。

首先，苏安分公司的工商登记档案材料显示，苏安分公司是湖南总公司依法设立的分公司，具备合法的经营要件，金丰公司基于对工商行政部门登记具有公示性的信赖，与苏安分公司签订混凝土买卖合同，向苏安分公司出售混凝土，意思表示真实，主观上没有过失，其合法利益依法应予保护。

其次,湖南总公司称苏安分公司设立时工商登记资料中其印章系伪造,经公安机关立案侦查没有结论,且湖南总公司也没有提供当时其印模在公安机关备案的证据,该主张证据不足,法院不予支持。

最后,湖南总公司在承担了本案债务后就苏安公司所施工工程的工程款已行使了追偿权,即湖南总公司以实际行为承接了苏安分公司对涉案工程的债权,根据债权债务相一致原则,也应承担涉案工程中苏安分公司的债务。

**(二)抗诉后再审裁判要旨**

最高人民法院审理后认为,首先,关于苏安分公司是否是湖南总公司设立的分公司,最高人民检察院提交的新证据可以证明苏安分公司不是湖南总公司设立的,与湖南总公司没有关系。在山东省高级人民法院作出(2013)鲁民提字第44号判决之后,根据湖南总公司的举报,衡阳市公安局对刘某阳涉嫌犯罪予以立案侦查。2016年4月13日湖南省衡阳县人民法院作出(2016)湘0421刑初31号刑事判决,认定刘某阳私刻了"湖南省建筑工程集团总公司"印章,并于2009年1月19日在江苏省徐州市工商部门骗取注册登记成立苏安分公司,造成湖南总公司重大经济损失,判处刘某阳犯变造居民身份证罪和伪造企业印章罪,执行有期徒刑1年,并处罚金5000元。上述刑事判决系本案生效再审判决后作出,已经认定苏安分公司系刘某阳采取犯罪手段非法成立的事实,符合2015年《最高人民法院关于适用〈中华人民共和国民事诉讼法〉的解释》第388条第1款第3项规定的情形。金丰公司对湖南总公司与刘某阳存在串通嫌疑等主张,因其未提交证据加以佐证而不予支持。

其次,关于湖南总公司另案起诉追偿建设工程款是否构成对苏安分公司行为的追认,纵观本案各个诉讼阶段中湖南总公司举证和诉请情况可见,自本案诉讼发生时湖南总公司就一直在举证证明苏安分公司的非法性并请求各级法院予以查明,而且自始至终对于有关买卖合同的履行情况等实体问题均未做质证回应。在相关案件经山东省济宁市中级人民法院再审仍维持原判的情况下,湖南总公司获知苏安分公司对他人有工程款债权,基于2010年8月11日苏安分公司已被工商部门依法吊销,该公司向苏安分公司的债务人提起追偿工程款的诉讼。在行使追偿权诉讼的山东省高级人民法院(2014)鲁民一终字第228号民事判决书中,湖南总公司重申基于其他案件中判决其承担法人民事责任而提出诉讼,判决结果未支持其诉讼请求。因此,湖南总公司这一诉讼行为不应认定为湖南总公司对苏安分公司行为的追认。原判决对此认定存有不当,应予纠正。

最后,本案中金丰公司并未举证证明湖南总公司曾经授权刘某阳成立苏安分公司,也无证据证明湖南总公司授权刘某阳或苏安分公司从事相关业务。刘某阳系采取犯罪行为设立苏安分公司,其变造他人身份证和伪造湖南总公司行政印章的行为已经构成犯罪,并因此获刑,苏安分公司的行为亦不构成表见代理。根据现有证据,无法判令湖南总公司承担相应责任。至于金丰公司的债权,可另循其他途径主张权利。

## 再审研习

笔者认为本案在经历四级法院审判后最终改判的关键为湖南总公司向最高人民检察院提交刑事判决书作为新证据,该新证据证明湖南总公司无过失,而金丰公司未能进一步证明其系善意无过失。从证据证明力角度分析,湖南总公司的证据达到高度盖然性,影响法官的自由心证从而改判。

刑民交叉案件需要先论证是否属于同一事实,判断审理程序:若属于同一事实,法院将裁定驳回该类案件起诉;若不属于同一事实,应当从民事角度就是否构成表见代理进行实体分析。《民法典》第 172 条规定:“行为人没有代理权、超越代理权或者代理权终止后,仍然实施代理行为,相对人有理由相信行为人有代理权的,代理行为有效。”

但上述论述较为抽象,笔者结合上海市高级人民法院出台的《商事合同案件适用表见代理要件指引(试行)》、《江苏省高级人民法院审判委员会关于买卖合同纠纷案中当事人行为是否构成表见代理认定问题的纪要》及相关案例,对本案从举证责任、权利外观以及主观善恶意角度分析如下。

**(一)关于审理程序的研析**

《最高人民法院关于在审理经济纠纷案件中涉及经济犯罪嫌疑若干问题的规定(2020 修正)》第 10 条:“人民法院在审理经济纠纷案件中,发现与本案有牵连,但与本案不是同一法律关系的经济犯罪嫌疑线索、材料,应将犯罪嫌疑线索、材料移送有关公安机关或检察机关查处,经济纠纷案件继续审理。”第 11 条:“人民法院作为经济纠纷受理的案件,经审理认为不属经济纠纷案件而有经济犯罪嫌疑的,应当裁定驳回起诉,将有关材料移送公安机关或检察机关。"

(2020)最高法民再39号民事裁定书认为:根据《最高人民法院关于在审理经济纠纷案件中涉及经济犯罪嫌疑若干问题的规定》第1条、第11条的规定,可见刑民交叉案件程序处理的基本原则是刑事案件与民事案件属同一事实的,应当按照刑事程序处理;如涉及刑事犯罪的实施主体、法律关系以及要件事实与民商事案件虽有牵连但不属于同一事实的,民商事案件与刑事案件应当分别审理。虽然该案《协议书》等合同的经办人、时任徐庄村委会主任赵某明因涉嫌伪造国家机关印章罪被公安机关立案侦查,但该刑事案件与该案民事纠纷当事人不同,法律关系不同,并非同一事实,赵某明是否涉嫌刑事犯罪亦不能当然影响该案民事法律关系的认定,原审法院裁定驳回刘某顺的起诉,属适用法律错误,应予纠正。

分析法律条文可知,影响案件审理程序的关键因素为判断是否系"同一事实"。最高人民法院刘贵祥法官的讲话明确民事诉讼与刑事诉讼具有不同的职能与程序,分开审理是基本原则,因此要从行为主体、相对人以及行为本身三个方面认定是否属于同一事实,具体如下。

第一,从行为实施主体的角度看,行为人虽实施了不法行为,但在构成表见代理的场合,由于民事法律关系在被代理人和相对人之间发生,从此意义上来看,民事案件行为主体则与刑事案件的行为主体不同一。

第二,从法律关系的角度看,刑事案件的被害人若是表见代理中的相对人,可以认定为"同一事实";但若被害人确定为表见代理中的被代理人,那么可能意味着并非"同一事实"。

第三,从要件事实的角度看,只有在表见代理争议的事实同时也是构成刑事犯罪的要件事实的情况下,才属于"同一事实"。

**(二)关于举证责任的研析**

《最高人民法院关于当前形势下审理民商事合同纠纷案件若干问题的指导意见》第13条规定:"合同法第四十九条规定的表见代理制度不仅要求代理人的无权代理行为在客观上形成具有代理权的表象,而且要求相对人在主观上善意且无过失地相信行为人有代理权。合同相对人主张构成表见代理的,应当承担举证责任,不仅应当举证证明代理行为存在诸如合同书、公章、印鉴等有权代理的客观表象形式要素,而且应当证明其善意且无过失地相信行为人具有代理权。"据此,为防止表见代理这一法律制度的滥用,造成本人与合同相对人之间权利义务的严重失衡,合同相对人应当从表征代理权外观、合理信赖、可归责性三个角度举证证明其系善意无过失。

**(三)关于权利外观的研析**

对权利外观的考量应当结合合同订立与履行过程中的各种因素,综合判断行为人的行为能否产生具有代理权的表象。权利外观的主要考量因素如下。

1. 订立合同主体。分析合同是否以被代理人名义订立,若签订合同未使用被代理人名义,合同文本没有任何与被代理人有关联的文字表述,须慎重认定表见代理。

2. 行为人的身份、职务是否与被代理人有关联。可通过社保、工商信息、工作证等查明是否系公司员工,若系公司员工,则进一步查明其职务等级。行为人在被代理人处任职职务越高、与从事业务关联度越强,或者与被代理人之间的其他身份联系越密切,对表见代理的证明力就越强,反之则越弱。

3. 订立合同时是否尽职调查,是否搜集基本资料,假公章是否一般商业主体审慎即可辨别。一般商业合作时,需要交易方提供加盖公章的营业执照、法定代表人身份证明、授权委托书、被授权人身份证明、开户行信息等基本资料,合同相对方公司在签约时需要核验相关资料的真实性。若公章的仿真度较低,理性商业主体审慎核验即可发现漏洞,则合同相对人难以认定善意。

笔者建议从以下四个方面初步判断公章的真假:(1)字体。国内公章一般采用宋体或仿宋体。(2)颜色。一般真公章在盖印泥时因用力不均匀会有杂点,若过于均匀则需警惕。(3)形状。每个字体均规整,非梯形,真公章边缘可能有小缺口。(4)位置印记。真公章一般盖在文字处,而电脑制作假公章怕遮盖其他文字,一般故意盖在空白处。

4. 被代理人对行为人是否存在可合理推断的授权关系,合同关系的建立方式是否与双方以往的交易方式相符。

5. 合同订立过程中,交易环境和周围情势等是否与被代理人有关。例如,公司法定代表人或其他股东、高管是否在签约过程中露面;签约地点是否与公司存在联系，是否在其生产基地、营业地、办公场所等地。

6. 合同履行过程中，被代理人是否通过对公账户向合同相对人转账，对接人员配置是否符合商业理性，对接人员身份有无异议。

7. 标的物是否与被代理人有关。例如买卖的货物种类、收货地址、实际用途等是否与被代理人公司有关。

8. 其他具有代理权客观表象的情形。行为人在交易过程中存在其他行为，足以使一般商人合理推断该行为系基于被代理人合法授权，可以作为认定的考量因素。

**（四）关于主观善恶意的研析**

对主观善恶意的考量应当结合合同订立和履行过程中的各种因素，综合判断合同相对人是否为善意且无过失，即合同相对人不知道行为人无代理权，其在作出相应判断时已尽到合理注意，不存在明显的疏忽或懈怠。主观善恶意的主要考量因素如下。

1. 合同相对人与被代理人之间的交易历史以及相互熟识程度。根据本案既有证据分析，被代理人与合同相对人系首次合作，合同相对人理应更谨慎，需阐明其对行为人代理权产生依赖的理由，否则恐对其不利。

2. 合同相对人注意义务与交易规模大小是否相称。一般而言，标的物数量大、金额高的大宗交易，合同相对人应更加谨慎，此类情况下对于合同相对人的善意审查判断标准更高，根据本案现有证据，此要素对合同相对人不利。

3. 交易对效率的要求与合同相对人核实代理权限的成本是否相称。本案合同相对人需举证证明其是否通过向被代理人总部打电话、发邮件、拜访等方式核实交易真实性，若其不能举证证明其尽核实义务，则恐对其不利。

## 实务建议

通过分析相关案例以及理论学说可知，表见代理的产生与被代理人的过错有关，比如，被代理人管理制度的混乱，导致其公章、介绍信等被他人借用或者冒用；被代理人知道行为人以其名义与第三人实施民事法律行为而不作否认表示；等等。因此，笔者对公司建议如下。

第一，建议合规管理，严格管控公章及账户。笔者通过检索发现在大量案件中，虽然行为人在刑事判决中已经被认定为刑事犯罪，但法院仍然基于民事证据证明的事实及法律规定，认定行为人在民事案中的行为构成表见代理。例如(2018)最高法民终509号民事判决书认为：首先，根据徐某生与晟元公司签订的《内部责任制承包协议》，徐某生负责筹建分公司工作，自负盈亏、独立核算，与晟元公司之间成立以内部承包形式的挂靠关系。其次，对外而言，徐某生的身份是晟元公司任命的晟元江西分公司的经理，其以晟元江西分公司的名义多次向韦某借款以及还款，足以使韦某相信其行为非属个人行为而属晟元江西分公司的行为。最后，从晟元公司报案情况看，该案诉讼后的2014年10月9日，晟元公司向公安机关报案，称徐某生用晟元公司账户、以晟元江西分公司名义借款供个人挥霍或归还以前的借款、支付高利贷，行为构成职务侵占罪。这也表明，晟元公司亦认为徐某生的行为系代表的晟元江西分公司的行为。据此，笔者建议公司在经营过程中妥善保管公章以及账户，避免被认定具有过错，同时建议发现刑事犯罪线索时在专业律师的指导下报案，谨慎以受害者身份报案，选择最佳路径。

第二，建议从程序角度进行抗辩，主张驳回起诉。若法院经过审理认定构成刑事犯罪，被代理人可将刑事判决以及相关卷宗作为证据，并依据《最高人民法院关于在审理经济纠纷案件中涉及经济犯罪嫌疑若干问题的规定》第11条，主张主体、相对人以及行为本身三个方面属于同一事实，据此主张驳回起诉。

第三，建议从实体角度进行抗辩，主张不构成表见代理。《最高人民法院关于在审理经济纠纷案件中涉及经济犯罪嫌疑若干问题的规定》第5条规定："行为人盗窃、盗用单位的公章、业务介绍信、盖有公章的空白合同书，或者私刻单位的公章签订经济合同，骗取财物归个人占有、使用、处分或者进行其他犯罪活动构成犯罪的，单位对行为人该犯罪行为所造成的经济损失不承担民事责任。行为人私刻单位公章或者擅自使用单位公章、业务介绍信、盖有公章的空白合同书以签订经济合同的方法进行的犯罪行为，单位有明显过错，且该过错行为与被害人的经济损失之间具有因果关系的，单位对该犯罪行为所造成的经济损失，依法应当承担赔偿责任。"

最高人民法院(2017)最高法民再209号民事判决书认为：宏安公司虽与张某生存在挂靠开发的关系，客观上使得张某生存在职务代理的授权外观，但第三人对该外观的合理信赖应当限于与工程开发相关的事务。在与挂靠开发有关的事项范围内,张某生以宏安公司名义对外从事的法律行为,应当由宏安公司承受相应的法律后果。根据生效刑事判决认定的事实,张某生私刻宏安公司的印章系用于其与兆丰公司之间的贷款担保事宜,并无证据表明宏安公司同意张某生另行刻制印章,或者对张某生私刻其印章对外开展民事活动存在放任不管的情形。原审判决关于张某生挂靠宏安公司并使用该公司公章的行为对外具有公示效力,宏安公司知晓张某生使用该枚公章对外从事民事活动的认定不当,最高人民法院予以纠正。据此,若被代理人报案后,法院经过审理认定构成刑事犯罪,则被代理人可将刑事判决以及相关卷宗作为证据,进一步证明被代理人无过错,证明合同相对人未尽审慎义务、非善意、具有过错。

在刑民交叉案件中,行为人通过犯罪行为制造了表见代理的外观表征,使被代理人以及合同相对人防不胜防,无论法院如何认定,必然导致一方实质上受损。为了尽可能避免损失,建议企业重视风险防范,聘请专业律师团队管理合同,加强风险防控。签约前,应当做好尽职调查工作;签约时,应当审核公章以及授权人员真实性;履约时,应当保持商业理性,若发现风险,及时止损,及时取证。公司要合规化管理,使风险前置,最大化避免法律风险,防患于未然。

**法条链接**

《民法典》第一百七十二条

《最高人民法院关于当前形势下审理民商事合同纠纷案件若干问题的指导意见》第十三条

## Case 3 工作人员以银行名义对外借款，银行是否承担还款责任

再审法院：最高人民法院

再审案号：（2021）最高法民申 5457 号

银行作为专门从事吸储放贷的金融机构向民间借贷，不符合一般的生活经验及常理。然而，实践中这类案件并不罕见，通常是银行负责人以银行的名义与相对人签订借款合同，约定银行向相对人借款，但款项实际打入私人账户，且借款还款全部通过私人账户操作。在行为人无法按约定还款的情况下，出借人能否起诉要求银行承担还款责任？

### 基本案情

2015 年 10 月 20 日，出借人徐某琴向李某艳账户转款 872 万元，同日，丁某军向李某艳账户转款 80 万元，合计 952 万元。

2017 年 4 月 19 日，农行东宁支行向徐某琴出具收据一份，收据载明收到徐某琴借款人民币 1000 万元，系 2015 年借款转贷，借款人为孟某军。该收据落款处加盖农行东宁支行公章，该银行时任负责人孟某军签名并捺印。同日，农行东宁支行向徐某琴出具借据一份，借据载明东宁市农行借徐某琴现金人民币 1000 万元，月利率 1 分 5，期限 1 年，借款人为孟某军。该借据落款处加盖农行东宁支行公章、财务章，孟某军签名并捺印。2018 年 4 月 24 日，农行东宁支行再次向徐某琴出具借据一份，借据载明农行东宁支行借徐某琴款人民币 340 万元，期限 1 个月、月利率 2 分 5，借款人为孟某军。该借据落款处加盖农行东宁支行公章，孟某军签名并捺印。同日，徐某琴向马某芳账户转款 340 万元。另查明，本案借款系 2015 年 10 月 20 日借款到期后，双方

于2017年4月19日对之前的本息进行结算并出具了借据。后因未能按照约定偿还借款,徐某琴起诉要求农行东宁支行偿还借款本息。

## 法院裁判

**(一)一审裁判要旨**

案涉债权凭证体现的相对人为农行东宁支行和徐某琴,该凭证盖有农行东宁支行的公章、财务专用章,并有时任农行东宁支行负责人孟某军签字捺印,应当认定双方建立了借贷法律关系。

关于农行东宁支行抗辩称从未与徐某琴发生过借款行为,未收到此笔借款,亦未指示徐某琴将案涉借款打入他人账号的问题,因徐某琴将借款转入案外人李某艳、马某芳账户,农行东宁支行并未提出异议,而且其后为徐某琴出具了收据,证明其认可徐某琴交付款项的履行方式,李某艳、马某芳为农行东宁支行指定的收款人,徐某琴系按照农行东宁支行指示转款,故对农行东宁支行该项抗辩主张,法院不予支持。关于农行东宁支行应否承担责任问题,本案中,孟某军以农行东宁支行负责人的名义在为徐某琴出具的借据上签字捺印,并加盖了农行东宁支行公章、财务专用章,该行为产生的法律后果应由农行东宁支行承担。就农行东宁支行关于孟某军无权代理,且对孟某军的行为不予追认的抗辩,因孟某军系农行东宁支行行长,能够代表该行,不存在代理及追认的问题,故其行为是否超越职权不影响借贷关系的效力,对农行东宁支行的该项抗辩主张法院不予支持。

**(二)二审裁判要旨**

徐某琴举示的两份借据及一份收据,加盖了农行东宁支行的公章,其中一份还加盖了财务专用章,并均有时任农行东宁支行负责人孟某军签字捺印,一审判决认定徐某琴与农行东宁支行双方建立了借贷法律关系,并无不当。徐某琴主张并有时任农行东宁支行营业室主任万某东证实,汇款账户系孟某军所提供,一审判决认定案涉借款已实际交付,并无不当。至于孟某军是否有权代表农行东宁支行对外借款,在农行东宁支行未能举证证明徐某琴存在恶意串通的情况下,对借款合同效力并无影响。因此,一审判决农行东宁支行对徐某琴的案涉欠款承担还款责任,并无不当。

### （三）再审裁判要旨

根据《商业银行法》第 3 条第 2 款的规定，商业银行经营范围由商业银行章程规定，报国务院银行业监督管理机构批准。商业银行的分支机构负责人超越经营范围擅自向自然人、法人借贷，构成越权代表，根据《民法典》第 504 条规定，应当视相对人是否善意来确定该代表行为的效力。从原审查明的事实看，农行东宁支行的时任行长孟某军向自然人徐某琴出具借据、收据并加盖银行公章，而款项则流向了案外人李某艳、马某芳的银行账户。鉴于向自然人借款不属于商业银行的业务范围，更不属于行长的一般职权范围，孟某军的上述行为超越了代表权限，构成越权代表。徐某琴知道或者应当知道银行并无向他人借款这一业务，还与孟某军约定并实际收取高额利息，表明其并非善意相对人。原审判决认定孟某军的上述行为构成有权代表，对农行东宁支行发生效力，系适用法律错误。退一步说，即便商业银行可以向他人借款，银行承担责任的前提也以实际收到款项为必要条件，否则很有可能出现所借款项被他人所用却由商业银行承担责任的不合理现象。

## 再审研习

对于此类涉及银行的民间借贷案件，判断银行是否应当承担还款责任有两个方面的问题：第一，职务行为的认定，特别是当行为人是该银行法定代表人时，借款合同是否当然对银行发生效力；第二，表见代理的认定，即不构成职务行为的情况下，行为人是否构成表见代理，从而由银行承担还款责任。

我国现行法律并未对职务行为予以明确定义，理论上职务行为一般可以分为代表行为和职务代理。代表行为即根据《民法典》第 61 条的规定，法定代表人以法人名义从事的民事活动，其法律后果由法人承受；职务代理即根据《民法典》第 170 条的规定，执行法人或者非法人组织工作任务的人员，就其职权范围内的事项，以法人或者非法人组织的名义实施的民事法律行为，对法人或者非法人组织发生效力。

实践中涉及银行的民间借贷案件，行为人通常具有银行负责人甚至法定代表人的身份，且以银行名义签订借款合同，并加盖银行公章。尽管如此，借款合同是否对银行发生效力，仍应当根据行为人是否具有代表或代理银行签订借款合同的权限进行判断。

在前述再审案例中,最高人民法院以《商业银行法》对商业银行经营范围的法定限制为依据,认定银行分支机构负责人代表权受限。对此,亦有持相反观点的案例,对银行以行为人向个人借款不属于商业银行经营活动为由主张行为人的行为不构成职务行为的抗辩,不予采信。[①] 对此,笔者认为,《商业银行法》对商业银行经营范围的限制同时构成了对商业银行法定代表人、负责人及其工作人员代表权、代理权的限制,行为人代表或代理商业银行向第三人借款的,属于越权代表或越权代理。对此以行为人是商业银行法定代表人为例进行如下说明。

虽然《民法典》第 61 条第 2 款规定"法定代表人以法人名义从事的民事活动,其法律后果由法人承受",但并不能简单地以法条的表面文字得出法定代表人所有以法人名义实施的行为均由法人承担后果的结论。[②] 该条款的适用应当结合《民法典》第 61 条第 1、3 款的规定加以衡量,即法定代表人只能在法律或者法人章程规定的范围内行使代表权,法律可以对法定代表人的代表权进行限制,法定代表人只有在法律规定的权限范围内以法人名义从事民事活动,其法律后果才由法人承受。

商业银行作为金融机构,其经营范围是法定的、明确的,《商业银行法》第 3 条明确规定了商业银行可以开展的业务,其中并不包括向第三人借款,即向第三人借款并不属于商业银行依法可开展业务的范围。因此,商业银行的法定代表人自然无权代表银行向第三人借款,这是对银行法定代表人代表权的法定限制。[③]

在认定行为人的行为不属于职务行为的基础上,需要进一步考察行为人

---

① 参见最高人民法院民事判决书,(2018)最高法民再 302 号。

② 参见最高人民法院民法典贯彻实施工作领导小组主编:《中华人民共和国民法典总则编理解与适用》(上),人民法院出版社 2020 年版,第 322～323 页。

③ 司法实践中,对于此类涉及银行的民间借贷案件,倾向性的观点也是以超越了《商业银行法》规定的经营范围为由,认定行为人的行为构成越权行为。参见最高人民法院民事裁定书,(2019)最高法民申 6851 号;最高人民法院民事裁定书,(2019)最高法民申 992 号;最高人民法院民事裁定书,(2013)民申字第 312 号;河南省高级人民法院民事判决书,(2020)豫民再 94 号;山东省高级人民法院民事裁定书,(2019)鲁民申 1950 号;江西省高级人民法院民事判决书,(2019)赣民终 286 号。

是否构成表见代表或表见代理。对此,实践中包括前述再审案例在内,法院通常认为法律对代表权的限制属于相对人应当知道的内容。在此类案件中,通常情况下借款并不打入银行账户,而是打入案外第三人账户,且一般约定了远高于同期银行贷款利率的利息。银行高息向个人借款,且打入非银行第三人账户,明显不符合常理。因此,实践中法院通常倾向于认为出借人并非善意相对人,从而认定行为人不构成表见代表或表见代理。

## 要点提示

除前述职务行为与表见代理的构成要件分析之外,此类案件仍应当关注一个核心事实,即银行是否实际接收了借款。例如,在(2021)最高法民申5457号民事裁定书中,最高人民法院明确指出:即便商业银行可以向他人借款,银行承担责任的前提也以实际收到款项为必要条件,否则很有可能出现所借款项被他人所用却由商业银行承担责任的不合理现象。最高人民法院在指令黑龙江省高级人民法院再审本案时,要求着重查明银行与实际收款方系何种关系、行为人签章意图、案涉借款用途为何、款项流向哪里、最终为谁所用等事实。又如,在郭某亮与交通银行股份有限公司镇江扬中支行等金融借款合同纠纷一案中,江苏省高级人民法院二审即以案涉借款不属于银行经营活动,行为人的行为不构成表见代表为由,判决银行无须承担还款责任。[①]然而在该案再审中,最高人民法院查明银行实际使用了案涉借款,认定银行为案涉款项实际借款人,并认定行为人有权代表银行签订该借款合同,从而判决银行承担还款责任。[②]

**法条链接**

《民法典》第六十一条、第一百七十条

---

① 参见江苏省高级人民法院民事判决书,(2017)苏民终283号。

② 参见最高人民法院民事判决书,(2018)最高法民再302号。

# Case 4 司法实务中如何认定恶意串通

再审法院：最高人民法院

再审案号：（2021）最高法民申 4869 号

《民法典》第 154 条规定，行为人与相对人恶意串通损害他人合法权益的民事法律行为无效。由于恶意系心理活动，且通常发生在行为人与合同相对人之间，较为隐蔽，被损害利益的第三人难以证明行为人与合同相对人的主观善恶意。同时，《最高人民法院关于适用〈中华人民共和国民事诉讼法〉的解释(2022 修正)》(以下简称《民诉法解释》)第 109 条规定，恶意串通的证明标准需达到排除合理怀疑，证明标准高于一般民事案件规定的高度盖然性证明标准，故司法实务中受害人主张行为人与合同相对人属于恶意串通时难度较大。笔者以(2021)最高法民申 4869 号案为例，结合第 33 号指导案例以及第 68 号指导案例，浅析司法实务中认定恶意串通的标准。

## 基本案情

赖某超、桑某文系金创酒店公司股东，二人各占公司 50% 的股份，桑某文担任公司法定代表人。2014 年 6 月至 7 月，金创酒店公司与王某军等人签订房屋买卖合同，案涉 5 套房屋合同总价款为 2355 余万元，支付房款后案涉房屋均变更登记至金创酒店公司名下。

2014 年 9 月 18 日，桑某文、甄某辉、刘某丽成立安顺科技公司，桑某文为公司法定代表人。2014 年 10 月 23 日，安顺科技公司股东变更为甄某辉、刘某丽。2014 年 12 月 15 日，安顺科技公司股东变更为刘某义、郑某英。2015 年 7 月 31 日，安顺科技公司股东变更为李某育、魏某田。

2014年5月26日，成都市锦江区发展和改革局发布《土地整理工作的招标核准事项的通知》，案涉5套房屋均被纳入模拟搬迁范围。

房管部门备案资料显示，2015年1月15日，金创酒店公司与安顺科技公司签订《房屋买卖协议书》，显示案涉5套房屋总价款270万元，后房屋变更登记至安顺科技公司名下。

2015年4月16日，成都市锦江区危旧房改造中心与安顺科技公司签订《模拟搬迁补偿安置合同》，约定该中心对安顺科技公司名下的案涉5套房屋进行拆迁安置。

2017年8月30日，金创酒店公司股东赖某超向成都市中级人民法院起诉，诉请确认金创酒店公司与安顺科技公司于2015年1月15日签订的5套《房屋买卖协议书》无效，上述5套房屋的拆迁安置补偿权益归金创酒店公司所有。

故本案主要争议焦点为桑某文是否与安顺科技公司恶意串通擅自处置金创酒店公司案涉5套房屋资产，导致金创酒店公司应获未获拆迁安置利益而受损，桑某文与安顺科技公司签订的协议应否被确认为无效。

## 裁判要旨

**（一）一审裁判要旨**

一审法院认为，恶意串通除心理状态外仍需结合他人利益受损这一核心要件进行判断，现有证据不能证明金创酒店利益受损。

第一，赖某超以房管部门备案的《房屋买卖协议书》为依据，主张金创酒店公司向安顺科技公司转让5套房屋的交易价格为270万元。桑某文辩称，交易价格是3064.70万元，此后安顺科技公司已履行合同款494.74万元，包括代金创酒店公司偿还的借款和支付的购房款。一审法院认为，桑某文关于270万元是备案价格而非实际价格、实际交易价格是3064.70万元的主张，证据更为充分，也较为合理，依法予以认定，该价格与金创酒店公司购买价格相差不大。

第二，赖某超主张安顺科技公司在5套房屋拆迁后获得价值上亿元的安置补偿，但未提交证据证明安置房价值远远超过《模拟搬迁补偿安置合同》中载明的价值，故其主张依据不足，一审法院不予采纳。

**（二）二审裁判要旨**

二审法院审理后则认为本案构成恶意串通。理由如下。

首先，桑某文违反金创酒店公司的公司章程约定，在未召开股东会决议的情况下擅自对外签订协议。案涉《房屋买卖协议书》涉及金创酒店公司名下5套房屋的所有权转让，涉及公司重大资产的处置，理应召开股东会。桑某文作为金创酒店公司法定代表人、执行董事和50%股份的股东，未召开股东会，损害其他股东利益。

其次，桑某文等人发起设立安顺科技公司，后虽桑某文退出公司，但桑某文自认其与黄某良、刘某丽以及李某育之间系亲属关系。

最后，安顺科技公司在明知案涉5套房屋即将被拆迁以及金创酒店公司购买该5套房屋的真实目的情况下，仍与桑某文代表的金创酒店公司签订案涉《房屋买卖协议书》，恶意受让金创酒店公司资产，将金创酒店公司应获未获的拆迁安置利益转移至桑某文的关联公司安顺科技公司名下，使金创酒店公司受到损失。

**（三）再审裁判要旨**

首先，二审法院根据金创酒店公司购买房屋时间以及相关谈判过程，认定其购入案涉5套房屋系以获得拆迁安置补偿利益为目的，并无不当。

其次，桑某文等人发起设立安顺科技公司；成都市锦江区危旧房改造中心于2015年1月20日发布的公告显示，经该中心于2014年11月5日征询民意模拟搬迁获范围内100%户数同意，案涉5套房屋在此范围内。桑某文担任金创酒店公司法定代表人，就案涉5套房屋转让事宜于2015年1月13日与安顺科技公司签订《项目转让合同》，明确李某育为安顺科技公司的实际控制人。结合桑某文在二审中陈述其与黄某良等人之间的原亲属关系，安顺科技公司对案涉5套房屋即将被拆迁以及金创酒店公司购买该5套房屋的真实目的知情具有高度可能性。

最后，金创酒店公司在2014年6月至7月期间购入案涉5套房屋的价格为2355.93万元，但桑某文在金创酒店公司负债不足其购入房屋价值20%的情况下转让全部案涉5套房屋，且在安顺科技公司支付不足房款20%的前提下完成过户手续。桑某文上述行为显然不符合一般经营判断，难谓为公司利益所需。同时案涉5套房屋作为金创酒店公司重要资产,依照金创酒店公司章程,处置上述资产应召开股东会,桑某文主张赖某超对处置案涉5套房屋知情且同意,但未提供充足证据证明该事实,应承担举证不利后果,故二审判决认定桑某文违反公司章程,擅自处置金创酒店公司资产,并无不当。

综上,桑某文在违反金创酒店公司章程且违背一般经营判断情况下,将金创酒店公司所有的案涉5套房屋转让给安顺科技公司。安顺科技公司的实际控制人李某育与桑某文原存在亲属关系,安顺科技公司在明知金创酒店公司购买案涉5套房屋的真实目的及上述房屋即将被拆迁的情况下受让案涉5套房屋。桑某文担任金创酒店公司法定代表人期间与安顺科技公司恶意串通转让金创酒店公司所有的案涉5套房屋,损害了金创酒店公司对案涉5套房屋的所有权以及基于所有权应享有的拆迁安置利益。

## 再审研习

### (一)恶意串通的概念

恶意串通,是指行为人与相对人互相勾结,为牟取私利而实施的损害他人合法权益的民事法律行为。恶意串通的民事法律行为在主观上要求双方有互相串通、为满足私利而损害他人合法权益的目的,客观上表现为实施了一定形式的行为来达到这一目的。此类行为具有以下特点。

1. 各方当事人都出于恶意。恶意是指当事人明知其所实施的民事法律行为将造成他人的损害而故意为之。所谓“恶意”,在民法上有两种含义:(1)明知。此种情形在理论上也称为“观念主义的恶意”,也就是说,行为人对其行为的相关客观情况是明知的,至于其主观上是否有加害他人的故意,则不予考虑;(2)明知且具有损害他人的意图。此种恶意在理论上又称为“意思主义的恶意”,指行为人不仅明知相关的客观事实,而且在实施行为时主观上有侵害他人的故意。此种恶意以损害他人利益为目的,侧重于行为人主观意志上的应受谴责性。恶意串通中的恶意,应当属于第二种意义上的恶意,即行为人具有加害他人的不良动机,且主观上具有损害第三人合法权益的故意。

2. 当事人之间互相串通。所谓互相串通,一是当事人之间存在意思联络或者沟通,都希望通过实施某种民事法律行为而损害特定第三人的合法权益;二是当事人之间在客观上相互配合或者共同实施了非法的民事法律行为。

3. 损害了特定第三人的合法权益。这里说的特定第三人,包括国家、特定集体或者特定第三人。

**(二)恶意串通的认定**

《民诉法解释》第 109 条规定,当事人对欺诈、胁迫、恶意串通事实的证明,以及对口头遗嘱或者赠与事实的证明,人民法院确信该待证事实存在的可能性能够排除合理怀疑的,应当认定该事实存在。

审判实践中,受害人以《民法典》第 154 条主张恶意串通、合同无效,常常会在举证方面遇到困难。因为受害人不仅要证明当事人之间主观上具有损害自己利益的意图,而且要证明双方必须有相互串通的行为,这对原告举证来说非常不利。

这类案件主要还是应该通过当事人实施的行为本身来认定该行为是恶意串通所为,其判断标准就是社会一般观念。这就要求法官在论证其心证时,要在判决书中充分说明理由,公开其心证过程。法官应当充分发挥法庭在举证、质证、辩论方面的功能,要求受害人对此充分举证,充分论证此案为什么构成恶意串通,在此基础上,才能形成法官的自由心证。当然,除了恶意串通的合同文本以外,如果有双方之间相互沟通损害受害人利益的函件,那是证明力最强的直接证据。但这种证据往往不在受害人手里,所以受害人很难举出这方面的证据。①

可见,实务中对于恶意串通的认定标准需排除合理怀疑,而恶意串通往往又是双方主观存在恶意,较为隐秘,相对人难以证明。法院在审理类似案件时,也只能通过外在表现、行为人关系、交易是否符合生活常识、是否符合商业逻辑等要素进行判断。

---

① 参见最高人民法院民法典贯彻实施工作领导小组主编:《中华人民共和国民法典总则编理解与适用》(下),人民法院出版社 2020 年版,第 777 页。

## 实务要点

恶意与串通均系个人心理活动范畴,除非当事人自认,否则很难用证据直接证实,故很多案件当事人以恶意串通为由主张合同无效,并未得到法院的支持,笔者在检索大量案例后提出以下建议,供实务参考。

第一,建议受害人从案涉主体之间关系密切这一角度入手,考察双方是否在交易之前就认识、熟悉或者具备某种亲密关系,如系夫妻、父母子女、姻亲或关联企业等。

最高人民法院在指导案例 68 号上海欧宝生物科技有限公司(以下简称欧宝公司)诉辽宁特莱维置业发展有限公司(以下简称特莱维公司)企业借贷纠纷案【(2015)民二终字第 324 号】中认为:首先,无论欧宝公司还是特莱维公司,对特莱维公司与一审申诉人谢某及其他债权人的债权债务关系是明知的。其次,从欧宝公司与特莱维公司人员混同、银行账户同为王某新控制的事实可知,欧宝公司与特莱维公司已经失去了公司法人所具有的独立人格,两公司既同属一人,以一人而充任两造,恶意之勾连不证自明。

第二,建议被损害利益的第三人从不符合生活经验及商业逻辑角度提出主张并积极搜集相关证据。比如,双方进行交易或者签订合同及资金往来过程是否符合普通大众的交易思维、交易习惯。在(2021)最高法民申 4869 号案例中,法院认定转让方公司仅收到 20% 款项就变更房屋登记不符合商业惯例。同时,建议重点审查相对人在买卖合同签订中询价、谈判、交货、付款的基础商业流程,若行为人与合同相对人并未对合同标的物做任何了解或未约定合同对价,抑或约定的对价过分高于或低于市场价,则恶意串通的主观故意可能性较大。

最高人民法院指导案例 33 号瑞士嘉吉国际公司诉福建金石制油有限公司等确认合同无效纠纷案【(2012)民四终字第 1 号】裁判要点第一点指出:债务人将主要财产以明显不合理低价转让给其关联公司,关联公司在明知债务人欠债的情况下,未实际支付对价的,可以认定债务人与其关联公司恶意串通、损害债权人利益,与此相关的财产转让合同应当认定为无效。

第三,建议当事人签订合同时遵循诚信原则,切勿因小失大。当事人之间一旦被认定为恶意串通,法院不仅将依据《民法典》第 154 条认定合同无效,还有可能依据《民事诉讼法》第 115 条第 1 款"当事人之间恶意串通,企图通过诉讼、调解等方式侵害国家利益、社会公共利益或者他人合法权益的,人民法院应当驳回其请求,并根据情节轻重予以罚款、拘留;构成犯罪的,依法追究刑事责任"的规定,对行为人与合同相对人予以制裁。笔者建议当事人在订立合同时秉持诚实信用原则,切莫为了一时利益恶意串通,否则可能被依法追究刑事责任。

**法条链接**

《最高人民法院关于适用〈中华人民共和国民事诉讼法〉的解释》第一百零九条

《民法典》第一百五十四条

# Case 5 债权人行使代位权，次债权数额可以不确定

再审法院：最高人民法院

再审案号：（2020）最高法民再231号

代位权制度突破了合同相对性，使债权人可以在债务人怠于行使到期债权并对债权人造成影响的情况下，以自己的名义代位行使债务人对次债务人的债权。2011年第11期《最高人民法院公报》所载（2011）民提字第7号案例的裁判摘要认为债权数额确定是行使代位权的条件，但没有明确主次债权的数额是否均应当确定，导致实践中争议巨大。最高人民法院在2020年12月29日作出（2020）最高法民再231号再审判决，明确次债权的确定并非行使代位权的前提条件，还明确了代位债权人与债务人其他债权人之间清偿顺位的问题，该判决值得认真研析。

## 基本案情

债权人陈某光在判决执行过程中，因债务人宋某平未履行完毕清偿责任，遂以宋某平在贵州新建业工程有限责任公司（以下简称新建业公司）、贵州中岭矿业有限责任公司（以下简称中岭公司）享有到期债权为由，向法院提起代位权诉讼。

## 裁判要旨

### （一）一审裁判要旨

一审法院认为，中岭公司将工程发包给新建业公司，新建业公司又发包

给宋某平。对于中岭公司、新建业公司与宋某平三者的关系尚无法厘清，所涉合同是否有效尚无法确定，故宋某平与新建业公司、中岭公司三者之间的纠纷不是单纯具有金钱给付内容的争议，且该争议不宜在本案中一并审理。此外，案涉工程并未经过竣工验收，宋某平与新建业公司之间的欠款数额并不确定。因此，一审法院认为现有证据不足以证明宋某平对新建业公司、中岭公司享有以数额准确金钱为给付内容的到期债权，并以此为由驳回陈某光的诉讼请求。

**（二）二审裁判要旨**

二审法院认为：关于债权是否到期的问题，宋某平组织施工的案涉工程虽未进行竣工验收，但案涉工程已由业主中岭公司自行组织后续施工，符合工程结算条件；新建业公司怠于向业主中岭公司主张债权的行为，属于阻却宋某平对新建业公司行使债权的条件成就，应当视为宋某平对新建业公司债权已经到期。关于债权数额是否不确定的问题，新建业公司出具了《清理情况》，预估与宋某平之间的债权数额为40,262,766.7元，该款项系双方根据《项目管理目标责任书》的约定确定的结算金额，且新建业公司同时也在庭审中自认宋某平施工的工程金额为82,244,368.76元，新建业公司在《清理情况》中以税率6.77%为标准对税费进行核算预估；因应税行为发生在2017年以前，宋某平已退场，应税行为已固定，新建业公司现完全可以计算出最终税费，新建业公司以税费无法确定为由主张债权金额无法确定缺乏依据。

同时，二审法院还认为，本案中宋某平作为实际施工人，有权要求中岭公司结算工程款；现宋某平怠于行使该权利，陈某光作为债权人有权要求中岭公司在欠付工程款范围内承担还款责任。因此，在新建业公司未向陈某光履行付款义务的情况下，中岭公司应当在欠付工程款的范围内，对陈某光承担付款义务。故二审法院判决，新建业公司、中岭公司于判决发生法律效力之日起15日内向陈某光支付12,487,420元。

**（三）再审裁判要旨**

最高人民法院认为，代位权制度在于解决债务人怠于行使次债权时债权人权利保护的问题。如果行使代位权需要以次债权确定为前提，那么当债务人怠于确定次债权时，债权人就无法行使代位权，代位权制度的目的将完全落空。对此,相关司法解释规定,行使代位权要求次债权到期,而未要求次债权确定。在这种情况下,次债权是否确定原则上不应成为行使代位权的前提条件,而应是在代位权诉讼中予以解决的问题。宋某平作为实际施工人,有权就其施工部分向新建业公司、中岭公司主张工程款。新建业公司、中岭公司均自认欠付工程款,新建业公司同意由中岭公司向宋某平直接给付,宋某平可依据建设工程相关司法解释的规定,要求中岭公司在欠付工程款范围内承担责任,故宋某平对中岭公司的债权已经到期。

同时,最高人民法院还认为,新建业公司履行了在收到中岭公司付款后及时转付的约定义务,在已经认定中岭公司负有支付义务的情况下,不再认定新建业公司也负有支付义务。据此,最高人民法院撤销一、二审判决,判令中岭公司于判决发生法律效力之日起 15 日内向陈某光支付 12,487,420 元。

## 再审研习

### (一)行使代位权是否要求次债权确定

关于行使代位权是否要求次债权确定,实际中存在以下较大争议。

1. 最高人民法院 2011 年公报案例持肯定观点:次债权确定是行使代位权的条件。

《最高人民法院公报》2011 年第 11 期所载最高人民法院(2011)民提字第 7 号民事判决书裁判摘要中指出,根据相关司法解释规定,债权人提起代位权诉讼,应以主债权和次债权的成立为条件。债权成立不仅指债权的内容不违反法律、法规的规定,而且要求债权的数额应当确定。债权数额的确定既可以表现为债务人、次债务人对债权的认可,也可以经人民法院判决或者仲裁机构裁决加以确认。

上述案例没有明确主次债权的数额是否均应当明确,导致部分法院受该案例裁判规则的影响,在认定债权人的代位权诉讼能否成立时,将次债权的数额应当确定作为条件之一。如果次债务人对次债权金额提出异议,则认定债权数额无法确定,债权人提起的代位权主张不能得到支持。例如,(2016)浙民申 3343 号姚某鹏与康超集团有限公司债权人代位权纠纷案、(2014)浙商提字第 105 号李某与浙江正和科技有限公司债权人代位权纠纷案、(2014)

二中速民终字第0724号苏某坤与付某忠租赁合同纠纷案,其理由与《最高人民法院公报》(2011)民提字第7号案例中载明的理由一致。

主张次债权应当确定的一个重要原因是,有的债权人通过代位权诉讼用小额债权试图撬动大额债权,在对事实查明后发现主债权金额远远小于次债权金额,所花费的时间、精力与需要裁判的事项往往不成正比,浪费司法资源。比如在建设工程价款到期未结算时,一个小额民间借贷债权人通过代位权诉讼介入到他人合同关系,要求审理一个繁杂的建设工程价款纠纷,这无论在理论还是实践层面都难谓合理。

2. 相关再审案例持否定观点:次债权确定不是行使代位权的条件。

除了前述(2020)最高法民再231号案例,在司法审判中,也有法院认为次债权确定不是行使代位权的条件。例如,西安新竹防灾救生设备有限公司(债权人)与中国联合网络通信有限公司山西省分公司(次债务人)、山西海达消防工程有限公司(债务人)代位权纠纷案中,由于债务人怠于行使其对次债务人的工程款债权,债权人提起代位权诉讼。该案一审支持债权人诉讼请求,但二审改判驳回其诉讼请求,再审申请也被驳回。后最高人民法院指令山西省高级人民法院再审。山西省高级人民法院再审后作出(2011)晋民再字第67号民事判决,支持了债权人的代位权诉讼请求。又如,在(2019)最高法民申1200号鲁某鱼、陈某芬债权人代位权纠纷再审案件中,最高人民法院也持同样的观点即次债权到期并不要求次债权确定,因为次债权数额的争议可以在代位权诉讼中解决。

3. 笔者观点:结合关于代位权的法律规定及其设立目的,笔者赞同否定说观点,即次债权确定不是行使代位权的条件。

首先,不论是基于原《合同法》的规定还是《民法典》的规定,行使代位权仅要求次债权到期,而未要求次债权确定。事实上,如果行使代位权需要以次债权确定为前提,则在债务人怠于确定次债权的情况下,债权人就无法行使代位权,代位权制度的目的将完全落空。

其次,如果将次债权确定作为行使代位权的前提条件,则与代位权制度设计目的背道而驰。实践中有些债务人不以诉讼方式或者仲裁方式向其债务人主张其享有的具有金钱给付内容的到期债权的消极行为,加之次债务人一般不会主动认可次债权,甚至债务人与次债务人有意为之,都会导致债务人与次债务人的债权债务关系往往处于不确定的状态。若强行要求债权人必须在此种债的关系确定之后才能行使代位权，必将导致债权人难以行使该权利。

最后，代位权诉讼中应当查明次债权的数额。代位权诉讼的目的就是清除债务人与次债务人之间不确定的债权数额给债权人实现债权造成的障碍。债务人与次债务人之间的债权债务关系、次债权的数额多少，正是代位权之诉的实体审理事项。法院可以根据债权人、次债务人、债务人的诉辩主张，结合举证质证以及庭审情况综合查明次债权的数额。在此过程中，为了维护次债务人的合法权益，法律规定次债务人对债务人的抗辩，可以向债权人主张。例如主张债务抵销，以减少次债权的数额。法律赋予次债务人抗辩权，可以再次印证次债权数额的确定是代位权诉讼中需要解决的事宜，而非代位权行使的条件。

**（二）代位权诉讼与债权保全、执行、债务人破产之间的关系**

除前述问题外，本案提及的代位债权人与债务人其他债权人之间有无优先关系、清偿顺位等问题，也值得关注。

《民法典》第537条规定的“直接受偿原则”，即债权人提起代位权诉讼胜诉的，由次债务人向债权人履行清偿义务，债权人与债务人、债务人与次债务人之间相应的债权债务关系即予消灭。该规定简化了程序，确立一次清偿、同时消灭两个债务关系的一般规则，省去先将代位权诉讼所取得财产归属于债务人的“入库”环节，可以由债务人的相对人直接向债权人履行债务。但是在债务人资不抵债时，债权人行使代位权应当把代位权所取得的财产“入库”，即归属于债务人，然后所有债权人再从债务人处平等受偿。

“直接受偿规则”让代位债权人较债务人的其他债权人有了清偿程序上的优先性。但“优先性≠优先权”，代位债权人并不享有类似担保物权、建设工程价款优先受偿权的优先权。故当到期债权被采取保全、执行措施，或者债务人破产的，仍然需要依照相关法律的规定对代位权诉讼债权人与其他债权人进行平等保护。

1. 债务人未破产，且到期债权未被他人保全，代位债权人可直接予以受偿。

2. 债务人未破产，但到期债权被他人保全，根据《民诉法解释》第499条，债务人的其他债权人知晓债务人有到期债权的,可将财产线索告知执行法院,执行法院作出冻结、止付裁定。因此,在代位权诉讼发生之前或之中,该笔到期债权存在被他人保全的可能性。

根据代位权诉讼本身具有的债权保全属性,即使债权人在代位权诉讼中没有对到期债权采取保全措施,也应按照立案时间认定采取了保全措施。因此,根据《民诉法解释》第516条,在有多重保全的情形下,对于到期债权的清偿顺位,按照保全顺序予以确定。

3.债务人资不抵债。《民法典》第537条体现出的兼顾代位权人保护与债权平等的法理,将代位权的实现与参与分配制度、破产制度予以衔接,即适用"入库规则",以实现代位权人与债务人的其他债权人的平衡保护。

在民法典合同编理解与适用中,最高人民法院认为债务人资不抵债的,代位债权人享有的程序优先性将丧失①;但在(2020)最高法民再231号案中,因债务人宋某平是自然人,不具有破产资格,当启动参与分配制度时,最高人民法院提出应兼顾建筑工人工资、代位权人、宋某平的其他债权人等各类权利主体的利益,其中亦需要考虑代位权人通过代位权诉讼实现对债务人债权的保全效果而作出的贡献,该表述是否意味着代位权人有较其他债权人更优先的顺位,或在按比例受偿时环节能够适当多分?遗憾的是,最高人民法院在本案中并未对此明确,可能留待执行法院制作分配方案时予以细化。

## 实务建议

代位债权人在厘清债务人责任财产上所作贡献是显著的,如果其仅能与其他债权人一同按比例受偿,可能会打击代位权人积极性,减弱代位权制度的意义。故在参与分配制度、破产制度中,为不打破"债务人资不抵债的,代位债权人享有的程序优先性丧失"的逻辑前提,可以考虑根据代位权人的贡献,由执行法院或破产管理人在其按比例应受偿的比例上增加10%～20%。

① 参见最高人民法院民法典贯彻实施工作领导小组主编:《中华人民共和国民法典合同编理解与适用(一)》,人民法院出版社2020年版,第499页。

当然,为减少其他债权人提出异议或引发争议,最高人民法院可以考虑出台细则明确上浮比例,以兼顾各方利益。

**法条链接**

《民法典》第五百三十七条

# Case 6 委托贷款利率的司法保护上限

再审法院：最高人民法院

再审案号：（2023）最高法民申 424 号

司法实务中关于委托贷款的法律性质属于民间借贷还是金融借款及其利率上限标准一直存在争议，最高人民法院的裁判意见多将委托贷款视作实质性的民间借贷案件。但刘贵祥大法官在 2023 年召开的全国法院金融审判工作会议上指出：审判实践中将委托贷款"穿透"认定为民间借贷的做法，是对相关监管政策的误读误用；委托贷款是纳入监管的一项金融业务，应当与金融借款合同作相同的处理。这释放了一定信号，即最高人民法院似乎有倾向，不再将委托贷款合同视为民间借贷处理。最高人民法院于 2023 年 9 月 18 日作出的（2023）最高法民申 424 号生效裁判，针对地方资产管理公司委托银行发放的贷款，仍参照民间借贷的有关规定来确定案涉委托贷款利率的上限，本文拟对该案例进行解析，并对相关问题予以分析。

## 基本案情

2019 年 5 月 24 日，甘肃资产管理有限公司（以下简称甘肃资产公司）、甘肃鼎家宜房地产开发有限公司（以下简称鼎家宜房地产公司）、甘肃银行股份有限公司兰州市城关支行（以下简称甘肃银行）签署《委托贷款合同》，合同约定：甘肃资产公司委托甘肃银行向鼎家宜房地产公司发放委托贷款 1 亿元，用于兰州新区新港国际商贸城项目建设；贷款期限 36 个月；贷款利率为固定利率，以每笔贷款发放日中国人民银行公布的同档次贷款基准年利率基础上上浮 173.7% 计算（贷款凭证载明的年利率为 13%），逾期罚息利率加收

50%执行。贷款期间,如借款人未按约归还贷款本息等,甘肃银行可以根据甘肃资产公司的要求,提前收回贷款及采取其他措施。同时甘肃资产公司与相应的担保人签订了抵押合同、保证合同等,并办理了相应的抵押登记手续。

2019年5月24日,甘肃资产公司与鼎家宜房地产公司签署《委托贷款补充协议》,约定鼎家宜房地产公司未按照《委托贷款合同》的约定按期足额向甘肃资产公司偿还任何借款利息、本金或其他应付款项,甘肃资产公司有权宣布委托贷款合同项下债务全部或部分提前到期,并要求鼎家宜房地产公司立即归还部分或全部借款,所欠利息结清。

因鼎家宜房地产公司未能依约按期偿还贷款本息,2021年5月12日,甘肃资产公司按照合同约定向鼎家宜房地产公司发出《委托贷款提前到期通知书》,宣布贷款全部提前到期,并诉至法院要求鼎家宜房地产公司还本付息,主张的逾期利息按照年利率19.5%计算,担保人履行相应担保责任,甘肃银行为本案第三人。

## 法院裁判

**(一)一审裁判要旨**

原告甘肃资产公司、第三人甘肃银行与各被告之间分别签订的《委托贷款委托协议》《委托贷款合同》《委托贷款补充协议》《委托贷款抵押合同》《连带责任保证协议》均是各方当事人真实意思的表示,不违反法律法规强制性、禁止性规定,合法有效,各方当事人均应按照合同约定履行各自的合同义务。根据法院审理查明的案件事实,支持原告还本付息的诉求,根据原告对利息的计算情况,按照合同约定的逾期罚息利率19.5%计算。

**(二)二审裁判要旨**

二审法院认为,根据各方当事人的诉辩主张,本案二审的争议焦点为案涉借款的利息认定是否适当。

兰州新区金融投资控股集团有限公司认为本案应按照民间借贷的利息保护上限确定利息,而甘肃资产公司认为应当按照金融借款的利息保护上限确定,故本案二审实质争议的问题是,本案所涉借款性质如何认定。经审查,案涉借款为甘肃资产公司委托甘肃银行向鼎家宜房地产公司发放,三方之间为委托贷款关系，委托贷款系由委托人提供资金，受托银行根据委托人确定的借款人、用途、金额、币种、期限、利率等代为发放、协助监督使用并收回贷款，受托银行收取代理委托贷款手续费，并不承担信用风险，其实质是委托人与借款人之间的借款合同，即应当按照委托人的身份性质认定借款合同的性质。本案中，委托人为甘肃资产公司，作为甘肃省政府批准设立的地方金融机构，其并不具备发放贷款的资质，不与银行执行统一的利率、准备金率、放贷规模等方面的监管政策，故其所发放的借款，不具有金融借款的特征。

2020年12月29日最高人民法院公布的《关于新民间借贷司法解释适用范围问题的批复》第1条规定："……由地方金融监管部门监管的小额贷款公司、融资担保公司、区域性股权市场、典当行、融资租赁公司、商业保理公司、地方资产管理公司等七类地方金融组织，属于经金融监管部门批准设立的金融机构，其因从事相关金融业务引发的纠纷，不适用新民间借贷司法解释。"同时该批复第3条规定其自2021年1月1日起施行。据此，自2021年1月1日起，上述七类由地方金融机关部门监管的金融机构从事放贷业务引发的纠纷，不适用《最高人民法院关于审理民间借贷案件适用法律若干问题的规定(2020第二次修正)》调整。而本案所涉借款业务发生于2019年5月24日，早于该批复施行之日，故本案所涉借款性质应当认定为民间借贷，适用有关民间借贷的法律、法规和司法解释的规定。

《最高人民法院关于审理民间借贷案件适用法律若干问题的规定(2020第二次修正)》第31条第2款规定："2020年8月20日之后新受理的一审民间借贷案件，借贷合同成立于2020年8月20日之前，当事人请求适用当时的司法解释计算自合同成立到2020年8月19日的利息部分的，人民法院应予支持；对于自2020年8月20日到借款返还之日的利息部分，适用起诉时本规定的利率保护标准计算。"对于甘肃资产公司按照合同约定的年利率19.5%的标准所主张的2020年8月19日之前的利息部分，未超过当时的民间借贷司法解释规定的利息保护上限年利率24%，应予支持；而对于2020年8月20日起的利息，应按照相关司法解释的规定，对于超过甘肃资产公司起诉时的一年期贷款市场报价利率(3.85%)4倍的部分不予支持，截至2021年5月20日多计算的279,825元[90000000×(19.5% -15.4%)/360×273]应予扣减，且自2021年5月21日起至实际清偿之日的利息标准应以年利率15.4%计。

综上,新区金投公司的上诉请求部分成立,二审法院予以支持。

**(三)再审裁判要旨**

本案为再审审查案件,根据甘肃资产公司的再审申请理由,本案审查的重点是二审判决认定的借款利率是否适当。

甘肃资产公司再审主张按照年利率19.5%支持其关于利息的诉讼请求。本案系因委托贷款合同发生的纠纷,合同签订于2019年。从合同权利义务来看,甘肃银行收取代理委托手续费,并不承担信用风险,实质上系甘肃资产公司自主决定贷款的具体事项,有关贷款对象、用途、金额、期限、利率等主要权利义务的确定体现了甘肃资产公司的意志。从资金来源上看,与金融机构自营贷款中的资金系通过法定方式渠道筹集不同,本案贷款直接源于委托人甘肃资产公司的自有资金,此与民间借贷法律关系中出借人以自有资金进行借贷并无区别,在资金来源相同的基础上可推定其资金成本大致相同,故二审判决参照民间借贷的有关规定确定案涉借款利率的保护上限并无不当。

## 再审研习

2023年1月10日召开的全国法院金融审判工作会议上,最高人民法院刘贵祥大法官针对金融借款等传统金融纠纷案件的法律适用问题指出:关于委托贷款合同的性质认定和费率标准,根据金融行业通常的理解,委托贷款包括商业银行依法开展的委托代理业务,以及信托公司依法开展的资金信托业务。二者的相同之处在于商业银行和信托公司收取约定的服务费用,不承担贷款资金的信用风险,具有为委托人提供"贷款通道"的特点。应当注意的是,《全国法院民商事审判工作会议纪要》和《关于规范金融机构资产管理业务的指导意见》关于通道业务的规范,仅指金融机构之间互相借用"通道"的行为,审判实践中将委托贷款"穿透"认定为民间借贷的做法,是对相关监管政策的误读误用。委托贷款是纳入监管的一项金融业务,应当与金融借款合同做相同的处理。

根据《最高人民法院关于进一步加强金融审判工作的若干意见》,金融借款合同的借款人以贷款人同时主张的利息、复利、违约金和其他费用过高,显著背离实际损失为由，请求对总计超过年利率 24% 的部分予以调减的，应予支持。金融借款利率保护上限为 24%，则本案一审的 19.5% 似乎在此以内。但本案委托贷款合同签订于 2019 年 5 月，最高人民法院仍旧穿透式审判认为从合同权利义务以及资金来源上看，此与民间借贷法律关系中出借人以自有资金进行借贷并无区别，在资金来源相同的基础上可推定其资金成本大致相同，故维持二审判决参照民间借贷的有关规定确定案涉借款利率的保护上限，驳回委托人主张 19.5% 的年利率的申请。

另外值得一提的是，本案中的委托人甘肃资产公司为地方金融监管部门监管的地方资产管理公司，属于《最高人民法院关于新民间借贷司法解释适用范围问题的批复》中不适用新民间借贷司法解释的金融机构；根据《最高人民法院关于进一步加强金融审判工作的若干意见》，甘肃资产公司诉请的贷款年利率 19.5% 的年利率并未超出该意见所规定的 24% 的上限。不过甘肃省高级人民法院二审认为，前述批复自 2021 年 1 月 1 日起施行，本案借款早于该批复施行之日，故不应适用，而最高人民法院再审审查意见中未对此点单独展开论述。故对于委托贷款发生在 2021 年 1 月 1 日后的类似案件，法院能否支持委托人不高于 24% 的主张，还是只能参照民间借贷 4 倍贷款市场报价利率来确定上限，有待商榷。

## 实务要点

### （一）委托贷款的概念

《贷款通则》第 7 条第 2 款规定：委托贷款指由政府部门、企事业单位及个人等委托人提供资金，由贷款人（受托人）根据委托人确定的贷款对象、用途、金额期限、利率等代为发放、监督使用并协助收回的贷款。贷款人（受托人）只收取手续费，不承担贷款风险。

《商业银行委托贷款管理办法》第 3 条规定：该办法所称委托贷款，是指委托人提供资金，由商业银行（受托人）根据委托人确定的借款人、用途、金额、币种、期限、利率等代为发放、协助监督使用、协助收回的贷款，不包括现金管理项下委托贷款和住房公积金项下委托贷款。

简言之，委托贷款就是机构或个人将来源合法的资金委托商业银行发放给借款人的行为。

**(二)委托贷款的性质分析**

关于委托贷款的法律性质是属于民间借贷还是金融借款,实务中一直存在争议,下面结合3则最高人民法院案例说明最高人民法院对此的态度。

1. 肯定委托贷款实质是委托人与借款人的民间借贷关系。

标志性的如2016年第11期《最高人民法院公报》所载北京长富投资基金与武汉中森华世纪房地产开发有限公司等委托贷款合同纠纷案【(2016)最高法民终124号】中明确指出:委托人、受托银行与借款人三方签订委托贷款合同,由委托人提供资金,受托银行根据委托人确定的借款人、用途、金额、币种、期限、利率等代为发放、协助监督使用并收回贷款,受托银行收取代理委托贷款手续费,并不承担信用风险,其实质是委托人与借款人之间的民间借贷。委托贷款合同的效力,委托人与借款人之间的利息、逾期利息、违约金等权利义务均应受有关民间借贷的法律、法规和司法解释的规制。

2. 委托贷款在不同的方面分别体现出金融借款与民间借贷的特点,在现行法律及司法解释对委托贷款未做明确规定的情况下,可通过分析相关问题是更具有金融借款还是民间借贷的特点,确定可参照的规则。

2020年第4期《最高人民法院公报》所载上海浦东发展银行股份有限公司深圳分行与梅州地中海酒店有限公司等借款合同纠纷案【(2018)最高法民再54号】中,最高人民法院进一步论证分析,指出根据《贷款通则》第7条的规定,委托贷款系指由政府部门、企事业单位及个人等委托人提供资金,由贷款人(受托人)根据委托人确定的贷款对象、用途、金额、期限、利率等代为发放、监督使用并协助收回的贷款。贷款人(受托人)只收取手续费,不承担贷款风险。同时,中国人民银行相关规定亦明确,委托贷款属于商业银行中间业务,不构成商业银行表内资产、表内负债,仅形成银行非利息收入。由此可见,委托贷款已经纳入国家金融监管范围,在该法律关系中贷款人是经国家金融监管部门批准设立的从事贷款业务的金融机构,其应履行代为发放、监督使用并协助收回贷款等职责,此与金融借款合同具有类似之处。

最高人民法院同时指出,委托贷款与民间借贷亦有相通之处。首先,金融机构虽系贷款人,但实际以受托人身份与借款人发生借款关系,而非自主决定贷款事宜，有关贷款对象、用途、金额、期限、利率等借款合同主要权利义务的确定仍体现了委托人的意志。其次，从权利义务的实际承担来看，亦是委托人而非贷款人享有贷款利息收益等合同主要权利，并实际承担借款人不还款及逾期还款的风险。最后，与金融机构自营贷款中的资金系通过法定方式渠道筹集不同，委托贷款直接源于委托人的自有资金，此与出借人以自有资金进行民间借贷别无二致。现行法律及司法解释未对委托贷款的利率上限作出限制，鉴于委托贷款系由委托人而非作为贷款人的金融机构确定借款利率等合同主要条款并实际收取利息，同时考虑到委托贷款与民间借贷在资金来源相同的基础上亦可推定其资金成本大致等同，人民法院确定委托贷款合同的利率上限时当参照民间借贷的相关规则。

3. 委托贷款兼具金融借款与民间借贷的特点，人民法院确定委托贷款合同的利率上限时可参照民间借贷的相关规则。

在南京友谊华联（集团）有限责任公司、南京华联商厦服饰有限责任公司金融借款合同纠纷二审民事判决书【（2020）最高法民终 1299 号】中，最高人民法院认为："因委托贷款属于《贷款通则》规定的贷款类型，且已纳入国家金融监管范围，一审法院将本案案由确定为金融借款合同纠纷，并无不当。委托贷款合同的主要权利义务体现了委托人的意志，委托人享有贷款利息收益等合同主要权利，并实际承担贷款风险。可见，委托贷款兼具金融借款与民间借贷的特点，人民法院确定委托贷款合同的利率上限时可参照民间借贷的相关规则。"

笔者认为，结合刘贵祥大法官在全国法院金融审判工作会议的讲话精神，最高人民法院最新的多起裁判观点，以及《贷款通则》《商业银行委托贷款管理办法》对委托贷款资金的相关规定，实务中还是需要根据委托贷款的特点来判定相应适用的规则。

民间借贷案件的出借主体与金融借款案件不同，后者的利率虽然受到金融监管，但按现标准执行，24% 的上限仍高于民间借贷的利率保护上限。鉴于现行司法解释中并没有规定委托贷款的性质及其应当适用的法律法规，因而在司法实务中，我们需要熟悉委托贷款在银行中的具体操作流程，以及根据委托人特性，准确对委托贷款合同进行定性，以便更好地确定利率标准，规避风险，解决委托贷款合同纠纷。另外，关于委托贷款的司法保护利率上限，目前司法实践中尚未形成统一观点，法院可能参照民间借贷规则予以调减，金融机构亦应对此有所预期。



**法条链接**

《贷款通则》第七条

《中国银监会关于印发商业银行委托贷款管理办法的通知》第三条

《最高人民法院关于新民间借贷司法解释适用范围问题的批复》第一条

# Case 7　职业放贷人的司法认定规则

再审法院：最高人民法院

再审案号：（2021）最高法民申 1266 号

《全国法院民商事审判工作会议纪要》第 53 条中规定：未依法取得放贷资格的以民间借贷为业的法人，以及以民间借贷为业的非法人组织或者自然人从事的民间借贷行为，应当依法认定无效。同一出借人在一定期间内多次反复从事有偿民间借贷行为的，一般可以认定为是职业放贷人。在司法实践中，法院在认定出借人是否构成职业放贷人时，具体会考量哪些因素？如何把握尺度？本文以最高人民法院再审判决为例，对该问题展开分析。

## 基本案情

从 2012 年开始，杨某雄多次向邹某借款用于富盛煤矿升级改造，至 2012 年 7 月 4 日双方之前的借款本息已结清。后杨某雄再次分别向邹某借款，具体为：2013 年 10 月 22 日借款 1000 万元、500 万元，2013 年 10 月 23 日借款 600 万元，2014 年 2 月 24 日借款 400 万元，2014 年 4 月 30 日借款 300 万元，5 次共计借款人民币 2800 万元。

2016 年 6 月 24 日，经双方对账后，邹某与杨某雄签订《还款协议书》，确认杨某雄共计欠邹某借款 2800 万元，利息自 2014 年 6 月 1 日起按月利率 1.5% 计算至全部借款还清之日止。富盛煤矿对前述债务予以确认并同意承担连带清偿责任。2016 年 12 月 23 日，富盛煤矿向邹某出具《承诺书》，再次确认邹某与杨某雄签订的《还款协议书》所涉及的全部借款都用于公司的经营，并自愿作为共同债务人进行还款。

由于杨某雄、富盛煤矿未按约还款，故邹某向法院起诉，要求杨某雄、富盛煤矿共同偿还借款2800万元及利息。

## 裁判要旨

关于本案邹某是否属于职业放贷人，再审法院从邹某出借行为是否具有反复性、经常性，借款目的是否具有营利性两方面进行审查。首先，关于邹某是否属于“经常性地向社会不特定对象发放贷款”的问题，结合两份民事裁判，邹某不符合经常性地向社会不特定对象发放贷款的情形。其次，关于邹某向他人提供借款是否具有营利目的的问题，杨某雄、富盛煤矿申请再审时新提交了云南九洲国际旅行社有限公司的企业信用信息公示报告，但该报告与邹某提供借款是否具有营利目的并无直接关联。杨某雄、富盛煤矿并未提供充分证据证明邹某向他人提供借款有营利目的。

因此，再审法院驳回杨某雄、富盛煤矿的再审申请。

## 再审研习

**（一）类似案例**

在法治长河中，一份份判决犹如叶叶扁舟静静徜徉，指引我们在代理案件时驶向正确航道。除前述再审案例外，法院在认定出借人是否构成职业放贷人时还会考虑哪些因素？笔者团队对近百份最高人民法院再审案例予以研析，选取部分典型案例与各位分享。

1. 不构成职业放贷人、借款合同有效的再审案例

（1）（2019）最高法民申4952号——从案件数量的角度

李某然以张某波在人民法院另有两起案件涉及放贷3000万元为由主张张某波系职业放贷人，并据此认为借款合同无效进而担保合同亦无效，其不应承担担保责任。然而李某然并未提交相关裁判文书证实其主张的事实，且即便张某波作为出借人另存在两起案件，3次出借行为尚不足以认定张某波从事经常性的贷款业务或者从事职业放贷行为。

(2)(2020)最高法民申 2613 号——从案件数量的角度

原判决根据民间借贷的性质、特点和认定非法放贷的相关司法解释及司法实践,认定瑞乐公司等 7 位再审申请人提供的与雷某荣相关的 3 份民事裁判文书等不足以认定雷某荣属于职业放贷人,并无不当。瑞乐公司等 7 位再审申请人关于原判决认定的基本事实缺乏证据证明的再审申请事由,不能成立。

(3)(2020)最高法民申 3465 号——从案件数量的角度

《最高人民法院、最高人民检察院、公安部、司法部关于办理非法放贷刑事案件若干问题的意见》第 1 条明确规定,"经常性地向社会不特定对象发放贷款",是指 2 年内向不特定多人(包括单位和个人)以借款或其他名义出借资金 10 次以上。贷款到期后延长还款期限的,发放贷款次数按照 1 次计算。根据上述规定,结合该案原审查明的事实以及再审申请人提交的证据来看,不符合"经常性"特点,亦不能认定闫某伟为从事经常性贷款业务的职业放贷人。

(4)(2020)最高法民申 4993 号——从案件数量、结果、时间跨度的角度

保利公司、李某泉主张王某辉为职业放贷人,案涉借款合同无效,在原审及再审申请时均提交了以王某辉、骏辉公司为原告提起的民间借贷纠纷案件的裁判文书。不过,这些生效裁判文书确认借贷行为发生时间跨度较长且不存在无效的情形,不能证明王某辉及骏辉公司向社会不特定对象提供资金从事非法金融业务活动。故保利公司、李某泉提交的证据不足以证明王某辉系职业放贷人,也不能证明王某辉与李某泉之间借款合同存在无效的情形。

(5)(2022)最高法民申 337 号——从案件数量、金额的角度

西子公司于一审中主张王某文作为原告提起了 7 起诉讼,其中 6 件民间借贷纠纷案件、1 件合同纠纷案件,涉及标的金额 1000 万元左右,拟证明王某文为职业放贷人。但西子公司主张的上述案件中,合同纠纷案件涉及 700 余万元,其他民间借贷案件涉及 200 余万元。由此,就前述案件的数量和金额而言,尚不足以认定王某文为职业放贷人,西子公司该项申请再审事由不能成立。

(6)(2020)最高法民申 7063 号——从出借对象的角度

案涉借款转入孙某峰、郝某富、陈某天、董某龙账户,转款对象具有特定

性，且无其他证据证明王某以民间借贷为业或者经常性地向社会不特定对象发放贷款，盛立亚公司、董某波、孙某霞提出的王某系职业放贷人的主张法院亦不予支持。

（7）（2020）最高法民申 215 号——从出借对象的角度

本案中，雅盛公司因经营需要，于 2010～2011 年期间先后 4 次与关某才签订借款合同，共计向关某才借款 590 万。关某才使用自有资金向雅盛公司出借款项，且关某才其他的出借对象也是经朋友介绍而非不特定社会公众，雅盛公司并未提供证据证明关某才系职业放贷人、非法从事金融业务，一、二审法院不予支持雅盛公司的诉讼请求并无不当。

（8）（2019）最高法民申 1500 号——从出借金额、出借对象、资金往来原因的角度

首先，王某主张的具体案外人与王某臣资金往来数额相对于王某臣银行流水数额较小，案外人数量不能达到"社会不特定对象"要求。其次，王某臣对银行流水笔数较多、数额较大作出了银行理财类转账 142 笔、柜台存现取现 191 笔、王某臣与其配偶戚某某转款 25 笔、王某臣本人名下银行卡互相转款 18 笔、银行卡消费 6 笔等合理解释。最后，王某主张王某臣"交易对象多达 71 人"并无证据予以证明，其亦未能提交相关有权机关对王某臣"职业放贷人"身份认定的证据。综合以上三点，对于王某臣银行流水笔数较多、数额较大的情况，不能排除其合法资金往来可能性，亦不能在该案中作出王某臣行为属于"职业放贷人"的必然认定。

（9）（2021）最高法民申 5002 号——从出借目的的角度

王某斌为安徽恒棒公司开发的"上善水岸公馆"项目的实际施工人，在施工过程中，安徽恒棒公司出现资金困难，请王某斌为其融资，王某斌为尽快取得工程款，予以同意。从该案借款发生看，王某斌不属于以民间借贷为业的职业放贷人。

（10）（2021）最高法民申 4937 号——从借贷双方关系的角度

虽然彭某锋提供了相关证据拟证明辜某江向社会不特定的对象出借资金，并谋取高额利息，但鉴于彭某锋与辜某江之间系多年同学，双方又是新盛集团公司和眉山市东坡区新盛小额贷款股份有限公司的股东，相互之间经济往来频繁，故原审判决未认定辜某江系职业放贷人，并无不当。

(11)(2019)最高法民申5930号——从主营业务的角度

再审申请中,周某刚提交了其投资煤矿经营的相关证据,能够初步证实其并非以放贷为业。广发公司以周某刚涉及多次借款诉讼、系职业放贷人为由主张合同无效缺乏充分事实和法律依据。

(12)(2020)最高法民申169号——从经营范围的角度

金超助贷企业的营业执照显示,其经营范围包括委托贷款、投保贷一体化、助贷等业务,其对外开展资金融通业务,产生相关民事纠纷,属正常的诉讼行为,上陵牧业公司依据另案法律文书主张金超助贷企业系未经批准的职业放贷人不能成立,法院不予支持。

2. 构成职业放贷人、借款合同无效的再审案例

(1)(2020)最高法民申5974号——从是否在职业放贷人名录的角度

该案中李某荣已被一审法院列入职业放贷人名录,属于未依法取得放贷资格的以民间借贷为业的自然人,其从事的民间借贷行为应当依法认定无效。

(2)(2020)最高法民申5797号——从出借次数、金额、目的的角度

案涉借款合同因韦某的职业放贷行为违反法律法规强制性规定无效。首先,韦某在2013~2015年,多次从事有偿民间借贷行为,出借对象属于社会不特定对象,人数较多,且涉及金额2亿元左右,金额特别巨大。其次,韦某出借资金收取利息的标准均达年利率24%,其出借行为属于赚取高额利息,且出借行为具有反复性、经常性。最后,韦某的出借行为系赚取高额利息,其借款目的具有营业性。韦某作为自然人,其出借行为属于未经批准、擅自从事经常性的贷款业务,属于从事非法金融业务活动。

**(二)案例总结**

1. 认定职业放贷人的因素

根据前述最高人民法院再审案例可知,法院在判断出借人是否构成职业放贷人时,案件数量、出借频率、出借金额、出借对象、出借目的、借贷双方关系、经营范围等,都是其考量的重要因素。但总体而言,法院在认定职业放贷人时较为谨慎,最终认定出借人不构成职业放贷人的案例偏多。

2. 主张出借人为职业放贷人的举证责任

根据《民事诉讼法》第67条第1款的规定,当事人对自己提出的主张,有责任提供证据。因此,如果主张出借人属于职业放贷人,应当举证证明出借

人在一定期间内多次、反复从事有偿的民间借贷行为，出借行为具有反复性、经常性，出借目的具有营业性或者经营性。在大量再审案例中，由于借款人未能提供充足证据证明出借人构成职业放贷人，最终法院未采信借款人的主张。

此外，对于向法院申请调取出借人的征信报告、银行流水、银行贷款记录、借款记录等，如果缺乏调查收集该证据的基础事实依据，出于保护出借人隐私的考虑，法院通常会从严把握，不予准许的情况较为常见。

## 实务建议

结合上述案例及相关规定，当事人在主张出借人构成职业放贷人时，可主要从以下要件出发：第一，放贷主体。职业放贷人主要指没有依法取得放贷资格的民事法律主体，具体包括法人或非法人组织以及其他以民间借贷为业的自然人。第二，放贷行为。职业放贷人的出借行为具有反复性、持续性，即同一放贷主体在一定时期内多次进行放贷。第三，放贷对象。放贷人向不同主体出借资金，出借对象属于社会不特定对象，人数众多。第四，放贷目的。职业放贷人通常存在收取高额利息的行为，将放贷作为一种职业，以赚取高额利息差额为主要收入来源，以营利为目的。

其中，民间借贷案件的数量是法院认定是否构成职业放贷人的重要考量因素。但由于不同地区的情况不同，具体的标准可由各地高级人民法院或者经其授权的中级人民法院根据本地区的实际情况制定。目前，天津、江苏、浙江三省高级人民法院及宁波市中级人民法院已经相继出台对于职业放贷人的认定标准，期待四川省高级人民法院也出台相关规定，为类似案件提供更清晰的参考，有利于统一裁判尺度。

**法条链接**

《全国法院民商事审判工作会议纪要》第五十三条

# Case 8 标的物存在质量问题，买方是否当然享有法定解除权

再审法院：四川省高级人民法院

再审案号：（2020）川民申 1310 号

行使法定解除权,需要以当事人合同目的不能实现为前提。在买卖合同中标的物有严重质量问题,显著影响使用效能的,一般认定为买方合同目的不能实现。但从目前司法实践来看,存在 4 种例外情形,即买方未及时检验、买方使用、买方转售和买方明知,此时从维护交易稳定和诚信公平原则,应认定货物质量问题不足以影响买方合同目的的实现。

## 基本案情

四川某化工科技有限公司作为买方,向作为卖方的辽宁某机械有限公司购买工业生产设备。卖方交货验收时,双方形成《压片机交接验收单》,在该验收单中载明"片重差异不符合要求",但买方选择接收货物,并投入生产使用,买方亦支付了一定货款。后买方在使用设备过程中设备出现故障,双方就故障为何种原因所致、是否免费更换配件等问题发生争议而无法达成一致,故买方以设备产能达不到双方《技术协议》的要求,且在卖方对该设备进行多次调试和检查后均未达到《技术协议》要求的 100 万片/7 小时的技术指标的情形下,诉至法院主张解除合同,并要求返还已支付的货款及利息。

## 裁判要旨

四川省高级人民法院经再审认为,双方在签订的《产品供应合同》中约

定,如质量达不到技术协议要求,供方应在 3 日内到需方现场免费维护完善;如 7 日内还不能达到要求,需方有权解除合同,供方退还需方支付的货款。双方约定了合同解除的条件,条件成就时,买方有权解除合同。但综合双方当庭陈述意见及双方所提供的证据来看,2018 年 11 月 5 日,案涉设备到达买方处,经卖方技术人员安装调试,11 月 23 日,双方形成《压片机交接验收单》,在该验收单中载明"片重差异不符合要求",但买方选择接收货物,并投入生产使用。2019 年 1 月 9 日,买方员工微信通知卖方公司员工"755000 × 0.6 - 违约金 101250 - 已付款 = 应付款,张经理看看对不对"。2019 年 1 月 10 日,买方以电子银行承兑汇票的方式向卖方支付 15 万元货款。在此期间,买方并未提出设备存在质量问题而要求解除合同。2019 年 1 月 25 日,买方在使用设备过程中设备出现故障,双方就故障为何种原因所致、是否免费更换配件等问题发生争议而无法达成一致,买方据此提出解除合同,不符合双方约定解除合同的情形。同时,买方亦未提供充分证据证实存在《合同法》第 94 条[①]规定的可以解除合同的法定情形,故不予支持买方的诉讼请求。

## 再审研习

### (一)合同目的

行使法定解除权,需要以一方当事人合同目的不能实现为前提。最高人民法院观点"不能实现合同目的"的判断标准是违约结果的客观严重性,即是否实际剥夺了债权人的履行利益,使得当事人订立合同所追求的履行利益不能实现。只有合同的履行达致缔约目的不可能获得实现,方能发生法定解除权,由此有助于杜绝合同被任意解除的可能性,很好地维护了"合同必须严守"这一合同法的基石。[②]

### (二)合同目的与合同动机

合同动机一般不等于合同目的,正如王利明教授指出的:"司法实践中应

① 《合同法》已失效,该条内容现为《民法典》第 563 条。

② 最高人民法院民法典贯彻实施工作领导小组主编:《中华人民共和国民法典合同编理解与适用(一)》,人民法院出版社 2020 年版,第 639 ~ 640 页。

当注意的是,履行合同是否能实现盈利,仅为合同动机而非合同目的,当事人不能仅以其盈利目的的落空为由主张合同目的不能实现。"①

在买卖合同中,买方合同目的为取得标的物所有权,至于买方持有该标的物后价值是否上涨、能否转售标的物赚取差价等,均非评价买方合同目的是否实现的参考因素。但在连续买卖环节,若买方明确其购买标的物是为了转售他人,笔者认为在此情形下买方合同动机与合同目的相统一,买方在后手中交易的完成亦可说明其前手交易合同目的之实现。

**(三)标的物存在质量问题,不影响买方合同目的实现的四种情形**

《民法典》第 610 条规定,因标的物不符合质量要求,致使不能实现合同目的的,买受人可以拒绝接受标的物或者解除合同。标的物有严重质量问题显著影响使用效能的,一般认定为买方合同目的不能实现,但从目前司法实践来看,存在如下例外情形。

1. 买方未及时检验

《民法典》第 621 条第 1、2 款规定:"当事人约定检验期限的,买受人应当在检验期限内将标的物的数量或者质量不符合约定的情形通知出卖人。买受人怠于通知的,视为标的物的数量或者质量符合约定。当事人没有约定检验期限的,买受人应当在发现或者应当发现标的物的数量或者质量不符合约定的合理期限内通知出卖人。买受人在合理期限内未通知或者自收到标的物之日起二年内未通知出卖人的,视为标的物的数量或者质量符合约定;但是,对标的物有质量保证期的,适用质量保证期,不适用该二年的规定。"《最高人民法院关于审理买卖合同纠纷案件适用法律问题的解释》第 14 条第 1 款规定:"民法典第六百二十一条规定的检验期限、合理期限、二年期限经过后,买受人主张标的物的数量或者质量不符合约定的,人民法院不予支持。"也就是说,买方应在合同约定的检验期间、合理期间、质保期、两年内提出质量异议,否则视为标的物质量和数量符合合同约定。该处"视为"非法律推定而是法律拟制,标的物无瑕疵之事实不能被证据所推翻,②买方合同目的业已

① 王利明主编:《中国民法典释评合同编·通则》,中国人民大学出版社 2020 年版,第 474~475 页。

② 参见最高人民法院第一巡回法庭编著:《最高人民法院第一巡回法庭民商事主审法官会议纪要》(第 1 卷),中国法制出版社 2020 年版,第 84 页。

实现。

2. 买方使用

《民法典》第 622 条第 1 款规定:“当事人约定的检验期限过短,根据标的物的性质和交易习惯,买受人在检验期限内难以完成全面检验的,该期限仅视为买受人对标的物的外观瑕疵提出异议的期限。”对于复杂标的物,外观验收可能无法分辨隐性瑕疵,故实践中可能存在买方一边调试使用一边与卖方沟通质量问题的情形。

在此情形下,买方以标的物存在质量问题主张解除合同,卖方则以买方已使用视为认可进行抗辩。对此如何认定买方合同目的是否实现,最高人民法院第一巡回法庭 2018 年第 13 次法官会议纪要给出了答案,即“买卖合同标的物质量问题不影响买方合同目的的实现,买方请求解除买卖合同之请求应不予支持。案涉货物虽存在质量问题,但买方已经投入使用且产出产品亦无证据证明存在不合格情况,投入使用之时长亦超安装调试验收所需的合理期限,故应认定货物质量问题不构成足以影响买方合同目的的实现。买方以货物存在质量问题为由请求解除买卖合同缺乏事实依据,应不予支持”。

因此,买方若认为标的物存在质量问题影响合同目的的实现,则停止使用、避免损失扩大才符合常理。若买方一边提出质量异议,一边又长期、持续使用标的物,根据禁反言的原则,仍应视为买方认可标的物,这才合乎诚信原则和公平原则。

3. 买方转售

在“甲公司→乙公司→丙公司”连环买卖交易中,若丙公司接受存在质量问题的标的物,那么乙公司是否有权解除与甲公司的买卖合同?

虽有观点认为连环交易中各个环节的买卖合同具有独立性和相对性,任何一个买卖合同当事人均可向对方主张违约责任;但笔者认为,连环交易环环相扣、息息相关,一旦其中一环断裂,将严重影响上下游其他买卖合同的正常履行,故此时对待解除合同应更加慎重。按照最高人民法院第一巡回法庭 2018 年第 13 次法官会议纪要的观点,丙公司作为标的物实际使用者尚且能够长期、持续使用标的物,表明质量问题不影响丙公司合同目的的实现,那么乙公司作为转售方,即使标的物存在质量问题也未影响其与丙公司的交易,相应也应认为质量问题不影响乙公司合同目的的实现,以维护交易秩序稳定,促进交易流转。(2018)京03民终4944号案亦持此观点,供实务参考。

4. 买方明知

《最高人民法院关于审理买卖合同纠纷案件适用法律问题的解释》第24条规定:"买受人在缔约时知道或者应当知道标的物质量存在瑕疵,主张出卖人承担瑕疵担保责任的,人民法院不予支持,但买受人在缔约时不知道该瑕疵会导致标的物的基本效用显著降低的除外。"

通常情况下,标的物质量是否存在瑕疵应表现为一种客观状态,但在例外情况下也会受到当事人主观态度的影响,这种能够决定是否构成质量瑕疵的主观状态就是买受人的明知。也就是说在买卖合同订立时,如果买受人已经知道标的物存在质量瑕疵,那么就可以认为买卖双方是针对存在质量瑕疵的物品达成了购买和出售的合意,既然买卖的标的物就是瑕疵物品,那么在该特定合同项下的标的物就是符合约定质量标准的。

如果买受人不知瑕疵会导致标的物基本效用显著降低,则不适用上述司法解释的规定;但如果买受人知晓瑕疵会导致标的物基本效用显著降低,又应如何评价?笔者认为,买方知晓标的物情况包括瑕疵的严重程度,仍然愿意购买,说明其权衡了质量问题的风险与其自身利益需求后作出了自主判断,那么此时不应将质量问题及其引发的后果归于卖方,这才合乎诚信原则与公平原则。

## 实务建议

标的物质量是否符合约定,直接关系买方合同目的能否实现。因此在实务中,买卖双方在合同签订和验收环节应重点关注以下事项。

第一,在合同签订环节,约定明晰准确的质量要求和技术标准,并结合标的物特征和行业惯例,尽量将所涉及的各项指标完整、规范地描述;若标的物为精密仪器或生产设备,需要通过使用调试才能确认合同质量,则需要在合同中予以明确;若需要卖方提供样品,则需经双方确认后封存,以便后期验收。

第二,在验收环节,买方应在约定或合理期间依照质量标准及时进行验收,如有质量问题应及时通知卖方;买方对于存在质量问题的标的物应妥善保管而非自行投入使用,否则可能被视为认可。对于卖方而言,若经买方验收合格,应留存验收证据;若认为买方所提质量异议符合合同约定或法律规定,应及时与买方协商采取补救措施。

**法条链接**

《民法典》第五百六十三条

# Case 9 夫妻一方举债是否属于夫妻共同债务

再审法院：最高人民法院

再审案号：（2020）最高法民申3577号

在涉及配偶债务人的纠纷案件中,夫妻双方以及债权人通常会就该债务是否系夫妻共同债务产生争议。一方在婚内的举债是否都应被认定为夫妻共同债务？何种情形下属于一方个人债务？本文将结合最高人民法院的再审案例,对司法实践中夫妻一方举债时夫妻共同债务的认定规则进行探析。

## 基本案情

2010年10月29日,杜某强以个人名义向王某星借款1500万元并出具借条,王某星通过中国建设银行西安友谊东路支行分两笔向杜某强账户转款合计1500万元,该笔借款用于公司经营。2013年2月至2015年12月期间,杜某强及其配偶姚某陆续向王某星清偿部分借款利息共计770万元,其中包括姚某于2014年1月29日通过其中国建设银行陕西省分行的账户向王某星银行账户转款的80万元,其余款项至今未清偿。王某星遂以民间借贷纠纷为由向法院提起诉讼,请求判决杜某强、姚某二人共同承担剩余本金及利息的还款责任。

## 裁判要旨

**(一)一审裁判要旨**

关于案涉借款是否属于杜某强、姚某夫妻共同债务,杜某强虽以个人名义对外借款，但该借款发生于杜某强、姚某婚姻关系存续期间，杜某强从事经营活动，与其配偶姚某共享利益、共担风险，姚某的银行账户亦曾向债权人王某星归还款项。故案涉借款依法应认定为杜某强、姚某的夫妻共同债务，王某星主张杜某强、姚某共同清偿债务于法有据，一审法院予以支持。

**（二）二审裁判要旨**

案涉借款系杜某强与姚某夫妻关系存续期间，杜某强以个人名义向王某星所借，用于佳诚公司的经营。王某星以姚某曾于2014年1月29日向其转款80万元，主张该还款行为是对杜某强借款的追认。但仅通过这一笔银行转款的行为，即认定姚某具有对杜某强所借1500万元债务追认的意思表示，依据不足。一审判决将案涉借款认定为姚某与杜某强夫妻共同债务，判令姚某承担共同还款责任适用法律不当，予以改判。

**（三）再审裁判要旨**

杜某强系以其个人名义向王某星借款，姚某并未在案涉借条上签字，王某星亦未提供充分证据证明姚某曾就案涉借款所涉债务明确作出追认的意思表示。虽然姚某曾于2014年1月29日向王某星转款80万元，但原审判决认为仅通过这一笔银行转款的行为，即认定姚某有对杜某强所借1500万元债务追认的意思表示依据不足，并无不当，故最高人民法院裁定驳回王某星的再审申请。

## 再审研习

**（一）案件解读**

根据《民法典》第1064条规定，夫妻双方举债时共同签名即通常所说的“共债共签”，在司法实践中较易认定夫妻共同债务，而本案的争议焦点在于夫妻一方举债，另一方事后的偿还行为是否足以认定对债务有追认的意思表示。对此一审法院认为，债务发生在婚姻关系存续期间且夫妻一方事后有还款行为，以客观行为反推主观心理，姚某对债务追认的意思表示明确，应认定为夫妻共同债务。但二审、再审法院持相反观点，认为仅通过一笔银行转款的行为即认定有对债务追认的意思表示依据不足。那么，如果有多次还款行为是否就能认定对债务有追认的意思表示呢？笔者在检索类案时发现，在司法实践中对于夫妻一方的举债,无论另一方对该笔债务偿还过一次还是数次,均不得以此断定另一方对债务进行了追认,亦无法据此直接将债务认定为夫妻共同债务。如(2021)最高法民申2196号案中,再审法院就认为还款行为与是否构成夫妻共同债务无必然联系,仅以夫妻一方对另一方的举债存在数次还款行为就认定为夫妻共同债务证据不足,无法获得支持。

因此,从该类案件分析,《民法典》第1064条的"事后追认"宜理解为明示的意思表示,通常情况下,明示的意思表示包括通过电话、短信、微信、邮件等方式承认夫妻共同举债的事实或表示愿意共同偿还借款。即便没有明示的意思表示,除掌握了另一方还款行为的证据外,债权人往往还需就该债务用于夫妻共同生活、共同生产经营或者基于双方共同意思表示承担举证责任。

**(二)类案分析**

司法实践中,对于夫妻一方举债时夫妻共同债务的认定问题,除上述案例所述情形外,笔者从相关判例中还总结出了以下两种常见情形。

1. 夫妻一方举债从事生产经营活动所得利益归家庭共享,应认定为夫妻共同债务——(2018)川民申3912号

程某周陈述所借款项用于经营红酒生意及对外放贷营利,即直接用于经营活动,借款总额高于家庭日常生活所需亦属正常。吴某梅诉称自己未使用案涉借款,但已查明程某周借款后与吴某梅账户有款项往来,且相关证据显示吴某梅与程某周实际控制的步尚公司及其法定代表人之间存在多笔资金往来,结合吴某梅无固定工作亦未举证证明有固定收入,以及案涉《离婚协议》约定程某周每月支付2万元生活费的情况,程某周将经营收入用于家庭生活存在高度可能性。认定夫妻一方借款从事生产经营活动但利益归家庭共享属于借款用于家庭共同生活的一种形式,据此认定案涉债务应属于夫妻共同债务。

2. 夫妻一方举债仅部分用于夫妻共同生活,另一方需对该部分承担共同还款责任——(2020)川民再525号

刘某君出借款的本金为321.2万元,明显超出目前一个正常家庭日常生活需要。现有证据无法体现陈某霞参与了李某平向刘某君的借款过程,也不足以证明陈某霞参与了利峰公司经营,陈某霞未从公司经营中获取利益。但

证据显示,李某平所付购车的首付款 17.09 万元及购房的首付款 14.37 万元系从李某平收到刘某君借款的卡内转出,宜认定为刘某君的借款用于夫妻共同生活,故陈某霞应对案涉借款本金的 31.46 万元及利息承担共同还款责任。

3. 对债权人知道或者应当知道夫妻一方举债用于赌博、吸毒等违法犯罪活动而向其出借款项,不予法律保护。如夫妻另一方举证不能,则应承担不利的法律后果——(2016)川民再 400 号

该案中,邓某毅所提交的证据能够证明杨某铭在外大额举债,并未用于家庭生产经营或共同生活,而是用于赌博。但没有证据证明出借人王某华在向杨某铭出借款项时双方明确约定为杨某铭个人债务,或夫妻对婚姻关系存续期间所得的财产约定归各自所有且出借人王某华知道该约定,或王某华知道或者应当知道杨某铭所借款项并非用于家庭生产经营或共同生活,或王某华知道或者应当知道杨某铭所借款项用于赌博、吸毒等违法犯罪活动。邓某毅主张杨某铭对王某华所负的债务系杨某铭个人债务,其不应承担偿还责任,因无证据证明,法院不予支持。原审将杨某铭对王某华所负债务认定为邓某毅、杨某铭的夫妻共同债务,并判决由邓某毅、杨某铭共同承担偿还责任,符合法律规定,法院予以维持。

## 实务建议

综上分析,对于夫妻一方举债时夫妻共同债务的认定,法院往往会结合多种因素进行综合考量,如未举债一方是否与债权人达成借款合意、是否参与了借款过程、是否参与生产经营活动,若认定为共同债务是否符合公平原则、是否符合一般价值评判标准,等等。因此,笔者结合本案及相关类案判决,对夫妻双方的未举债一方及债权人提出如下参考性意见。

**(一)对未举债一方的意见**

首先,若债务系夫妻一方个人债务,原则上未举债一方应尽量不以任何留痕的方式作出对债务同意、追认的意思表示。即使借款未用于家庭日常生活,未举债一方也应注意留存相关证据,避免在不知情的情况下被负债。其次,如借款金额过大,未举债一方虽未同意和追认,但部分款项确用于夫妻共同生活,未举债一方也应注意留存对超出部分未使用的证据,以便对债权人

的主张提出抗辩，从而主张只承担用于共同生活的部分，尽可能避免因证据缺失而加重自己的还款责任。

**（二）对债权人的意见**

首先，当债务人借款时，债权人不仅要将转账凭证、借条等书面证据留存，若债务人有配偶，债权人还应要求夫妻双方共同到场在借条等书面文件上签字，以确定是夫妻双方的共同意思表示；即使一方无法到场，也应要求其事后通过短信、视频、微信、邮件等方式作出同意共同负担债务的明确意思表示。其次，若债务人借款时称借款仅用于日常生活，但通过常情常理判断，认为其所借金额明显超出日常生活需要且其又明显缺乏偿还能力，建议债权人尽可能少借；如确有必要出借，根据"谁主张，谁举证"的举证规则，债权人也应就超出部分亦用于夫妻共同生活等承担举证责任，否则仅凭一方出具的借条就主张系夫妻共同债务可能无法得到法院支持。

**（三）律师提示**

家庭作为中国社会最主要的社会关系纽带，经济上的统一性是其稳定的基石。"夫妻本是同林鸟"是对夫妻关系的写照，而夫妻作为整体，本应"风险共担、利益共享"，但若基于夫妻关系在不知情的情况下背负债务，不仅自身权益无法得到保障，亦不利于夫妻关系的维系。对于债权人来说，本是好心借钱，以为只要是婚姻关系存续期间一方的举债都属于夫妻共同债务，但不承想即便是夫妻也都还是独立的个体，并非所有的债务都应由夫妻共同承担。故而举债应在夫妻双方均知情的情况下进行，若只有夫妻一方举债也应告知对方，这样既可以避免债权人"赔了夫人又折兵"，又可以避免夫妻间"负债临头各自飞"。

**法条链接**

《民法典》第一千零六十四条

# Case 10 如何认定再审新证据

再审法院：最高人民法院

再审案号：（2019）最高法知民申 1 号

作为两审终审制下“最后一根救命稻草”，很多当事人对再审程序寄予厚望。《民事诉讼法》第 211 条虽然规定了 13 种应当再审的情形，但要想打开再审大门并不容易。实务中常有当事人咨询，出现一份新证据，能否通过再审扭转乾坤？但事实上，原审没提交的证据不等于再审新证据，再审新证据需要符合实质要件和形式要件，且根据现有司法实践，形式要件似乎比实质要件更为重要。

## 基本案情

2015 年 4 月 21 日，芜湖美的洗涤电器制造有限公司向国家知识产权局申请名称为“门体组件和具有它的洗碗机”的实用新型专利（即涉案专利），2015 年 9 月 9 日涉案专利取得授权公告，专利权人为芜湖美的洗涤电器制造有限公司。2016 年 11 月 14 日，涉案专利的专利权人变更登记为本案原告佛山区顺德区美的洗涤电器制造有限公司（以下简称美的公司）。目前涉案专利有效。

本案被告佛山市云米电器科技有限公司（以下简称云米公司）认可美的公司通过公证购买的被诉侵权实物洗碗机系其生产销售，在诉讼中对美的公司主张的侵权进行了抗辩，但没有提出现有技术抗辩的主张。后一审法院审理认定云米公司未经专利权人许可，以生产经营为目的许诺销售、销售、生产涉案侵权产品，侵犯了美的公司涉案专利权，故判令云米公司立即停止制造、销售、许诺销售落入美的公司涉案专利权保护范围的涉案侵权产品之行为，并销毁侵权产品等。

一审判决作出后，各方当事人均未提出上诉。一审判决于上诉期满后生效。后云米公司以有新证据推翻一审判决为由申请再审。

## 裁判要旨

关于云米公司在再审程序中提出的现有技术抗辩的主张和新证据是否应当接受并进行审查，再审法院经审查认为，云米公司在原审程序中未主张现有技术抗辩而在再审申请中提交新的证据，不应属于法定应当再审的情形，理由如下。

第一，云米公司向法院申请再审时提交的现有技术证据均早于专利申请日，是其在原审阶段可以取得的。云米公司形式上系以有新证据为由申请再审，但实质上相当于另行提出新的抗辩理由。若在申请再审程序中接受被诉侵权人首次提出的现有技术抗辩理由及其新的证据，将损害生效裁判的既判力。现有技术抗辩是专利侵权民事纠纷中特有的一种抗辩权，是被诉侵权人依法享有的抗辩权。既然现有技术抗辩已经明确规定在《专利法》中，被诉侵权人应当依法在一、二审期间提出。但是，如果被诉侵权人未在一、二审程序中行使其抗辩权而在申请再审程序中提出抗辩，不仅有违程序正义原则，而且有损生效判决的既判力，违背了再审程序平衡保障当事人申请再审权利和维护生效裁判既判力、稳定性之间关系的立法宗旨。

第二，无论对专利权人还是其竞争对手或社会公众，专利侵权纠纷状态的稳定都具有十分重要的意义。专利侵权诉讼程序往往耗时较长，在人民法院作出民事判决并对涉诉法律关系予以确定后，信赖该判决的专利权人及其竞争对手等行业从业者会按照该判决确定的权利义务关系及相关法律事实尽快稳定并安排生产经营活动。如果依据原本就存在的现有技术证据进入再审审查程序，就会使得本已耗时长久获得稳定的经济秩序再次处于不稳定状态，不利于生产经营活动的正常开展。

第三，如果在再审申请程序中审查在一、二审程序中被诉侵权人未提出的现有技术抗辩理由及其证据，势必会对一、二审程序产生极大的冲击，实质上架空了一、二审程序，损害了两审终审诉讼制度的价值。

第四，专利侵权诉讼中原被告之间的诉讼标的应当在一审中确定，以确保原被告之间的诉讼平衡，提高当事人各方对诉讼结果的预期，从而维护程序正义。若允许被诉侵权人在再审审查程序中提出在一、二审程序中未主张的现有技术抗辩理由及其证据，将造成对权利人的诉讼突袭，严重损害程序正义。



## 再审研习

**（一）再审新证据的实质性要件**

根据《民诉法解释》第 385 条第 1 款的规定，再审申请人提供的新的证据，能够证明原判决、裁定认定基本事实或者裁判结果错误的，应当认定为《民事诉讼法》（2023 修正）第 211 条第 1 项规定的情形。

根据前述规定，并不是只要有新证据就可以启动再审，也不是新证据能够证明原判决、原裁定具有轻微瑕疵就可以启动再审，只有当新证据能够证明原判决、原裁定认定的基本事实或裁判结果错误，才可能被认定为再审新证据。

1. 何为“基本事实”

根据《最高人民法院关于适用〈中华人民共和国民事诉讼法〉审判监督程序若干问题的解释》（法释〔2008〕14 号）第 11 条规定，对原判决、裁定的结果有实质影响，用以确定当事人主体资格、案件性质、具体权利义务和民事责任等主要内容所依据的事实，人民法院应当认定为《民事诉讼法》（2007 修正）第 179 条第 1 款第 2 项规定的“基本事实”。

2020 年 12 月 23 日，最高人民法院审判委员会通过《关于修改〈最高人民法院关于人民法院民事调解工作若干问题的规定〉等十九件民事诉讼类司法解释的决定》，其中对《最高人民法院关于适用〈中华人民共和国民事诉讼法〉审判监督程序若干问题的解释》进行了修改，删除了上述关于“基本事实”的规定。因此，现关于“基本事实”的界定，应当以《民诉法解释》第 333 条规定为准，即基本事实是指用以确定当事人主体资格、案件性质、民事权利义务等对原判决、裁定的结果有实质性影响的事实。

2. 何为"足以推翻"

实务中对"足以推翻"的认定有两种判断标准：一是必然性标准，即再审后必须改变原裁判；二是盖然性标准，即该证据可能推翻原裁判。在再审审查阶段，宜采用高度盖然性标准，而不能要求新证据必须推翻原裁判，否则可能导致应再审的案件不能进入再审程序或再审审理程序形式化。①

**(二) 再审新证据的形式要件**

《民诉法解释》第 385 条第 2 款规定，对于符合该条第 1 款规定的证据，人民法院应当责令再审申请人说明其逾期提供该证据的理由；拒不说明理由或者理由不成立的，依照《民事诉讼法》第 68 条第 2 款和该解释第 102 条的规定处理。

众所周知，当事人应在举证期间内完成举证，否则可能发生证据失权。如果一份新证据足以推翻原裁判，但当事人未在原审举证期内提出，法院应当责令再审申请人说明逾期举证的理由；若逾期举证理由成立，法院应当采纳该证据。但对于理由不成立时法院是否采纳该证据，存在非常大的争议。

1. 逾期举证理由成立

《民诉法解释》第 386 条规定："再审申请人证明其提交的新的证据符合下列情形之一的，可以认定逾期提供证据的理由成立：(一) 在原审庭审结束前已经存在，因客观原因于庭审结束后才发现的；(二) 在原审庭审结束前已经发现，但因客观原因无法取得或者在规定的期限内不能提供的；(三) 在原审庭审结束后形成，无法据此另行提起诉讼的。再审申请人提交的证据在原审中已经提供，原审人民法院未组织质证且未作为裁判根据的，视为逾期提供证据的理由成立，但原审人民法院依照民事诉讼法第六十八条规定不予采纳的除外。"根据该条规定，可简要归纳新发现、新取得、新形成和已举证但未质证 4 种逾期举证理由成立的情形。

(1) 新发现、新取得

新发现和新取得的证据，都针对原审庭审结束前已形成的证据，但出于客观原因未在原审举示。事实上，法官对"客观原因"的评判标准是比较高

① 参见最高人民法院修改后民事诉讼法贯彻实施工作领导小组编著：《最高人民法院民事诉讼法司法解释理解与适用》(下)，人民法院出版社 2020 年版，第 1024 页。

的，如果再审申请人是证据持有人或控制人，比如合同一方当事人，在无法对逾期举证作出合理解释的情形下，往往很难被认定为理由成立。

在前述（2019）最高法知民申1号案例中，如果在再审阶段提出的新证据实质上是另行提出的新抗辩理由，即使再审申请人可以说明逾期提供证据的理由，也可能不被认定为再审新证据，因此当事人在一、二审程序中务必充分抗辩、充分行使举证权利。

（2）新形成

《民诉法解释》第386条第1款第3项系对《最高人民法院关于适用〈中华人民共和国民事诉讼法〉审判监督程序若干问题的解释》（法释〔2008〕14号）第10条第3项修改而来，即将“原审庭审结束后原作出鉴定结论、勘验笔录者重新鉴定、勘验，推翻原结论的证据”扩充为“在原审庭审结束后形成，无法据此另行提起诉讼的”证据。

从再审程序的功能而言，其系对已生效的裁判文书进行纠错。已生效的裁判文书是法官基于个案证据所作出的判断，当证据的数量、内容发生变化时，所认定的案件事实自然就发生变化。故原审庭审结束后形成的证据，如果是当事人之间形成的新的民事权利义务关系，则该证据不应用于再审程序，而应由当事人通过另诉的方式主张权利。但如果新形成的证据与原判决具有不可分性，且无法据此另行提起诉讼，此时为了保障当事人权利，才能认定该证据属于再审新证据。

笔者经办的福建高院（2020）闽民申5014号案，新证据源于我们代理的另一起关联案件，通过申请法院调查取证进一步印证了我方主张，基于该证据与原判的不可分性，最终被再审法院予以采信。

（3）已举证但未质证

除上述3种情形外，“已举证但未质证的证据”也属于再审新证据。但需注意的是，如果法院根据《民事诉讼法》第68条不予认定当事人逾期举示的证据，那么该证据不属于再审新证据。

2. 拒不说明理由或理由不成立

《民诉法解释》第102条第1、2款规定：“当事人因故意或者重大过失逾期提供的证据，人民法院不予采纳。但该证据与案件基本事实有关的，人民法院应当采纳，并依照民事诉讼法第六十五条、第一百一十五条第一款的规定予以训诫、罚款。当事人非因故意或者重大过失逾期提供的证据,人民法院应当采纳,并对当事人予以训诫。"

单纯从文义解释上看,"逾期提供证据的理由是否成立"与"证据是否应当采纳"之间没有必然联系。即使不符合《民诉法解释》所规定的4种逾期举证情形,即使当事人是因故意或重大过失逾期举证,只要该证据与案件基本事实有关,法院就应当采纳该新证据。换个角度来看,符合实质要件的新证据必然是足以推翻原裁判的新证据,那么根据《民诉法解释》第102条,再审新证据的形式要件似乎并不重要。

事实上,经检索最高人民法院和四川省高级人民法院相关裁判文书,如果证据不符合《民诉法解释》第386条规定,很少见法院从该证据是否与案件基本事实有关的角度进行评判,新证据的形式要件往往比实质要件更为重要。究其原因,可能是从再审程序设置的目的出发,申请再审程序作为在二审终审程序以外给予当事人的一种特殊救济途径,有其独特的诉讼价值,既要考虑救济错误裁判,同时也要考虑裁判既判力和司法成本;在逾期举证正当理由的设置上,既要考虑民事诉讼证据制度的基本原则,也要考虑敦促当事人及时举证、将诉讼权利用尽的原则。因此,如果当事人拒不说明理由或逾期举证理由不成立,恐难以被认定为再审新证据。

## 实务总结

第一,与再审新证据有关的法律规范。关于再审新证据的规定散见于多个法律、司法解释,经整理,主要包括:《民事诉讼法》《最高人民法院关于适用〈中华人民共和国民事诉讼法〉的解释》《最高人民法院关于适用〈中华人民共和国民事诉讼法〉审判监督程序若干问题的解释》《最高人民法院关于受理审查民事申请再审案件的若干意见》《人民检察院民事诉讼监督规则》。

第二,再审新证据评判标准。在评判再审新证据时,要从《民诉法解释》第385条实质要件和第386条形式要件两方面入手,同时更加注重后者规定;但在新证据可能不符合后者规定时,可围绕《民诉法解释》第102条力争说服法院采纳。

第三,审理方式。再审审查采用书面审的情形较多,此时当事人或代理律师可能无法与法官当面交流;但如果能够通过询问或听证方式与法官当庭交流,对案件代理会有重要影响。因此,我们在代理(2020)闽民申5014号案过程中,为确保法官充分听取我们意见,我们以2008年《最高人民法院关于适用〈中华人民共和国民事诉讼法〉审判监督程序若干问题的解释》(法释〔2008〕14号)第21条、《最高人民法院关于受理审查民事申请再审案件的若干意见》第13条和第18条为依据,专门向法院提交了《关于采用询问、听证方式进行审理的申请书》,这样的方法可供实务参考。

第四,申请人承担再审案件诉讼费用。根据《诉讼费用交纳办法》第9条,当事人一般不交纳民事再审案件受理费;但以“有新的证据,足以推翻原判决、裁定”为由申请再审,人民法院经审查决定再审的,申请再审的当事人需负担再审诉讼费用;原审诉讼费用则由人民法院根据诉讼费用负担原则重新确定。这是因为一旦将再审新证据作为再审的理由成立,说明申请再审的当事人存在过错,人民法院判令其承担诉讼费用符合法律精神。

**法条链接**

《中华人民共和国民事诉讼法》第二百一十一条

# Case 11 诉讼中转让债权的当事人是否有权申请再审

再审法院：最高人民法院

再审案号：（2020）最高法民再13号

申请再审是当事人维护自身合法权益的重要救济途径。当事人在诉讼中将争议权利义务转让给第三人后，受让人未替代原权利人参加诉讼的，转让人是否有权申请再审？笔者将通过一则再审案例，对该问题进行浅析。

## 基本案情

2016年8月，中国农业发展银行南昌县支行（以下简称农发行）与江西省万事发粮油有限公司（以下简称万事发公司）签订《流动资金借款合同》，农发行依约向万事发公司发放贷款，贷款到期后，万事发公司未按约偿还贷款本息。

2018年8月，农发行提起诉讼，要求万事发公司还本付息。一审判决万事发公司偿还借款及本金等，万事发公司不服一审判决，提起上诉，二审部分改判。二审审理期间，农发行与南昌县城市建设投资发展有限公司签订《债权转让协议》，由该公司受让农发行持有的本案万事发公司债权。农发行对二审改判不服，申请再审。

## 裁判要旨

本案争议焦点是农发行能否在债权转让后继续以自己的名义申请再审，主张债权。再审法院认为，案涉债权转让发生在一审判决作出之后，属于在诉讼中的权利转移行为。《民诉法解释》第 249 条第 1 款规定:“在诉讼中,争议的民事权利义务转移的,不影响当事人的诉讼主体资格和诉讼地位。人民法院作出的发生法律效力的判决、裁定对受让人具有拘束力。”据此,案涉债权转让并不影响农发行在本案中的诉讼主体资格和诉讼地位。同时,该条第 2 款规定:“受让人申请以无独立请求权的第三人身份参加诉讼的,人民法院可予准许。受让人申请替代当事人承担诉讼的,人民法院可以根据案件的具体情况决定是否准许;不予准许的,可以追加其为无独立请求权的第三人。”据此,受让人替代转让人承担诉讼的应以受让人申请为条件。在本案再审阶段,债权受让人南昌县城市建设投资发展有限公司未申请参加诉讼,反而致函再审法院明确表示其同意继续由农发行负责本案诉讼。因此,即便案涉债权转让已通知债务人,因受让人未申请替代转让人参加诉讼,本案亦无须变更诉讼当事人,农发行可继续作为本案原告及再审申请人参加诉讼,主张权利。

## 再审研习

### (一)当事人恒定原则与诉讼承继主义

诉讼系属是民事诉讼法中的一个重要概念,表达的是当事人提出的诉讼请求与法院之间的关系。双方当事人就民事权利义务发生争执,一方向法院提起诉讼,直到民事诉讼终结前,此民事争议便一直处于法院的诉讼系属中。在诉讼过程中,讼争民事法律关系的主体和客体都可能发生变化。民事诉讼程序应当如何处置应对上述变动,是一律由原权利主体继续诉讼还是一律通过主体变更承继原来的诉讼,涉及权利人程序保障、诉讼效率等多种价值目标的选择与平衡,根据各国和地区所采取的不同策略和方法,通常区分为当事人恒定原则与诉讼承继主义。

当事人恒定,指在民事诉讼过程中,当事人将诉讼标的转移于第三人时,转让人的诉讼当事人资格并不因此丧失,诉讼仍在原当事人之间进行。该规则不禁止受让人以诉讼第三人资格参加诉讼,尽管受让人不是本诉当事人,但判决效力及于该受让人。在罗马法时期,诉讼系属中禁止系争物的转让,1879 年《德国民事诉讼法》改变此种做法,采行诉讼进行中允许双方当事人自由让与转移系争物或权利义务的政策。同时，为避免一方当事人因转移系争物或权利义务丧失案件的适格，使得对方当事人不断变换诉讼对象，《德国民事诉讼法》第265条第2项设置了当事人恒定制度，即让与或移转对于诉讼无影响，法律继受人非经对方同意，无权取代前当事人以主要当事人地位承担诉讼或提起参加之诉。适用当事人恒定原则的价值在于：保持审理过程的连贯统一，维护程序安定；提高诉讼效率，避免主体更迭、诉辩反复造成"迟来的正义"。

诉讼承继，指当诉讼系属中实体权利义务发生转移时，诉讼当事人也随着权利义务的转移发生相应的变更。接受转移的人成为新的当事人并承继原来的诉讼，原当事人的诉讼行为对变更后的当事人具有约束力。该原则为英国、日本和韩国等所采用，例如《日本民事诉讼法》允许受让人以当事人参加的方式继受诉讼，原当事人脱离诉讼。适用诉讼承继主义最重要的价值在于使受让人的程序权益得到充分保障。

由于当事人恒定原则与诉讼承继主义两种规则各有优劣，故各国立法例通常并非简单择一规定，而是兼采两种规则并区分两种规则的主次地位，以实现规则的扬长避短与优势互补。

**（二）我国立法模式**

《民诉法解释》第249条规定，在诉讼中，争议的民事权利义务转移的，不影响当事人的诉讼主体资格和诉讼地位。人民法院作出的发生法律效力的判决、裁定对受让人具有拘束力。受让人申请以无独立请求权的第三人身份参加诉讼的，人民法院可予准许。受让人申请替代当事人承担诉讼的，人民法院可以根据案件的具体情况决定是否准许；不予准许的，可以追加其为无独立请求权的第三人。

我国从制度上确立了以当事人恒定为基础、诉讼承继为例外的模式，即转让人在后续诉讼中仍然具有全部的诉讼权利，受让人非经法律规定的程序，不具有当事人的诉讼主体地位和资格，但既判力的相对性被突破，生效判决、裁定对受让人具有法律拘束力。

## 要点提示

**（一）诉讼期间当事人将债权转让，判决生效后债权转让人、债权受让人是否有权申请再审**

对于诉讼期间当事人将涉案债权转让这一情形，需要区分诉讼中是否已经变更诉讼主体：如果已经变更诉讼主体，即诉讼当事人已由债权转让人变更为债权受让人，债权转让人已退出诉讼程序，则涉案债权受让人作为诉讼一方当事人自然有权申请再审，不用过多赘述；如果诉讼期间并未变更诉讼主体，从目前笔者检索的最高人民法院相关案例来看，债权转让人、债权受让人都有权申请再审。

关于债权转让人有权申请再审的裁判理由：根据《民诉法解释》第 249 条规定，虽然债权转让人已将债权转让，但在未变更诉讼主体的情况下，债权转让人的诉讼当事人资格并不因此丧失，在后续诉讼中自然具有全部诉讼权利。现行法律规定虽未明确后续诉讼程序是否包括审判监督程序，但考虑到债权转让人是生效法律文书载明的当事人，申请再审是当事人的一项基本诉讼权利，在法无明文限制的情况下，依照《民诉法解释》第 249 条应作肯定性解释，即诉讼中转让争议权利义务的当事人有权申请再审①。

关于债权受让人有权申请再审的裁判理由：债权受让人在案件出具生效判决前受让债权转让人的债权，其受让债权为争议债权，无论其是否申请变更，生效判决均对其具有约束力，因此其有权针对生效判决提出再审申请②。

**（二）判决生效后当事人将判决确认的债权转让，债权转让人、债权受让人是否有权申请再审**

1. 债权受让人是否有权申请再审

最高人民法院早在 2011 年答复《海南省高级人民法院关于海南长江旅业有限公司、海南凯立中部开发建设股份有限公司与交通银行海南分行借款合同纠纷一案的请示报告》时就明确：判决生效后当事人将判决确认的债权

① 参见最高人民法院民事判决书，(2019)最高法民再 308 号。

② 参见最高人民法院民事裁定书，(2015)民申字第 2174 号。

转让,债权受让人对该判决不服提出再审申请的,因其不具有申请再审人主体资格,人民法院应依法不予受理。[①] 其后最高人民法院在《民诉法解释》第373条第2款明确规定,判决、调解书生效后,当事人将判决、调解书确认的债权转让,债权受让人对该判决、调解书不服申请再审的,人民法院不予受理。

由以上规定可知,判决生效后当事人将判决确认的债权转让,债权受让人不具有申请再审的权利;究其原因,人民法院一方面从维持法律关系稳定性角度出发,认为债权受让人并非原审当事人,其无权提出再审[②],另一方面认为经由仲裁机构或人民法院裁判的债权,因裁判使得该法律事实得以确定,债权受让人受让该债权的权利范围,以转让时的权利为限,债权受让人对债权转让人未转让的权利无权再主张[③]。

2. 债权转让人是否有权申请再审

人民法院针对这一问题并未进行明确规定,在司法实践中存在两种完全相反的裁判观点。第一种裁判观点认为此情况下债权转让人无权申请再审,理由为债权转让人对生效判决不服,应先就该判决申请再审,待再审审查或再审有结果后再转让债权,债权转让人将经生效判决确认的债权转让给他人后,其不再是民事权利人,与本案无直接利害关系,从而丧失了申请再审的当事人资格,不再是《中华人民共和国民事诉讼法》第199条规定的可以申请再审的当事人[④]。第二种裁判观点认为此情况下债权转让人有权申请再审,理由为债权转让人系原审案件当事人,属于《民事诉讼法》规定的可以申请再审的当事人,且《民诉法解释》第373条已明确规定判决生效后当事人债权转让的债权受让人无权申请再审,反推债权转让人有权申请再审[⑤]。

笔者个人更倾向于第一种裁判观点,再审程序系对生效法律文书裁判内容不服的一种救济程序,债权转让人在判决生效后转让债权与在诉讼期间转让债权不同:判决生效后转让债权系转让的确认债权,而诉讼期间转让债权

---

① 参见《最高人民法院关于判决生效后当事人将判决确认的债权转让 债权受让人对该判决不服提出再审申请 人民法院是否受理问题的批复》。

② 参见最高人民法院民事裁定书,(2017)京民申1949号。

③ 参见河北省高级人民法院民事判决书,(2016)冀民再141号。

④ 参见最高人民法院民事裁定书,(2019)最高法民申468号。

⑤ 参见浙江省高级人民法院民事裁定书,(2019)浙民申4545号。

系转让的争议债权。债权转让人在判决生效后对法律文书确认的债权进行转让是其对于法律文书的一种认可,其不应有权申请再审,浪费司法资源。



**法条链接**

《最高人民法院关于适用〈中华人民共和国民事诉讼法〉的解释》第二百四十九条

# Case 12 债权人提起第三人撤销之诉的情形

再审法院：最高人民法院

再审案号：（2022）最高法民再60号

2021年2月，最高人民法院发布第27批指导性案例，其中第148号～153号案例系针对实践中争议不断的第三人撤销之诉程序。本案为“债权人原则上不得提起第三人撤销之诉”的适用例外，最高人民法院在改判时参照了指导案例152号的裁判要点：债权人申请强制执行后，被执行人与他人在另外的民事诉讼中达成调解协议，放弃其取回财产的权利，并大量减少债权，严重影响债权人债权实现，符合《合同法》第74条（现《民法典》第537条、第539条）规定的债权人行使撤销权条件的，债权人对民事调解书具有提起第三人撤销之诉的原告主体资格。

## 基本案情

2019年5月14日，四川省达州市大竹县人民法院作出（2019）川1724民初861号民事判决，确认刘某对万信公司享有2000万元借款本金及利息的到期债权，随后该案进入执行程序。

在万信公司诉南桥公司、渠道公司、范某等民间借贷案件中，四川省达州市中级人民法院作出（2019）川17民初73号调解书，该调解书所载调解协议明确：万信公司同意将其对南桥公司的债权由6654.63万元降至5500万元，并免除了渠道公司及范某的担保责任。

2020年3月24日，刘某向四川省达州市中级人民法院提起第三人撤销之诉，称（2019）川17民初73号调解书损害了其合法权益，请求撤销该民事调解书。



## 裁判要旨

**(一)一审裁判要旨**

一审法院认为,人民法院已经作出万信公司偿还刘某借款本金2000万元及利息的判决,刘某的实体权利已在四川省达州市大竹县人民法院的判决中予以明确。因此,四川省达州市中级人民法院经调解作出的(2019)川17民初73号民事调解书,并未损害刘某的实体权利。刘某提起的第三人撤销之诉不符合《民诉法解释》第290条的规定。对刘某提起的第三人撤销之诉,一审法院不予受理。

**(二)二审裁判要旨**

二审法院认为,现有证据能够证实上诉人刘某对万信公司享有的借款债权为2000万元,其债权已经通过四川省达州市大竹县人民法院判决得到确认,该判决已发生法律效力并进入执行程序。本案中,刘某未向一审法院提供发生法律效力的判决、裁定、调解书的全部或者部分内容错误以及发生法律效力的判决、裁定、调解书内容错误损害其民事权益的证据材料,其起诉不符合《民诉法解释》第290条的规定。故二审法院裁定驳回上诉,维持原裁定。

**(三)再审裁判要旨**

再审法院认为,本案的争议焦点是刘某是否具有提起第三人撤销之诉的主体资格。

本案中,债权人刘某申请强制执行后,被执行人万信公司在其与南桥公司、渠道公司、范某等民间借贷纠纷一案中达成调解协议,将原债权借款本息合计6654万余元减少为借款本息合计5500万元,并免除渠道公司及范某的担保责任。在刘某对万信公司的债权尚未执行到位的情况下,万信公司的上述行为严重影响刘某债权的实现。根据相关法律和司法解释的规定,参照指导案例152号的裁判要点,刘某针对案涉民事调解书具有提起第三人撤销之诉的原告主体资格。一、二审法院适用法律错误,应予以纠正。故再审法院裁定撤销原判,发回重审。

## 再审研习

第三人撤销之诉系事后启动的纠错程序，其设置主要是为了保护受错误生效裁判损害、未参加原诉的第三人的合法权益。由于涉及生效裁判的既判力和稳定性，现行立法及司法实践对于原告的诉讼主体资格有严格的要求，立案门槛相对较高。根据《民事诉讼法》第 59 条及《民诉法解释》第 290 条的规定，可知当事人提起第三人撤销之诉应当同时满足下述条件。

**（一）主体要件**

《民事诉讼法》第 59 条第 1、2 款规定："对当事人双方的诉讼标的，第三人认为有独立请求权的，有权提起诉讼。对当事人双方的诉讼标的，第三人虽然没有独立请求权，但案件处理结果同他有法律上的利害关系的，可以申请参加诉讼，或者由人民法院通知他参加诉讼。人民法院判决承担民事责任的第三人，有当事人的诉讼权利义务。"

提起第三人撤销之诉的主体限于我国《民事诉讼法》第 59 条第 1、2 款规定的第三人，具体包括有独立请求权的第三人和无独立请求权的第三人，即提起第三人撤销之诉的主体应当具有原诉讼当中第三人的主体资格和诉讼地位。同时该第三人应因不能归责于自己的事由未参加原诉讼，即其为案外第三人；若为诉讼第三人，则不属于第三人撤销之诉的适格主体，应依法申请再审。

**（二）程序要件**

《民诉法解释》第 290 条规定："第三人对已经发生法律效力的判决、裁定、调解书提起撤销之诉的，应当自知道或者应当知道其民事权益受到损害之日起六个月内，向作出生效判决、裁定、调解书的人民法院提出……"根据该条规定，第三人应当自知道或者应当知道其民事权益受到损害之日起 6 个月内，向作出生效判决、裁定、调解书的法院提起诉讼，该 6 个月的期限为除斥期间，不适用《民法典》中关于诉讼时效终止、中断、延长等规定的规定。

**（三）实质要件**

第三人撤销之诉中，第三人请求撤销的对象是已经发生法律效力的判决、裁定和调解书，且有证据证明发生法律效力的判决、裁定、调解书部分或者全部内容错误，生效的判决、裁定、调解书的错误内容损害了第三人的民事权益,第三人必须举证证明原审裁判存在错误且有纠正之必要。这是司法实践中适用的难点,在具体判断上也存在模糊的问题,法院自由裁量的空间较大。在本案及最高人民法院指导案例152号中,法院认定由于生效的民事调解书减债影响债权人权益实现,同时符合相关法律规定的债权人行使撤销权的条件,故债权人对民事调解书具有提起第三人撤销之诉的原告主体资格。

## 实务建议

首先,本案再审改判,系最高人民法院直接参照指导性案例进行改判。2020年,最高人民法院出台《关于统一法律适用加强类案检索的指导意见(试行)》,明确人民法院办理缺乏明确裁判规则或者尚未形成统一裁判规则的案件,应当进行类案检索;同时检索到的类案为指导性案例的,人民法院应当参照作出裁判。因此提醒大家在日常办案中,应当加强对最高人民法院指导性案例、公报案例等的学习和研究,培养类案检索的能力,做到快速识别、深度扩展、准确适用。

其次,在代理案件过程中,要对原案的案情和材料进行综合分析,衡量并选择诉讼方案,判断对方是否符合无偿放弃、减少债权、虚构债务等严重影响债权人债权实现的情形,是否属于以虚假诉讼的方式来逃避执行的情形,并做好充分的证据准备工作。

最后,提起第三人撤销之诉不得超过法定期限,即应当自知道或者应当知道其民事权益受到损害之日起6个月内向作出生效判决、裁定、调解书的人民法院提出,否则案件将因超过法定期限而失去进入实体审理的程序权利。权利人对此应特别关注,及时行使权利、防止权益受损。

**法条链接**

《中华人民共和国民事诉讼法》(2023修正)第五十九条

《最高人民法院关于适用〈中华人民共和国民事诉讼法〉的解释》(2022修正)第二百九十条

《最高人民法院关于统一法律适用加强类案检索的指导意见(试行)》第二条

# Case 13 如何认定诉前保全申请错误的损害赔偿

再审法院：最高人民法院

再审案号：（2019）最高法民再 252 号

诉前保全是指诉讼前的财产保全，利害关系人因情况紧急，不立即申请财产保全将会使其合法权益受到难以弥补的损害的，可以在起诉前向人民法院申请财产保全措施。司法实践中，诉前保全申请错误导致的损害赔偿纠纷屡见不鲜。那么对于此类案件，法院会如何认定？本文深入解读最高人民法院的一则再审改判案例，以期对该问题进行探讨研析。

## 基本案情

2009 年 4 月 15 日，俊发集团有限公司（以下简称俊发公司）与东方集团有限公司（以下简称东方公司）签订《合作开发协议》，后因东方公司未按协议约定完成前期出资而引发纠纷。俊发公司和东方公司分别于 2009 年 11 月和 2010 年 3 月向对方提起违约赔偿纠纷，诉请标的分别为 2, 000, 000 元和 16, 655, 000 元。后东方公司变更其诉请，诉请标的额提高至 20, 655, 000 元。最终两案因管辖权异议问题确定由新疆维吾尔自治区高级人民法院（以下简称新疆高院）合并审理。

2011 年 4 月，东方公司向新疆高院提出诉前财产保全申请，要求对俊发公司 20, 655, 000 元的财产采取保全措施。2011 年 5 月，新疆高院冻结俊发公司银行存款，查封其下属项目全部 319 套的房屋预售许可。

在新疆高院审理期间，东方公司一审反诉请求标的额增加为 46, 100, 000 元。基于其变更后的诉讼请求，东方公司在 2011 年 4 月诉前保全俊发公司

20,655,000 元银行存款或相应价值财产的基础上，申请新疆高院继续对俊发公司价值 25,445,000 元的财产予以保全。新疆高院于 2011 年 7 月 22 日裁定冻结俊发公司银行存款 25,445,000 元，不足部分则查封、扣押相应数额的其他财产。该案经最高人民法院二审后，判决支持东方公司 2,000,000 元违约金的诉讼请求。

俊发公司认为东方因申请诉前保全错误对其造成损失 9,720,000 元，其中包括保全房屋不能销售而导致对外融资的利息以及房屋迟延销售造成的损失，故向法院提起本案诉讼，要求东方公司赔偿损失。

## 法院裁判

**(一)一审裁判要旨**

首先，判断诉前保全是否错误的依据是申请人的诉讼请求是否得到法院的全部支持。东方公司最终判决被支持的数额与申请保全数额相差巨大，说明其诉前保全申请存在错误。其次，因预售许可被保全，俊发公司所开发的房产无法销售，资金不能及时回笼，导致公司无法正常经营。东方公司的诉前保全行为给俊发公司造成客观的损害事实，东方公司应当予以赔偿。

**(二)二审裁判要旨**

第一，东方公司多次变更诉讼请求，多次申请人民法院保全了俊发公司相应诉讼请求数额的财产，存在主观过错。第二，东方公司未尽到诚信善意的注意义务，致使其诉讼请求范围与人民法院生效判决之间产生了不合理的偏差，该差额范围内的财产保全申请有错误，致使俊发公司已经办理了预售手续的商品房无法销售，由此给俊发公司造成了损害，东方公司理应予以赔偿。

**(三)再审裁判要旨**

东方公司主观上不存在故意或过失等过错情形，其诉前保全行为与俊发公司主张的损失之间不存在直接的因果关系，东方公司无须承担赔偿责任。

## 再审研习

**(一)本案分析**

本案系诉前财产保全损害责任纠纷案件，争议焦点为财产保全申请人东方公司诉前财产保全申请是否存在错误,应否向俊发公司承担赔偿责任。对于该问题,再审法院确认:财产保全申请人应否承担赔偿责任取决于其行为是否符合侵权行为的构成要件,即是否存在主观过错、损害行为、损害结果、因果关系。而在本案中须着重审查两点,一是申请人的主观形态,二是保全行为与损害结果的因果关系。

第一,判断申请人主观过错的有无,应当对其行为是否存在故意或者过失进行考察。在申请人对财产保全错误存在故意或重大过失的情况下,应当认定属于申请有错误。对申请人的主观过错的判断,须注意以下几点。

首先,考察申请人诉讼请求的提出或变更是否具有合理依据。保全申请人在申请诉前财产保全时,如确实具有相应的其认为能支持其诉讼主张的依据,且申请保全的财产金额并未超出诉讼请求的数额,财产保全以其权利实现为目的与限度,则可以证明其已经尽到一般诉讼参与人在申请财产保全时的合理注意义务,不存在主观过错。

其次,申请人最终被支持的诉讼请求金额与保全数额相差巨大不能作为判断其是否存在主观过错的依据。案件争议当事方的法律知识、法律分析与法律判断能力各不相同,在提起诉讼当时对案件裁判结果的预判能力也各有差异,当事人对诉争事实和权利义务的判断未必与法院裁判的最终结果一致。如果仅以保全申请人的诉讼请求是否得到法院支持为判断申请保全是否存在过错的依据,实际上对保全申请人设定了过于严苛的注意义务,同时亦否定了对申请人主观因素的考察,容易导致以最终裁判结果来判断保全申请人是否构成侵权的结果归责。

最后,申请人在案件基础合同中的违约行为不是判断保全存在过错的标准。对“过错”的判断应当严格限定在“保全申请”的范围和时段,基础合同项下是否存在违约行为与保全申请是否存在过错是两个不同问题,不应将合同履行阶段的过错与保全申请阶段的过错相互混淆。

第二,关于因果关系的认定,再审法院认为,损失与保全行为之间是否具有因果关系是财产保全损害民事责任是否成立的判断基础。在诉前保全申请错误损害赔偿纠纷中,被申请人对损失与保全行为之间是否具有因果关系负有举证义务。本案中被申请人俊发公司虽然主张案涉房屋存在未能销售的损失,但其未能证明被保全房屋开始销售时间以及保全导致房屋无法销售或延迟销售的具体情形。在没有证据可以证明在被保全的时间段内可以完全售出并回笼资金的前提下,俊发公司以被保全的房屋完全可以售出为前提主张损失缺乏事实依据。因此,不可由此认定东方公司的诉前保全行为与俊发公司主张的损失之间存在因果关系。

**(二)类案判决**

| 案号 | 判决要旨 |
|---|---|
| 最高人民法院(2021)最高法民申6254号 | 重庆大雍公司在起诉前不可能准确预见其诉请金额能在多大程度上获得人民法院支持,而其申请保全金额与诉请金额亦基本相当(人民法院裁定保全金额为3000万元),其申请诉前保全的行为不具有主观上的过错,不能因最终重庆大雍公司的诉讼请求未得到全部支持而认定其申请保全错误。申请保全错误,须以申请人主观存在过错为要件,不能仅以申请人的诉讼请求未得到全部支持为充分条件。因此,二审法院认定重庆大雍公司申请诉前财产保全不存在错误具有事实和法律依据,并无不当。 |
| 最高人民法院(2021)最高法民申4121号 | 侵权责任以过错责任为原则,无过错责任须有法律依据,而无过错责任中并不包含保全损害赔偿责任,故申请财产保全错误损害赔偿责任应当适用一般侵权责任过错归责原则。申请保全是否存在错误,不能仅以诉讼请求是否得到人民法院支持为判断标准,而要审查申请保全人主观上是否存在过错。 |
| 四川省高级人民法院(2020)川民终570号 | 侵权责任的归责原则以过错责任原则为基本原则,适用无过错原则须有相关法律依据,而原《侵权责任法》所规定的无过错责任不包含申请保全错误损害赔偿责任,因此,申请保全错误损害赔偿责任应采用过错责任原则。2019年3月7日,在大昌公司向五冶公司开具发票后,因双方对租赁物的交接已发生争执,在五冶公司尚欠租金未付且租赁物仍由五冶公司控制的情况下,大昌公司选择对欠付租赁费及租赁物价值一并申请诉前财产保全,而未选择对租赁费和租赁物分别保全,并未违反法律规定,大昌公司的保全行为不宜认定为错误保全。对五冶公司上诉关于大昌公司申请诉前财产保全错误,应赔偿其因此而遭受的损失的主张,法院不予支持。 |

## 实务建议

从本案再审判决中最高人民法院的司法观点出发,结合相关司法实践经验,针对诉前保全行为,本文提出如下实务操作建议。

**(一)对于诉前保全申请人来说,申请保全时须尽到诚实善意的注意义务**

申请人不可因保护自身权益的急切心理随意滥用诉前保全权利,在申请保全时须尽到必要的诚实善意的注意义务,否则可能会面临相应的损害赔偿,不仅带来财产损失,更会引发诉累。

第一,在起诉阶段,确保提出的诉讼请求具有基本的法律依据,并掌握相关基本证据,避免因诉讼请求依据明显不足,使得人民法院认定申请人保全申请过错。

第二,申请诉前财产保全时,确保金额在诉讼请求内相应的金额范围内,避免超标的额查封。

第三,在维护自身诉讼权益的必要范围内,确定申请保全的对象、方式与手段,避免保全无关财产。

第四,在诉讼结束后或与对方达成协议后,及时解除保全措施,避免不合理延长保全期限。

**(二)对于被申请人而言,财产被保全后应尽可能申请保全复议**

《民事诉讼法》第111条规定:"当事人对保全或者先予执行的裁定不服的,可以申请复议一次。"如被申请人认为因保全申请错误遭受损失或有引发损失的风险,应当及时根据具体情况对保全裁定申请复议,或对具体的保全措施申请执行异议。否则,可能因自身没有采取相应措施避免损失的发生和扩大,促使法院倾向于认定申请人不予赔偿,最终导致自身损失得不到赔偿。

**法条链接**

《中华人民共和国民事诉讼法》(2023修正)第一百零八条

《民法典》第一千一百六十五条

# Case 14 原告在同一案件中能否提出两个相互矛盾的诉讼请求

再审法院：最高人民法院

再审案号：（2019）最高法民再152号

诉讼请求是贯穿整个诉讼程序的主线，影响案件成败。面对复杂的民商事纠纷，原告难以精准判断何种诉讼请求能够得到法院支持。故在司法实践中，有时会出现原告提出两个具有先后次序、相互排斥的诉讼请求的情形，若满足其中一个请求，就须否定另一个请求。由于我国未对预备性诉讼请求予以明确规定，故该种做法是否可行容易产生争议，本文以一则最高人民法院的再审案件为例，展开法律分析。

## 基本案情

甘肃省国营八一农场（以下简称八一农场）起诉称，1999年11月5日，其与永昌县计划经济局（以下简称计划局）、金川区乡镇企业管理局达成协议，对下属的原永昌县建材工业公司、金昌水泥厂、甘肃农垦八一水泥厂等进行资产重组，以评估确定的各方净资产出资组建金昌水泥（集团）有限责任公司（以下简称金泥公司）。后金泥公司登记设立，注册资本为7218.8万元。

2002年4月，计划局用于出资的85.54万元土地使用权被永昌县人民政府收回，金泥公司的注册资本减少为6943.4万元。2011年4月12日，金泥公司的股东变更为八一农场和金昌市人民政府国有资产监督管理委员会（以下简称金昌市国资委），出资额分别为4126.54万元、2816.86万元，出资比例分别为59.43%、40.57%。

2014年10月22日，金泥公司召开股东会通过如下增资决议：依照国家国有企业改革的有关规定，金泥公司使用的国有划拨土地依照基准价重新评估，依照重新评估的土地价值进行增资，金泥公司的注册资本由6943.4万元变更为10,997.4万元，其中八一农场的出资额未增加，仍为4126.54万元，出资比例由59.43%变更为37.52%；金昌市国资委的出资额由2816.86万元增加为6870.86万元，出资比例变更为62.48%。2014年11月，金泥公司根据上述股东会决议向永昌县工商行政管理局办理了变更登记。

金泥公司对其使用的8宗土地依照基准地价重新评估，将重新评估价值和增值部分作为金昌市国资委单方增资。这8宗土地中包括了2000年金泥公司组建时已经作为原股东出资的2宗土地。八一农场认为，金泥公司在2000年重组时未对原八一农场的土地资产进行评估，2014年增加注册资金时也未对现有资产全面评估；金泥公司在实施增资过程中，将原股东已作为投资的土地使用权重新评估，将增值部分作为金昌市国资委的投资，其行为违反了公司法关于法人财产权的相关规定，且金泥公司将其余6宗土地使用权评估值作为金昌市国资委对该公司的增资，未依照法定程序对公司现有资产进行评估，违反《企业国有资产评估管理暂行办法》《国有资产评估管理若干问题的规定》等法律法规的强制性规定。在金泥公司全部资产未评估之前，应由金泥公司各股东按原有股权比例分享重新评估增值的4054万元。金泥公司的行为侵犯了八一农场作为公司股东的资产收益权和增值资产的分享权。

因此，八一农场向法院起诉请求：第一，确认金泥公司股东会于2014年10月22日作出的决议无效；第二，确认八一农场享有金泥公司增资的2404.2922万元资产对应的股权；第三，判令金泥公司限期向登记机关申请撤销该增资变更登记；第四，判令金泥公司承担本案全部诉讼费用。

## 裁判要旨

### （一）一审裁判要旨

八一农场既主张金泥公司2014年10月22日股东会决议无效，又请求确认其享有金泥公司增资的2404.2922万元的对应股权，其诉讼请求相互矛盾，经庭审释明后八一农场明确表示不变更诉讼请求，对八一农场的起诉应予驳回。

**(二)二审裁判要旨**

本案中,八一农场向一审法院提出的第一项、第三项诉讼请求与第二项诉讼请求截然相反,导致人民法院无法确定八一农场的具体诉讼请求,八一农场的起诉不符合法定的受理条件。根据《最高人民法院关于适用民诉法解释》第 208 条第 3 款"立案后发现不符合起诉条件或者属于民事诉讼法第一百二十四条规定情形的,裁定驳回起诉"的规定,一审法院裁定驳回八一农场的起诉并无不当。故二审法院驳回上诉,维持原裁定。

**(三)再审裁判要旨**

最高人民法院再审认为,根据 2018 年《公司法》第 22 条的规定,股东会决议存在无效因素时,股东可以请求认定股东会决议无效;八一农场作为金泥公司的股东,享有请求认定公司股东会决议无效的诉权,其起诉请求确认金泥公司股东决议无效及办理相应的变更登记,符合《民事诉讼法》规定的受理条件,应依法受理。根据 2018 年《公司法》第 34 条关于有限责任公司股东享有优先认缴新增资本权利的规定,八一农场认为金泥公司增资时侵犯其股东权益,依法应享有诉讼权利。八一农场在提起股东会决议无效之诉的同时,又请求确认该股东会决议增资对应的股东权益归其所有,两个诉讼请求虽然是相互矛盾的,但八一农场提起的两个诉请要素齐全,均符合《民事诉讼法》规定的立案标准,当事人可以在前一个诉讼请求不被支持时,退一步选择主张后一个诉讼请求,对当事人的两个诉请,人民法院均应立案受理。甘肃省高级人民法院裁定驳回起诉,属于适用法律错误。

故再审法院撤销原民事裁定,指令甘肃省金昌市中级人民法院审理本案。

## 再审研习

**(一)法官解读**

本案系最高人民法院第六巡回法庭 2019 年度参考案例,审判长王东敏认为:原告起诉时提出一个主位诉讼请求,同时再提出一个预备诉讼请求,两个诉讼请求分别依赖两个不可同时成立的法律关系,故两个诉讼请求是互相排斥或对抗的,不能同时成立。原告的这种起诉,在民事诉讼法理论上称为主位和备位之诉的合并,即预备合并之诉。原告这样行使诉权,是用比较经济的手段维护自己的权益,通过一次诉讼穷尽追求自己可能得到利益的路径,使自己在同一事件中受到的损失最大限度地获得司法救济。这种对主位和备位之诉的合并,能避免原告在第一个请求败诉后,再次起诉提出第二个请求,符合诉讼便利和经济的原则,同时也有利于法院对当事人争议裁判的协调统一。《民事诉讼法》规定起诉的诉讼请求须具体,但未规定两个以上的诉讼请求不得相互排斥、对立等,故原告以这种方式起诉的,不违反《民事诉讼法》的规定,对当事人正当、充分地行使诉权不能苛求,不应以诉讼请求不明确具体为由不予立案或驳回起诉。

**(二)笔者解读**

对于预备合并之诉,虽然我国现行法律制度中尚无明确规定,但在司法实践中,越来越多的法院认可客观预备合并之诉。例如,《上海市高级人民法院关于审理涉及债权转让纠纷案件若干问题的解答》第2条对预备诉讼的定义予以明确,《重庆市高级人民法院关于当前民事审判若干法律问题的指导意见》第52条对预备性诉讼请求的应用场景予以阐释。

笔者对司法案例、学术观点等进行研究后,梳理出预备合并之诉以下几点特征。

1. 诉讼请求有先后顺序

主位之诉和预备之诉不是平行关系,只有主位请求不能被支持时,法院才对预备请求进行审理裁判,预备之诉有预备性、顺序性和附条件性。

2. 诉讼请求互相矛盾

预备之诉是在主位之诉无法得到支持的情况下,提出的下一顺位请求。故主位之诉与预备之诉之间是相互矛盾的关系,法院最终只能支持其中一种诉请,或者均不支持。

3. 诉讼主体具有同一性

预备合并之诉产生的情形是:同一诉讼程序中,同一原告针对同一被告在主位之诉得不到满足时,提出预备诉讼请求。因此,预备诉讼请求应当由同一原告对同一被告、依据同一事实或法律原因提起。

## 实务建议

对于某些疑难复杂案件，较难预测案件结果，在必要的情况下，原告可提出预备性诉讼请求，当第一个诉请不成立时，通过第二个诉请予以补救。在前述最高人民法院再审案例中，原告以公司股东会决议增资扩股违反公司法规定为由，主张股东会决议无效，同时又请求法院判决其有权认购股东会决议增资的新股，两个诉讼请求具有先后顺序且相互排斥。通过这样的诉讼策略，原告可以先主张取消公司增资扩股，在不能取消的情况下，转为主张认购新股，不因增资扩股稀释自己的股权比例，有利于最大化维护自身权益。

但是，在实际运用预备合并之诉制度时，需十分谨慎。例如，在（2021）京03民终19833号案中，原告在诉讼请求中同时主张股东大会决议不成立和可撤销，但由于公司决议不成立和公司决议可撤销是公司决议效力瑕疵的两种不同情形，其诉讼请求不明确具体，起诉被法院裁定驳回。因此，原告在设计预备合并之诉时，诉讼请求之间需具有先后顺序并相互排斥，避免因诉讼请求不明确具体被法院驳回起诉。

**法条链接**

《中华人民共和国民事诉讼法》（2023修正）第一百二十二条

《最高人民法院关于适用〈中华人民共和国民事诉讼法〉的解释》（2022修正）第二百零八条

# Case 15 浅析司法拍卖中税费承担规则

再审法院：最高人民法院

再审案号：（2022）最高法民再59号

司法拍卖实践中，大量被执行人无力承担或故意逃避相关纳税义务，导致执行陷入僵局。法院出于推动执行的目的，在拍卖公告中的税费承担上多为包税条款模式，即要求买受人承担拍卖过程中全部税费。此类行为无疑加重买受人负担，一直颇具争议。本文以一则最高人民法院再审改判案例为引，对司法拍卖中的税费承担规则浅析如下。

## 基本案情

2018年8月26日至2018年8月27日，郫都区法院在淘宝网司法拍卖网络平台，对被执行人爱华医院所有的土地及设备依法进行拍卖，金创盟公司以29,339,060元的最高价竞得案涉土地及设备。后金创盟公司缴纳国有土地使用权出让契税821,493.68元，经济合同印花税88元，产权转移书据印花税7188.1元，并取得案涉土地使用权。

2019年6月，爱华医院被法院裁定强制清算，郫都区税务局向爱华医院出具《债权申报表》，税务部门认为爱华医院2009年及以后一直未申报城镇土地使用权税，故追征2009～2010年城镇土地使用税城镇土地使用税1,579,094.16元及滞纳金1,325,236.41元。爱华医院认为依据司法拍卖过程中法院出具的《拍卖公告》所载明的“办理过程中所涉及的买卖双方所需承担的一切税、费和所需补交的相关税、费及物管、水、电等欠费均由买受人自行承担”，金创盟公司应当对上述欠缴税款予以承担，遂诉至法院。

## 裁判要旨

再审法院认为案涉《拍卖公告》的内容实质为合同条款,当事人对合同条款理解存在争议的,应按照文义解释、体系解释、交易规则或者习惯、诚实信用等原则进行解释。

首先,从文义解释上看,《拍卖公告》第6条"办理过程中所涉及的买卖双方所需承担的一切税、费和所需补交的相关税、费"表明买受人需承担的仅限于"办理过程中所涉及的"税费。城镇土地使用税是基于土地使用权人实际占用土地而征缴的税种,是为提高土地使用效益设置的税种,与土地权属变更无关,不属于"办理过程中"的税费。因此,城镇土地使用税不属于《拍卖公告》第6条约定的需补交的税费。

其次,从交易规则或习惯来看,执行法院明确要求爱华医院提供案涉土地相关材料,爱华医院也承诺自行承担资料不齐造成的不利后果。但是,爱华医院并未举证其提供了与案涉土地相关的城镇土地使用税欠缴情况,《拍卖公告》未对该笔税费欠缴情况进行说明和提示,基于对《拍卖公告》披露信息的信赖,金创盟公司在参与竞买时对承担城镇土地使用税未有预期应属正常。若未经特别说明即要求金创盟公司承担该税费,有违诚实信用原则。

最后,《最高人民法院关于人民法院网络司法拍卖若干问题的规定》第30条规定:"因网络司法拍卖本身形成的税费,应当依照相关法律、行政法规的规定,由相应主体承担;没有规定或者规定不明的,人民法院可以根据法律原则和案件实际情况确定税费承担的相关主体、数额。"据此,网络司法拍卖本身形成的能够预见的权属变更税费,原则上尚且由法律规定的纳税义务人承担,与权属变更无关的超出竞买人预见的税费更应由法定纳税人承担,除非买卖双方当事人有明确具体的特别约定。本案中,案涉城镇土地使用税属于与权属变更无关的税费,应由其法定纳税人爱华医院承担,而非买受人金创盟公司承担。

## 再审研习

在前述案件中，最高人民法院紧扣拍卖公告中所载明的买受人需承担税费种类是否包括拍卖之前产生的税费进行阐述，认为拍卖公告中并未载明买受人需要承担拍卖之前产生的税费，故判令买受人无须负担。但事实上，在目前司法实践中，对于法院确认买受人承担全部税费的此类包税条款，由于违背税费承担法定原则且损害了买受人利益，争议愈加激烈。在包税条款无效论的语境之下，即使前述案件拍卖公告中明确买受人应当承担原本应卖方负担的税费，亦无法对买受人发生效力。

## 要点提示

**（一）关于司法拍卖税费承担的相关规定**

根据《最高人民法院关于人民法院网络司法拍卖若干问题的规定》第6条第3项的规定，实施网络司法拍卖的，人民法院应当确定拍卖保留价、保证金的数额、税费负担等。根据该规定第30条，因网络司法拍卖本身形成的税费，应当依照相关法律、行政法规的规定，由相应主体承担；没有规定或规定不明的，人民法院可以根据法律原则和案件实际情况确定税费承担的相关主体、数额。

从上述规定可以看出，司法拍卖过程中的相关税费应当由买卖双方各自依照法律规定予以承担，人民法院在特定情况下有确定纳税主体的权利，但并未提及是否允许拍卖主体间对税费承担进行自主约定的相关问题。因此，在实践过程中法院为推动执行程序顺利进行，通常在拍卖公告中载明拍卖过程中的税费由买受人承担，从实际效果来看，此类包税条款确实有利于执行程序的有效推进，但与上述关于税费承担的规定事实上略有矛盾之处。

**（二）关于包税条款的相关争议**

鉴于包税条款的利弊两面，司法实践中对此类条款的有效性颇具争议，主要存在以下两种观点。

1. 认定包税条款有效

该观点主要基于意思自治的原则,认为法院拍卖公告是契约双方对款项的负担约定,买受人参与竞买是对拍卖过程及其结果均予以认可,对自己的竞买行为负责。进一步讲,买受人是在接受公告条款后才实施拍卖行为的,所以拍卖人理应在拍下不动产后缴纳相应税费,并且代缴税款的这一行为既没有让国家的税收收入减少,在执行过程中也没有双方串通以调节纳税为目的的行为发生。

2. 认定包税条款无效

该观点认为买方包税条款违反税收法定原则。纳税主体法定是我国税收法定原则中的一个重要表现形式,并且纳税主体有其人身的专属性特征。包税条款违反了法律的强制性规定,据此判定包税条款无效。

上述两类观点在关于包税条款效力的司法案例中均有体现,甚至在最高人民法院作出的判例中都存在截然不同的观点。

(2020)最高法执监 32 号、(2020)最高法执监 232 号案认为:拍卖公告设定由买受人承担一切税费,不违反强制性法律规定,也不违背税收法定原则;买受人参与竞拍并成交后对拍卖公告税费设定提出异议,违反诚实信用原则,也对其他参与人不公平;竞买人要求撤销拍卖或要求改变税费承担方式的异议,应不予支持。

(2020)最高法执监 421 号案认为:通过网络司法拍卖处置财产时,涉及因拍卖本身形成的税费,相应主体应分别承担各自部分税费;执行法院在进行网络司法拍卖时应按照上述规则对各自税费进行公告公示。

对此,笔者认为司法拍卖中买卖双方各自承担相应税费更为妥当。首先,认为包税条款有效的主要观点在于当事人意思自治原则,各方通过约定方式对税费负担进行责任划分。但事实上,税收债权作为公法之债,原则上应依据公法原则之规定,在税收债权债务关系上不得运用私法上意思自治原则进行协商。这也就否决了民事法律行为的渗入空间,私法关系上的意思自治原则不得对抗税法的强制性规定。其次,买方包税条款违反税收公平原则。买受人应当承担法定税种一般仅限于契税及印花税,而国家税收法律政策的价值取向并不是单纯地为了获得财政收入。基于税收公平原则,税负承担要求纳税的形式承担主体与实际承担主体具有高度的一致性,任意约定实际负税人事实上违背了税收基本的公平原则。此外，在拍卖公告中列明由买受人承担一切税费，实际加剧了卖方的强势地位，系在买卖双方交易地位极不平等的状态下达成议定，在一定程度上违背了公平合理的原则。

**(三)关于司法拍卖税费承担规则的发展趋势**

多年来，包税条款在司法拍卖实践中运用较为广泛，随着其争议案件逐渐增多，多地法院相继出台关于禁止人民法院在拍卖公告中规定买受人承担全部税费的文件。

1. 2017 年《江苏省高级人民法院关于正确适用〈最高人民法院关于人民法院网络司法拍卖若干问题的规定〉若干问题的通知》明确：因网络司法拍卖产生的税费，在法律、行政法规对税费负担主体有明确规定的情况下，人民法院不得在拍卖公告中规定一律由买受人承担。

2. 2021 年《国家税务总局湖南省税务局、湖南省高级人民法院关于进一步优化不动产司法拍卖涉税事项办理的意见》明确：人民法院应落实税法关于由相应主体依法承担税费的规定，不得在拍卖公告中要求买受人概括承担全部税费。

3. 对于破产财产网络拍卖，司法机关也正在加强监督，如 2019 年北京市高级人民法院、重庆市高级人民法院先后出台的《关于破产程序中财产网络拍卖的实施办法(试行)》，均规定了须由出卖人负担的税费，管理人应当在拍卖款中预留并代为申报、缴纳。

由此可见，法院已意识到网络司法拍卖当中包税条款的不公及其引发的巨大争议，并通过加强与税务机关的协作，主张依据税法规定确定税费的实际负担者，由买、卖双方各自承担相应的税费。由于实践做法中应用较广，完全取代此类条款仍有一段长路要走，期待最高人民法院与国家税务总局出台更有力的规范性举措，以此更好践行公平法治精神。

**法条链接**

《最高人民法院关于人民法院网络司法拍卖若干问题的规定》第六条

第二部分

# 再审案例之
# 建设工程纠纷篇

2
PART

Case 1

# 发包人逾期结算，通用条款的默示结算约定如何适用

再审法院：最高人民法院

再审案号：（2019）最高法民再110号

在实践中，发包、承包双方将工程建设主管部门制定的《施工合同》示范文本作为合同签订的基础十分常见。若示范文本通用条款约定“发包人在约定期限内不予答复即视为认可竣工结算文件”，但专用条款中仅约定发包人的答复期限，未明确约定逾期答复即视为认可竣工结算文件，发包人在逾期未答复情况下，竣工结算文件能否作为竣工结算的依据？

## 基本案情

2010年11月3日，发包人与承包人签订《建设工程施工合同》，其中通用条款第17.5.14条约定：“竣工结算：工程竣工验收报告经发包人认可后28天内，承包人出具公函向发包人递交竣工结算报告及完整的结算资料，双方按照协议书约定的合同价款及专用条款约定的合同价款调整内容，进行工程竣工结算。发包人应当自收到结算资料之日起7天内对资料的完整性进行审查，并将审查结果书面告知承包人。发包人未在7天内将审查结果告知承包人的，视为结算资料已完整。发包人应从收到完整结算资料之日起，在合同约定时限内向承包人出具书面审查意见，予以核减的，应在审查意见中逐项明确理由和依据；发包人未在合同约定时限内出具书面审查意见的，视同认可承包人的竣工结算报告。”

2010年12月8日，发包人与承包人签订《施工承包协议书》，将案涉工程分为一期、二期开发建设，该协议第7条第4项约定：“单体工程竣工验收

合格后30天内,承包人提供竣工结算书及结算资料,发包人收到结算书60天内提出审核意见,双方并在30天内核对完毕。工程竣工结算办理后7天内,发包人付至结算总造价的97%,结算总造价的3%作为工程保修金。”

2013年9月17日,案涉工程一期通过竣工验收并交付使用。承包人于2014年7月15日向发包人提交完整的结算资料。2014年9月22日,发承包双方签订《会议纪要》,载明:“乙方请求甲方加快进度审结造价。乙方已经报送的结算资料,甲方将于2014年10月份提出初审意见,双方就初审意见尽快落实相关的其他事宜。”

## 裁判要旨

**(一)一审裁判要旨**

诉争双方在合同中约定,承包人所报送的结算书在送达发包人60日内没有答复的视为结算依据。虽承包人于2014年7月15日给发包人送达结算资料,但双方又在《会议纪要》中就报送的结算资料达成发包人于2014年10月提出初审意见和双方就初审意见尽快落实相关事宜的新协议。在新协议中,没有约定发包人在2014年10月没有提出初审意见则承包人的结算意见即作为结算依据。因此,案涉合同约定的60日内没有答复则视为结算依据的约定,已经被新约定所代替,应按照新约定执行。

**(二)二审裁判要旨**

本案讼争《建设工程施工合同》第17.5.14条关于工程竣工结算约定:工程竣工验收报告经发包人认可后28天内,承包人出具公函向发包人递交竣工结算报告及完整的结算资料;发包人未在合同约定时限内出具书面审查意见的,视同认可承包人的竣工结算报告。《施工承包协议书》第7条第4项约定:单体工程竣工验收合格后30天内,承包人提供竣工结算书及结算资料,发包人收到结算书60天内提出审核意见,双方并在30天内核对完毕。

承包人于2014年7月15日向发包人提交了完整的结算资料,发包人在60日内未予审核。双方又在《会议纪要》中约定,发包人于2014年10月提出初审意见和双方就初审意见尽快落实相关的其他事宜,但发包人亦未按该约定的期限提出初审意见。故发包人未按合同约定期限审核,根据合同的约定,承包人的《工程竣工结算报告》应作为结算依据。在60日届满之后,按报送价结算已经成就,之后的约定未明确承包人放弃该结果。一审法院适用法律不当,应予纠正。

**(三)再审裁判要旨**

最高人民法院再审认为,本案的争议焦点为:案涉工程造价是以一审法院委托鉴定机构作出的《(鉴定)结算报告》还是以承包人提交的《工程竣工结算报告》为依据。

《最高人民法院关于审理建设工程施工合同纠纷案件适用法律问题的解释(一)》第20条规定:"当事人约定,发包人收到竣工结算文件后,在约定期限内不予答复,视为认可竣工结算文件的,按照约定处理。承包人请求按照竣工结算文件结算工程价款的,应予支持。"据此,承包人请求按照竣工结算文件结算工程价款,前提是当事人对"发包人在约定期限内不予答复即视为认可竣工结算文件"这一内容有明确的约定,即必须是双方当事人协商一致的结果。

最高人民法院〔2005〕民一他字第23号《关于发包人收到承包人竣工结算文件后,在约定期限内不予答复,是否视为认可竣工结算文件的复函》明确:建设工程施工合同格式文本中通用条款的约定不能简单地推论出双方当事人具有"发包人收到竣工结算文件一定期限内不予答复,则视为认可承包人提交的竣工结算文件"的一致意思表示,承包人提交的竣工结算文件不能作为工程款结算的依据。该复函的实质精神即双方当事人必须具有"发包人收到竣工结算文件一定期限内不予答复,则视为认可承包人提交的竣工结算文件"的一致意思表示,才能据此办理。

本案中,通用条款确定了发包人对承包人结算资料的审查时限,以及发包人逾期未提交审查意见的法律后果(视为认可承包人提交的竣工结算文件);专用条款仅约定发包人对承包人结算资料的审查时限,而未约定发包人逾期未提交审查意见的法律后果。因此,本案中不应作出"双方就'发包人收到承包人竣工结算文件后,在约定期限内不予答复,视为认可竣工结算文件'达成了一致约定"这一事实的认定,二审判决以承包人提交的《工程竣工结算报告》为认定案涉工程款的依据,属适用法律错误,故再审改判撤销二审判决,维持一审判决。

## 再审研习

再审法院主要通过法律条文的理解、施工合同通用条款和专用条款的适用规则以及其他要素，进行综合论述和认定，最终作出撤销二审、维持一审的再审判决，实践参考意义极大。

首先，《建设工程施工合同》通用条款第17.5.14条虽有“发包人未在合同约定时限内出具书面审查意见的，视同认可承包人的竣工结算报告”的内容，但专用条款就同一事项进行约定时，未将前述通用条款的内容在专用条款中明确约定。同一合同项下的通用条款和专用条款对同一事项作出了不同的约定，如何认定不同约定的法律效力，就需要结合建设工程施工合同中通用条款和专用条款的不同地位以及合同解释的有关规定加以分析认定。

第一，施工合同示范文本中通用条款一般是指工程建设主管部门或行业组织为合同双方订约的便利，针对建设工程领域的共性问题，给订约双方提供的可通用的合同条款和范本。施工合同专用条款是订约双方针对合同项下工程项目的具体事项，经过谈判协商而作出的相应约定，系订约双方协商一致的结果。在专用条款就同一事项作出与通用条款中示范性内容不一致的约定时，应理解为订约双方通过协商对通用条款中的相关事项进行了修改或者变更，双方应遵从专用条款的约定。

第二，通用条款是格式条款，专用条款是当事人协商确定的非格式条款。本案中，结合原《合同法》第41条（《民法典》第498条）的规定，通用条款确定了发包人对承包人结算资料的审查时限，也确定了发包人逾期未提交审查意见的法律后果（视为认可承包人提交的竣工结算文件）；专用条款仅约定发包人对承包人结算资料的审查时限，而未约定发包人逾期未提交审查意见的法律后果。因此，不能作出发包人即接受了通用条款所预设的法律后果的解释。

其次，本案其他事实也印证了发包人与承包人未就发包人在约定期限内不予答复即视为认可竣工结算文件达成一致。双方签订施工合同后，又签订了《施工承包协议书》，该协议第7条第4项约定“单体工程竣工验收合格后30天内，承包人提供竣工结算书及结算资料，发包人收到竣工结算书60天内提出审核意见,双方并在30天内核对完毕……"该协议是双方反复磋商的结果,充分展示了双方当事人的真实意思表示,而该条款内容与《建设工程施工合同》专用条款的约定方式一样,仅约定发包方审查的时限,未约定通用条款中有关在约定期限内不予答复视为认可竣工结算文件的内容,体现了发包人在条款磋商过程中意思表示的前后一致性,即未接受通用条款中有关在约定期限内不予答复视为认可竣工结算文件的内容。

最后,本案其他事实也可以印证发包人与承包人未就发包人在约定期限内不予答复即视为认可竣工结算文件达成一致。由此,二审判决认定发包人、承包人就发包人在约定期限内不予答复即视为认可承包人提交的竣工结算文件达成了一致,缺乏足够的事实基础;本案不具备适用《最高人民法院关于审理建设工程施工合同纠纷案件适用法律问题的解释(一)》第20条的前提条件。本案一审法院基于发包人的申请委托造价鉴定机构对案涉工程造价进行鉴定,程序合法,造价鉴定机构亦具有相应的工程造价鉴定资质。故本案不应以承包人提交的《工程竣工结算报告》为认定案涉工程款的依据,而应以一审法院委托鉴定机构作出的《(鉴定)结算报告》为认定案涉工程款的依据。

## 实务总结

结合本案最高人民法院改判的司法观点,对于建设工程领域施工合同的履行,笔者提出如下参考性意见供发包人、承包人参考,以避免相关法律风险。

第一,仅凭施工合同通用条款的约定,不能简单推论出承发包双方就结算默示条款达成合意。司法实践中还会结合其他要素判断双方当事人的真实意思表示,特别是通用条款外,双方签订的专用条款、补充协议、会议纪要、来往函件等往往更能作为双方意思表示真实、协商一致的证据。

第二,对于建设单位而言,建议对发包人结算默示的条款重点关注,特别是施工合同示范文本通用条款中约定发包人结算默示的条款。若建设单位考虑相关风险后不愿适用该条款,建议在专用条款或补充协议中明确发包人在约定期限内不予答复并不视为认可承包人提交的竣工结算文件,且尽量收集双方未就结算默示条款达成一致的相关证据，如后续双方签订的补充协议、会议纪要等。

第三，对于施工单位而言，若施工合同通用条款约定了发包人的默示结算条款，建议在专用条款或补充协议中进一步明确发包人对竣工结算文件的审核期限，以及明确发包人在约定期限内不予答复即视为认可承包人提交的竣工结算文件。承包人在向发包人提交竣工结算文件时，应注意收集留存向发包人提交竣工结算文件的相关证据。

**法条链接**

《最高人民法院关于审理建设工程施工合同纠纷案件适用法律问题的解释(一)》第二十一条

# Case 2 如何确定未完工程的预期利润损失

再审法院：最高人民法院

再审案号：（2018）最高法民申 5719 号

若开发商违约导致在建工程停工，施工单位往往会主张未完工程的预期利润损失。施工单位预期利润损失数额如何确定，人民法院能否支持，在实践中常有争议。笔者以再审裁判观点为视角，总结人民法院的审理要点、裁判规则，以期为各位处理此类问题提供有益启发。

## 基本案情

2011 年 11 月 6 日，华城公司（发包人）与弘盛公司（承包人）签订《工程施工合同补充协议》，约定涉案金冠壹号公馆项目由弘盛公司承建，并对双方权利义务进行了约定。该协议约定：实行工程施工总承包，即包工包料、包工期、包质量、包安全、包文明施工。工程价款采用可调价合同。

2012 年 11 月 16 日，华城公司因资金问题要求弘盛公司暂停对 4 号楼（经济适用房）的施工，停工期间所发生的机械、脚手架停滞费用如实上报，并做好工程的成品保护及临边防护工作，并决定从 2013 年 1 月 22 日开始不再支付 4 号楼脚手架、防护、塔吊租赁费用。后弘盛公司停止施工。华城公司主张弘盛公司于 2013 年 7 月 9 日停止施工撤场；弘盛公司则称 2013 年 7 月 29 日，因华城公司没有办理施工许可证，其被政府主管部门责令停工，当时其还在现场。2013 年 8 月 24 日，华城公司单方面主张解除施工合同。弘盛公司便起诉至法院，要求华城公司支付各类款项和费用，包括未完工程利润损失等。

## 裁判要旨

对于施工单位主张的预期利润，再审法院审理后认为，由于涉案工程涉及社会公共利益及公众安全，属于《招标投标法》第3条规定必须进行招投标的范畴，而本案双方当事人2011年11月6日签订《工程施工合同补充协议》，对施工合同内容进行了实质性约定，2012年12月才对涉案工程履行招投标手续，2012年12月30日签订《建设工程施工合同》，明显属于先定后招，违反了法律、法规的强制性规定，应属无效。而弘盛公司主张的预期利润损失，性质上属于违约责任的损失赔偿，但由于合同无效，且江苏弘盛公司对造成施工合同无效也负有相应的过错责任，同时无效合同不存在承担违约责任问题，故最终未予支持施工单位的该项主张。

## 再审研习

最高人民法院在《关于当前形势下审理民商事合同纠纷案件若干问题的指导意见》（法发〔2009〕40号）中确立了可得利益损失的认定标准："人民法院在计算和认定可得利益损失时，应当综合运用可预见规则、减损规则、损益相抵规则以及过失相抵规则等，从非违约方主张的可得利益赔偿总额中扣除违约方不可预见的损失、非违约方不当扩大的损失、非违约方因违约获得的利益、非违约方亦有过失所造成的损失以及必要的交易成本。"但因缺乏特别明确的计算标准，人民法院在实践中对可得利益损失的认定亦存在难度。在建设工程施工领域，施工单位主张未完工程的预期利润损失，法院能否支持施工单位的诉请？法院主要从哪些角度来进行评判？实践中对此争议颇多。笔者结合本文前述案例和最高人民法院、各地高级人民法院的其他案例，对此展开分析。

**（一）考量点一：施工合同的效力**

如前述案例所言，施工合同合法有效是施工单位主张未完工程预期利润的前提；若施工合同无效，特别是施工单位对合同无效有过错的情况下，人民法院一般不支持施工单位的预期利润诉请。

### （二）考量点二：违约责任的认定

在施工合同有效的情况下，人民法院还会审查和评判施工合同的解除是哪方的违约责任。若建设单位根本违约导致合同解除，施工单位对此并无违约责任，一般能够支持施工单位诉请；但若建设单位和施工单位都存在违约行为，或双方协商一致等情形导致合同解除，人民法院可能不支持施工单位诉请。参考案例如下。

| 案号 | 裁判摘要 |
|---|---|
| （2019）最高法民申3356号 | 盛仁公司未按照合同约定向新兴公司支付工程款，亦未履行其向新兴公司及滁州城市学院所作承诺，存在违约。盛仁公司主张的可预期利润损失，适用前提为盛仁公司是守约方，现其存在违约行为，不能适用。 |
| （2016）最高法民申480号 | 康和公司在合同履行期限内没有支付工程款，构成根本违约，也是导致合同被解除的根本原因，中建公司依据合同约定向康和公司主张预期利润损失，具有事实和法律依据，法院予以支持。 |
| （2019）云民申3183号 | 合同履行过程中，新华水电公司未能解决好与村民之间的纠纷，导致顺辉公司未能继续施工，构成违约，应承担相应的违约责任。据此部分支持顺辉公司的预期利润损失并无不当。 |
| （2016）川民申1631号 | 可得利益损失的补偿原则，是解决合同不履行的补偿问题。既然当事人双方经协商解除《建设施工合同》，即不产生该合同义务是否履行的违约责任。故中泸公司要求鸿发公司赔偿预期利益损失没有法律依据。 |

### （三）考量点三：预期利润损失的确定

在诉讼中，施工单位常苦于没有证据、证据不足以证明预期利润损失数额，此等情形下也难以得到人民法院支持，因此，预期利润数额的确定非常关键。

1. 确定预期利润损失的一般方法

一般情况下建议申请司法鉴定，由专业的造价鉴定机构通过不同方式计算未完工程的预期利润。结合实践经验，鉴定机构一般采取定额计价时所确定的利润率、工程量清单计价中承包人在报价时或报送的综合单价分析表中所体现的利润率、建筑行业平均利润率等方式来计算。

以投标报价文件载明的或施工合同约定的利润率为计算标准，符合双方合同签订时可预见范围，也是双方的意思表示；以建筑业平均利润率计算，是

《工程造价鉴定规范》(GB/T 51262 - 2017)5.8.5 条明确规定的方式之一，故前述方式计算的预期利润均有相应依据。例如笔者团队在成都市中级人民法院经办的一起建设工程案件，诉讼中因没有其他证据证明我方预期利润损失，故申请司法鉴定。鉴定机构根据合同约定的案涉工程总产值减去已完工程产值计算出未完工程的产值，并将未完工程产值作为基数乘以合同签订时四川省建筑行业平均利润率，从而得出鉴定意见认为预期利润 621 万元。最终人民法院结合鉴定报告以及双方合同履行情况，支持了我方关于预期利润损失的诉请。

当然，若施工单位举证不充分又未申请司法鉴定，法院均以预期利润具有很强的不明确性予以驳回，典型如(2019)最高法民申 3542 号案，法院认为建设工程的预期可得利益具有很强的不确定性，即使案涉合同顺利履行完毕，也可能受施工管理及原材料价格上涨等诸方面因素影响，未必产生预期利润、利益等，对该再审理由不予支持。又如(2017)苏 11 民终 3787 号案，关于恒子公司主张的可得利益损失 556,615.55 元，法院认为，恒子公司主张此项损失应承担其遭受的可得利益损失总额、必要的成本的举证，现其仅以同行业收益率证明其此项损失且其完成工程量价款总数额亦不确定，即其计算损失的依据不确定，对其此项主张不予支持。

2. 确定预期利润损失的例外情况

当然，并非施工单位举证充分或申请司法鉴定，其诉请就一定能得到支持，若存在违约金足以弥补损失等情形，其诉请可能无法得到支持。例如(2019)最高法民终 1559 号案，发包人承担的违约金已经高于承包人的直接损失，且高于的部分也超过了承包人对预期利润单独主张的数额，因此，该预期利润损失未得到支持。又如(2019)鄂民申 1128 号案，全洲公司的违约行为导致合同不能继续履行，全洲公司应当按照合同约定赔偿新荣基公司因其违约造成的损失，故原审据此对新荣基公司主张 48 万元违约金予以支持。该案再审法院认为，新荣基公司主张的违约金已足以弥补其损失，其在原审中亦未提交有效证据证明 48 万元违约金不足以弥补其损失，故原审对其主张预期利润损失的诉讼请求不予支持并无不当。

## 实务建议

建设工程施工合同的预期利润是当事人基于履行合同所享有的合法利益，但根据合同的效力、违约责任、预期利润的计算等具体情况，会形成截然不同的裁判结果。笔者结合自身经验做如下建议供实务参考。

第一，施工单位主张预期利润的前提是施工合同有效，若合同无效，即使对施工合同的终止没有过错，也难以主张预期利润损失。在此情形下，应做好合理的风险预判和防控，因合同终止而产生的其他实际损失如窝工损失、撤场费用等，应及时整理和固定相应证据，为其他损失的索赔做好充分证据准备。

第二，施工过程中，发包单位和承包单位都需注意诚信履约，对于发包人而言，若自身资金、提供施工作业面等因素导致合同解除，后期可能承担未完工程预期利润的赔偿责任，同时也会影响工程的既定工期，造成诸多不必要的经济损失；对于承包人而言，也要按约履行合同义务，若自身也有违约行为和过错，将直接影响预期利润损失的主张，同时双方协商解除合同时，建议由专业律师把关，否则可能产生如（2016）川民申 1631 号案件的不利结果。

第三，若承包人在投标时进行不平衡报价，也应该注重报价清单关于利润率的显性表达；签订施工合同时，注意对利润率的计算方式和计算依据的约定。这既表明发包单位对预期利润的可预见性，也可以避免发生诉讼纠纷后，承包单位主张预期利润的计算难以举证并得到认定。

**法条链接**

《最高人民法院关于审理建设工程施工合同纠纷案件适用法律问题的解释（一）》第六条

《关于当前形势下审理民商事合同纠纷案件若干问题的指导意见》法发〔2009〕40 号，2009 年 7 月 7 日施行，第三条

# Case 3 审计意见作为工程款结算的依据和例外情形

再审法院：四川省高级人民法院

再审案号：（2020）川民再467号

国家国防科技工业局（以下简称国防科工局）负责教育部、中国科学院、中国工程物理研究院（以下简称中物院）、民口央企、局属事业单位等机关、事业、企业单位军工项目的审计管理。在前述项目工程款结算中，相关部门会进行国家审计或行政审计，此时审计机关作出的审计报告是否影响双方当事人已形成的结算协议，审计结论能否排除双方当事人的结算协议内容优先适用？笔者通过一则四川省高级人民法院的再审案例进行详细解读。

## 基本案情

2010年8月1日，中国工程物理研究院机械制造工艺研究所（以下简称中物院机械研究所）与四川广通建设有限公司（以下简称广通公司）签订《建设工程施工合同》，约定将案涉工程施工发包给某建设公司，该合同载明资金来源国拨。工程竣工验收后，发包人委托有资质的中介机构对结算进行过程审核。如果项目竣工审计审减金额超过10%，承包方必须在发包方规定的期限内退回多支付的工程款。双方无条件服从项目竣工审计结果。

2012年12月10日，久远咨询公司受中物院机械研究所委托对案涉工程进行结算审核，双方及久远咨询公司在《建设工程造价编审确认表》及《竣工结算总价》上盖章确认。双方一致认可中物院机械研究所已付前述工程价款为70,915,448元。

2018年6月4日，广通公司作出《关于案涉工程竣工结算款的承诺书》，关于案涉工程的竣工结算额度，承诺以中物院组织的项目竣工审计为准，中物院机械研究所支付的工程款，广通公司严格按照多退少补原则，在中物院要求的第一时间内办理完相关财务手续。

国防科工局于2017年2月9日作出《关于下达2017年度国防竣工项目财务决算审计计划的通知》科工财审〔2017〕148号文件，明确包括案涉工程在内的一系列工程由中物院出具审计报告，国防科工局下达审计决定。2018年12月14日，中物院财务与审计部就案涉工程与其他案外工程作出《审计报告》，中物院于2019年1月23日作出《审计决定》，同意前述审计报告结果。以上审计报告显示案涉工程送审金额总计为84, 162, 867. 81元，审计确认金额总计为77, 931, 867. 81元，审减金额总计为6, 231, 000元（其中中物院机械研究所供钢材审减168, 000元），审增金额总计为602, 700元，则工程价款较送审金额减少5, 460, 300元。故中物院机械研究所诉至法院，要求广通公司退还多支付工程款5, 460, 300元，并支付利息。

## 裁判要旨

**（一）一审法院裁判要旨**

广通公司已承诺以中物院组织的项目竣工审计为准，并且案涉工程审计报告按照行政程序依法作出，有负责军工项目审计管理的国防科工局系列文件印证，属合法有效。故一审法院判决广通公司于判决生效之日起15日内向中物院机械研究所退还款项5, 460, 300元及利息。

**（二）二审法院裁判要旨**

二审法院则认为不能将"中物院组织的项目竣工审计"扩大解释为国家审计，且中物院出具的《审计报告》在名称上为"财务决算审计"，在性质属于财务审计，因此不能将双方在合同和承诺上所约定的"项目竣工审计"直接等同于"财务决算审计"。故二审法院判决撤销一审判决，并驳回中物院机械研究所的诉讼请求。

**（三）再审法院裁判要旨**

再审法院审理后认为，根据案涉工程的特殊性，案涉工程的审计只能是国防科工局认可的国家审计。审计具有行政监督性质，广通公司明知自己不是被审计的主体，仍表示对案涉工程的结算无条件服从审计结论，表明广通公司愿意以该行政监督的后果为结算依据。“项目竣工审计”虽不能直接等同于“项目竣工财务决算审计”，但案涉军工项目除上述文件规定进行财务决算审计外，没有其他审计行为发生。故再审法院最终判令撤销二审判决，维持一审判决。

## 再审研习

本案经历了一审判决广通公司退还工程款，到二审改判广通公司无须退还工程款，再到再审改判撤销二审判决、维持一审判决，可谓一波三折。双方争议的事实是广通公司是否应当按照中物院出具的《审计报告》的结论退还超领的工程款 5, 460, 300 元，故本案的争议焦点为中物院作出的《审计报告》能否作为案涉工程结算的依据。

对此，再审法院认为：第一，从双方当事人的身份背景、案涉工程的特殊性来看，案涉工程的审计只能是国防科工局认可的国家审计。审计具有行政监督性质，广通公司明知自己不是被审计的主体，仍表示对案涉工程的结算无条件服从审计结论，表明广通公司愿意以该行政监督的后果为结算依据，广通公司应对自己的意思表示承担相应的法律后果；第二，从久远咨询公司的资质、作出的造价审核内容来看，久远咨询公司作出的并非竣工审计；第三，从《国防科工局军工项目财务决算审计管理办法》的内容可知，案涉军工项目竣工后接受的审计有且只有“财务决算审计”。“项目竣工审计”虽不能直接等同于“项目竣工财务决算审计”，但案涉军工项目除上述文件规定进行财务决算审计外，没有其他审计行为发生。《审计报告》按照行政程序依法作出，有负责军工项目审计管理的国防科工局系列文件印证。故中物院机械研究所再审主张应以《审计报告》的结论为双方结算依据，再审法院予以支持。

## 实务要点

就本案来看，虽然中物院出具的审计结论最终被再审法院认定为当事人双方的结算依据，但审计结论能否直接作为工程款的结算依据不能一概而论,要结合合同约定和相关的结算审核文件来具体分析。

**(一)当事人明确约定以审计结论为结算依据——以审计结论为工程价款结算依据**

1. 原则上审计结论作为工程价款结算依据

合同法领域应充分尊重意思自治,除违反法律的强制性规定外,合同相关人对合同条款的约定一般优先于法律规定适用。因此,如果双方当事人在合同中明确约定以审计结论为结算依据,系双方当事人关于工程价款结算的意思自治,则以审计结论为工程价款结算依据。

2. 例外情况

在建设工程施工合同约定工程造价以审计意见为准,但审计单位未能出具审计意见时,应如何处理?《重庆市高级人民法院、四川省高级人民法院关于审理建设工程施工合同纠纷案件若干问题的解答》第5条指出,人民法院应当对审计单位未能出具审计意见的原因进行审查,区分不同情形分别作出处理,以便高效处理案涉纠纷,定分止争。

(1)因承包人原因导致未能及时进行审计的,如承包人未按照约定报送审计所需的竣工结算资料等,承包人请求以申请司法鉴定的方式确定工程造价的,人民法院不予支持。

(2)因发包人原因导致未能及时进行审计的,如发包人收到承包人报送的竣工结算资料后未及时提交审计或者未提交完整的审计资料等,可视为发包人不正当地阻止条件成就,承包人请求以申请司法鉴定的方式确定工程造价的,人民法院予以支持。

(3)因审计单位原因未及时出具审计意见的,人民法院可以函告审计单位在合理期间内出具审计意见。审计单位未在合理期间内出具审计意见又未能作出合理说明的,承包人请求以申请司法鉴定的方式确定工程造价的,人民法院予以支持。

**(二)当事人已经约定通过结算协议确认工程价款结算——审计报告不影响双方结算协议的效力**

最高人民法院在2001年4月2日作出〔2001〕民一他字第2号《关于建设工程承包合同案件中双方当事人已确认的工程决算价款与审计部门审计的工程决算价款不一致时如何适用法律问题的电话答复意见》指出:审计是

国家对建设单位的一种行政监督,不影响建设单位与承建单位的合同效力。建设工程承包合同案件应以当事人的约定为法院判决的依据。只有在合同中明确约定以审计结论为结算依据或合同约定不明确、合同约定无效的情况下,才能将审计结论作为判决的依据。

同时,结合《最高人民法院关于审理建设工程施工合同纠纷案件适用法律问题的解释(一)》第19条第1款的规定,当事人对建设工程的计价标准或者计价方法有约定的,按照约定结算工程价款。因此,在双方当事人已经约定通过结算协议确认了工程结算价款并已基本履行完毕的情况下,笔者倾向于认为国家审计机关作出的审计报告,不影响双方结算协议的效力。

**(三)当事人约定的工程计价标准或计价方法与财政、审计等政府部门的审计结果不一致的——以当事人约定为准**

在司法实践中,发包人在双方当事人对工程计价标准或计价方法已有约定的情况下,要求以财政、审计等政府部门的审核、审计结果为工程款结算依据的,除非双方当事人事先已明确如此约定,否则,应当以双方当事人约定的工程计价标准或计价方法为工程款结算依据。因为财政部门对工程款的审核是监控财政拨款与使用的行政措施,对民事合同当事人不具有法律的约束力。审计机关代表国家对各级政府、国有金融机构和企业事业组织财务收支的真实性、合法性和效益进行审计监督;审计监督在性质上是一种行政监督,对民事合同当事人也不具有法律的约束力。在双方当事人对工程计价标准或计价方法已有约定的情况下,应当尊重当事人的意思自治。

**法条链接**

《最高人民法院关于审理建设工程施工合同纠纷案件适用法律问题的解释(一)》第十九条

# Case 4 人民法院不同意造价鉴定申请的五种情形

再审法院：最高人民法院

再审案例：（2020）最高法民申 2939 号

建设工程施工合同纠纷中确定工程款一般是争议焦点，当事人往往需要通过申请造价鉴定来确定。然而，面对当事人的鉴定申请，人民法院也不是必然同意，而需要对鉴定事项的关联性、必要性和可行性进行审查，进而决定是否启动鉴定程序。笔者对司法实践中法院不同意造价鉴定申请的主要情形进行梳理，以供实务参考。

## 基本案情

2015 年 6 月 12 日，空港城公司（发包人）与亚翔公司（承包人）签订《总承包协议书》。协议签订后，亚翔公司于 2015 年 7 月 1 日开始对国际·民航馨苑项目工程进行施工。后因工程款支付、工期等问题产生分歧未能协商一致，亚翔公司于 2016 年 5 月停工，合同未继续履行。

2016 年 10 月 26 日，空港城公司与亚翔公司签订《协议书》：一、委托造价咨询单位在郑州市清欠办的组织下，双方要求在 2016 年 11 月 3 日前与具有甲级资质的造价咨询单位签订委托协议进行工程结算……四、双方按造价咨询公司的工程造价鉴定结果进行案涉工程项目结算。2017 年 8 月 7 日，双方委托的河南联创工程造价管理有限公司对本项目工程已完工程进行结算，出具《已完工程结算报告》，已完工程结算造价为 325, 636, 366. 10 元。亚翔公司诉至法院，要求空港城公司支付本案工程的已完工程款。

## 裁判要旨

针对空港城公司的造价鉴定申请,再审法院审理后认为,空港城公司与亚翔公司于2016年10月26日签订的《协议书》第4条约定,关于案涉工程项目结算,双方按造价咨询公司的工程造价鉴定结果执行。2017年8月7日,双方共同委托的河南联创工程造价管理有限公司出具《已完工程结算报告》。鉴于空港城公司和亚翔公司已经在《协议书》中明确表示接受咨询意见的约束,联创工程造价公司在纠纷发生时基于双方共同委托,对已完工程量进行鉴定并出具的《已完工程结算报告》对双方具有约束力;同时,联创造价公司的结论工程造价325,636,366.10元,与合同约定并无明显偏差,符合案涉工程实际情况,应作为本案的结算依据,故不予同意空港城公司的鉴定申请。

## 再审研习

申请造价鉴定是当事人的诉讼权利,但人民法院对鉴定申请的审查应围绕关联性、必要性和可行性等因素进行综合判断,而非必然同意当事人的鉴定申请。根据笔者办理建设工程施工合同纠纷的经验,人民法院在下述5种情形下可能不会同意当事人工程造价鉴定申请。

**(一)合同约定固定价结算工程价款**

《最高人民法院关于审理建设工程施工合同纠纷案件适用法律问题的解释(一)》第28条规定:"当事人约定按照固定价结算工程价款,一方当事人请求对建设工程造价进行鉴定的,人民法院不予支持。"实践中对此争议较小,因约定的总价款是各方在合同签订时的真实意思表示,一方当事人在诉讼中主张原合同约定不公平,意图突破合同约定另行鉴定计价的,人民法院往往不予支持。

在固定总价合同中有以下两类常见争议。

1. 固定总价合同为完工,应如何认定工程款?

【案件索引】(2020)最高法民申2229号

二审法院对于实际完成部分工程的价款采取按比例折算的方式计算,即先计算已完工的部分工程的价款占全部工程总价款(该已完工的部分工程的价款和全部工程总价款可按照定额标准鉴定得出)的比例,然后按照该比例乘以合同约定的固定价款,计算得出实际完成的部分工程价款为9,869,054.75元并无不当。

2. 合同约定固定总价下浮,但工程未完工的,是否应当下浮?

【案件索引】(2020)最高法民终337号

约定固定总价下浮的合同,其前提条件是在包干价格的基础上下浮,即固定总价金额不变。在工程未完工的情形下,需将未完工的工程款从合同约定的固定总价中扣除,致固定总价金额减少,合同约定工程款下浮的条件已不具备,故已完工程造价不应下浮。

**(二)双方诉前就工程结算达成合意**

《最高人民法院关于审理建设工程施工合同纠纷案件适用法律问题的解释(一)》第29条规定:"当事人在诉讼前已经对建设工程价款结算达成协议,诉讼中一方当事人申请对工程造价进行鉴定的,人民法院不予准许。"

【案件索引】(2020)最高法民申1786号

鉴于新疆一建公司与兴业房地产公司双方于2012年3月26日经签字盖章确认案涉兴业新天地高层底商楼最终工程结算价为74,603,831.37元,亦有结算后工程款项的支付情况在案佐证,根据《建工司法解释(二)》(已失效)第12条"当事人在诉讼前已经对建设工程价款结算达成协议的,诉讼中一方当事人申请对工程造价进行鉴定,人民法院不予准许"的规定,建设工程经竣工验收合格后,兴业房地产公司与新疆一建公司所签订的建设工程价款结算协议,法院应予保护。兴业房地产公司请求法院对案涉工程进行鉴定,一、二审法院均未委托专门机构对造价进行鉴定,再审法院认为并无不当。

**(三)双方对第三方咨询意见均认可**

《最高人民法院关于审理建设工程施工合同纠纷案件适用法律问题的解释(一)》第30条规定:"当事人在诉讼前共同委托有关机构、人员对建设工程造价出具咨询意见,诉讼中一方当事人不认可该咨询意见申请鉴定的,人民法院应予准许,但双方当事人明确表示受该咨询意见约束的除外。"

【案件索引】(2020)最高法民申2939号

鉴于空港城公司和亚翔公司已经在《协议书》中明确表示接受咨询意见

的约束,因此,联创工程造价公司出具的《已完工程结算报告》对双方具有约束力。原审法院尊重当事人意思自治,依据《已完工程结算报告》结论认定亚翔公司已完成工程的造价,认定事实清楚。

**(四)合同约定结算以审计结果为准**

《最高人民法院关于建设工程承包合同案件中双方当事人已确认的工程决算价款与审计部门审计的工程决算价款与审计部门审计的工程决算价款不一致时如何适用法律问题的电话答复意见》指出:审计是国家对建设单位的一种行政监督,不影响建设单位与承建单位的合同效力。建设工程承包合同案件应以当事人的约定为法院判决的依据。只有在合同明确约定以审计结论为结算依据或者合同约定不明确、合同约定无效的情况下,才能将审计结论作为判决的依据。

【案例索引】(2019)最高法民申3810号

最高人民法院认为本案合同中已约定工程结算值以石嘴山市审计局审定值为准,双方当事人即应当遵守合同约定,原判决以石嘴山市审计局的审计结论为定案依据有事实依据。在已有相应审计结论为依据的情形下,原审法院未准许中建公司提出的司法鉴定申请并不违反法律规定。

**(五)通过法庭调查可以查明的事实**

《最高人民法院关于人民法院民事诉讼中委托鉴定审查工作若干问题的规定》第1条规定:"严格审查拟鉴定事项是否属于查明案件事实的专门性问题,有下列情形之一的,人民法院不予委托鉴定:(1)通过生活常识、经验法则可以推定的事实;(2)与待证事实无关联的问题;(3)对证明待证事实无意义的问题;(4)应当由当事人举证的非专门性问题;(5)通过法庭调查、勘验等方法可以查明的事实;(6)对当事人责任划分的认定;(7)法律适用问题;(8)测谎;(9)其他不适宜委托鉴定的情形。"

【案例索引】(2019)最高法民申2248号

涉案《工程施工合同》第15.2条约定,合同价款采用固定单价合同方式确定。原判决据此认定涉案合同系固定单价合同,各方当事人对此并无异议。承包人与发包人在合同中约定采用固定价结算的形式一般有两种,一是价格固定,二是面积固定单价包干。这意味着在约定的风险范围和风险费用内合同价款不再调整,除非发生合同修改或者变更等情况,导致工程量发生变化。无论是固定总价还是固定单价，工程款都是可以通过当事人双方举证、质证、认证等过程计算出来，不需要专门委托中介机构鉴定来确定应结算的工程款。

## 实务建议

当出现上述法院不同意造价鉴定的情形时，如何寻找突破口，启动诉讼中的鉴定程序？笔者建议从如下角度进行考虑。

**（一）出现合同约定的调整因素**

出现合同约定的调整因素，仍可以进行造价鉴定。例如，（2019）最高法民申5423号案件中，最高人民法院认为七星农场和龙垦公司既约定采用固定总价方式确定合同价款，又在合同专用条款及补充条款特别约定不同情形下可以调整工程价款；因七星农场和龙垦公司就变更和增加部分工程发生争议，一审法院依法委托鉴定机构对案涉工程变更和增加项进行鉴定并无不当。

**（二）双方均同意鉴定**

笔者在检索案例时注意到，即使诉前双方达成结算协议，若诉讼中双方均同意鉴定，法院也可以同意鉴定并启动鉴定程序。如（2020）最高法民再360号案件中鉴定程序的启动经过了双方当事人的同意，故原审法院未采信结算书而启动鉴定程序并无不当。

**（三）存在拖延审计**

根据《重庆市高级人民法院、四川省高级人民法院关于审理建设工程施工合同纠纷案件若干问题的解答》第5条，建设工程施工合同约定工程造价以审计意见为准，但审计单位未能出具审计意见的，人民法院应当对审计单位未能出具审计意见的原因进行审查，区分不同情形分别作出处理：（1）出于承包人原因未能及时进行审计，如承包人未按照约定报送审计所需的竣工结算资料等，承包人请求以申请司法鉴定的方式确定工程造价的，人民法院不予支持；（2）出于发包人原因未能及时进行审计，如发包人收到承包人报送的竣工结算资料后未及时提交审计或者未提交完整的审计资料等，可视为发包人不正当地阻止条件成就，承包人请求以申请司法鉴定的方式确定工程造价的，人民法院予以支持；(3)出于审计单位未及时出具审计意见的，人民法院可以函告审计单位在合理期间内出具审计意见。审计单位未在合理期间内出具审计意见又未能作出合理说明的，承包人请求以申请司法鉴定的方式确定工程造价的，人民法院予以支持。也就是说，如果发包人或审计单位未及时审计也未能给出合理说明，承包人请求以司法鉴定的方式确定工程造价，人民法院予以支持。

**(四)审计结果存疑**

2015年《全国民事审判工作会议纪要》第49条规定：合同约定以审计机关出具的审计意见为工程价款结算依据的，应当遵循当事人缔约本意，将合同约定的工程价款结算依据确定为真实有效的审计结论。承包人提供证据证明审计机关的审计意见具有不真实、不客观情形，人民法院可以准许当事人以补充鉴定、重新质证或者补充质证等方法纠正审计意见存在的缺陷。上述方法不能解决的，应当准许当事人申请对工程造价进行鉴定。

【案例索引】(2021)最高法民申1739号

一般而言，人民法院审理工程价款结算纠纷案件中，如果当事人明确约定竣工结算以审计部门评审结果为准，则应尊重当事人的意思自由，按照约定处理。这并不影响人民法院对审计机构出具报告的合法性、合理性负有审查义务及权力，实践中不宜不经审查就直接予以采纳。如经审查确有证据证明审计意见(或结论)存在明显不真实、不客观、不合理之处，则该审计意见不应为认定案涉工程价款结算的依据。

**(五)其他情况**

实践中存在人民法院根据证据无法作出准确判断的专业性问题，此时有必要由专业鉴定机构通过鉴定出具鉴定意见，这既是认定案件基本事实的客观需要，也符合案件实际情况。

【案例索引】(2017)最高法民再408号

二审期间，济南某公司向法院提出对剩余工程量进行鉴定的申请，并将设备安装图纸作为鉴定材料提交，二审法院以仅凭该图纸无法进行鉴定为由，对该公司的鉴定申请不予准许。从该案事实看，由于涉及煤气发生炉等设备的安装、调试等工作较为专业，已超出法官的专业范围，仅凭法官已有知识难以对剩余工程量的多少作出准确判断。在此情形下，由专业鉴定机构出具鉴定意见，既是认定本案基本事实的客观需要，也符合本案实际情况。对于能否进行鉴定的问题，应由专业鉴定机构进行研究判断。基于上述事实，该案存在鉴定的必要性和可行性。从妥善解决案涉争议的角度出发，如不进行此项鉴定，剩余工程量的具体数量这一案件基本事实便难以查清和认定，该案最终难以作出准确裁判；对于济南某公司而言，其依法应当获得的工程价款权益也无法得到保障，有违公平公正原则。二审法院未准许济南某公司提出的鉴定申请确有不妥，应予纠正。

**法条链接**

《最高人民法院关于审理建设工程施工合同纠纷案件适用法律问题的解释(一)》第二十八条、第二十九条、第三十条

# Case 5 内部承包协议的效力认定及管理费处理

再审法院：最高人民法院

再审案号：（2021）最高法民申 142 号

建设工程承包过程中，部分承包人与发包人签订建设工程施工合同后，又与第三方签订内部承包协议。内部承包虽未被法律明令禁止，但部分当事人却以内部承包为名，行挂靠或违法转包之实。本文通过一则最高人民法院的再审案例，浅析内部承包协议效力的评判标准及管理费处理问题。

## 基本案情

2010 年 9 月 29 日，发包人朗坤公司与承包人维泰公司签订 4 份《建设工程施工合同》，约定朗坤公司将坤盛园商住小区建设工程发包给维泰公司承建。

2010 年 9 月 30 日，维泰公司又与罗某国签订 4 份《项目目标管理责任书》，约定将维泰公司承建的上述工程通过内部承包的方式承包给罗某国，承包方式为包工包料。《项目目标管理责任书》同时约定，罗某国应接受并履行维泰公司与朗坤公司签订的《建设工程施工合同》的全部条款，罗某国应自主经营独立核算，自负盈亏，风险自担，一切债权债务自理。此外，罗某国应当向维泰公司支付工程款一定比例的管理费。

上述《项目目标管理责任书》签订后，罗某国即组织人员进场施工，按约定完成了工程施工。2013 年 10 月 23 日，涉案工程经竣工验收并交付使用。其后，维泰公司未向罗某国支付全部工程款，罗某国便起诉请求维泰公司支付欠付工程款，并由朗坤公司在未向维泰公司支付的工程款范围内承担连带责任。

## 裁判要旨

本案一审、二审、再审法院的裁判结果一致,均支持维泰公司向罗某国支付工程款13,008,883.21元,驳回原告罗某国要求朗坤公司在欠付工程价款范围内承担责任的诉讼请求。

本案各级法院将案件争议焦点归纳为:第一,案涉4份《项目目标管理责任书》的效力如何;第二,维泰公司是否应当支付罗某国工程价款,若应当支付,数额如何确定;第三,朗坤公司是否在欠付建设工程价款范围内承担责任。针对本案各项争议焦点,将法院观点展示如下。

**(一)案涉4份《项目目标管理责任书》的效力如何**

本案中,维泰公司虽与朗坤公司签订了4份《建设工程施工合同》,但维泰公司将其承包的全部涉案工程依上述合同约定的内容,以《项目目标管理责任书》的形式转包给不具有建设工程施工资质的实际施工人罗某国,由罗某国组织施工完成。罗某国未与维泰公司建立劳动合同关系,应当认定维泰公司将涉案工程转包给罗某国,故罗某国与维泰公司签订的4份《项目目标管理责任书》名为《目标管理责任书》,实为转包合同,应认定为无效合同。

**(二)维泰公司是否应当支付罗某国工程价款及数额如何确定**

本案中,罗某国按照与维泰公司签订的4份《项目目标管理责任书》约定完成了施工,工程经竣工验收并交付,罗某国作为实际施工人,有权向维泰公司主张工程款。双方对工程总价款已无异议,双方争议点在于未付价款中是否应当扣除管理费。因维泰公司系违法转包,《项目目标管理责任书》无效,双方对此均有过错,本案涉及的管理费系维泰公司违法转包的获利,属违法所得,但考虑到维泰公司确实尽了一定的管理职责,结合本案的实际情况酌情认定涉案工程的管理费等以5%计取。

**(三)朗坤公司是否在欠付建设工程价款范围内承担责任**

本案中,朗坤公司系涉案工程的发包人,将工程发包给维泰公司,并未与罗某国建立合同关系。因朗坤公司并未欠付维泰公司工程款,因此对罗某国主张朗坤公司向其支付工程款的请求不予支持。

## 再审研习

### (一)建设工程内部承包关系的认定标准

引发内部承包协议效力问题讨论的案件背景多为建设工程竣工验收后,内部承包人未获得工程款,于是起诉承包人及发包人支付工程款。诉讼中,内部承包人多主张内部承包协议无效,并以实际施工人身份,援引《最高人民法院关于审理建设工程施工合同纠纷案件适用法律问题的解释(一)》第43条,主张发包人在未付工程款范围内对承包人的付款义务承担连带责任。

对于建设工程内部承包协议的效力问题,我国法律未予明确规定。但北京、浙江、四川、重庆等多地高级人民法院均曾出台文件,定义建设工程内部承包关系,并肯定了内部承包关系的合法性。

| 规范名称 | 规范内容 |
|---|---|
| 《北京市高级人民法院关于审理建设工程施工合同纠纷案件若干疑难问题的解答》第5条 | 如何认定建筑企业的内部承包行为?<br>建设工程施工合同的承包人将其承包的全部或部分工程交由其下属的分支机构或在册的项目经理等企业职工个人承包施工,承包人对工程施工过程及质量进行管理,对外承担施工合同权利义务的,属于企业内部承包行为;发包人以内部承包人缺乏施工资质为由主张施工合同无效的,不予支持。 |
| 《浙江省高级人民法院民事审判第一庭关于审理建设工程施工合同纠纷案件若干疑难问题的解答》第1条 | 如何认定内部承包合同?如何认定其效力?<br>建设工程施工合同的承包人与其下属分支机构或在册职工签订合同,将其承包的全部或部分工程承包给其下属分支机构或职工施工,并在资金、技术、设备、人力等方面给予支持的,可认定为企业内部承包合同;当事人以内部承包合同的承包方无施工资质为由,主张该内部承包合同无效的,不予支持。 |
| 《重庆市高级人民法院、四川省高级人民法院关于审理建设工程施工合同纠纷案件若干问题的解答》第8条 | 如何认定内部承包合同关系及其效力?<br>建筑施工企业将其自身承包的工程交由与其建立了劳动关系的企业职工或者下属分支机构经营管理,利用建筑施工企业特定的生产资料完成工程施工,对相关经营管理权以及利润分配、风险承担等事项达成合意的,属于内部承包。当事人以《最高人民法院关于审理建设工程施工合同纠纷案件适用法律问题的解释(一)》第一条第一项、第二项规定主张合同无效的,人民法院不予支持。<br>审判实践中,可以结合下列情形综合判断是否属于内部承包:<br>(一)内部承包人为建筑施工企业下属分支机构,其与建筑施工企业之间是否存在管理与被管理的隶属关系; |

续表

| 规范名称 | 规范内容 |
| --- | --- |
| 《重庆市高级人民法院、四川省高级人民法院关于审理建设工程施工合同纠纷案件若干问题的解答》第8条 | (二)内部承包人为个人的,如本企业职工或在册项目经理等,其与建筑施工企业之间是否存在劳动关系;<br>(三)内部承包人是否在建筑施工企业的管理和监督下进行项目施工,使用建筑施工企业的建筑资质、商标及企业名称等是否属于职务行为;<br>(四)施工现场的项目经理或其他现场管理人员是否接受建筑施工企业的任免、调动和聘用;<br>(五)承包人组织项目施工所需的资金、技术、设备和人力等方面是否由建筑施工企业予以支持;<br>(六)承包人与建筑施工企业是否共享利润、共担风险。 |

根据多地高级人民法院规定,内部承包协议有以下几大特征:第一,内部承包人与施工企业与存在劳动合同关系,或系施工企业的下属机构;第二,施工企业在人力、资金、技术、设备等核心事项上为内部承包人提供支持;第三,内部承包人对外以施工企业的名义展开经济活动,施工企业对外承担责任。满足以上条件且不存在《民法典》规定的合同无效情形的内部承包协议,一般会被认定为有效。人民法院在评判当事人之间签订的内部承包协议效力时也通常从这几大特征入手,考察各主体之间的真实法律关系。

以前述案例为例,人民法院即以罗某国未与维泰公司建立劳动合同关系,非维泰公司在册职工为由,认定双方之间并非内部承包关系而系挂靠或非法转包。类似案例如(2022)最高法民再 168 号、(2022)最高法民终 345 号、(2021)最高法民终 663 号、(2020)最高法民终 576 号、(2020)最高法民终 1181 号等,人民法院也直接从当事人之间不存在劳动关系角度入手,否定内部承包协议的效力。

此外,内部承包协议签订时间、发包人是否知晓内部承包人的存在、发包人与内部承包人之间是否实质接洽等也会作为评定协议效力的参考因素。如(2022)最高法民终 345 号案中,法院认为案涉《内部承包合同》与《建设工程施工合同》的签订时间十分接近,张某茂等 4 人在《建设工程施工合同》签订期间即向发包人盛名公司交纳履约保证金,并参与合同前期洽谈等工作;张某茂等 4 人并非承包人成森公司员工,该案实质上是张某茂等 4 人借用成森公司资质承揽盛名公司开发的案涉工程。

当内部承包协议被认定无效时,内部承包人作为相关工程的实际施工人,在发包人对承包人尚有欠付工程款的情况下,有权请求发包人以欠付承包人的工程款为限向其承担付款责任。

**(二)内部承包协议中管理费约定的效力**

内部承包协议中,当事人往往约定内部承包人向承包人支付工程价款一定比例的管理费,诉讼中该管理费能否得到支持也存在一定争议。

在(2020)最高法民终576号案中,法院认为双方约定的管理费实际是黄某国借用资质所支付的对价,东方公司请求黄某国按照案涉工程价款的1.2%支付管理费缺乏法律依据,不予支持。(2020)最高法民终1181号案持相似观点:江西四建公司非法将案涉工程转包给无资质的刘某洋、安某、罗某科施工,而致《内部承包协议书》无效,故该管理费不应从工程造价中扣除。

但亦有法院持相反观点。在(2022)最高法民再168号案中,法院认为案涉工程虽是实际施工人挂靠资质施工,但实际施工人因组织施工的需要,必然会产生支付项目部管理人员的工资、工程资料制作等办公费用;故在案涉工程质量合格、发包人的合同目的已实现的情形下,对工程价款中本就无法明晰的企业管理费予以核减,对承包人不公,亦将使发包人、承包人之间的权利失衡,故对鉴定造价中的企业管理费,不予核减。同样在前述(2021)最高法民申142号再审案例中,法院认为虽然《项目目标管理责任书》无效,但维泰公司确实尽了一定的管理职责,故管理费以涉案工程款的5%计取。

综合以上案例,即使内部承包协议被认定无效,在建设工程竣工验收合格且承包人实际承担了一定管理职责的情况下,当事人约定的管理费仍有一定获得法院支持的可能。

## 要点提示

综上,虽然我国法律层面暂未对内部承包协议的效力予以评价,但多地高级人民法院已就此设置规范、提炼评判要素,并成为司法实践中评价内部承包协议效力的依据。内部承包人可据此评价自身法律行为之效力。若内部承包协议有效,则合同约定的管理费当然成立;若内部承包协议无效,实践中对管理费条款能够适用亦有不同理解,但在承包人实际承担了管理职责的情况下,管理费存在获得法院支持的可能。故实践中,建议相关主体为保障自身权益做好证据留存工作。

**法条链接**

《最高人民法院关于审理建设工程施工合同纠纷案件适用法律问题的解释(一)》第四十三条

# Case 6 被挂靠人是否对挂靠人欠付实际施工人的工程款承担责任

再审法院：最高人民法院

再审案号：（2022）最高法民再 124 号

尽管现行法律明确禁止建工领域的挂靠行为，但实践中挂靠行为仍屡禁不止。司法实践多认为如挂靠人以自身名义与实际施工人签署合同，被挂靠人与实际施工人之间不存在直接合同关系，即便存在挂靠情形，实际施工人也不存在可以突破合同相对性原则而向被挂靠人主张权利的事实基础和法律依据。此外，被挂靠人不属于法定的发包人、转包人、违法分包人，实际施工人无权要求被挂靠人对欠付工程款承担连带支付责任。但在本文列明的最高人民法院再审案件中，最高人民法院基于公平原则和诚实信用原则的考量，最终酌情判定被挂靠人对欠付工程款承担一定补充责任，可供实务参考。

## 基本案情

发包人将位于乌鲁木齐市的某工程发包给 A 公司某分公司后，丁某借用 A 公司某分公司资质参与项目建设，并向 A 公司某分公司出具书面承诺，认可借用 A 公司某分公司资质的事实，承诺所有责任由其个人承担。后丁某以 A 公司某分公司的委托代理人身份、自身名义与实际施工人吕某签订施工合同，并约定丁某为该工程项目代表。施工合同签订后，吕某即组织人机料进场施工，案涉工程现已实际交付使用。后实际施工人吕某以欠付工程款为由，向法院起诉要求 A 公司某分公司、丁某共同支付未付工程款及利息等，并要求发包人在欠付工程款范围内对上述款项承担责任。

## 裁判要旨

**(一)一审裁判要旨**

一审法院认为A公司分公司明确丁某为其公司的委托代理人,丁某与A公司分公司不是挂靠关系,对吕某要求丁某承担责任的诉讼请求不予支持;A公司某分公司将案涉工程非法转包给没有资质的实际施工人丁某的行为无效;实际施工人吕某要求A公司作为转包人向其支付工程款合法有据,予以支持。判决A公司向吕某支付未付工程款11,879,392.82元及利息等,驳回吕某其他诉讼请求。

**(二)二审裁判要旨**

二审法院认为:对于A公司,在发包人与A公司某分公司签订工程施工合同时,丁某是A公司某分公司委托代理人,亦是合同约定的项目代表;丁某将工程转包给吕某并由吕某实际施工完毕,A公司未提异议,吕某有理由相信丁某的转包行为系代表A公司某分公司的行为,相应后果应由A公司某分公司承担。对于发包人,因现有证据显示工程款已经付清,故吕某要求发包人在欠付工程款范围内承担责任的请求不能成立。对于丁某,其系分公司委托代理人,认可借用分公司资质并承诺所有责任由其个人承担;但该承诺发生于丁某与A公司内部,不能对抗吕某,故吕某要求丁某承担全额工程款及利息的主张不能成立。判决A公司向吕某支付未付工程款12,151,381.26元及利息等,驳回吕某其他诉讼请求。

**(三)再审裁判要旨**

最高人民法院认为:丁某作为施工合同的相对人,在收到发包人的工程款后,怠于向吕某支付,应承担向吕某支付工程款及利息的责任。A公司某分公司明知法律禁止建筑施工企业将本企业的资质证书等出借他人,仍允许丁某借用其资质,并向丁某出具授权委托书,且工程施工合同中明确约定委派丁某为案涉项目现场代表,负责施工现场的项目管理工作。丁某虽以自己的名义与吕某签订施工合同,但施工合同系在复印的工程施工合同上签订,吕某根据合同内容有理由相信丁某签订施工合同系代表A公司某分公司,A公司某分公司在施工合同签订中存在明显过错,应承担相应的补充责任。因

A 公司某分公司已注销,相应责任由 A 公司承担。最高人民法院综合工程施工合同及施工合同的履行情况、当事人的过错程度等因素,根据公平原则和诚实信用原则,酌情认定丁某向吕某支付工程款及利息,A 公司在欠付工程款及利息的范围内承担 30% 的赔偿责任。

## 再审研习

关于被挂靠人是否应对挂靠人欠付实际施工人的工程款承担责任,目前并无明文规定,司法实践中争议较大,存在不同处理思路。

观点一:被挂靠人不承担连带责任或合同责任

该观点为目前主流观点,主要理由在于,依照《最高人民法院关于审理建设工程施工合同纠纷案件适用法律问题的解释(一)》第 43 条第 1 款之规定,实际施工人以转包人、违法分包人为被告起诉的,人民法院应当依法受理。也就是说,实际施工人应首先向作为合同相对方的转包人或违法分包人主张权利,或者能够依法突破合同相对性向发包人主张权利。但在借用资质的情形下,被挂靠人与实际施工人之间并无合同关系,也不存在依法能够突破合同相对性的情形,故挂靠人不承担合同责任或连带责任。

观点二:被挂靠人承担共同责任

实践中有部分法院持该观点,主要理由在于,因挂靠行为违法,而被挂靠人允许挂靠人实施违法行为存在过错。同时,被挂靠人与实际施工人之间往往存在工程款项往来或有加盖被挂靠人公章的往来文件,因此实际施工人有理由相信被挂靠人是形式上的合同主体,而挂靠人是合同的实际履行主体,为维护市场正常交易秩序和保护具有合理信赖利益的实际施工人,被挂靠人和挂靠人应共同对合同债务承担民事责任。

观点三:被挂靠人承担补充责任

本文前述最高人民法院再审案例即持此观点。最高人民法院再审审查后认为,根据合同履行实际情况,丁某与发包人直接结算且收取工程款,认定丁某为合同当事人,更符合案件客观事实。虽然被挂靠人 A 公司并非合同当事人,也主张未从挂靠关系中收取管理费,但最高人民法院根据案件情况认为 A 公司在合同签订中存在明确过错,并基于公平原则和诚实信用原则的考量，最终酌情判定被挂靠人对欠付工程款承担一定补充责任。

对此，笔者认为一般在挂靠关系中，若挂靠人以被挂靠人名义对外签订合同，通常依据合同相对方是否知情衡量责任类型或责任大小。但在现行法律未明确规定挂靠人以自身名义对外签订合同的情形下，被挂靠一方是否需要承担责任，或应当承担何种责任？从本案最终判决结果来看，即使在案涉情形下，最高人民法院仍然认为被挂靠人应负相对较高的行为注意义务，其对挂靠关系持一定否定态度，存在引导建筑市场规范化的司法倾向。



## 实务建议

在以往司法实践中，对于建筑工程领域的挂靠关系，法院通常会以合同相对性原则为由，驳回实际施工人要求被挂靠人承担工程款连带支付责任的请求。如(2018)最高法民再297号案中，最高人民法院认为：因履行隆兴公司与远江公司之间的《土建扩大劳务工程承包合同》而产生该工程款纠纷；建安公司与隆兴公司之间不存在直接合同关系，建安公司亦非《三方协议书》签约人；隆兴公司未证明明珠公司已将隆兴公司所施工项目的未付工程款付给建安公司，远江公司与建安公司之间即使存在挂靠与被挂靠关系，隆兴公司亦不存在可以突破合同相对性而向建安公司主张权利的事实基础和法律依据；隆兴公司关于建安公司应当对远江公司欠付的工程款承担连带责任的主张不能成立，一、二审法院对隆兴公司该项诉讼请求未予支持正确。换言之，当案涉争议基于实际施工人与挂靠人之间的合同关系发生时，因被挂靠人与实际施工人不存在直接合同关系，即便存在挂靠与被挂靠关系，实际施工人仍不存在可以突破合同相对性而向被挂靠人主张权利的事实基础和法律依据。

此外，因建工合同相关司法解释中对实际施工人可起诉的主体表述为发包人、转包人、违法分包人，亦有法院以被挂靠人不属于上述实际施工人法定的权利主张主体为由，不支持被挂靠人承担责任。采用该种裁判思路的有被评为"最高人民法院第六巡回法庭2019年度参考案例"之一的(2019)最高法民再329号案。该案中最高人民法院认为：依据原《最高人民法院关于审理建设工程施工合同纠纷案件适用法律问题的解释》第26条"实际施工人以转包人、违法分包人为被告起诉的,人民法院应当依法受理。实际施工人以发包人为被告主张权利的,人民法院可以追加转包人或者违法分包人为本案当事人。发包人只在欠付工程价款范围内对实际施工人承担责任”的规定,实际施工人可向发包人、转包人、违法分包人主张权利;但中顶公司系被挂靠方,不属于转包人、违法分包人或发包人,原判决以上述规定为法律依据判决中顶公司承担给付工程款的责任,适用法律错误,依法予以纠正。最高人民法院认为中顶公司再审主张其不承担案涉工程款及利息的给付责任成立,对中顶公司请求驳回朱某军对其的诉讼请求,予以支持。

在(2022)最高法民再124号案中,最高人民法院根据案件事实认定存在挂靠行为,但未按照传统裁判思路以超越合同相对性或超出法定责任主体等为由否定被挂靠人的责任,反而依据公平原则和诚实信用原则改判被挂靠人承担部分责任。该案的裁判思路与案件具体情况有关,在一定程度上反映出当下建筑市场整体趋于规范化管理的倾向:被挂靠人通过出借资质收取管理费等模式不被鼓励和提倡,并可能面临比以往更为严格的责任承担风险。因此,承包人应当更加审慎地对待工程项目承接,拒绝出借资质等违反法律规定的行为,以免因小失大。

**法条链接**

《最高人民法院关于审理建设工程施工合同纠纷案件适用法律问题的解释(一)》第四十三条

# Case 7 实际施工人可否排除他人对承包人应收工程款的执行

再审法院：四川省高级人民法院

再审案号：（2020）川民再390号

第三人对承包人的应收工程款申请执行，实际施工人能否以其对工程款享有的债权排除该执行？本文深入解读四川省高级人民法院的一则再审改判案例，以期对该问题进行探讨研析。

## 基本案情

2016年8月8日，方州公司（发包人）与蜀达公司（承包人）签订《合同协议书》，将案涉工程承包给蜀达公司，签约合同价为13,805,090元。2016年12月9日，蜀达公司（甲方，聘用方）与刘某（乙方，被聘用方）签订《项目管理目标责任书》，约定刘某承包案涉工程项目部，负责组织项目施工。其后，因刘某、蜀达公司与多名材料供应商的合同纠纷，在（2018）川1324民初2125号等23份民事判决中，法院认定刘某为案涉工程实际施工人。

在李某诉蜀达公司借款合同纠纷一案中，经人民法院调解确认蜀达公司尚欠李某借款本金、利息及律师费共计1,523,200元。因蜀达公司未按调解书履行还款义务，李某申请强制执行，执行法院作出执行裁定：将被执行人蜀达公司在方州公司的应收款项170万元提取至本院。刘某作为案外人以其系款项实际权利人为由，向执行法院提出书面异议，要求执行法院停止对案涉款项的执行。执行法院于2019年3月20日作出（2019）川0107执异91号执行裁定书，裁定驳回刘某的异议请求，故刘某提起执行异议之诉，请求确认李某申请冻结的方州公司应付工程款170万元属其所有，并停止对该款项的执行。

## 法院裁判

**(一)一审裁判要旨**

实际施工人向发包人直接主张工程价款的依据为原《最高人民法院关于审理建设工程施工合同纠纷案件适用法律问题的解释》第26条,该条在特定情形下支持实际施工人突破合同相对性向发包人主张债权。即使刘某为案涉工程实际施工人,本案并不具有实际施工人可依据该条规定主张债权的情形,且依据该条也不能得出实际施工人在该种情形下主张的债权相对于其他一般债权具有优先性的结论。故一审判决驳回刘某的诉讼请求。

**(二)二审裁判要旨**

二审法院认为,对于刘某是否为实际施工人,应在建设工程施工合同纠纷案件中予以认定,不属于本案的审理范围。根据合同相对性原则,即便刘某系实际施工人,但本案并非建设工程施工合同纠纷案件,方州公司并无直接向刘某支付应收工程款170万元的义务。故二审维持一审判决,驳回刘某的上诉请求。

**(三)再审裁判要旨**

再审法院认为:首先,针对刘某系案涉工程实际施工人的问题,已在另案生效判决文书中予以确认,并得到发包方方州公司的认可,故在本案中无须再次证明。本案现有证据足以证明刘某所应享有的工程款数额已覆盖了案涉工程款债权170万元,刘某依法可以享有对案涉170万元应付工程款的债权。其次,实际施工人刘某的债权应当相对优先于承包人的债权,能够阻却人民法院对承包人债权的强制执行。故判决撤销一、二审判决,并判令不得执行蜀达公司在方州公司的应收工程款170万元。

## 再审研习

实际施工人针对债权人执行承包人对发包人的到期债权提起执行异议,需要考虑以下两个问题。

### (一)实际施工人的身份确认

本案二审法院认为,实际施工人的身份认定应在建设工程施工合同纠纷案件中进行,本案系案外人执行异议之诉,实际施工人的身份确认问题不属于本案的审理范围。这实际上借鉴了最高人民法院在(2016)最高法民再149号判决书中的观点:"实际施工人是最高人民法院《关于审理建设工程施工合同纠纷案件适用法律问题的解释》中规定的概念,旨在对于那些已实际施工诉争工程但无法因合同关系主张工程款的人予以限制性保护,因其规范情形之特定性,故亦应在该规范所涉之建设工程施工合同纠纷案件中,才适宜对实际施工人的身份作出认定。"

由此可见,在执行异议之诉案件中讨论实际施工人的身份认定,有超出案件审理范围的可能,故从本案以及最高人民法院的类案来看,实际施工人的身份是否有生效裁判文书确认,是实际施工人提出执行异议的前提。司法实践中,持该观点的判例并不少见,具体列举如下。

| 案号 | 裁判观点 |
| --- | --- |
| (2016)最高法民再149号 | 在建设工程施工合同纠纷案件中,才适宜对实际施工人的身份作出认定。本案系案外人执行异议之诉,并非实际施工人以发包人和承包人为被告提起的建设工程施工合同纠纷,原判决认定李某国为蓝天佳苑二期工程的实际施工人,超出了该案的审理范围。 |
| (2017)皖民终410号 | 本案审理的是案外人执行异议之诉即姚某海对案涉执行标的2000万元银行存款是否享有足以排除强制执行的民事权益,而非建设工程施工合同纠纷。姚某海上诉请求本院依据《最高人民法院关于审理建设工程施工合同纠纷案件适用法律问题的解释》第26条规定,确认其为案涉道排工程的实际施工人并对项目工程价款享有合法权利,超出了本案的审理范围。 |
| (2018)渝民终200号 | 根据《最高人民法院关于审理建设工程施工合同纠纷案件适用法律问题的解释》第26条第2款的规定,实际施工人可在规范所涉建设工程施工合同纠纷案件中向发包人主张权利。故张某、谢某其是否具备实际施工人身份、发包人武胜县人社局是否欠付工程款以及欠付工程款的范围均应在建设工程施工合同纠纷案件中审理确定。本案系案外人执行异议之诉,实际施工人问题并非本案审查范围。 |
| (2019)鲁民终215号 | 在建设工程施工合同纠纷案件中,才适宜对实际施工人的身份作出认定。案外人执行异议之诉的审查范围限于当事人之间的实体权利,即案外人对执行标的是否享有实体权利、该实体权利是否足以排除强制执行。一审判决在案外人执行异议之诉中认定杨某传为实际施工人,超出了本案的审理范围,应予纠正。 |

续表

| 案号 | 裁判观点 |
|---|---|
| (2019)鲁民终2216号 | 鸿臣公司要求确认其对涉案工程款享有所有权系基于其与久缘公司、新华镇政府之间的建设工程施工合同关系。但是,本案系执行异议之诉,并非建设工程施工合同之诉。鸿臣公司要求本院于执行异议之诉中查明其是否为新华镇政府发包工程的实际施工人超出本案审理范围。 |

故有无另案生效裁判对实际施工人的身份予以确认,是实际施工人的主张得以被支持的先决条件,这也为此类案件中实际施工人的债权排除执行设置了较高的要求和前提。

**(二)实际施工人能否排除执行**

实际施工人能否排除执行的问题,司法实践中存在较大争议,这与建设工程领域法律主体之多、法律关系之复杂等原因是密切相关的。经检索目前部分高级人民法院对此出台相关规定进行明确,但所持观点仍不尽相同。

| 规范名称 | 规范内容 |
|---|---|
| 江西省高级人民法院《执行异议之诉案件审理指南》第23条 | 人民法院针对建设工程发包人应给付承包人的工程款到期债权实施强制执行,实际施工人以其与承包人之间存在挂靠关系,其应享有工程款债权为由提起执行异议之诉的,不予支持。 |
| 吉林省高级人民法院《关于审理执行异议之诉案件若干疑难问题的解答》第32条 | 实际施工人以其系工程款债权所有人为由针对承包人的到期债权提起执行异议之诉的,人民法院该如何处理?<br>人民法院针对建设工程发包人应给付承包人的工程款到期债权强制执行的,实际施工人以其与承包人之间存在挂靠关系,其应享有工程款债权为由提起案外人执行异议之诉的,在建设工程存在违法分包、转包及挂靠的情形下,实际施工人不能直接向发包人主张债权,且与排除执行的诉讼目的无关,其提起执行异议之诉的,人民法院应当不予受理;已经受理的,裁定驳回起诉。 |
| 江苏省高级人民法院《执行异议及执行异议之诉案件审理指南(三)》第30条 | 在实际施工人身份确定、证据充分、数额合理的情况下,第三人执行承包人对发包人到期债权的,实际施工人可以排除第三人对该工程债权的执行。 |

## 实务总结

对于该类案件，债权人和实际施工人立场不同，可有不同的立场观点和诉讼主张以维护自身合法权益。能否排除执行有赖于对不同债权进行顺位排序，若实务中代理实际施工人主张有权排除执行，可从实际施工人的债权应当相对优先于承包人的债权角度进行阐释。

第一，从债权形成原因来看，建设工程价款是施工人将劳务、材料等投入建设工程中所获得的对价。如本案实际施工人刘某是工程的实际投入方，工程款债权的形成主要源于实际施工人的施工行为。实际施工人的债权能否顺利实现，往往会影响建筑工人工资能否如期兑现等基本生存权益，而这也是相关司法解释突破合同相对性，赋予实际施工人直接向发包人主张工程款权利的原因所在。

第二，从工程款最终归属来看，与承包人相比，实际施工人所应享有的基于施工行为所形成的工程款债权更具有终局性。即使承包人先行向发包人主张了工程款债权并获得支持，实际施工人也可以向承包人主张根据双方约定有权获得的工程款。

第三，从过错程度来看，承包人与实际施工人在非法转包事实上的主观过错程度相当，不能仅以实际施工人违法在先、风险自担为由，否定实际施工人的权利主张。

第四，从执行申请人的合理信赖来看，申请执行的对象只是承包人责任财产范围中的应收工程款债权，执行申请人并非基于该工程款应收债权而与承包人建立债权债务关系，不存在需要特别关注和保护的合理信赖。

相反，若实务中代理债权人主张无权排除执行，可从以下角度进行阐释。

第一，从权利的优先顺位来看，实际施工人对发包人享有的债权并不优先于承包人。在实际施工人提起的案外人执行异议之诉中，虽然实际施工人主张排除执行申请人的债权，但由于申请执行人实行的是对承包人享有的代位权，因此实质上仍然是对实际施工人对发包人的债权与承包人对发包人的债权进行顺位排序。虽然现行法律并未明确规定该两种债权的优先顺位，但《民法典》第807条基本沿用了原《合同法》第286条的规定，赋予与发包人订立建设工程合同的承包人建设工程优先受偿权。对于实际施工人来说,其是否具有建设工程优先受偿权一直是司法实践中的难点、热点,支持实际施工人具有建设工程优先受偿权的声音虽不少,但我国现行法律从未赋予实际施工人建设工程优先受偿权,也就是说,承包人享有法定的建设工程优先受偿权,而实际施工人并不享有。因此,当两种债权发生冲突,应当以承包人的债权优先为宜。

第二,从法益保护的角度看,基于有效合同产生的债权应当得到优先保护。实际施工人与承包人签订的合同因转包、违法分包、肢解合同等违法行为而被认定无效,因此实际施工人的债权系基于无效合同而产生。即使《最高人民法院关于审理建设工程施工合同纠纷案件适用法律问题的解释(一)》第43条规定实际施工人可以突破合同相对性直接以发包人为被告主张债权,但对于该条规定不宜作扩大适用。除该条规定的情况以外,其他情形仍然应坚持以合同相对性原则为解决合同纠纷的基本底线。根据合同相对性原则,实际施工人和承包人的债权基于两个不同合同产生,实际施工人基于无效转包合同形成的债权不能优先于承包人在有效合同中享有的债权。

第三,从维护社会诚实信用角度来说,实际施工人本身实行违法行为在先,如果基于该违法行为产生的权益能够排除另案执行,不利于维护合法的建设工程法治秩序,不利于社会诚信与法治社会建设。

**法条链接**

《最高人民法院关于审理建设工程施工合同纠纷案件适用法律问题的解释(一)》第四十三条

# Case 8 借用资质的实际施工人能否请求发包人支付欠付工程款

再审法院：最高人民法院

再审案号：（2019）最高法民再 329 号

《最高人民法院关于审理建设工程施工合同纠纷案件适用法律问题的解释(一)》第 43 条第 2 款赋予实际施工人对发包人的诉权,系法律规定突破合同相对性的情形。随着建筑行业改革的进一步深化,农民工利益保障更加规范化、制度化,最高人民法院已在实践中明确借用资质的实际施工人不能突破合同相对性起诉发包人主张欠付工程款;但若其能证明与发包人建立了事实合同关系,亦可基于此直接起诉发包人主张工程款。

## 基本案情

案涉工程发包方系乌兰县国土资源局(以下简称乌兰县国土局),工程名称为乌兰县柯柯镇托海村土地开发(占补平衡)项目,中顶公司系承包方。2015 年 8 月 26 日中顶公司与朱某军签订《挂靠协议》,挂靠期间为 2 年,自 2015 年 8 月 26 日起至 2017 年 8 月 25 日止。2016 年 11 月 2 日,乌兰县国土局与中顶公司签订《合同协议书》,有乌兰县国土局委托代理人刁某林签字,并有中顶公司孙某刚及双方盖章。2017 年 1 月 20 日,乌兰县国土局与中顶公司签订《施工合同补充协议》,约定原合同价 3, 452, 906. 10 元变更增加 605, 393. 90 元及其他费用 658, 100 元,总投资 4, 716, 400 元;原合同其他条款不变。该协议有乌兰县国土局委托代理人刁某林签字,并有中顶公司孙某刚及双方盖章。该案涉项目计划于 2016 年 10 月 23 日开工,实际开工日期为 2016 年 11 月 2 日,完工日期为 2016 年 12 月 10 日,竣工验收日期为 2017

年2月23日。

2018年3月12日,中顶公司向乌兰县国土局出具的工作联系函载明:我公司中标的由该局2016年发包的"乌兰县柯柯镇托海村土地开发(占补平衡)项目"工程,一直由挂靠在我单位的朱某军先生承包并与贵局实际联系。并盖有中顶公司公章。

后因工程价款结算发生纠纷,朱某军向一审法院起诉要求中顶公司支付其工程款4,058,300元及利息,并要求乌兰县国土局在未付款范围内承担连带责任。

## 裁判要旨

**(一)一审裁判要旨**

《施工合同》系双方真实意思表示,内容不违反法律、行政法规的强制性规定,合同有效。朱某军与中顶公司系挂靠关系,为案涉工程实际施工人,故中顶公司应支付朱某军工程款4,058,300元。根据法释〔2004〕14号《最高人民法院关于审理建设工程施工合同纠纷案件适用法律问题的解释》第26条之规定,乌兰县国土局应在欠付中顶公司工程款范围内承担连带责任。

**(二)二审裁判要旨**

二审法院认为,案涉工程实为朱某军借用有资质的中顶公司名义与乌兰县国土局签订施工合同,案涉合同无效,一审法院对合同效力认定错误,本院予以纠正。一审法院在认定合同有效的前提下,又认定朱某军为实际施工人,并依据法释〔2004〕14号《最高人民法院关于审理建设工程施工合同纠纷案件适用法律问题的解释》第26条第2款判决乌兰县国土局在欠付工程款范围内承担连带责任,属法律适用错误,本院予以纠正。因案涉合同无效及朱某军系实际施工人,一审法院认定中顶公司向朱某军支付工程款4,058,300元,乌兰县国土局在未付清中顶公司工程款范围内承担连带责任,本院予以维持。

**(三)再审裁判要旨**

根据法释〔2004〕14号《最高人民法院关于审理建设工程施工合同纠纷案件适用法律问题的解释》第26条第2款,实际施工人可向发包人、转包人、违法分包人主张权利。但中顶公司系被挂靠方,不属于转包人、违法分包人或发包人,原审以此为法律依据判决中顶公司承担责任,适用法律错误,本院予以纠正。中顶公司再审主张不承担工程款及利息的给付责任,予以支持。

朱某军借用中顶公司的资质与乌兰县国土局签订合同,中顶公司作为被借用资质方,欠缺订立合同的真实意思表示,中顶公司与乌兰县国土局不存在实质性的法律关系。朱某军系实际施工人,与发包人乌兰县国土局在订立和履行施工合同过程中,形成事实上的法律关系,朱某军有权向乌兰县国土局主张工程款。故撤销一审判决和二审判决,改判乌兰县自然资源局向朱某军支付工程款 4, 058, 300 元。

## 再审研习

该案作为最高人民法院第六巡回法庭 2019 年度参考案例之一,纠正了一审法院和二审法院对"实际施工人"的扩大适用,认为借用资质的施工主体无权直接诉请发包人承担支付义务。从最高人民法院说理论证来看,其裁判逻辑如下。

第一,厘清本案实际上存在两个法律行为,一是以虚假的意思表示实施的法律行为,即出借资质方与发包人签订施工合同,二是以虚假的意思表示隐藏的法律行为,即借用资质主体与发包人之间形成实质性的施工合同关系。

第二,根据《民法典》第 146 条"行为人与相对人以虚假的意思表示实施的民事法律行为无效。以虚假的意思表示隐藏的民事法律行为的效力,依照有关法律规定处理"的规定,以及法释〔2020〕25 号《最高人民法院关于审理建设工程施工合同纠纷案件适用法律问题的解释(一)》第 1 条的规定,发包人在订立合同时知道或者应当知道没有资质的实际施工人借用有资质的建筑施工企业名义的,合同无效。

第三,发包人与实际施工人建立事实上的施工合同法律关系,实际施工人基于该法律关系产生债法上的请求权,换言之,虽然施工合同无效,但工程经竣工验收合格,实际施工人可直接向发包人请求参照施工合同工程价款的约定支付工程价款。

## 观点争鸣

### (一)司法裁判的分歧

自《最高人民法院关于审理建设工程施工合同纠纷案件适用法律问题的解释》颁布以来,关于该解释第26条第2款"发包人只在欠付工程价款范围内对实际施工人承担责任"的适用范围,裁判尺度不一。针对该条款在实践中执行比较混乱的情况,2015年《最高人民法院关于当前民事审判工作中的若干具体问题》对其适用进一步释明,提出:"要根据该条第一款规定严守合同相对性原则,不能随意扩大该条第二款规定的适用范围,只有在欠付劳务分包工程款导致无法支付劳务分包关系中农民工工资时,才可以要求发包人在欠付工程价款范围内对实际施工人承担责任,不能随意扩大发包人责任范围。"

但司法实践中对该条款仍未能统一裁判尺度,如本文前述案例中三级法院对该条款的不同理解,以致出现截然不同的裁判结果。笔者检索了2017~2019年最高人民法院部分裁判文书,发现有关该条款裁判分歧仍然巨大。

| 案号 | 裁判要旨 |
| --- | --- |
| (2017)最高法民申3613号 | 该条款适用于建设工程非法转包和违法分包情况,不适用于挂靠情形。建邦地基公司主张挂靠情形下实际施工人可越过被挂靠单位直接向合同相对方主张工程款,依据不足。 |
| (2018)最高法民再265号 | 迪旻公司与中建公司属于挂靠关系,对于金花公司和中建公司而言,迪旻公司是涉案工程的实际施工人,根据该条款的规定,实际施工人迪旻公司有权向发包人金花公司主张工程款,金花公司应当在其欠付工程款的范围内向迪旻公司承担支付责任。 |
| (2018)最高法民终611号 | 在挂靠关系下,挂靠人系以被挂靠人名义订立和履行合同,其与作为发包人的建设单位之间不存在合同关系。对实际完成施工的工程价款,其仅能依照挂靠关系向被挂靠人主张,而不能跨越被挂靠人直接向发包人主张工程价款。 |
| (2019)最高法民申652号 | 根据该条规定,安达公司主张该条中的实际施工人仅指非法转包及违法分包的施工人,不包括挂靠情形下的实际施工人,此种狭义理解不符合该条款意旨,不予支持。 |

**（二）立法修改的争论**

立法赋予实际施工人对发包人的诉权，始于原《最高人民法院关于审理建设工程施工合同纠纷案件适用法律问题的解释》，该解释在实施10余年期间，修改和废止的声音从未停歇。有全国人大代表议案、建议认为，多数诉讼中的实际施工人不是农民工，而是资质等级低、资信状况差的小型建筑企业，该条款实际上保护了这些小型建筑企业的不法利益。

1. 立法的历史背景。最高人民法院在《民事审判指导与参考》[①]中提到，从2002年开始起草的上述建工合同司法解释，首要目的是给国家清理工程拖欠款和农民工工资的重大部署提供司法保障。该解释第26条第2款就是直接针对当时建筑行业大量农民工由于违法转包和违法分包而无法得到工资的问题，所采取的特殊规定。该条款具有很强的政策性，其制定的初衷和目的是有力地保护农民工的合法权益。

2. 原《最高人民法院关于审理建设工程施工合同纠纷案件适用法律问题的解释（二）》（法释〔2018〕20号）第24条的承继。

《最高人民法院关于审理建设工程施工合同纠纷案件适用法律问题的解释（二）》起草过程中，不少观点提出废止前述法释〔2004〕12号司法解释第26条，或修改为实际施工人向发包人主张工程款不予支持，但转包人、违法分包人、出借资质的单位怠于主张到期工程款，实际施工人可以提起代位权诉讼。最高人民法院未对该条进行根本性修改，而是承继了原司法解释规定，只增加“在查明发包人欠付转包人或者违法分包人建设工程价款的数额后”的规定，即“实际施工人以发包人为被告主张权利的，人民法院应当追加转包人或者违法分包人为本案第三人，在查明发包人欠付转包人或者违法分包人建设工程价款的数额后，判决发包人在欠付建设工程价款范围内对实际施工人承担责任”。

3.《最高人民法院关于审理建设工程施工合同纠纷案件适用法律问题的解释（一）》（法释〔2020〕25号）第43条的整合。

《最高人民法院关于审理建设工程施工合同纠纷案件适用法律问题的解

---

① 最高人民法院民事审判第一庭编：《民事审判指导与参考》（2015年第2辑·总第62辑），人民法院出版社2015年版，第264页。

释(一)》起草过程中,仍有不少观点提出对前述条款废止或修改。对此,《最高人民法院关于审理建设工程施工合同纠纷案件适用法律问题的解释(一)理解与适用》一书中提到,经最高人民法院审判委员会多方面考虑,目前根治拖欠农民工工资的任务仍十分迫切,因此,司法解释第 43 条对原司法解释相关规定未做实质修改,仅技术性整合;当然随着建筑业的进一步深化改革,司法也将尽快回归法律、法理本意。[①]

## 实务要点

笔者认为,对《最高人民法院关于审理建设工程施工合同纠纷案件适用法律问题的解释(一)》第 43 条第 2 款应严格把握适用范围,并注意以下方面。

**(一)实际施工人的范围**

实际施工人为转包、违法分包的最后实际施工的主体,不包括挂靠情形下的实际施工人。从文义解释角度,该条款也只规定了转包、违法分包情形下的实际施工人可向发包人提起诉讼。

建工领域施工作业的主力军是农民工,其主要负责扎钢筋、涂外墙、浇筑等;但有些施工作业如电梯安装及调试、安装视频监控等,属于专业技术性施工,不是普通的劳务作业。如(2015)最高法民申字第 919 号案中,法院认为某机械厂承包的钢梁制作安装工程是专业技术安装工程,不是普通劳务作业,被拖欠的工程款并非劳务分包费用,并不具备《最高人民法院关于审理建设工程施工合同纠纷案件适用法律问题的解释》第 26 条第 2 款规定的适用条件。

**(二)发包人承担责任的范围**

如何理解"发包人在欠付建设工程价款范围内对实际施工人承担责任",实践中的争议一般包括:

第一,欠付的工程款应为实际施工人完成的工程部分。若实际施工人完

---

① 参见最高人民法院民事审判第一庭编:《最高人民法院关于审理建设工程施工合同纠纷案件适用法律问题的解释(一)理解与适用》,人民法院出版社 2021 年版,第 444 页。

成的工程对应款项，发包人已向合同相对人支付，发包人欠付的是其他部分工程款项，则不宜适用该条款要求发包人承担支付义务。

第二，实际施工人能否向发包人主张工程款的利息？实践中争议较大。《最高人民法院关于审理建设工程施工合同纠纷案件适用法律问题的解释（一）理解与适用》一书中提出，工程款结算中，人工费占比一般是15%～20%，该条款立法本意是保护农民工工资利益，发包人在欠付范围内承担责任，数额上足以保障农民工工资，故倾向于对工程款利息不予支持。①

**（三）诉讼建议**

实际施工人一旦起诉，大多数都将转包人、违法分包人、发包人均作为被告，这可能是原告起诉的权宜之计。但从目前司法裁判来看，若不加区分地将转包人、违法分包人、发包人均起诉，未必能达到理想的诉讼效果。

最高人民法院有法官指出，不能简单地认为凡实际施工人起诉发包人，发包人只要存在欠付工程款的事实，则必然承担连带责任。这样的认识和做法忽视了司法解释背后的目的，长此以往易导致这一补充性的特殊条款在适用中产生随意性，有悖于合同相对性基本原则。

部分实际施工人如挂靠人、部分专业工程等，因《最高人民法院关于审理建设工程施工合同纠纷案件适用法律问题的解释（一）》第43条第2款的范围限制，无法向发包人主张权利；特别是在被挂靠单位破产、经营状况恶化，又不积极向发包人主张权利的情况下，考虑到实际施工人在事实上已完成施工合同内容，与发包人形成了事实上的合同关系，实践中可参考本文前述案例，依据事实合同直接向发包人主张工程款。

**法条链接**

《最高人民法院关于审理建设工程施工合同纠纷案件适用法律问题的解释（一）》第一条、第四十三条

---

① 参见刘德全主编：《最高人民法院司法观点集成（新编版民事卷Ⅱ）》，人民法院出版社2017年版，第1174页。

# Case 9 分公司负责人能否主张其为实际施工人以排除执行

再审法院：最高人民法院

再审案号：（2016）最高法民再149号

《最高人民法院关于审理建设工程施工合同纠纷案件适用法律问题的解释(一)》第43条规定了在建设工程施工领域中,实际施工人可以突破合同相对性向发包方主张工程款项,故实践中常有实际施工人依据该条主张排除对承包人应收工程款的强制执行。但在总分公司关系的框架下,分公司借用总公司的名义和资质承包工程项目,其是否可以套用实际施工人的概念主张工程款项?

## 基本案情

2012年9月28日,长春市中级人民法院(以下简称长春中院)作出(2012)长民四初字第2号民事判决,判令东亚公司给付孟某生钢材款人民币7,319,306.20元并支付违约金,腾安公司对东亚公司支付以上款项承担连带保证责任。

后孟某生向长春中院申请执行。在执行过程中,长春中院裁定冻结东亚公司建和分公司账户存款850万元,实际冻结5,850,435.10元,后因建和分公司的负责人李某国等人以其所有的两套房屋提供置换担保,解除了80万元的冻结,最终实际冻结金额为5,050,435.10元。上述850万元系某军区空军军官住房发展中心于2012年12月17日转入建和分公司的蓝天佳苑小区二期工程的工程款。

对此,李某国提出异议,认为法院查封的5,050,435.10元款项是其承包建和分公司并承建蓝天佳苑二期工程所得收益,不属于东亚公司责任财产,故请求人民法院解除对该款项的冻结。长春中院于2014年5月14日裁定驳回李某国的异议,李某国对此不服并向长春中院提起执行异议之诉,诉请中止对建和分公司5,050,435.10元银行存款的执行,解除对该款项的冻结。



法院另查明,2011年3月4日,东亚公司与某军区空军军官住房发展中心长春办事处签订《某军区空军建筑安装工程承包合同书》,承建蓝天佳苑二期工程,合同价款为83,561,772元。后建和分公司成立后,与东亚公司签订《长春东亚公司工程有限公司内部承包合同》,约定承包范围为《资质证书》中规定的工业与民用建筑承包范围;建和分公司每年向东亚公司缴纳3万元业务费用,每年向东亚公司缴纳10万元工程费用。

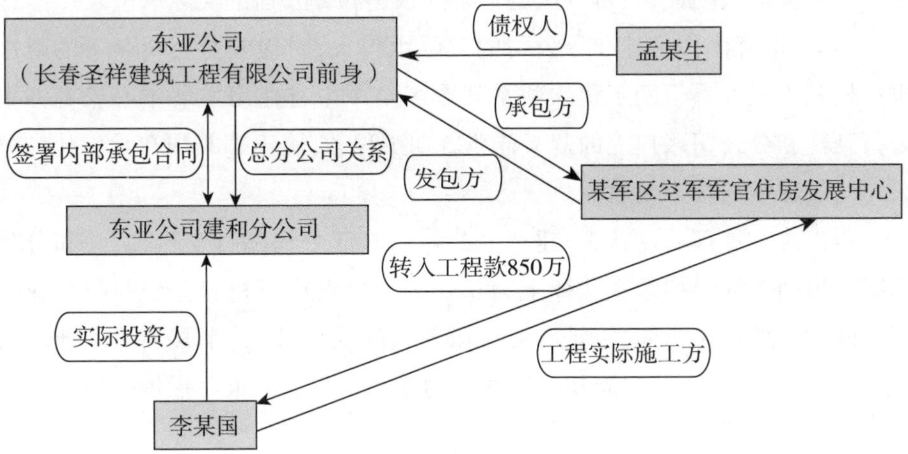


## 裁判要旨

该执行异议之诉的核心争议焦点为李某国对建和分公司账户内的案涉争议款项提出的执行异议是否成立,是否足以阻却人民法院的强制执行。

一审法院和二审法院认为,李某国就本案执行标的享有足以排除强制执行的民事权益,应停止对建和分公司账户内争议存款的执行,理由如下。

第一,东亚公司与建和分公司并非普通总公司与分公司之间的关系,二者关系类似建筑领域常见的挂靠与被挂靠的关系。从本案证据上看,虽然建和分公司在工商登记上系东亚公司合法注册成立的分公司,但事实上,两家公司签订了内部承包合同，承包标的为《资质证书》；建和分公司没有受到东亚公司的统一经营、管理，东亚公司无法陈述清楚建和分公司办公场所、办公环境、人员管理、具体业务开展等基本情况，亦不能提供东亚公司对建和分公司人员、财务直接管理等证据；最重要的是建和分公司还定期向东亚公司缴纳管理费，足以体现两家公司名为总分关系，实为承包关系。

第二，建和分公司的承包人系李某国。从现有证据可以看出，建和分公司的实际投资人为李某国，建和分公司承建的全部工程（包括案涉工程蓝天佳苑小区工程）为李某国个人洽谈，亦由其个人投入垫资并组织工人建设，东亚公司仅收取管理费。虽然李某国未提供其与东亚公司关于其承包建和分公司的合同，但结合其提供的对建和分公司承建工程投资、管理、组织建设的证据及相关证人的证言，可以认定李某国系建和分公司的实际承包人。

第三，李某国作为建和分公司的实际承包人，对建和分公司名下的财产享有权利。案件诉争的工程款项系某军区空军军官住房发展中心长春办事处打到建和分公司账户上的蓝天佳苑二期工程款，属于李某国在承包建和分公司的过程中的投入及收益。

再审法院审理后则认为，建和分公司系东亚公司的分支机构，建和分公司账户内的案涉争议款在法律上为东亚公司的财产。建和分公司与东亚公司之间的内部承包合同，不具有对抗第三人的法律效力；李某国对案涉争议款项提出的异议，不足以阻却人民法院的强制执行。故最终撤销一审判决和二审判决，改判驳回李某国诉讼请求。

## 再审研习

该案为《最高人民法院公报》所载案例，最高人民法院作出了与一审和二审法院截然不同的裁判并进行了详细论述，其改判理由在于：

第一，建和分公司系东亚公司的分支机构，其与东亚公司之间的关系应当受到《公司法》规定的调整，被执行人作为企业法人的分支机构不能清偿债务时，可以裁定企业法人为被执行人，同理，当被执行人为企业法人时，如果不能执行该企业法人分支机构的财产，将有违权利义务对等原则。

第二，李某国提出的其与东亚公司关于建和分公司经营模式的内部约定，不具有对抗第三人的法律效力。建和分公司系东亚公司在工商管理部门依法注册登记的分支机构，建和分公司、李某国如认为其为东亚公司承担责任有违其与东亚公司之间的内部约定，可与东亚公司协商解决。

第三，建和分公司与东亚公司之间的内部承包合同不属于企业法人分支机构被承包的情形。首先，从合同表现形式来看，被承包经营的是东亚公司，且无论是东亚公司还是建和分公司，其与李某国之间均没有签订相关承包合同，原判决认定李某国是建和分公司的实际承包人缺乏合同依据。其次，该内部承包合同约定的承包范围为《资质证书》中规定的工业与民用建筑承包范围，究其本质，其名为内部承包，实为建设公司施工企业资质租赁或有偿使用，该经营模式不属于承包。即便能够认定李某国和建和分公司之间存在实际承包关系，该承包经营模式为法律不容，不应包括在《最高人民法院关于人民法院执行工作若干问题的规定》第 78 条规定的承包经营之列。

第四，原判决认定李某国系蓝天佳苑二期工程的实际施工人，超出了本案审理范围。实际施工人应在建设工程施工合同纠纷案件中认定，本案系案外人执行异议之诉，并非实际施工人以发包人和承包人为被告提起的建设工程施工合同纠纷。

## 实务总结

建和分公司负责人的确在案涉工程中投入了大量成本，进行了实际施工工作，但最终未能排除执行。从最高人民法院的前述论证可以看出，法律规则是立法机关综合衡量取舍之后确立的价值评判标准，应当成为司法实践中具有普遍适用效力的规则，除非法律有特别规定，否则在适用时不应受到某些特殊情况或者既定事实的影响。故在总分公司交易模式下，分公司经营者应格外注意以下要点。

第一，总分公司之间承担债务连带责任，总分公司签署的内部承包协议不能对抗善意第三人。

公司设立众多分公司，并由投资人承包分公司，分公司与公司签订内部承包协议，约定分公司独立核算、自负盈亏，按期向公司缴纳管理费，公司不参与分公司的经营管理，是目前建设工程施工领域中一种常见的交易模式。

根据《公司法》第13条、第38条规定，公司可以设立分公司；设立分公司，应当向公司登记机关申请登记，领取营业执照；分公司不具有法人资格，其民事责任由公司承担。《最高人民法院关于民事执行中变更、追加当事人若干问题的规定》第15条规定，作为被执行人的法人分支机构，不能清偿生效法律文书确定的债务，申请执行人申请变更、追加该法人为被执行人的，人民法院应予支持；法人直接管理的责任财产仍不能清偿债务的，人民法院可以直接执行该法人其他分支机构的财产；作为被执行人的法人，直接管理的责任财产不能清偿生效法律文书确定债务的，人民法院可以直接执行该法人分支机构的财产。

诚如本案，虽然案涉公司东亚公司与其建和分公司签订了内部承包协议，但建和分公司已在工商管理部门依法注册登记，东亚公司与建和分公司已形成法律上的公司与分公司之间的关系，故应当受到《公司法》各项规则的调整，即分公司财产为公司财产，总分公司签订的内部承包协议不足以对抗第三人。这也就意味着，分公司不仅可能为自身债务买单、为总公司债务买单，还可能为其他分公司债务买单，经营风险可想而知。因此，一份内部承包协议并不能为分公司隔离风险。

第二，分公司的实际经营者难以被认定为实际施工人。

本案东圣公司、建和分公司以及李某国之间确实存在有别于一般公司与分公司经营模式的特殊情况，若李某国被认定为实际施工人，则根据《最高人民法院关于审理建设工程施工合同纠纷案件适用法律问题的解释（一）》第43条规定其可以主张排除执行。但本案因无另案建设工程施工合同纠纷的生效裁判文书对李某国的实际施工人身份进行确认，人民法院在执行异议之诉中对此进行审理实属欠妥，故最高人民法院对此予以纠正。

对于这个问题，笔者认为案涉分公司的实际经营者虽然自负盈亏承揽工程，但按照法律认定仍为分公司负责人，而难以被认定为实际施工人。更何况本案中李某国主张其系借用资质的实际施工人，按照现行司法观点恐更难以被认定为实际施工人，亦难以适用前述条款主张权利。

## 法条链接

《最高人民法院关于审理建设工程施工合同纠纷案件适用法律问题的解释（一）》第四十三条

# Case 10 实际施工人如何应对施工总承包合同中的仲裁条款

再审法院：最高人民法院

再审案号：（2021）最高法民申 1073 号

发包人与承包人发包合同约定仲裁条款,实际施工人是否受仲裁条款约束是实践中争议很大的问题,有观点认为施工总承包合同中有仲裁条款,实际施工人不能起诉发包人;也有观点认为施工总承包合同中有仲裁条款,不约束实际施工人;还有观点认为施工总承包合同中有仲裁条款,实际施工人可通过代位权诉讼起诉发包人。最高人民法院于 2022 年 12 月 27 日发布的指导性案例 198 号在一定程度上平息了纷争,但仍未指出明确的诉讼解决路径,有待实务进一步探讨。

## 基本案情

2017 年 12 月 22 日,青岛市市政建设发展有限公司与中赢建设集团有限公司签订《建设工程施工合同》,约定青岛市市政建设发展有限公司将案涉工程发包给中赢建设集团有限公司。2018 年 5 月 5 日,中赢建设集团有限公司和青岛向荣建筑劳务有限公司签订《四方中学内部承包协议》,中赢建设集团有限公司将案涉工程违法分包给青岛向荣建筑劳务有限公司。

后因中赢建设集团有限公司欠付青岛向荣建筑劳务有限公司工程款,青岛向荣建筑劳务有限公司将青岛市市政建设发展有限公司与中赢建设集团有限公司作为被告诉至人民法院,要求中赢建设集团有限公司支付工程款,青岛市市政建设发展有限公司在欠付范围内承担责任。

人民法院立案后发现《建设工程施工合同》《四方中学内部承包协议》均

约定有仲裁条款,驳回了青岛向荣建筑劳务有限公司的起诉。青岛向荣建筑劳务有限公司不服,向最高人民法院申请再审。

## 裁判要旨

再审法院审理后认为,通常情况下,实际施工人以发包人为被告主张发包人在欠付工程价款范围内承担责任的,人民法院应当受理。然而,本案的特殊之处在于青岛市市政建设发展有限公司与中赢建设集团有限公司,中赢建设集团有限公司和青岛向荣建筑劳务有限公司均约定有仲裁条款,排除了人民法院管辖。本案的基础法律关系为《建设工程施工合同》及《四方中学内部承包协议》,故青岛向荣建筑劳务有限公司应当受到仲裁条款的约束。发包人在欠付工程价款范围内对实际施工人承担责任,需以发包人与承包人之间的工程价款结算为前提,而前述事实的认定业经仲裁条款排除人民法院管辖。一审法院裁定驳回青岛向荣建筑劳务有限公司起诉及二审法院裁定驳回青岛向荣建筑劳务有限公司上诉,并无不当。

## 再审研习

关于实际施工人如何应对施工总承包合同中的仲裁条款的争议由来已久,前述再审案例展现了一种裁判观点,即施工总承包合同中有仲裁条款,实际施工人不能起诉发包人。实践中亦有另一种观点认为,施工总承包合同有仲裁条款,不约束实际施工人,实际施工人依然有权向发包人提起诉讼主张在欠付工程款范围内承担责任。具体分述如下。

观点一:施工总承包合同中有仲裁条款,实际施工人不能起诉发包人。

除前述案例外,在(2020)最高法民申4893号案中,李某印主张案涉工程价款的基础法律关系是其以中泰公司名义与华泰公司签订的协议书,而该协议书中约定了仲裁条款,此条款具有独立性且排除了人民法院的管辖权。李某印将发包人城投公司作为共同被告起诉至一审法院,有违双方此前关于通过仲裁方式处理争议的约定。在(2013)民提字第148号案中,鉴于付某(实际施工人)向中交二局主张权利具有代位请求的性质,付某与中交二局之间的关系与龙航公司与中交二局、项目经理部之间的法律关系具有承继关系。因此,无论付某是否为实际施工人,只要其起诉中交二局,就须受项目经理部与龙航公司之间《劳务合作协议》中仲裁条款的约束,其无权单方改变仲裁条款的约定。四川省高级人民法院在(2018)川民终529号案件中,也持上述观点。

观点二:施工总承包合同中有仲裁条款,不约束实际施工人。

如在最高人民法院(2014)民申字第1575号案中,发包人只在欠付工程价款范围内对实际施工人承担责任,不能简单地理解为对承包人权利的承继,也不应受承包人与发包人之间仲裁条款的约束。事实上,王某虎也无权依据荣盛公司与华星公司之间的仲裁条款向蚌埠仲裁委员会对荣盛公司提起仲裁申请。又如(2021)最高法民申5747号,虽然2011年7月德誉公司与晟元公司签订的建设工程施工合同约定了仲裁条款,但何某军并非该合同当事人,德誉公司申请再审称该案应裁定驳回何某军的起诉,理由不能成立。山西省高级人民法院(2017)晋民终237号、河北省高级人民法院(2014)冀立民终字第91号案件中,法院也持上述观点。

观点三:从实际施工人主张权利的理论基础出发,认为实际施工人主张权利本质上属于合同代位,系代承包人之位向发包人主张权利,故应受到发包人与承包人之间仲裁条款的约束。①

从上述观点和案例可见,关于施工总承包合同中有仲裁条款,实际施工人能否以直接起诉发包人,实践中尚未有统一的观点。最高人民法院审判委员会讨论通过并于2022年12月27日发布的指导案例198号(中国工商银行股份有限公司岳阳分行与刘某良申请撤销仲裁裁决案)对该争议提出了指导性意见,认为实际施工人不能援引发承包合同的仲裁条款向仲裁委申请仲裁。

最高人民法院的主要理由如下。仲裁协议是当事人自愿达成的合意,将他们之间已产生或可能产生的契约性、非契约性的法律争议的全部或特定争议提交仲裁。仲裁协议是仲裁机构取得管辖权的依据,是仲裁合法性、正当

---

① 参见潘军锋:《建设工程施工合同审判新类型问题研究——〈建设工程司法解释〉施行十周年回顾与展望》,载《法律适用》2015年第4期。

性的基础，其集中体现了仲裁自愿原则和协议仲裁制度。而实际施工人并非发包人与承包人签订的施工合同的当事人，亦未与发包人、承包人订立有效仲裁协议，不应受发包人与承包人的仲裁协议约束。原2004年《最高人民法院关于审理建设工程施工合同纠纷案件适用法律问题的解释》第26条虽然规定实际施工人可以发包人为被告主张权利且发包人只在欠付工程款的范围内对实际施工人承担责任，但上述解释仅规定了实际施工人对发包人的诉权以及发包人承担责任的范围，不应视为实际施工人援引《装修工程施工合同》中仲裁条款的依据。故实际施工人依据发包人与承包人的仲裁协议申请仲裁，仲裁机构作出仲裁裁决后，发包人请求撤销仲裁裁决的，人民法院应予支持。

## 实务要点

对于最高人民法院指导性案例198号的观点，实践中仍有不同的声音，例如认为发包人在欠付工程款范围内对实际施工人承担责任，那么发包人、承包人的结算及付款情况，是案件审理必须查明的事实。在发包人、承包人有仲裁约定情况下，则该事实查明属于仲裁的范畴，若允许实际施工人径直向法院起诉发包人主张权利，不仅在事实查明时会产生法院管辖的障碍，甚至可能出现事实查明过程中仲裁与诉讼各自为政的问题，导致程序错乱的尴尬。也有观点认为，如果发包合同约定了仲裁条款，该约定既是合同当事人对纠纷解决方式享有的程序性选择权利，也是合同意思自治原则的体现，并不对实际施工人的实体权利造成影响，应当予以尊重。若允许实际施工人突破仲裁条款径直起诉发包人主张权利，则在一定程度上侵犯了发包人的程序选择权利。

但笔者认为如果在发包、承包合同中约定了仲裁条款，既要考虑实际施工人合法诉讼权利，又要尊重发包人、承包人的程序选择权利，则司法实践将陷入两难境地；若在发、承包合同中约定仲裁条款的情形下，实际施工人以发包人为被告诉至人民法院需要以发包人、承包人仲裁争议解决为前提，但发包人、承包人仲裁是否发起、是否审理却非实际施工人能够知晓、参与和跟踪，那么实际施工人的该项权利可能被架空，该项司法特别保护可能沦为一纸空文。因此，笔者倾向于认为对此情况，可参考2022年11月17日发布的《湖南省高级人民法院关于审理建设工程施工合同纠纷案件若干问题的解答》第2条第1款的规定："发包人与承包人在建设工程施工合同中约定仲裁条款的，除非实际施工人表示认可或表示受发包人与承包人之间的仲裁条款约束，否则仲裁条款仅对合同双方具有约束力。实际施工人、合法分包人起诉承包人或直接起诉发包人的，人民法院应当审理。如果本案诉讼需要以发包人与承包人之间的仲裁结果作为依据的，可中止审理，待仲裁程序结束后再恢复审理。人民法院对已为仲裁机构的生效裁决所确认的事实应根据《最高人民法院关于民事诉讼证据的若干规定》第十条之规定予以认定。"这样既保障了实际施工人的诉讼权利，也尊重了发包人和承包人对程序的选择权利。但因该规定适用范围有限，建议最高人民法院尽快出台明确的规范性文件以指导实务。

**法条链接**

《最高人民法院关于审理建设工程施工合同纠纷案件适用法律问题的解释（一）》第四十三条

# Case 11 如何区分挂靠与转包

再审法院：最高人民法院

再审案号：（2020）最高法民再357号

挂靠和转包是建筑工程施工领域两种常见的违法行为，二者外在表现形式相似，都是发包人与承包人签订总包施工合同，但由第三方完成主要施工内容。但二者毕竟属于不同法律关系，所引起的法律后果及处理思路亦不同，故有区分的现实必要性。

## 基本案情

2007年8月10日、2007年12月15日，中民公司与新鹏都公司分别签订《大理中民大酒店室内装饰施工合同（A2标段）》《大理中民大酒店室内装饰施工合同（A3标段）》，约定新鹏都公司承包由中民公司发包的大理中民大酒店室内装饰工程A2、A3标段。

2007年8月14日、2008年1月7日、2008年10月30日，乔某与新鹏都公司分别签订了《内部单项工程承包合同》，约定乔某按新鹏都公司与中民公司签订的工程合同条款及审定预算内项目执行装饰工程，其中A2标段约定工程合同总造价为720万元，乔某向新鹏都公司上缴工程结算总造价的2.4%；A3标段约定工程合同总造价为1248万元，乔某向新鹏都公司上缴工程结算总造价的2%；A2、A3标段补充工程约定合同总造价为880万元，乔某向新鹏都公司上缴比例为“按原合同收取”的利润。

2013年，新鹏都公司与中民公司就工程结算发生纠纷。云南省大理州中级人民法院作出（2013）大中民初字第93号判决书，判决新鹏都公司支付中民公司超付工程款、违约金等费用。2017 年,云南省大理州中级人民法院依据该生效裁判,执行划转了新鹏都公司 1094. 84099 万元。故新鹏都公司向乔某提起诉讼,要求乔某支付被划转的 1094. 84099 万元及利息。



## 裁判要旨

**(一)一审裁判要旨**

一审法院认为,新鹏都公司与乔某签订的 3 份《内部单项工程承包合同》意思表示真实,未违反法律禁止性规定,属于合法有效的合同,其中约定的权利义务是处理双方争议的主要依据。乔某与新鹏都公司签订的 3 份《内部单项工程承包合同》均为总价包干合同,根据合同约定;乔某应收取的工程款共为 2848 万元。云南省大理州中级人民法院作出的(2013)大中民初字第 93 号民事判决书认定中民公司已支付新鹏都公司工程款 31, 474, 048. 64 元,该款项均由乔某实际收取。故乔某现应返还新鹏都公司多收取的 299. 404864 万元,新鹏都公司要求乔某返还超出该金额的法院执行扣划款及相应利息的主张,因无合同约定和法律依据,不予支持。

**(二)二审裁判要旨**

二审法院认为,本案审理的是乔某与新鹏都公司之间签订的 3 份《内部单项工程承包合同》法律关系,但该 3 份协议涉及新鹏都公司将其从发包人处取得装饰装修工程转包给乔某施工,故协议违反国家法律中关于禁止将工程转包的强制性规定,一审法院认定协议为有效合同错误。二审法院依照《最高人民法院关于审理建设工程施工合同纠纷案件适用法律问题的解释》第 4 条"承包人非法转包、违法分包建设工程或者没有资质的实际施工人借用有资质的建筑施工企业名义与他人签订建设工程施工合同的行为无效"之规定,依法确定上述涉案协议无效。

对于乔某已完成工程的造价应如何确定的问题,虽然已确定涉案协议为无效合同,但依照《最高人民法院关于审理建设工程施工合同纠纷案件适用法律问题的解释》第 2 条"建设工程施工合同无效,但建设工程经竣工验收合格,承包人请求参照合同约定支付工程价款的,应予支持"之规定,涉案工程造价可按照合同之约定确定。

经审查上述3份协议内容，双方当事人对于乔某应获得的工程总价款均以总包干价的方式进行约定，上述3份协议所约定的总包干价之和为720万元+1248万元+880万元=2848万元，一审法院对于工程造价的认定正确；加之双方当事人对于原审法院认定的乔某已经从发包人处收取的款项数额31,474,048.64元均不持异议，故一审法院认定乔某应向新鹏都公司返还的工程款数额为299.404864万元无误，二审法院对此依法予以维持。

**（三）再审裁判要旨**

再审法院认为，一是从《大理中民大酒店室内装饰施工合同》（A2、A3标段）及《补充协议》的缔约情况来看，案涉工程项目系由乔某磋商洽谈，并最终由乔某代表新鹏都公司与中民公司签订合同。二是从乔某与新鹏都公司签订的3份《内部单项工程承包合同》约定内容来看，双方所约定的合同价款与施工合同约定的合同价款一致，同时约定乔某履行新鹏都公司与中民公司签订的合同条款，维护新鹏都公司利益和信誉，乔某自行组织项目部及组织施工班组进行施工，新鹏都公司则负责协调项目部办理施工手续、协调项目部与建设方关系等工作，乔某需按工程结算总造价的一定比例向新鹏都公司缴纳管理费。三是从实际履行行为来看，新鹏都公司未参与工程施工、管理，而是由乔某投入资金、实际施工，施工合同发包方中民公司的工程款亦直接向乔某支付，而在新鹏都公司与中民公司工程款纠纷案中乔某也作为新鹏都公司特别授权的诉讼代理人参与诉讼和工程造价司法鉴定。四是从身份关系来看，乔某并非新鹏都公司的工作人员，双方不具有身份上的隶属关系。

综上，新鹏都公司与中民公司之间的装饰施工合同由乔某借用新鹏都公司的施工资质实际履行，双方之间的法律关系符合挂靠关系的法律特征，应认定为挂靠关系而非转包关系，原审法院认定新鹏都公司与乔某之间系转包关系不当。据此，乔某与新鹏都公司之间的结算应当以（2013）大中民初字第93号判决为依据。新鹏都公司最终被执行划转10,948,409.9元，其中超付工程款7,129,057.31元由乔某实际收取，故该超付工程款应由乔某承担。

## 再审研习

关于新鹏都公司与乔某之间的法律关系，一审认定为合法有效的内部承包，二审认定为非法转包，再审认定为没有资质的实际施工人借用有资质的建筑施工企业名义进行施工（俗称挂靠），故相应作出了不同的裁判结果。

对于如何区分转包与挂靠，最高人民法院在本案中指出，区分转包和挂靠主要应从实际施工人（挂靠人）有没有参与投标和合同订立等缔约磋商阶段的活动加以判断。转包是承包人承接工程后将工程的权利义务概括转移给实际施工人，转包中的实际施工人一般并未参与招投标和订立总承包合同，其承接工程的意愿一般在总承包合同签订之后。挂靠是承包人出借资质给实际施工人，挂靠关系中的挂靠人在投标和合同订立阶段一般就已经参与，甚至其就以被挂靠人的代理人或代表的名义与发包人签订建设工程施工合同。因此，一般而言，应当根据投标保证金的缴纳主体和资金来源、实际施工人（挂靠人）是否以承包人的委托代理人身份签订合同、实际施工人（挂靠人）有没有与发包人就合同事宜进行磋商等因素，审查认定属于挂靠还是转包。

## 实务要点

**（一）转包与挂靠的区别**

关于内部承包如何认定，在本部分《内部承包协议的效力认定及管理费处理》一文中进行阐释，笔者在本文中主要就转包与挂靠的区别进行研习。

第一，挂靠与转包中实际施工人介入项目的时间不同。这是实践中公认的二者最主要的区别。挂靠情形下，通常挂靠人在投标和施工合同协商阶段就已经参与项目，甚至就以被挂靠人的委托代理人的名义与发包人签订施工合同；而转包行为发生在转包人承包工程之后，转包中的实际施工人一般并未参与工程的招投标和施工合同的订立。

第二，挂靠与转包中实际施工人在实际施工中的地位不同。挂靠人一般从项目招投标到合同的签订、履行、结算，实质性地主导工程项目运作的全过程，被挂靠人只负责配合提供资质，收取管理费；而转包中实际施工人对于发包人与承包人之间的权利义务关系的了解程度显然不及挂靠人。

第三，挂靠与转包在项目费用的承担及工程款的支付方式不同。挂靠中的实际施工人参与了工程承包前期的各项准备工作，例如支付投标保证金、招投标文件编制费；而在转包中，这些费用一般在前期由签订合同的名义承包人自行负担。工程款支付方面，挂靠人仅收取管理费，合同履行中与发包人之间没有工程款支付关系，一般以“委托支付”“代付”等名义进行工程款支付；而在转包中，通常转包人与发包人结算并领取工程款后，再依据其与实际施工人的约定支付相应工程款。

第四，实践中需要注意的是，如果实际施工人借用资质并非用于承包工程，双方亦不属于挂靠关系。如在（2022）最高法民再177号案中，最高人民法院认为虽然三星防水公司存在借用资质的情形，但其借用资质并非用于承包案涉工程，而是在西安绿建公司已经承包案涉工程的情况下，借用西安绿建公司名义用于签订购销合同、租赁合同等，故西安绿建公司关于双方系挂靠关系的理由不能成立。

**（二）转包与挂靠的法律处理**

1. 转包情形下的实际施工人可以向发包人主张权利，但挂靠情形下的实际施工人无权向发包人主张。

关于实际施工人突破合同相对性向业主主张权利的规定，最高人民法院明确了实际施工人不包含借用资质及多层转包和违法分包关系中的实际施工人。因此，除多层转包外，转包情形下的实际施工人可以向业主主张权利，但挂靠人无权主张，这也是实践中对转包与挂靠进行区分的必要性所在。

2. 挂靠人工程款请求权的实现路径。

（1）发包人对挂靠事实知情。若发包人对挂靠事实是知情的，发包人与挂靠人之间形成事实上的合同关系，挂靠人可依据《民法典》第791条规定请求发包人参照合同约定支付工程款。而被挂靠人仅出借资质，未实际参与施工合同的履行，一般认为挂靠人不能向被挂靠人主张工程款。

（2）发包人对挂靠事实不知情。发包人对挂靠不知情，根据合同相对性原则和信赖保护原则，挂靠人无权向发包人主张权利。在（2017）最高法民申3613号案件中最高人民法院认为，“建邦公司主张与博川公司存在挂靠关系，通过借用博川公司施工资质承揽案涉工程，其为实际施工人。在挂靠施工情形中，存在两个不同性质、不同内容的法律关系，一是建设工程法律关系，二是挂靠法律关系，根据合同相对性原则，各方的权利义务关系应当根据相关合同分别处理。二审判决认定建设工程法律关系的合同当事人为中冶集团和博川公司，并无不当。建邦公司并未提供证据证明其与中冶集团公司形成了事实上的施工合同关系，即便认定建邦公司为实际施工人，其亦无权突破合同相对性直接向非合同相对方中冶集团主张建设工程合同权利。”在该案中，挂靠人的投入已经物化到建设工程中，可依据《民法典》第157条的规定向被挂靠人主张权利；在被挂靠人怠于向发包人主张权利时，挂靠人也可依据《民法典》第535条关于债权人代位权的规定向发包人主张权利。

**法条链接**

《民法典》第一百五十七条、第五百三十五条、第七百九十一条

## Case 12 施工合同无效，是否必然参照合同价款进行结算

再审法院：最高人民法院

再审案号：（2018）最高法民再 166 号

当建设工程施工合同无效，发生重大设计变更、工程建设规模变更等导致工程量大幅增加；同时导致工期延长，材料、人工费价格波动等诸多因素使得工程成本处于变动状态。在此情形下是否仍参照合同价款进行结算？若参照合同结算是否会导致发承包双方利益的失衡？

### 基本案情

2009 年 12 月 1 日，后湖公司（甲方）与四建公司（乙方）签订案涉工程的《执行合同》，约定四建公司承包后湖公司开发建设的 1 号、2 号住宅楼及 3 号商业楼，其中 3 号商业楼为地下室 2 层、地上 1 层；3 号楼按本工程住宅楼清单的综合单价、标准及计价方式据实结算（相应的材料如钢材价格均不做调整）。非乙方原因的设计变更，变更合同价款按下列方式进行：合同中已有适用的综合单价或总价，按合同中已有的价格；合同中有类似的综合单价或总价，参照类似的价格；合同中没有适用的或类似的综合单价或总价，由乙方依据变更工程资料、计量规则和计价办法提出变更工程单价或总价，经甲方确认后执行。

2010 年 2 月 6 日，双方经招投标程序又签订一份《湖北省建设工程施工合同（备案合同）》，其中专用合同条款对合同价款及设计变更的约定与《执行合同》一致。施工过程中，发包人对 3 号楼变更设计方案，改为地上 5 层，并完成相关规划手续。

2011年4月8日,承包人向发包人发函:3号商业楼价款的结算,除钢材、水泥、商品砼等主材按施工当期《武汉建设工程价格信息》计取材料预算价外,其他均按原施工合同执行(人工费增长幅度较高,加之需要日夜抢工,请予以考虑)。2011年11月20日,发包人批复:3号楼主材、人工价格等事宜,将结合施工实际参考政府相关文件规定,待竣工结算时给予综合考虑并协商处理。

一审中委托鉴定机构出具鉴定意见,分别按定额据实计价(依据国家定额或施工期《武汉市建筑工程价格信息》加权平均价结算)和按合同约定计价(按照合同约定的综合单价结算),其中材料价差665.24万元(主材价差629.62万元)。诉讼时,案涉工程竣工验收合格并办理竣工验收备案手续。

## 裁判要旨

**(一)一审裁判要旨**

因案涉工程属典型的"明招暗定",违反《招标投标法》第53条之规定,案涉工程的两份合同无效。3号楼的结算应依据《最高人民法院关于审理建设工程施工合同纠纷案件适用法律问题的解释》第16条第2款的规定:"因设计变更导致建设工程的工程量或者质量标准发生变化,当事人对该部分工程价款不能协商一致的,可以参照签订施工合同时当地建设行政主管部门发布的计价方法或者计价标准结算工程价款。"故一审法院采信按定额据实计价方式形成的鉴定意见,认定总造价为38,011,671.44元。

**(二)二审裁判要旨**

二审法院则认为,3号楼的结算应根据《最高人民法院关于审理建设工程施工合同纠纷案件适用法律问题的解释》第2条及第16条第1款"当事人对建设工程的计价标准或者计价方法有约定的,按照约定结算工程价款"的规定,因发包人、承包人双方在执行合同和备案合同中对设计变更的合同价款均做了明确约定,应按合同约定认定设计变更部分的工程价款。故二审法院采信按合同约定方式形成的鉴定意见,认定总造价为29,904,760.61元。

**(三)再审裁判要旨**

再审法院认为,后湖公司与四建公司就诉争工程建设签订的两份建设工程施工合同因违反法律及行政法规而无效,但案涉工程均已竣工验收合格并办理竣工验收备案手续,依照《最高人民法院关于审理建设工程施工合同纠纷案件适用法律问题的解释》第2条"建设工程施工合同无效,但建设工程经竣工验收合格,承包人请求参照合同约定支付工程价款的,应予支持"的规定,案涉施工合同虽为无效,但原则上诉争工程价款的结算仍应依法参照合同约定予以认定。案涉工程3号楼原建筑结构为地下2层、地上1层,后变更设计方案为地上5层,并办理了工程规划许可手续的变更。3号楼在设计规划、施工面积、工程量、工期上均超出原合同约定范围,应认定为重大设计变更,除非合同明确约定由施工方承担合同外风险,从公平的角度来看,对于3号楼的工程价款应适当调整。

结合诉争工程发生设计变更、工程量增加、工期延长期间施工主材料、人工价格确有上涨的事实,二审判决按执行合同的计价标准对3号楼进行结算确有不当。根据《最高人民法院关于审理建设工程施工合同纠纷案件适用法律问题的解释》第16条第1款的规定,结合承包人主张实际造价确实远高于合同约定结算方式造价,又考虑到双方对案涉两份施工合同被认定为无效均有过错,因此,再审法院依法酌定,按合同约定综合单价方式的鉴定价格29,904,760.61元+调整数额5,387,200元(按定额据实计价和按合同约定计价的价差的80%予以调整,即价差673.4万元×80%=538.72万元)。

## 再审研习

本再审案件的争议焦点在于,3号楼应以何种计价方式和标准进行结算。本案中,《最高人民法院关于审理建设工程施工合同纠纷案件适用法律问题的解释》第16条第1、2款似乎均是正确的请求权基础。根据该条第1款之规定按合同约定方式计价(二审法院据此判决),但在案涉工程出现重大变更情况下依约结算对承包人明显不公平;根据该条第2款的规定按定额据实计价(一审法院据此判决),则又陷于严重背离《最高人民法院关于审理建设工程施工合同纠纷案件适用法律问题的解释》第2条关于无效合同结算原则之尴尬境地。

再审法院认为,《最高人民法院关于审理建设工程施工合同纠纷案件适用法律问题的解释》第2条是《合同法》关于合同无效后"折价补偿"原则的体现,因建设工程施工合同的特殊性,已竣工验收合格的工程无法"各自返还",考虑到合同无效后工程价款结算缺乏折价补偿的相关标准,故司法解释规定在工程验收合格的基础上,以尊重当事人的意思自治及缔约时的市场调节结果即合同约定价格为参考,对工程进行结算。然而,若设计变更、工程建设规模变更等情况导致工程量大幅增加,由于市场、人工等波动因素的影响,工程成本将处于变动状态。在此情况下,若承包人未明确同意按合同价格进行结算,不宜仅以施工方继续施工为由推定当事人具有继续按照合同价格结算的意思表示。

在本案中,2011年4月8日,承包人向发包人发函要求调整工程价款,2011年11月20日,发包人批复"我司将结合施工实际参考该相关文件规定,待竣工结算时给予综合考虑并协商处理。"可见,发包人、承包人对于3号楼工程的结算方式一直处于磋商阶段,发包人同意3号楼工程的结算价格另行协商,承包人系基于发包人承诺另行协商的前提下继续履行施工义务。因此,再审法院在深刻剖析证据,遵循《最高人民法院关于审理建设工程施工合同纠纷案件适用法律问题的解释》第2条无效合同结算原则的基础上,对设计变更部分的工程价款结合相关情节进行酌定调整的判决,更符合司法解释的立法原意。

## 实务总结

**(一)再审程序事由之启示**

本案经湖北省高级人民法院二审改判后,承包人向最高人民法院提起再审申请,其再审申请的事由被最高人民法院认可并经提审后改判。对此,可借鉴的是如何成功设计和组织再审申请的事由。

本案承包人主要依凭的再审事由为二审判决适用法律错误,即主张3号楼工程发生重大变更,包括建筑物类型、建筑面积、容积率、施工工期、建设成本等均发生变更,实际施工范围已超出原合同的承包范围,按合同约定结算工程款显失公平;但二审判决适用建工相关司法解释规定,以合同约定方式认定工程造价,属适用法律错误,依据《民事诉讼法》相关规定属于再审情形。因此,再审申请书中事实与理由的论述,无须过多篇幅,或对案件每项争议焦点一一赘述、面面俱到,更重要的是切中要害、阐述终审判决中错判部分,一语中的。

**(二)再审实体问题之启示**

由再审判决的说理部分可见,2011 年 4 月 8 日承包人向发包人的发函,2011 年 11 月 20 日发包人的批复文件,两份证据对再审改判起着关键作用。2011 年 4 月 8 日,承包人向发包人发函提出调整工程价款的请求,而发包人批复中明确待竣工结算时给予综合考虑并协商处理,这两份证据证明了发包人、承包人因设计变更对主材和人工价格进行调整的意思表示。

因此,如何梳理证据、对关键证据进行解读,正确挖掘证据背后所隐藏的当事人真实意思表示,并据此合法合理地主张自己的观点,对法院认定案件事实及采信代理律师的观点非常重要,也十分考验律师的证据收集及结合案情的阐述说理能力。

本案的重点不在于合同无效参照合同条款结算,而在于论证设计规划、施工面积、工程量、工期上均超出原合同约定的范围(设计变更)而导致施工主材料、人工价格确有上涨的事实使该事实为人民法院所确认,进而促使人民法院在当事人对该部分工程价款不能协商一致的情形下,参照签订建设工程施工合同时当地建设行政主管部门发布的计价方法或者计价标准结算工程款。对此,除了本案外,关于无效合同参照合同价款结算的问题,笔者检索了最高人民法院类似案例,整理裁判观点如下,以供实务参考。

| 案号 | 裁判观点 |
|---|---|
| (2016)最高法民再 135 号 | 无效合同比照有效处理的前提是当事人对权利义务进行充分协商、各自意志已充分表达,只有对合同履行的利益有了全面以及合理的预期才能够接受合同条款的约束。施工过程中建筑主材发生异常涨价,按未经充分协商的固定价继续履行施工合同已缺乏可能。若可以证明施工合同所约定的固定承包价缺乏事实基础并实际导致利益失衡,在此情况下双方根据施工合同的实际履行情况以及市场的重大变化重新议定工程价款具有合理性。 |

续表

| 案号 | 裁判观点 |
| --- | --- |
| (2016)最高法民再392号 | 根据《最高人民法院关于审理建设工程施工合同纠纷案件适用法律问题的解释》第2条规定,在该案施工合同无效的情形下,合同中关于采用固定价款的约定虽具有"参照"价值,但并非当然具有法律拘束力,不能径直作为处理该案纠纷的依据。在该案实际工期远超出合同约定,且发生设计变更情形下,原审未"参照"合同约定的固定价款认定工程造价,而接受宏远公司的申请委托鉴定机构进行造价鉴定,并无不当。 |
| (2017)最高法民终225号 | 建设工程签订多份合同均无效,施工合同约定的工期、工程价款等内容不同,折价补偿标准应当综合导致合同无效的缔约过错、履行无效施工合同造成的损失情况、发包人支付工程价款和施工人施工质量、行业惯例等因素确定。 |

**法条链接**

《民法典》第七百九十三条

《最高人民法院关于审理建设工程施工合同纠纷案件适用法律问题的解释(一)》第十九条

# Case 13 固定总价合同下的未完工工程款如何结算

再审法院：辽宁省高级人民法院

再审案号：（2021）辽民申 6166 号

多地高级人民法院对于固定总价合同下未完工工程已完工部分工程款的计算问题作出了相应的规定或者解答，但法律规定与实践中“半拉子”工程的情形并非完全吻合，导致司法实践中仍有不同结算方式。

## 基本案情

2016 年 5 月 24 日，万玺公司与天隆公司签订合同，约定天隆公司承包万玺公司位于尚嘉购物广场的消防系统工程，承包方式为综合总价包干(合同签订后综合总价不做任何调整)，合同总价为 8,250,000 元。

2016 年 9 月 13 日，万玺公司与天隆公司又签订一份补充协议，约定增加工程的总价为 87 万元(合同总价不再做任何调整)。

2016 年 5 月 25 日，天隆公司进驻现场开始施工。2017 年 5 月 23 日，工程尚未完工，但天隆公司撤场。因此，万玺公司起诉天隆公司要求支付解除合同的违约金。审理中，天隆公司提起反诉并申请已完工程价款的鉴定，一审鉴定意见如下：消防系统工程造价鉴定总额为 8,555,445.3 元，其中合同内金额为 6,559,280.53 元，合同外金额 1,996,164.77 元。据此鉴定意见，天隆公司反诉请求按造价鉴定意见 8,555,445.30 元减去已付 2,264,607 元，支付尚欠工程款 6,290,838.30 元。

## 裁判要旨

关于反诉原告天隆公司诉请的支付欠付工程款6,290,838.3元，一审、二审、再审法院的裁判要旨梳理如下。

**（一）一审裁判要旨**

双方在合同中约定综合总价包干（合同总价不再做任何调整），因工程造价鉴定意见是按图纸套用辽宁省安装工程消耗量定额（2008）计算确定的，反诉被告对该鉴定报告采用的计算方法及鉴定结论持有异议，并不是对双方认可工程量的实际造价进行鉴定，因此该鉴定报告结果不能作为反诉原告实际完成工程量确定工程款的依据，故对反诉原告要求按照该报告鉴定结果减去已付款后支付剩余工程款6,290,838.3元的请求，本院不予支持。反诉原告举证证明了审核的工程款为7,008,073元，因此，应按双方合同中约定的实际每月完成合同工程量的40%付款，故反诉被告应按7,008,073元的40%即2,803,229.20元给予结算，扣除已付款2,264,607元，反诉被告应支付工程款538,622.2元。

**（二）二审裁判要旨**

一审鉴定机构依据施工期间辽宁省有关定额计算出天隆公司完成合同"包死"工程的比例，确定其所完成的合同内造价；合同外的工程，则依据双方当事人签字确认的《工作联系单》确定工程造价。本院认为一审鉴定机构及其鉴定人员具备相应的资质，鉴定程序合法，该鉴定结论应予采信，对天隆公司所完成案涉工程的造价总额为8,555,445.3元的事实予以认定。万玺公司已支付工程款的数额为2,264,607元，因此万玺公司还应当向天隆公司支付工程款的数额为：鉴定的造价总额8,555,445.3元－已付工程款数额2,264,607元＝6,290,838.3元。

**（三）再审裁判要旨**

约定固定价款的建筑工程施工合同，双方未能如约履行，致使合同解除的，在确定争议合同的工程价款时，司法实践中通过鉴定方式确定工程价款，一般是在相应同一取费标准下分别计算出已完工程部分的价款和整个合同约定工程的总价款，二者对比计算出相应系数，再用合同约定的固定价乘以该系数确定发包人应付的工程款。此种处理方法既不会明显低于合同约定总价,也不会过分高于合同约定总价,与当事人预期较为接近。原审认为该鉴定机构及其鉴定人员具备相应的资质,鉴定程序合法,采信该鉴定结论并无不当。

## 再审研习

### (一)多地高级人民法院出台的相关规定

根据前述辽宁省高级人民法院的再审案例可知,在固定总价合同中,对于未完工程一般采用"价款比例法",即根据定额确定已完工程价款占整个工程价款的比例,再用合同约定的固定总价乘以前述比例,以确定已完工程价款。笔者梳理了多地高级人民法院审理建工案件的解答或指南,发现对此问题多地高级人民法院都规定了比较具体详细的审判思路,但侧重点存在一定差别。

| 文件名 | 内容 |
| --- | --- |
| 《四川省高级人民法院、重庆市高级人民法院关于审理建设工程施工合同纠纷案件若干问题的解答》(2022 年 12 月 28 日施行)第 15 条 | ……建设工程施工合同约定工程价款实行固定总价结算,在未全部完成施工即终止履行,已施工部分工程质量合格,承包人要求发包人支付工程价款的,可以采用"价款比例法"的方式,由鉴定机构根据工程所在地的建设工程定额及相关配套文件确定已完工程占整个工程的比例,再用合同约定的固定总价乘以该比例确定发包人应付的工程价款…… |
| 《山东省高级人民法院关于审理建设工程施工合同纠纷案件若干问题的解答》(2020 年 11 月 4 日施行)第 4 条 | 建设工程施工合同约定工程价款按照固定总价结算,当事人主张施工范围、工程量增减的,如何处理?<br>合同约定按照固定总价结算工程价款,实际施工未超出约定施工范围的,应当适用固定价结算。当事人主张施工范围增减的,按照以下情形分别处理:<br>……<br>(3)工程尚未完工的,合同约定固定总价,承包人要求支付工程款的,对于能够确定已完工工程占合同约定施工范围比例的工程,应以合同约定的固定价为基础按比例折算;无法确定已完工比例的,双方对工程造价有争议的,可将争议部分工程造价委托鉴定。<br>…… |

续表

| 文件名 | 内容 |
| --- | --- |
| 《河北省高级人民法院建设工程施工合同案件审理指南》第 12 条 | 建设工程施工合同约定工程款实行固定价,如建设工程尚未完工,当事人对已完工程造价产生争议的,可将争议部分的工程造价委托鉴定,但应以合同约定的固定价为基础,根据已完工工程占合同约定施工范围的比例计算工程款。即由鉴定机构在同一取费标准下分别计算出已完工程部分的价款和整个合同约定工程的总价款,两者对比计算出相应系数,再用合同约定的固定价乘以该系数,确定工程价款。当事人一方主张以定额标准作为造价鉴定依据的,人民法院不予支持。 |
| 《湖北省高级人民法院民事审判工作座谈会会议纪要》第 32 条 | 建设工程合同中当事人约定按包干价结算……(2)已完工程质量合格的,合同约定以单价包干方式计价的,按照包干单价和已完工程量计算工程款;合同约定以总价包干方式计价的,若工程未完工系承包人原因导致,按合同约定的取费标准鉴定未完工部分,以总包干价减未完工部分造价计算工程款;若工程未完工系发包人原因导致,按照建设行政主管部门颁发的定额及取费标准据实结算。 |
| 《北京市高级人民法院关于审理建设工程施工合同纠纷案件若干疑难问题的解答》(京高法发〔2012〕245 号)第 13 条第 1 款 | ……建设工程施工合同约定工程价款实行固定总价结算,承包人未完成工程施工,其要求发包人支付工程款,经审查承包人已施工的工程质量合格的,可以采用"按比例折算"的方式,由鉴定机构在相应同一取费标准下分别计算出已完工程部分的价款和整个合同约定工程的总价款,两者对比计算出相应系数,再用合同约定的固定价乘以该系数确定发包人应付的工程款。 |
| 《江苏省高级人民法院建设工程施工合同案件审理指南(2010 年)》第 7 条第 1 款 | 建设工程施工合同工程款的认定:<br>……在工程没有全部完工的情况下,有两种不同的方式来确认工程款,一是根据实际完成的工程量,以建设行政管理部门颁发的定额取费,核定工程价款,并参照合同约定最终确定工程价款;此时,对工程造价鉴定不涉及甩项部分,只需鉴定其完工部分即可。二是确定所完工程的工程量占全部工程量的比例,按所完工程量的比例乘以合同约定的固定价款得出工程价款。此时,对工程造价鉴定涉及甩项部分,即对涉案工程总造价进行鉴定。第一种方法较为经济,也是较为常用的一种方法,一般用于工程没有总体竣工验收;第二种方法鉴定费用较高,一般用于工程竣工验收合格。上述两种方式均具有一定的合理性,应尽量寻求双方当事人意见的一致,如无法取得一致时由人民法院酌情确定。 |

**（二）司法裁判观点**

关于固定总价合同的未完工程工程款如何确定，《最高人民法院公报》案例（2014）民一终字第69号对实践中常见确定方法进行了论述剖析，体现了人民法院的公平价值取向，具有实务借鉴意义。

最高人民法院在该案中指出，通过鉴定方式确定工程价款，司法实践中大致有三种方式：一是以合同约定总价与全部工程预算总价的比值为下浮比例，再将该比例乘以已完工程预算价格进行计价；二是已完施工工期与全部应完施工工期的比值作为计价系数，再将该系数乘以合同约定总价进行计价；三是依据政府部门发布的定额进行计价。

关于第一种计价方式，其是在当事人缔约时依据定额预算价下浮了一定比例形成的合同约定价，只要计算出合同约定价与定额预算价的下浮比例，据此就能计算出已完工程的合同约定价。该案鉴定意见书即采用了该种方法，一审判决也采纳了该鉴定意见。但采用此种计算方法，会导致隆豪公司违法解除合同，却能额外获取910余万元利益的现象。这种做法无疑会助长因违约获得不利益的社会效应，因而不应被适用。一审判决忽略了当事人双方的利益平衡以及司法判决的价值取向，脱离实际情况，违背交易习惯，对守约一方明显不公平。

关于第二种计价方式，如果采用该方式计算，隆豪公司应支付的全部工程价款明显高于合同约定的总价，此时虽然符合隆豪公司中途解除合同必然导致增加交易成本的实际情况，但该计算结果明显高于已完工工程相对应的定额预算价，对隆豪公司明显不公，因而也不应采用。

关于第三种计价方式，依据定额计算已完工工程价款，比合同约定的总价仅高出36万余元。此种处理方法既不明显低于合同约定总价，也不过分高于合同约定总价，与当事人预期的价款较为接近，因而比上述两种计算结果更趋合理。

当然实践中也不止一种裁判方法，如在（2014）苏民再终字第0009号案中，江苏省高级人民法院认为一审法院按照定额据实结算工程价款的鉴定结论，依据鉴定结论中已完、未完工程的造价，计算出中兴公司已完工程量占总工程量的比例，再依据合同约定的固定价，计算出中兴公司应得的工程价款，该计算方式符合双方当事人的约定，合理恰当。对于已完、未完工程是否应按统一标准鉴定问题，由于双方当事人采用固定价计算，虽然后期因定额调整成本有所提高，但固定价并未相应调整；就按完工比例计付工程款的方法而言，对于已完工程、未完工程均按照2001年定额计算更符合双方合同约定及公平原则。



## 实务总结

结合上述类案裁判、高级人民法院的审理建工案件的解答或指南可知，固定总价工程中已完工程价款的一般结算方式是：合同固定总价×（按定额计算的已完工程款÷按定额计算的工程总价）。但如果采取前述计算方式致使按照固定价结算致使双方利益显失公平，对于已完工程可以按照定额计价。总体而言，人民法院在审理此类案件时，不会机械地固定采用某一种计价方式，而会综合考虑具体案件中双方签订固定总价的金额、已完和未完工程的施工难度及利润率、双方解除合同的过错程度等因素，综合进行判定。

因此，不论是施工单位还是建设单位，应当在合同订立、履行过程、事后应对等方面进行防控。例如在签订合同时，可以考虑在合同中约定中途退场的结算方式，在合同中明确各方责任，细化相关条款；在选择工程价款的结算方式时，应当根据工程项目的具体情况评估后谨慎选择；在合同履行过程中，要注意保留各环节的证据，通过不同方式对过程留痕；在中途退场发生时，应及时联系专业人员做好应对方案，以便在后续诉讼过程中争取更有利的结果。

第三部分

# 再审案例之
# 涉不动产纠纷篇

3

PART

# Case 1 住宅买受人能否排除抵押权人的执行

再审法院：最高人民法院

再审案号：（2021）最高法民申 1113 号

关于房屋买受人能否排除抵押权人的执行，实践中一直争议不断。最高人民法院在 2019 年 11 月 8 日发布的《全国法院民商事审判工作会议纪要》第 126 条和第 127 条重新梳理了《最高人民法院关于人民法院办理执行异议和复议案件若干问题的规定》第 27 条、第 28 条、第 29 条的适用规则，认为只有商品房消费者才能排除抵押权人的执行，即只有符合前述第 29 条的规定，才能排除抵押权人的执行，即“商品房消费者 > 抵押权人 > 一般房屋买受人”，更好地平衡了抵押权人与房屋买受人的权益。

## 基本案情

2010 年 12 月 21 日，杨某与思凯房产公司签订《商品房买卖合同》，购买思凯房产公司开发的一套房屋。2012 年 6 月 30 日，思凯房产公司将诉争房屋交付给杨某，但未办理房屋转移登记。2015 年 10 月 12 日，莱茵威尔公司向恒丰银行借款，思凯房产公司将包括诉争房屋在内的 25 套房屋进行抵押担保，并办理了抵押登记。

后因莱茵威尔公司违约，恒丰银行诉至人民法院。诉讼过程中，各方达成调解协议。但因各债务人未按调解书履行清偿义务，恒丰银行申请强制执行，人民法院拟对诉争房屋进行评估拍卖。此时，杨某以其已购买诉争房屋为由提出执行异议。人民法院审查后，裁定中止对诉争房屋的执行。恒丰银行不服该裁定，提起执行异议之诉，请求继续执行。

## 裁判要旨

**（一）一审裁判要旨**

一审法院认为，恒丰银行与思凯房产公司所签订的抵押合同是否有效、抵押权是否设立、抵押权实现的情形是否具备等须经人民法院或仲裁机关审查、审理认定。未经生效裁决认定，前述情况均存在或然性，故诉争房屋不能作为抵押财产执行，只能作为该公司的一般责任财产执行。恒丰银行主张本案应适用《最高人民法院关于人民法院办理执行异议和复议案件若干问题的规定》第27条的理由不成立。同时，一审法院还认为，即使恒丰银行对诉争房屋享有优先受偿权，因杨某购买案涉房屋在先，恒丰银行在案涉房屋上设立抵押权在后，故恒丰银行对诉争房屋享有的优先受偿权不能对抗买受人杨某。根据《最高人民法院关于人民法院办理执行异议和复议案件若干问题的规定》第28条的规定，杨某对诉争房屋享有的民事权益足以排除强制执行，故驳回恒丰银行的诉讼请求。

**（二）二审裁判要旨**

二审法院认为，恒丰银行对诉争房屋享有抵押权，本案即应适用《最高人民法院关于人民法院办理执行异议和复议案件若干问题的规定》第27条的规定。《最高人民法院关于人民法院办理执行异议和复议案件若干问题的规定》第28条所规定的是一般房屋买受人的物权期待权，该类情形并不具有优先于抵押权等担保物权的法律基础，该规定第27条"但书"条款的规定，并不包括该情形。换言之，一般不动产买受人即便符合《最高人民法院关于人民法院办理执行异议和复议案件若干问题的规定》第28条的规定，也不能对抗抵押权人，而只能对抗一般债权人。因此，杨某作为案外人对诉争房屋排除执行，必须符合《最高人民法院关于人民法院办理执行异议和复议案件若干问题的规定》第29条的要求。经查明，杨某要求排除对诉争房屋的执行不符合《最高人民法院关于人民法院办理执行异议和复议案件若干问题的规定》第29条规定的要件，故二审法院判决撤销一审判决，准许对诉争房屋的执行。

（三）再审裁判要旨

再审法院认为，恒丰银行对诉争房屋依法享有抵押权，而诉争房屋性质并非住宅用房，杨某要求排除对诉争房屋的执行不符合《最高人民法院关于人民法院办理执行异议和复议案件若干问题的规定》第 29 条的规定，故裁定驳回杨某的再审申请。

## 再审研习

司法实务中，购房人的权利优先还是抵押权优先，即对于《最高人民法院关于人民法院办理执行异议和复议案件若干问题的规定》第 27 条、第 28 条、第 29 条的适用问题，存在较大争议。第一种观点认为，应当优先保护抵押权人的权益，抵押权作为物权，优先于买受人变更登记的债权。第二种观点认为，应当优先保护房屋买受人的权利，房屋是买受人安身立命之本，故应当优先予以保护。第三种观点认为，应当根据房屋买卖行为与抵押行为发生的先后顺序确定权利的先后顺序：先售后抵的，购房人的权利优先于抵押权；先抵后售的，抵押权人的权利优先于购房人的权利。第四种观点认为，购房人的权利是否优先于抵押权，判断的标准是其身份是一般购房人还是消费者购房人，与抵押权设定在出售之前还是出售之后无关。结合《全国法院民商事审判工作会议纪要》的规定，笔者赞同第四种观点。在前述案例中，正是因为杨某并非购买住宅，更非商品房消费者，故未能排除执行。

首先，物权优先于债权是一般原则。《最高人民法院司法观点集成：民事卷Ⅲ》（2017 年 9 月新编版）明确房地产商非法融资及一房多卖、重复抵押的，在相对人均为善意的情况下，要按照物权优先于债权的原则、物权成立时间先后以及合同履行情况等，确定权利优先保护的顺位。在一物之上既有物权又有债权时，一般情况下，物权优先于债权，这既是民法基本理论，也是维护市场交易秩序稳定的基石。抵押权人享有的是物权，而房屋买受人所享有的物权期待权的本质还是债权，在二者冲突时，应当优先保护抵押权人的权利。

其次，突破物权优先于债权的一般原则，需要有明文规定。原《最高人民法院关于建设工程价款优先受偿权问题的批复》第 2 条规定，交付全部或者大部分款项的商品房消费者的权利优先于承包人的工程价款优先受偿权。该规定是基于商品房消费者生存权至上的考虑，突破合同相对性和债权平等原则而设置的特别规定。虽然上述批复已经失效，但是《最高人民法院关于人民法院办理执行异议和复议案件若干问题的规定》第 29 条正是在该批复基础上，以满足商品房消费者生存权的立法精神为基础所作的特别规定。反之，对于一般房屋买受人权益并没有特殊保护的法律规定，故遵循物权优先于债权的一般规定，抵押权优先于一般房屋买受人权利乃是法律应有之意。

最后，除本文举示的案例外，在(2020)最高法民申 5685 号案、(2021)最高法民申 1131 号案中，法院也明确《最高人民法院关于人民法院办理执行异议和复议案件若干问题的规定》第 28 条不是第 27 条但书情形，确立了“商品房消费者 > 抵押权人 > 一般房屋买受人”规则，更好地平衡了抵押权人与房屋买受人的权益。因此，购买已设立抵押权的住宅时，只有当买受人符合《最高人民法院关于人民法院办理执行异议和复议案件若干问题的规定》第 29 条之规定，构成商品房消费者时，才可以排除抵押权人的执行。

## 实务建议

对于消费者购房人的建议：基于对生存权的保障，消费者购房人的权益优先于抵押权人和其他普通债权人，故消费者购房人应严格按照《最高人民法院关于人民法院办理执行异议和复议案件若干问题的规定》第 29 条规定的规定梳理自身权益证明，确保适用前述法律规定。

对于抵押权人的建议：在执行过程中，如果有案外人提出执行标的异议要求排除执行，需要依法准确界定案外人的身份，力争法院将其认定为一般房屋买受人而非消费者购房人，以维护自身合法权益。若案外人最终被法院认定为消费者购房人，可根据抵押合同的约定，向抵押人提出违约损害赔偿责任。

对于一般房屋买受人的建议：一般房屋买受人的物权期待权不具备生存权至上的价值基础，既不优先于消费者购房人，也不优先于抵押权人，故建议该类购房者在买房前做好尽职调查，买房后及时敦促开发商办理过户登记。

**法条链接**

《最高人民法院关于人民法院办理执行异议和复议案件若干问题的规定》第二十七条、第二十八条、第二十九条

《全国法院民商事审判工作会议纪要》第一百二十五条、第一百二十六条

# Case 2 商铺买受人能否排除抵押权人的执行

再审法院：最高人民法院

再审案号：（2021）最高法民再 189 号

《最高人民法院关于人民法院办理执行异议和复议案件若干问题的规定》第 28 条规定了一般房屋买受人可以对抗执行的情形，但该类情形并不具有优先于抵押权的生存权至上的价值基础。一般不动产买受人即便符合该条规定，也不能对抗抵押权人，其只能对抗普通债权人。本文通过最高人民法院的一份再审案例，解读抵押权人和商铺购买者的权利位阶，并对避免相关风险提出建议。

## 基本案情

红岭公司诉新永秀公司、张某、柴某、平安银行民间借贷纠纷一案，一审法院于 2017 年 6 月 30 日作出（2016）琼 01 民初 282 号民事判决，判令：新永秀公司签订的《委托贷款合同》的借款提前到期；限新永秀公司于判决生效之日起 10 日内向红岭公司偿还借款本金 6000 万元及利息；驳回红岭公司的其他诉讼请求。红岭公司不服一审判决提起上诉，二审中双方达成和解协议，法院调解结案。

调解书生效后，红岭公司向一审法院申请强制执行，一审法院查封了登记在新永秀公司名下的房产。吴某、邝某因一审法院的查封行为而提出执行异议，以其已购买案涉房屋为由，要求一审法院解除查封，停止执行。一审法院经审查作出执行裁定书，中止对案涉房屋的执行。红岭公司不服该裁定，遂提起本案诉讼。

法院另查明，新永秀公司在办理借款时，将其名下土地使用权抵押给了红岭公司，并且办理了抵押登记。办理土地抵押登记后，新永秀公司在上述土地上开发建设了包括案涉房产在内的房产项目并取得了预售许可，案涉房产用途为商铺。



## 裁判要旨

**（一）一审裁判要旨**

本案为申请执行人执行异议之诉，根据《最高人民法院关于适用〈中华人民共和国民事诉讼法〉的解释》第313条的规定，判断能否支持申请执行人许可执行的请求，需认定案外人就执行标的是否享有足以排除强制执行的民事权益。故本案的争议焦点为吴某、邝某对案涉房屋是否享有足以排除强制执行的民事权益。由于本案是涉及金钱债权的执行案件，因此可参照《最高人民法院关于人民法院办理执行异议和复议案件若干问题的规定》第28条或第29条的规定予以判断。上述两条规定均针对案外人对被执行的不动产是否享有物权期待权的保护条件，只要案外人所提的执行异议符合上述两条规定其中一条规定的条件，均可予以保护。

一审法院认为，吴某、邝某在法院查封之前已与新永秀公司签订了合法有效的书面买卖合同，合法占有该不动产，已支付全部价款，非因买受人的自身原因未办理过户登记。故根据《最高人民法院关于人民法院办理执行异议和复议案件若干问题的规定》第28条的规定，认定吴某、邝某就案涉房屋享有足以排除强制执行的民事权益，驳回红岭公司要求法院继续执行的诉讼请求。

**（二）二审裁判要旨**

二审裁判认定的事实以及裁判理由与一审一致，判决驳回上诉，维持原判。

**（三）再审裁判要旨**

《最高人民法院关于人民法院办理执行异议和复议案件若干问题的规定》第27条确立了享有担保物权的申请执行人的优先受偿地位，同时基于对一些特定权益优先保护的必要，通过"但书"予以排除。根据原《最高人民法院关于建设工程价款优先受偿权问题的批复》第1条、第2条的规定，交付全部或者大部分款项的商品房消费者的权利优先于抵押权人优先受偿权,此即“但书”条款所言的例外规定。该规定是基于生存权至上的考虑,突破合同相对性和债权平等而设置的特别规定,实践中需要严格审查和把握,以免动摇抵押权的优先性基础。《最高人民法院关于人民法院办理执行异议和复议案件若干问题的规定》第 29 条的规定正体现了对商品房消费者物权期待权的优先保护。本案中,吴某、邝某所购标的物为永秀国际小区 A 栋一层 01 商铺,具有鲜明的投资属性,不属于消费者生存权的保护范畴,不能参照适用该条规定。

《最高人民法院关于人民法院办理执行异议和复议案件若干问题的规定》第 28 条规定了一般房屋买受人可以对抗执行的情形,但该类情形并不具有优先于抵押权的生存权至上的价值基础。一般不动产买受人即便符合该条的规定也不能对抗抵押权人,其只能对抗普通债权人。故吴某、邝某对案涉房屋不享有足以排除强制执行的民事权益,应当准许对永秀国际小区 A 栋一层 01 商铺采取查封、评估、拍卖或变卖等强制执行措施。

## 再审研习

本案非常具有典型意义,在笔者办理诸多金融借款类执行案件的过程中,经常遇到案外人主张被查封或者正在被拍卖的房子是自己的(已经购买或者是抵债的),而法院审查判断案外人是否享有排除强制执行民事权益,主要法律依据是《最高人民法院关于人民法院办理执行异议和复议案件若干问题的规定》第 28 条、第 29 条。

根据上述再审判决可知,《最高人民法院关于人民法院办理执行异议和复议案件若干问题的规定》第 28 条规定的是对一般房屋(不动产)买受人可以对抗执行的情形,其只能对抗普通债权人,而不能对抗抵押权人;第 29 条规定的是对商品房消费者可以对抗执行的情形,这种情形下可以对抗抵押权,是基于商品房消费者生存权的考量。要准确适用上述规定,应该结合《最高人民法院关于人民法院办理执行异议和复议案件若干问题的规定》第 27 条,即“申请执行人对执行标的依法享有对抗案外人的担保物权等优先受偿权,人民法院对案外人提出的排除执行异议不予支持,但法律、司法解释另有规定的除外”。这里的“但书”指的是《最高人民法院关于商品房消费者权利保护问题的批复》第2条的规定，以居住为目的购买房屋并已支付全部价款，或者只支付了部分价款而在一审法庭辩论终结前已实际支付剩余价款的商品房消费者的权利优先于抵押权人优先受偿权。该规定是基于生存权至上的考虑，突破合同相对性和债权平等而设置的特别规定，实践中需要严格审查和把握，以免动摇抵押权的优先性基础。

因此，笔者可以在此进一步得出结论：购买设立有抵押权的非住宅类不动产，即便已经签订合法的合同、支付全款、占有使用，并且未办理过户并非购房人自身原因，购房人仍不足以形成对抗抵押权的民事权益，其只能对抗一般债权人，若抵押权人申请法院对其房产查封拍卖，法院应当执行。

## 实务建议

笔者根据对上述最高人民法院再审案例的分析，结合办理多起关于房产执行异议之诉的实践经验，向有意投资购买房产的读者提出以下几点建议。

第一，不论购买住宅、商铺还是写字楼，都要首先查明房产以及土地有无抵押、查封、出租等权利限制信息。在房地一体化登记之后，交易信息的查询已非常方便，但仍有部分老旧房产可能还存在房地产权信息分开登记的情况，一定要分别查明。尤其是非住宅类房产，更是应该查明房产的权利限制信息，否则可能会出现本案例中被强制执行的悲剧。

第二，向登记机构申请预告登记。预告登记后，未经预告登记的权利人同意处分该不动产的，不发生物权效力。预告登记后，债权消灭或者自能够进行不动产登记之日起90天内未申请登记的，预告登记失效。

第三，要及时对不动产进行占有、使用。购房者即便名下只有一套房产而实际拥有较多房产，暂时可能确实用不上名下房产，也可尽量将其出租，以房东名义缴纳水电气费、物业费并保留相应的缴费凭证，为排除一般债权人的执行留下空间。

第四，及时督促开发商办理产权证，并保留相应的督促凭证，如短信、微信等聊天记录以及其他书面证据材料，避免因自身原因未及时办理登记。

**法条链接**

《最高人民法院关于人民法院办理执行异议和复议案件若干问题的规定》(2020 修正)第二十七条、第二十八条、第二十九条

《最高人民法院关于商品房消费者权利保护问题的批复》第二条

# Case 3 以房抵债未变更登记能否排除执行

再审法院：四川省高级人民法院

再审案号：（2019）川民再36号

以房抵债是债务清偿的一种常见方式，属于以物抵债的一种情形。现实中各种以房抵债的情形实为多样，实务界关于以房抵债案件的裁判观点及适用也有较大分歧，上诉率高，改判亦时有发生。本文以四川省高级人民法院的一起案外人执行异议之诉改判案件为例，就以房抵债协议取得的不动产未经变更登记能否排除强制执行这一问题进行探析。

## 基本案情

2009年10月30日，张某、祝某向李某借款400万元。2012年5月25日，张某与李某达成《还款协议》，约定因张某向李某借款400万元，将案涉房屋1~3层出卖给李某。张某于2012年12月31日付100万给李某，双方所有欠款两清，交房产证时，李某归还张某借条。

2015年12月29日，张某、祝某、冯某出具说明，称因逾期未归还400万元借款，2012年5月25日，李某、张某、祝某、冯某共同协商将案涉房屋1~3层（2~3层登记在祝某女儿冯某名下）出卖给李某以抵偿部分借款，并约定案涉房屋过户费用由张某承担；由于张某只够支付1层的过户费用，故仅将1层商铺过户给李某，未过户的2~3层房屋所有权证和国有土地使用证共4本交给了李某，并由李某实际占有行使出租权利。

2015年11月，因刘某申请执行祝某、张某、冯某民间借贷纠纷案，法院依据生效民事调解书，裁定查封了登记在被执行人冯某名下的案涉房屋2~3

层。李某提出执行异议,被驳回后提起案外人执行异议之诉。

## 裁判要旨

**(一)一审裁判要旨**

李某主张的案涉房屋未经登记不能取得所有权,对于其要求确认享有案涉房屋所有权的诉讼请求依法不予支持。李某占有并使用案涉房产系基于以房抵债协议,抵债协议的目的是消灭金钱债权,不应优先于同为金钱债权的刘某权利的实现。故驳回李某诉讼请求。

**(二)二审裁判要旨**

上诉人李某在法院查封案涉房屋之前,并未与被上诉人冯某签订合法有效的书面买卖合同。即使上诉人李某占有并使用了案涉房屋,但其系抵债受让人,而非不动产的买受人,其与被上诉人冯某之间并非买卖合同关系,不属于物权期待权的保护范围。判令驳回上诉,维持原判。

**(三)再审裁判要旨**

本案的争议焦点是案外人李某对案涉房产的民事权益是否足以排除以冯某为被执行人案件的强制执行。一审、二审法院认为李某占有案涉房屋系基于以房抵债协议,抵债协议的目的是消灭金钱债权,不应优先于同为金钱债权的刘某权利的实现。再审法院认为结合本案事实,足以证明李某对张某的债权转化为房屋转让的对价,李某与张某之间基于借款形成的债权债务关系已被以房抵债协议中的权利义务关系取代,因此李某基于以房抵债协议的签订、履行,实际占有了涉案房屋,有权基于房屋买受人的身份主张物权期待权。一、二审法院忽视了查封时被执行人冯某对案涉房屋的民事权益状态,李某与张某之间基于借款形成的债权债务关系已被以房抵债协议中的权利义务关系取代;简单适用《最高人民法院关于人民法院办理执行异议和复议案件若干问题的规定》第28条的规定,属于适用法律错误,本院予以纠正。综上,李某的再审请求应予以支持,判令撤销本案一审、二审判决,刘某不得执行冯某名下案涉房屋2~3层。

## 再审研习

对于以房抵债能否排除执行实践中争议颇多，四川省高级人民法院再审判决给出了肯定的答复，即在一定情形下，以房抵债协议取得的不动产未经变更登记，也能排除强制执行。但2019年《全国法院民商事审判工作会议纪要》出台后，目前实务界包括最高人民法院、各地法院更主流的裁判观点则为以房抵债受让人不属于《最高人民法院关于人民法院办理执行异议和复议案件若干问题的规定》第28条规定的不动产买受人范围，其对房屋的权益不能排除执行。

例如，(2020)最高法民申3620号案裁判要旨：(1)不动产买受人(异议申请人/债权人)主张其通过抵债行为取得房屋，应视为支付了全部购房款。但从《最高人民法院关于人民法院办理执行异议和复议案件若干问题的规定》第28条规定的条文本意看，该条规定的是无过错不动产买受人的权利保护问题，以物抵债受让人并不属于前述不动产买受人范围，不能适用该条规定予以保护。(2)债权人与债务人之间就以房抵债达成合意，债务人应支付的合同价款实为货款或其他款项，其取得案涉房屋是基于双方间的抵债行为。该案《商品房预售合同》等协议实为消灭双方间的债权债务关系，最终实现债的清偿，这与购买不动产而订立的购房合同存在差异，并不能适用前述司法解释的规定，也不能据此认定债权人享有物权期待权。

又如(2019)川民终894号案，四川省高级人民法院认为：以抵偿债务为目的签订的房屋买卖合同，性质上是以物抵债协议，签订买卖合同是债的具体履行方式，以物抵债协议中的买受人并不属于《最高人民法院关于人民法院办理执行异议和复议案件若干问题的规定》第28条保护的范围。以房抵债协议约定的交付房产，是以消灭金钱债务为目的的债的履行方式，以房抵债而拟受让不动产的受让人，在完成不动产法定登记之前，该以房抵债协议并不足以形成优先于一般债权的利益。

关于前述问题，有观点较为绝对，即"以物抵债不适用《最高人民法院关于人民法院办理执行异议和复议案件若干问题的规定》第二十八条、第二十九条的规定”①;但以房抵债债权人是否可以参照适用该规定,笔者认为还是应该结合具体案件具体分析。正如《黑龙江省高级人民法院关于审理执行异议之诉案件若干问题的解答(修订版)》《山东省高级人民法院民一庭关于审理执行异议之诉案件若干问题的解答(2020 年)》对案外人基于以房抵债提起执行异议之诉的回复处理,应结合案件事实依法予以审查,充分权衡各方当事人的权益,在个案中寻求妥当的解决方案。

具体而言,针对以物抵债能否适用《最高人民法院关于人民法院办理执行异议和复议案件若干问题的规定》第 28 条、第 29 条,笔者认为应根据当事人的意思作区分处理。如果当事人的合意是债的更改(原债消灭,成立新债务),则可以适用;如果当事人的合意是新债清偿(成立新债务,与旧债务并存),则不能适用。理由在于:对于债务清偿期届满后②达成的以物抵债协议的性质,可能构成债的更改,亦可能属于新债清偿。基于保护债权的理念,债的更改一般需有当事人明确消灭旧债的合意,否则属于新债清偿。也就是说,债务清偿期届满后,债权人与债务人所签订的以房抵债协议,如未约定消灭原有的金钱给付债务,应认定系双方当事人另行增加一种清偿债务的履行方式,而非原金钱给付债务的消灭。

在债的更改情形下,原有的金钱债权已经确定转化为交付房屋及办理不动产权属证书的请求权。当事人的意思表示已经明确,该交易与一般不动产买卖并无区别,自然可以视为双方已经签订合法有效的买卖合同。

在新债清偿的场合下,债权人在新债未实现的情况下仍可请求债务人履行原债,而债务人对履行新债或原债享有选择权。在此情形下,新债清偿与一般不动产存在区别,债务人可选择履行原债,债权人是否可获得房屋所有权具有不确定性。如前所述,《最高人民法院关于人民法院办理执行异议和复议案件若干问题的规定》第 28 条、第 29 条的保护主体是真实的房屋(不动产)买受人,保护的对象是合法的房屋(不动产)交易法律关系,故该场合并不符合双方已经签订合法有效买卖合同的要件。

---

① 最高人民法院民事审判第二庭编著:《〈全国法院民商事审判工作会议纪要〉理解与适用》,人民法院出版社 2019 年版,第 304 页。

② 根据《全国法院民商事审判工作会议纪要》,债务清偿期届满前达成的以物抵债协议属于买卖性担保,故不在本文讨论范畴内。

## 要点提示

目前主流观点认为,以房抵债不适用《最高人民法院关于人民法院办理执行异议和复议案件若干问题的规定》第28条、第29条,但对于现实中大量存在的以房抵债债权人,在面对未过户的房屋可能被法院执行的情形下,前述两条文也有一定的适用空间。我们建议从以下方面考虑,力争排除执行以维护自身权益。

1. 案外人的举证责任。根据《民诉法解释》第309条,案外人或者申请执行人提起执行异议之诉的,案外人应当就其对执行标的享有足以排除强制执行的民事权益承担举证证明责任。法院在审理执行异议之诉中会先考量案外人对执行标的是否享有实体权益,若确有证据证明案外人享有实体权益,则会进一步判断该实体权益是否能够排除法院的强制执行。

2. 为避免被认定为恶意串通、虚假诉讼等借以房抵债之名转移财产、逃避债务、规避执行等损害他人权益的行为,实务中主张通过以房抵债支付全部价款,需要注意房屋查封前应存在合法有效的到期债权,且享有的到期债权与执行标的价值应相当;同时以书面形式签订以房抵债协议,就抵债物的基本情况与价值进行合意确定,以便参照适用《最高人民法院关于人民法院办理执行异议和复议案件若干问题的规定》第28条。

3. 需要满足查封前已合法实际占有不动产的构成要件,并注意保存好相应的凭证。例如双方的交房记录,物业费、水电气缴纳凭证,与他人签订的租赁合同、租金收取凭证,等等。

4. 非买受人自身原因造成未办理过户,即案外人对未办理过户不存在过错或无主要过错,受让人应积极督促所有权人尽快办理房屋过户登记手续,或保存好房屋暂时无法办理过户手续的相关凭证。

**法条链接**

《黑龙江省高级人民法院关于审理执行异议之诉案件若干问题的解答》第二十条

《山东省高级人民法院民一庭关于审理执行异议之诉案件若干问题的解答》第七条

Case 4

# 以房抵工程款，能否排除普通债权人的强制执行

再审法院：最高人民法院

再审案号：（2020）最高法民再352号

以房抵工程款是建筑行业的俗称，即发承包双方签订施工合同后，开发商与承包人约定以开发的商品房抵偿欠付的工程款，该方式是否属于行使建设工程价款优先受偿权的方式？如果答案是肯定的，那么该种方式能否排除普通债权人对用于抵偿工程款商品房的强制执行？本文以一则最高人民法院再审案例入手做如下分析，以期共同研讨。

## 基本案情

建机工程公司是"邑都上城"楼盘二期、三期土建、水电安装工程的施工人，因开发商大邑银都公司拖欠其工程款683万元，双方签订协议书约定大邑银都公司以15套房屋共2819.53平方米作价733万元抵偿欠付工程款，房款超出的50万元由建机工程公司支付给大邑银都公司，建机工程公司可以将抵偿的房屋出售，大邑银都公司配合购房人办理权属证书；双方在协议书中还约定了其他事项；协议书附表明确了15套房屋的房号、面积和价格等事项。

协议签订后，大邑银都公司将抵债15套房屋的钥匙交给建机工程公司。2016年4月28日，建机工程公司与大邑银都公司签订了14份《商品房买卖合同》。2016年4月29日，大邑银都公司开具了14份商品房买卖合同约定房屋的销售不动产统一发票。商品房买卖合同签订后，其中两套房屋的买卖合同在登记机关进行了合同备案登记。

紫杰投资公司在与宁波银都公司、大邑银都公司等借款合同纠纷一案中

申请诉讼财产保全,人民法院对大邑银都公司用于抵偿工程款的13套房屋进行了查封。2018年7月23日,建机工程公司提出执行异议,人民法院裁定中止对案涉13套房屋的执行。紫杰投资公司遂提起执行异议之诉,请求准许执行上述13套房屋。



## 裁判要旨

**(一)一审裁判要旨**

民事强制执行中对于无过错买受人的物权期待权,通过赋予其优于普通债权的权利层级的方式给予优先保护,其价值取向在于:在同是债权的情况下,购房人的债权因为是先履行的债权而应当得到优先保护,无过错的买受人对物权的期待权应当特殊保护。在执行异议之诉中,《最高人民法院关于人民法院办理执行异议和复议案件若干问题的规定》有参照适用的价值。根据该规定第28条,金钱债权执行中,买受人对登记在被执行人名下的不动产提出异议,符合下列情形且其权利能够排除执行的,人民法院应予支持:(1)在人民法院查封之前已签订合法有效的书面买卖合同;(2)在人民法院查封之前已合法占有该不动产;(3)已支付全部价款,或者已按照合同约定支付部分价款且将剩余价款按照人民法院的要求交付执行;(4)非买受人自身原因造成未办理过户登记。

本案中建机工程公司与大邑银都公司先存在建筑工程施工合同关系,大邑银都公司拖欠工程款未支付,双方通过协商一致采用以物抵债的方式消灭拖欠工程款的合同之债,由此订立商品房买卖合同,并按照合同约定的价款以金钱债权抵偿合同价款。该合同作为履行付款义务的一种方式,不违反法律规定,也不影响国家、集体和他人的合法权益,法律上应予以认可,并对双方均发生约束力,双方只需履行合同约定则可最终以物抵债,实现物权变动。但建机工程公司在双方商品房买卖合同成立后,并未主动行使合同权利和履行买受人的义务,这一点从建机工程公司一直没有交纳物业管理费可以看出。此外,建机工程公司和与大邑银都公司签订的协议书明确约定了物业管理费从建机工程公司将房屋转让给第三方起计收,且第三方购房后大邑银都公司需无条件配合办理权属证书,说明建机工程公司最根本的目的还是处置约定的抵偿房屋以实现债权，这是其在商品房买卖合同签订后迟迟未办理权属登记的根本原因；拖延两年以后房屋又因其他案件的执行被查封，属于建机工程公司自身行为所致。建机工程公司对于房屋的合同权利是真实的，但其自身的原因造成权利的不完整，不足以排除人民法院强制执行，遂判决准许执行上述13套房屋。

**（二）二审裁判要旨**

案外人执行异议之诉的标的是案外人是否有权请求排除对执行标的采取的强制措施，这一诉讼标的的基础是案外人与被执行人谁对该执行标的享有实体权利。根据《最高人民法院关于适用〈中华人民共和国民事诉讼法〉执行程序若干问题的解释》第15条的规定，足以排除强制执行的权益范围，应当为所有权或者有其他足以阻止执行标的转让、交付的实体权利。建设工程优先受偿权是承包人就建设工程折价或者拍卖的价款优先受偿的权利，这种优先权仅是债权实现的顺位优先权利，而非所有权等实体权利，不能阻止执行标的的转让、交付，不属于“足以排除强制执行”的民事权益。更何况，本案建机工程公司与大邑银都公司选择直接用房屋抵偿建机工程公司的工程款，这种方式也与法律规定的建设工程优先受偿权行使的方式不符。因此，建机工程公司关于可基于建设工程优先受偿权排除本案执行的理由不能成立。故二审法院维持一审判决，准许执行上述13套房屋。

**（三）再审裁判要旨**

建机工程公司以其与大邑银都公司签订的以房抵债协议行使建设工程价款优先受偿权，符合工程价款优先受偿权实现方式。紫杰投资公司对大邑银都公司享有普通借贷债权；而建机工程公司作为案涉工程项目的承包人，对案涉房屋享有建设工程价款优先受偿权，该权利应优先于紫杰投资公司的普通债权受偿，建机工程公司就案涉房屋享有的权利足以排除紫杰投资公司的强制执行。

## 再审研习

**（一）以房抵工程款属于行使建设工程优先受偿权的方式**

关于建设工程价款优先受偿权的行使方式，《民法典》规定，发包人未按照约定支付价款的，承包人可以催告发包人在合理期限内支付价款；发包人逾期不支付的，除根据建设工程的性质不宜折价、拍卖外，承包人可以与发包人协议将该工程折价，也可以请求人民法院将该工程依法拍卖；建设工程的价款就该工程折价或者拍卖的价款优先受偿。据此，承包人行使建设工程价款优先受偿权的方式为“协议折价”或“申请法院拍卖”。

对于“协议折价”的具体方式，理论上有不同的理解。江平教授认为，折价是指发包人与承包人双方协商后确定价格，并将工程卖给第三人。全国人大法工委则认为，折价系直接将工程项目所有权转移于承包人抵作工程款。还有的学者认为，承包人既可以与发包人协议将工程全部或一部分折价卖给承包人，也可以协议将建筑物出卖给第三人后，由承包人从出卖的价款中优先受偿。

实践中，发包人与承包人协商约定，将发包人的部分房屋按照一定的价格抵偿承包人的部分工程款，双方签订商品房买卖合同或商品房预售合同，有的合同办理了备案登记，有的合同并未办理备案登记。以抵偿工程款的方式购买房屋，其实质是通过协商折价抵偿实现建设工程价款优先受偿权，承包人取得工程所有权后，可以进行处分予以变现，也可以抵偿其所负其他债务。故发包人与承包人约定以房抵债，可以认定以行使建设工程优先受偿权的方式“协议折价”。

**（二）以房抵工程款产生“协议折价”优先权效力的条件**

1. 发包人和承包人具备“协议折价”行使优先权的意思表示。

从实践中大量案例来看，虽然双方达成了以房抵债行使优先权的合意，但双方并未签订书面协议，往往是由发包人与承包人直接签订商品房买卖合同或商品房预售合同予以替代，故从司法审判角度看，上述买卖合同或预售合同不能直接被认定为“协议折价”行使优先权的方式。在此情形下，需要进一步提供双方达成了以房抵债行使优先权的证明材料，否则极有可能导致上述行为无法被认定行使优先权。具体到本案中，开发商出具的《关于我司为四川省建筑机械化工程有限公司抵偿房屋办理过户登记有关情况的说明》中载明，因邑都上城项目欠付省建机公司工程款 6, 830, 778 元，该公司享有该工程价款优先受偿权，故双方约定将 15 套房屋用以抵扣欠付建机公司的工程款 6, 830, 778 元。故人民法院认定本案中以房抵债的行为属于行使建设工程价款优先受偿权的方式。

2. 双方已进行结算,工程价款确定,发包人支付工程款期限届满。

优先受偿权的范围是指建设工程价款优先受偿权所担保的债权范围,即在建设工程施工合同中何种债权可优先受偿。根据建设工程优先受偿权的规定,上述债权以"建设工程的价款"为限。故只有在双方对工程进行结算,工程价款确定后,发包人在清偿期限届满之后逾期付款,承包人才享有建设工程价款优先权。在此情形下,以房抵债协议才具备确定有效的条件。

3. 以房抵债协议不损害第三人合法权益。

因以房抵债协议是发包人与承包人自行协商达成行使优先权的方式,在某些情形下,可能被认定无效或被撤销。例如,双方以明显低于市场价的价格将房屋折价抵偿工程款,或在承包人已经丧失优先权的情形下,仍然签订以房抵债协议行使优先权。本案中,双方按照备案价进行抵偿,还约定超出的房款金额50万元由建机工程公司支付给大邑银都公司,故不存在损害第三人合法权益的情形。

## 要点提示

根据前述分析可知,以房抵工程款是行使建设工程价款优先受偿权的方式,可以排除普通债权的执行。但需注意以下几点。

**(一)以房抵工程款不适用《最高人民法院关于人民法院办理执行异议和复议案件若干问题的规定》第28条、第29条**

以房抵债合意达成之后,双方往往会签订商品房买卖合同或商品房预售合同,此时《最高人民法院关于人民法院办理执行异议和复议案件若干问题的规定》第28条、第29条是否适用,司法实践中存在较大争议。从该规定的立法目的来看,该条意欲保护的权益是真实的买受人基于购买不动产之目的而成立的合法有效的买卖关系所形成的针对该不动产交付及权属变动的债权,保护的是真实不动产买受人对该不动产享有的物权期待权。而签订以物抵债的目的是实现承包人的工程债权,其本意并非购买案涉房屋,与前述法律规定的保护对象范围不相符。故在以房抵债情形下,不能将上述规定作为判断其能否排除执行的依据。

**(二)建设工程价款优先受偿权属于"足以排除强制执行"的民事权益**

根据《最高人民法院关于适用〈中华人民共和国民事诉讼法〉执行程序若干问题的解释》(2020 修正)第 14 条的规定,足以排除强制执行的权益范围,应当为所有权或者有其他足以阻止执行标的转让、交付的实体权利。建设工程价款优先受偿权虽然不是所有权,但该项权利是可以阻止执行标的转让、交付的实体权利。

关于建设工程优先受偿权的权利属性争议,主要体现为法定抵押权与法定优先权之争。《江苏省高级人民法院建设工程施工合同案件审理指南》(2010 年)认为,建设工程款优先受偿权属于法定抵押权。另一种观点则认为,优先权制度的设立主要为了解决现阶段日益严重的拖欠工程款及农民工工资问题,是基于正义对利益的分配,是法律赋予特定权利人享有优先于其他权利人受偿的权利。即使司法实践中存在上述分歧,但均认可优先受偿权属于实体权利,而不仅仅是债权实现的顺位优先权利。

**(三)基于建设工程优先受偿权的特征,该权利与其他权利冲突时优先于普通债权**

根据《最高人民法院关于审理建设工程施工合同纠纷案件适用法律问题的解释(一)》第 36 条的规定,承包人根据《民法典》第 807 条规定享有的建设工程价款优先受偿权优于抵押权和其他债权。

从权利的效力的角度而言,优先受偿权都具有优先性,即债权人可以优先于无担保的其他债权人,就债务人财产享有优先受偿的权利。作为优先受偿权的一种,建设工程价款优先受偿权当然具有优先受偿性,该权利优先于普通债权。

**法条链接**

《最高人民法院关于审理建设工程施工合同纠纷案件适用法律问题的解释(一)》第三十六条

《最高人民法院关于人民法院办理执行异议和复议案件若干问题的规定》(2020 修正)第二十七条

# Case 5 承租人能否以优先购买权受侵害主张拍卖无效或撤销拍卖

再审法院：最高人民法院

再审案号：（2022）最高法执监 229 号

《民法典》规定，出租人出卖房屋的，承租人在同等条件下有优先购买权。租赁房屋被执行拍卖时，法院没有通知承租人房屋拍卖事宜的，出租人是否有权以损害其优先购买权为由主张拍卖无效或撤销拍卖？笔者以一起最高人民法院申诉案例进行分析。

## 基本案情

2013 年 2 月 5 日，大发包装公司与万信贸易公司签订《房屋租赁合同》，约定大发包装公司将自有厂房出租给万信贸易公司，租赁期限自 2013 年 2 月 5 日起至 2033 年 2 月 4 日止。

2015 年 3 月 7 日，万信贸易公司与宏源塑胶公司签订《房屋租赁合同》，约定万信贸易公司将从大发包装公司处承租的部分厂房转租给宏源塑胶公司。

2021 年 8 月 10 日，成都市中级人民法院在执行申请人长城资管公司与被执行人大发包装公司金融借款合同纠纷一案中，裁定拍卖大发包装公司的厂房。

2021 年 8 月，万信贸易公司以对承租案涉厂房享有优先购买权为由提出执行异议，请求撤回拍卖、暂缓执行。成都市中级人民法院以现有证据不足以证明万信贸易公司按约支付房屋租金为由，驳回其异议请求。

2021 年 10 月 21 日，成都市中级人民法院作出拍卖裁定，确认案涉厂房拍卖成交。之后，宏源塑胶公司以其在法院查封前已租赁案涉厂房，该租赁权受法律保护为由提出执行异议，要求参与竞拍、行使优先购买权，请求撤销拍卖并重新拍卖。



## 裁判要旨

**（一）执行异议裁判要旨**

宏源塑胶公司行使优先购买权的前提是其针对案涉房屋成立合法有效的房屋租赁法律关系。但万信贸易公司并未实际履行房屋租赁合同，万信贸易公司不具合法承租人身份，无权出租案涉房屋，宏源塑胶公司与万信贸易公司未建立合法有效的房屋租赁法律关系，宏源塑胶公司不具有优先购买权。

因此，法院裁定驳回宏源塑胶公司的异议请求。

**（二）执行异议复议裁判要旨**

根据查明的事实，宏源塑胶公司已知晓案涉厂房将被拍卖，对司法拍卖已知悉。在此情况下，即使宏源塑胶公司享有案涉房屋的优先购买权，其优先购买权并不因成都市中级人民法院未对该公司进行专门通知而受到损害。宏源塑胶公司以该院未对该公司进行专门通知为由，请求撤销拍卖，没有法律依据。

因此，法院裁定驳回宏源塑胶公司的复议申请。

**（三）再审申诉裁判要旨**

本案争议焦点为案涉司法拍卖是否应予撤销并重新进行拍卖。

宏源塑胶公司主张其享有承租权及案涉房屋的优先购买权，成都市中级人民法院在拍卖时未专门通知其参与竞拍，其要求撤销案涉拍卖重新进行拍卖。

一般法理认为，优先购买权可以分为物权性质的优先购买权和债权性质的优先购买权两种。共有人的优先购买权是典型的物权性质的优先购买权，而房屋承租人的优先购买权则是典型的债权性质的优先购买权。正是因为房屋承租人享有的是债权性质的优先购买权，当房屋所有人与第三人签订房屋买卖合同、侵害其优先购买权时，其并不能主张该买卖合同无效，但可以主张相应的损害赔偿。《民法典》第 728 条规定："出租人未通知承租人或者有其他妨害承租人行使优先购买权情形的，承租人可以请求出租人承担赔偿责任。但是,出租人与第三人订立的房屋买卖合同的效力不受影响。”参照该规定精神,在执行程序中,房屋承租人仅以没有接到司法拍卖通知导致其优先购买权受侵害为由,主张拍卖程序无效或请求撤销拍卖的,亦不予支持。因此,在本案中,即使申诉人宏源塑胶公司享有案涉房屋的优先购买权,其也不能以法院未做专门通知、损害其优先购买权为由,主张撤销案涉司法拍卖并重新进行拍卖。

因此,法院裁定驳回宏源塑胶公司的申诉请求。

## 再审研习

**(一)承租人的优先购买权属于债权**

优先购买权在性质上有物权优先购买权和债权优先购买权之分。本案中,最高人民法院认为,承租人基于其与出租人之间的租赁合同关系享有优先购买权,双方之间因此形成债权债务关系;因租赁合同产生的纠纷,属于债权请求权,不是物权请求权。因为如果承租人优先购买权属于物权请求权,则该权利应当具有物权性质中的对世效力,而不仅具有债权的相对效力。

人民法院依法通过互联网司法拍卖平台,以网络电子竞价方式公开处置被执行人财产,以清偿债权人债权。由于被执行人的房屋设定了租赁行为,人民法院在对被执行人的房屋进行交付拍卖时,其性质依然是房屋买卖,故根据《民法典》第726条、第727条的规定,人民法院应在合理的期限内通知房屋的承租人,承租人享有以同等条件优先购买的权利;承租人未参加拍卖的,视为放弃优先购买权。

**(二)不能主张该买卖合同无效但可以主张相应的损害赔偿**

依据《民法典》第728条的规定,当房屋所有人与第三人签订房屋买卖合同、侵害承租人优先购买权时,承租人并不能主张该买卖合同无效,但可以主张相应的损害赔偿。对于直接损失,如为了要求出租人承担赔偿责任而支出的费用,另行租赁房屋产生的损失(如交通费、中介费),搬迁费损失,房屋的必要装修装饰费损失等,承租人可以向出租人主张损害赔偿。但实践中,承租人对于房屋差价损失等间接损失主张损害赔偿,不一定能得到法院支持。

## 实务要点

**（一）法院未有效通知承租人，但未损害当事人或者竞买人利益的，不构成严重违反拍卖程序，司法拍卖不应予以撤销**

出租人与第三人签订房屋买卖合同导致承租人优先购买权被妨害的，承租人不能请求出租人与第三人签订的房屋买卖合同无效。在网络司法拍卖中，法院未有效通知承租人的，承租人也不能请求网络司法拍卖无效。除法律规定的明确情形外，司法拍卖被撤销的前提是存在对当事人或者竞买人的利益造成损害的情形，法院未通知承租人并未造成上述结果，司法拍卖不应被撤销。

**（二）执行法院刊登拍卖公告，起到公示效果**

如果执行法院已经刊登拍卖公告，而优先购买权人以法院未通知其行使优先购买权为由请求撤销司法拍卖的，法院不予支持。在实践中，建议优先购买权人多留意是否出现法院拍卖相关财产的情形。

**法条链接**

《最高人民法院关于人民法院办理执行异议和复议案件若干问题的规定》（2020修正）第二十一条

# Case 6 以虚假租赁关系提出执行异议，申请执行人如何甄别

再审法院：最高人民法院

再审案号：（2017）最高法民申 381 号

“买卖不破租赁”原则的设立初衷是保护处于弱势地位的承租人的租赁权，但在金钱债权执行案件中，被执行人滥用该原则恶意虚构租赁合同以阻碍被查封房屋实际拍卖处分的行为屡见不鲜，严重影响了债权人的合法利益与司法秩序的公平稳定。如何在类似案件中鉴别租赁合同的真假，保护债权人的合法权益，是司法实践中的重点和难点问题。本文通过深入解读最高人民法院的一则案例，对该问题进行探讨研析。

## 基本案情

在恒丰银行与苏州东奥国际贸易有限公司、李某东、郑某花、溧阳天目湖国际饭店有限公司、谢某华、杨某仙金融借款合同纠纷一案中，债权人恒丰银行根据其于 2010 年 5 月设立的抵押登记向人民法院提出财产保全申请，遂法院对债务人谢某华所有的坐落于北京市朝阳区广渠路 33 号院的 6 套房屋进行查封。

后蔡某怀向法院提出书面异议，称其与谢某华于 2010 年 3 月 20 日达成一致，谢某华将上述房屋全部出租给其，其向谢某华支付了 35 万欧元定金（承租定金，后转为涉案房屋租金，合计人民币 350 万元整）；2010 年 4 月 8 日双方签署正式的《房屋租（购）合同》，之后其于 2010 年 6 月中旬向谢某华支付租赁款人民币 1300 万元。据此，蔡某怀共向谢某华支付了人民币约 1650 万元的租金款项，租赁期限自 2010 年 7 月 8 日起至 2028 年 7 月 7 日止，共计

18 年。蔡某怀认为其在先承租权应依法受到保护，请求解除对案涉房屋的查封；其异议被驳回后，提起本案案外人执行异议之诉。



## 裁判要旨

**（一）一审裁判要旨**

根据对案涉租赁合同的司法鉴定，其落款日期与实际制作日期不符；蔡某怀与谢某华之间的资金往来不能证明系支付租金。蔡某怀提交的证据不足以证明其和谢某华之间存在真实的租赁关系，其提出的诉讼请求均没有事实和法律依据，对其诉请不予支持。

**（二）二审裁判要旨**

除一审法院认定的司法鉴定结果和租金支付情况外，蔡某怀亦无法证明案涉房屋由其实际占有，蔡某怀的上诉请求不能成立，故予以驳回。

**（三）再审裁判要旨**

原审法院认定事实清楚，适用法律正确，蔡某怀提交的证据不足以证明其和谢某华之间存在真实的租赁关系，驳回其再审申请。

## 再审研习

**（一）笔者解读**

该案在裁判结果上并无过多争议，但从三级法院裁判文书中的论理部分来看，可以给甄别类似租赁合同真伪提供一些思路。在本案中，针对异议人以租赁合同关系提出的执行异议，人民法院认为以下情况存在疑点。

第一，争议房屋在银行设立抵押权时处于空置状态。债务人谢某华向银行申请贷款时，委托某地产评估有限公司对案涉房屋进行评估，评估报告载明：估价作业时间为 2010 年 4 月 7 日至 2010 年 4 月 8 日，使用状况一栏为空闲，装修一栏为待估对象未进行装修、具有使用功能，为毛坯房。这与异议人蔡某怀所称的在 2010 年 3 月与谢某华达成租赁意愿后，随即委托其进行装修的说法并不一致。

第二，蔡某怀主张的租赁期在设立抵押权之后。蔡某怀根据其与谢某华的《房屋租(购)合同》提出异议称已获得争议房屋租赁权18年,租赁期限自2010年7月8日起至2028年7月7日止;而争议房屋抵押权登记的日期分别为2010年5月11日、2010年5月26日、2010年5月28日。由此可见,蔡某怀主张的租赁期在争议房屋抵押登记的日期之后。

第三,蔡某怀和谢某华有共同的密切联系人季某敏。(1)蔡某怀向法院提交的收条收款人处显示季某敏代蔡某怀。(2)工商登记材料显示蔡某怀、季某敏同为金典泰和公司股东。(3)银行凭证显示谢某华多笔大额资金转账汇款的代办人签名均为季某敏。(4)谢某华曾陈述当时北京的事主要是其公司股东的外甥季某敏处理的,可见蔡某怀与谢某华亦有密切联系。

第四,鉴定结果显示,案涉租赁合同形成时间与方式存疑。对蔡某怀提交的租赁合同的鉴定意见主要内容为:(1)落款日期为"2010年3月20日"的收条与落款日期为"2011年6月17日"的收条不在所标称时间的间隔分别制作形成,而在相近时间制作形成;(2)《房屋租(购)合同》落款处谢某华签名字迹在印刷日期字迹之前书写形成。该鉴定意见说明两张收条中至少有一张不是在落款日期形成的,收条载明的信息与实际情况不符。该鉴定意见与收条载明的信息以及当事人的陈述无法对应,且说明《房屋租(购)合同》是先签名后打印的,这与签订合同一般先打印内容后审核签名的商业习惯不相符合。

第五,证明租金支付完成的证据不足。蔡某怀主张其在签订合同后已支付了全部租金,其中人民币700万元是委托长联石油公司汇款至谢某华控股的长联圣世公司的。但银行流水显示,蔡某怀对长联石油公司的950万元借款是谢某华支付的,后因钾矿项目未获成功,其中的700万元归还至谢某华控股的长联圣世公司。法院认定,长联石油公司支付至长联圣世公司的700万元与蔡某怀所称系支付的租金没有必然的对应关系,故对蔡某怀提交的汇款单不予认可。

本案中,法院从多个方面论证案涉租赁合同存在的问题,最终对异议人提出的租赁关系不予认可。

**(二)类案检索**

若案外人提出的租赁关系确为虚假,则可能存在多方面蛛丝马迹可供甄别,除本案中出现的问题外,我们亦可从类案判例中总结一二。

| 案号 | 存在疑点 | 裁判观点 |
| --- | --- | --- |
| （2021）沪 02 民终 2482 号 | 租金支付方式不符合交易惯例 | 上诉人主张已付清全部租金，其提供的支付租金的清单显示，其提前 14 年已付清全部租金，且多付了 400 万余元，不符合交易惯例。 |
| （2017）闽 0521 执异 16 号 | 租赁合同形成时间存疑 | 《司法鉴定意见书》载明：2014 年 5 月 25 日签订的《租赁合同》与 2016 年 3 月 20 日签订的《补充租赁合同》形成时间相近（检测结果不符合其标称的时间间隔跨度）。 |
| （2020）粤 06 民终 7858 号 | 异议人不能证明其实际占有案涉房产 | 铁盛公司主张其在租赁涉讼房屋后于 2016 年就已入住，并提交水电费及物业管理费交费凭证予以证明。铁盛公司虽缴纳了涉讼房屋 2018 年 1 月至 10 月的物业管理费及 2018 年 11 月至 2019 年 12 月的物业管理费，但该两份发票的开票日期均为 2019 年 5 月 29 日。由此可知，铁盛公司对涉讼房屋的水电费、物业管理费的缴付均在一审法院对涉讼房屋查封的时间，即 2018 年 7 月 30 日后。 |
| （2019）渝 01 民初 1508 号 | 一次性付清 20 年租金但未备案登记 | 案涉《房屋租赁合同》约定的租期长达 20 年，在梅某自述租期长达 20 年且已付清全部租金的租赁关系真实存在的情况下，其理应向房屋管理部门登记备案以公示其租赁权，但其并未依法登记备案。 |
|  | 租金约定过低 | 2012 年 8 月 20 日的《房屋租赁合同》约定的租金为每平方米每月 85 元，而时隔 3 日即 2012 年 8 月 23 日针对春城商务中心第 3 层签订的租赁合同，租金标准仅为每平方米每月 35 元。两份租赁合同签订时间相隔仅 3 天，同一幢楼的上下楼层租金差距如此之大，明显不符合交易习惯，亦不符合常理。 |
| （2020）粤 08 民终 2201 号 | 租赁合同与同时期的备案合同存在冲突 | 张某记与防火材料厂于 2010 年 6 月 1 日签订的《房屋租赁合同》与经登记备案的张某记与崔某云签订的《房屋租赁合同》、防火材料厂与新金乐酒店签订的《承包经营协议书》存在冲突。相比较而言，备案合同具有较强的真实性。 |
| （2019）赣 03 民初 100 号 | 合同约定内容过于细致，不符合常理 | 案涉协议书记载的书写时间是 2017 年 7 月 24 日，但约定的付款次数共计 6 次，均在协议签订时间之后。该 6 次付款不仅约定了具体代偿欠款的对象，且时间也具体到了某年某月某日，甚至连付款的方式到底是转账还是现金都约定得很明确，而该 6 次的款项金额又恰好是双方约定的买卖对价，明显不符合常理。 |

## 实务建议

司法实践中人民法院在查封、拍卖执行标的物特别是房屋、土地等不动产时,承租人作为案外人对执行标的提起异议,主张保护其租赁权的现象日益增多。这些租赁关系真假难辨,真伪不明,其中不乏通过签订虚假租赁合同、虚构租赁关系恶意提起异议的行为。作为申请执行人,可从以下几个方面对异议人提出的租赁关系进行调查分析。

**(一)租金支付情况**

支付租金是租赁关系中承租人的主要义务,在异议人提出的租赁关系中,如果在房屋租金方面存在以下几种情况,则应当引起申请执行人的高度关注。第一种是按年度支付或一次性支付租金。一般来说,租赁合同中常见的租金支付方式是月付、季付,按年计付租金的情况较少,一次性支付全部租金则更为少见。针对某些租约长达十几年且约定一次性支付租金的租赁合同,存在较大的虚假租赁可能性。第二种是现金支付。因虚假租赁合同没有被租赁双方实际履行,异议人可能无法提供相应的银行转款凭证,故只能称全部或部分租金通过现金的方式交付。第三种是通过异议人与被执行人之间其他资金往来冒充租金支付。从前述案例中可以看出,异议人比较常见的说法是以租金抵偿债务、以货款或其他业务往来款充当租金,这时就需要申请执行人对异议人提交的证据进行仔细研判和论证。

**(二)标的物占有情况**

根据《最高人民法院关于人民法院办理执行异议和复议案件若干问题的规定》第 31 条第 1 款"承租人请求在租赁期内阻止向受让人移交占有被执行的不动产,在人民法院查封之前已签订合法有效的书面租赁合同并占有使用该不动产的,人民法院应予支持"的规定,对标的物是否实际占有,是认定异议人是否享有排除移交执行权益的关键。在虚假租赁关系中,虚假出租人也可能会补充自己占用房屋的痕迹。对于标的物是否系异议人实际占有,可通过物业管理费缴纳记录、水电费缴纳记录、装修房屋的凭证等进行调查,也可调查出租的房屋是否具备租赁条件,如房子是否为毛坯房,或者经物业查询房产是否一直处于空置状态等。这些情况需要申请执行人进行实地调查,必要时可向法院申请调查令或请求法院依职权进行调查。

**(三)租赁合同的形成时间**

虚假租赁合同往往通过“倒签”的方式进行伪造,鉴定租赁合同的形成时间一般需要通过专业司法鉴定技术来完成。在鉴定租赁合同时,我们可以从多个维度进行验证:一是直接对纸张和文字印刷进行鉴定从而判断其形成时间,这种方式对司法鉴定技术的要求较高、难度较大。二是如有补充合同,可与补充合同进行共同鉴定。如在前述(2017)闽0521执异16号案中,落款时间相差较大的两份合同经鉴定认为形成时间相近,以此印证租赁合同的虚假性。此外,如不直接启动鉴定程序,可先在相关登记机关调查案涉房屋的租赁登记备案情况,如查到合同约定的租赁期内存在与其冲突的其他登记备案合同,则可证明租赁合同为虚假。

**(四)合同约定具体内容**

从现有案例来看,虚假租赁合同在约定的具体内容方面可能存在两类瑕疵:一是内容约定过于简单,此种情况下双方多采用格式化合同,对权利义务的约定仅进行简要约定甚至不约定,简单的内容与高达数十万元、上百万元的标的额形成反差。二是内容过于具体和清晰,如在前述(2019)赣03民初100号案中,案涉租赁合同不仅约定了具体代偿欠款的对象,且每次付款的时间也具体到了某年某月某日,甚至连付款的方式都约定得很明确,而每次付款的款项金额又恰好是双方约定的买卖对价,不符合常理。

**(五)异议人与被执行人之间的关系**

如果异议人与被执行人共同伪造虚假租赁合同以达到阻碍执行目的,异议人明知此类行为违反法律规定而为之,则其有较大可能与被执行人存在紧密的关系,因此申请执行人应当注意收集异议人与被执行人之间联系密切的证据。如异议人或被执行人系法人,可以调查其股东或高管是否存在交叉;如系自然人,则可以着重调查其对外投资情况、共同紧密联系人等。

**法条链接**

《最高人民法院关于审理建设工程施工合同纠纷案件适用法律问题的解释(一)》第三十一条

# Case 7 以租抵债能否排除执行

再审法院：最高人民法院

再审案号：（2021）最高法民申 26 号

实践中，常有债务人将其所有的不动产交付给债权人长期使用以抵偿债务，形成了一种特殊的债的清偿方式，即以租抵债。在这种情况下，债权人与债务人是否形成真实租赁关系，是否适用“买卖不破租赁”原则，在司法实践和理论研究中一直存在争议。本文深入解读最高人民法院的一则再审案例，以期对该问题进行探讨研析。

## 基本案情

2012 年 2 月 8 日，张某政及其合作人党某与李某签订《借款合同》，张某政和党某共同出借给李某 2038 万元，李某出具了借据。后李某无力偿还，各方约定由李某所有的焦作市易恒贞文化产业有限公司（以下简称易恒贞公司）负责偿还债务。易恒贞公司遂将涉案房产出租给张某政、党某抵账（另支付部分现金），并与张某政签订了《房屋租赁合同》，约定易恒贞公司将其名下位于焦作市××路××号的房屋出租给张某政，租赁期限为 2012 年 4 月 5 日至 2032 年 4 月 4 日，租期共计 20 年，租金每年 250 万元。

2013 年 3 月 29 日，易恒贞公司因借款将上述房产及相应土地使用权办理了抵押登记，抵押权人为焦作市解放区农村信用社合作联社（已更名为焦作市解放区农村商业银行股份有限公司，以下简称焦作市解放区农商行）。因易恒贞公司未偿还债务，焦作市解放区农商行依据生效法律文书向人民法院申请执行抵押房产。在执行过程中，张某政就涉案房产向执行法院提出执行异议，要求停止对其租赁的位于焦作市××路××号房屋的执行。执行法院支持张某政异议请求，焦作市解放区农商行不服，提起诉讼。



## 裁判要旨

### (一)一审裁判要旨

被告张某政提供的证据不足以证明其与被告易恒贞公司之间存在真实的房屋租赁合同关系，也不足以证明其对讼争房产享有的租赁权早于原告焦作市解放区农商行享有的抵押权，因此被告张某政对诉争房产不享有排除强制执行的民事权益。原告焦作市解放区农商行关于确认被告张某政不享有对抗原告抵押权的权利的诉讼请求成立。

### (二)二审裁判要旨

张某政提供的证据不足以证明其在涉案房产办理抵押登记之前已签订合法有效的书面租赁合同并占有使用涉案房产，其对涉案房产享有的权利不能排除执行。

### (三)再审裁判要旨

易恒贞公司以涉案房屋抵偿张某政欠款的合同之债，不同于出租人与承租人之间签订的租赁合同，故不适用"买卖不破租赁"原则。原审法院认定张某政对涉案房屋不享有排除执行的民事权益并无不当。

## 再审研习

### (一)案例解读

本案中，三级审理法院都将争议焦点归纳为张某政对涉案房屋是否享有排除执行的民事权益，但解决这一问题的路径与角度有所不同。一、二审法院对案涉租赁合同的性质没有疑义，其关注点均在于张某政提供的证据是否能够证明其在其在案涉房产办理抵押登记之前已签订合法有效的书面合同，且是否实际占有使用案涉房产。此种审理思路是租赁权对抗执行案件中的常见方式。但在本案再审过程中，最高人民法院对这一问题从以下两个方面予以论证。

第一,租赁合同是出租人将租赁物交付承租人使用、收益,承租人支付租金的合同。租赁物在租赁期间发生所有权变动的,不影响租赁合同的效力。本案中,易恒贞公司以涉案房屋抵偿张某政欠款的合同之债,不同于出租人与承租人之间签订的租赁合同,故不适用"买卖不破租赁"原则。

第二,涉案房屋抵押登记时间为 2013 年 3 月 29 日,张某政称其在涉案房屋抵押登记前已经与易恒贞公司签订了《房屋租赁合同》,但该合同有两个落款日期,分别为 2012 年 4 月 5 日和 2013 年 8 月 1 日,张某政对此未能作出合理解释,合同的签订日期存疑。同时,涉案房屋于 2013 年 3 月 26 日进行抵押贷款评估时系毛坯房,且张某政亦未提交其缴纳水电费的相关证据,并不能证明张某政在 2013 年 3 月 29 日之前已经实际占有使用涉案房屋,张某政对涉案房屋不享有排除执行的民事权益。

**(二)笔者解读**

从本案可以看出,最高人民法院的观点是以租抵债不适用"买卖不破租赁"原则,并主要从案涉租赁合同的性质论证,认为当事人双方通过签订以租抵债的租赁合同建立的法律关系并非真实租赁关系,其本质为普通的债权债务关系,相对于抵押权来说不具备优先保护的法益,不享有排除执行的民事权益。此外,在最高人民法院的(2014)民申字第 215 号、(2020)最高法民申 3044 号判例中,也可见类似的表述。

关于以租抵债不适用"买卖不破租赁"原则的理由,除上述案例中最高人民法院所述理由外,还有观点从合同相对性的角度论述,认为以租抵债签订的合同仅对缔约双方有法律约束力,不能对抗合同之外的第三人。排他性是物权的基本属性,即使债权人基于债权取得案涉房屋的使用权,根据合同的相对性,由于没有进行他项权利登记,亦不能对抗已经登记的抵押权等优先受偿权。此外,《浙江省高级人民法院关于执行非住宅房屋时案外人主张租赁权的若干问题解答》第 2 条明确规定:执行机构对于租赁合同的真实性一般作形式审查,经审查发现当事人自认或者有其他明确的证据证明租赁合同为虚假,或者名为租赁实为借贷担保、房屋使用权抵债等关系的,对租赁合同的真实性不予认可。

从目前的判例和法院观点来看,以租抵债不适用"买卖不破租赁"原则系主流观点。笔者认为该观点既有优越性亦有不足之处,其优越性在于:首先,以租抵债下"买卖不破租赁"原则的适用存在操作上的问题。由于以租抵债关系中的承租人不需要缴纳租赁费用,故受让人不能享有房屋租赁的租金收益。这也就意味着受让人在受让房屋的同时因"买卖不破租赁"原则的适用而加入了原债务人债的关系中,成为以租抵债关系中的债务人之一,因此受让人的权益不能得到事实上的保护。其次,如果允许以租抵债适用"买卖不破租赁"原则,实践中可能会大量出现债务人与其他债权人恶意串通逃避执行的情况,严重损害执行申请人的利益,让执行问题难上加难。该观点不足之处在于:从理论上来看,现有的裁判理由主要是从案涉租赁合同的性质阐释,认为以租抵债的合同实质反映的是普通债权债务关系;也就是说,人民法院将合同缔结目的作为判断法律关系的标准和依据。但笔者以为,民商事法律关系的性质,应根据双方权利义务关系的性质来确定。当事人缔约目的虽可能对合同条款解释和具体理解上产生影响,但不应作为认定法律关系的依据,否则法院的判决可能会因此而不周延。

## 实务建议

鉴于以租抵债不适用"买卖不破租赁"原则系当前司法实践中的主流观点,债权人为保障自身合法权益,在处理债权债务关系时,应尽量做到审慎而行。

第一,债权人主张实现债权时,应当谨慎选择债权实现方式,尽量避免自身的合法权益受损。

第二,债权人在签署以租抵债协议过程中,明确标注合同性质为租赁合同,明确合同目的为租赁而非抵债,以避免合同性质的混淆。

第三,对于因以租抵债而签订的租赁合同,尽量到不动产登记部门予以备案,以达到公示目的。

**法条链接**

《民法典》第七百二十五条

# Case 8 离婚协议中约定享有房屋产权的一方能否排除执行

再审法院：最高人民法院

再审案号：（2020）最高法民申 1912 号

关于离婚协议中约定享有房屋产权的一方能否排除执行，实践中争议颇多，人民法院在执行异议和执行异议之诉案件审理中亦有多种考量。本文以几则案例入手，对此类问题的裁判方式和考量因素进行分析研判，供实务参考。

## 基本案情

钟某珠与张某来于 1991 年 1 月 3 日登记结婚，于 2011 年 5 月 18 日协议离婚。双方在离婚协议中约定涉案房产产权归女方钟某珠所有，该房产于 2010 年 11 月 23 日取得产权登记，由钟某珠与张某来按份共有，双方各占 50% 份额。双方协议离婚后，该房产未办理产权变更登记。

张某来因个人债务产生民事纠纷，成为强制被执行人，该执行案件于 2017 年 3 月 15 日依法立案执行。进入执行程序后，因张某来未履行生效判决所确定的义务，执行法院于 2017 年 8 月 28 日作出执行裁定书，裁定查封被执行人张某来名下房产。2017 年 11 月 22 日，执行法院裁定对上述房产进行评估拍卖。2018 年 5 月 10 日，执行法院作出限期搬离公告，要求被执行人张某来及上述房屋的使用人在公告之日起 15 日内搬离上述房产。被执行人张某来的前妻钟某珠遂以案外人的身份向法院提出书面异议，请求中止对案涉房产的执行。执行法院驳回其异议请求后，钟某珠提起本案的案外人执行异议之诉。

## 裁判要旨

**(一)一审裁判要旨**

虽原告钟某珠与张某来在协商离婚时约定涉案房屋归钟某珠所有，且离婚时间早于张某来所负债务时间，张某来的债务为个人债务，但双方在协议离婚后，钟某珠没有及时偿还银行贷款，解除购房时的初始抵押，进行变更过户，明显存在过错。同时涉案房屋在双方离婚后还有两次以张某来的名义进行了贷款抵押，虽说张某来出具说明证明双方约定涉案房屋归原告钟某珠所有，但从法律及物权公示来说，张某来在双方协议离婚后对涉案房屋还实际拥有权利，故法院对钟某珠起诉称基于离婚协议自己对涉案房屋拥有全部权利不予认定。

**(二)二审裁判要旨**

关于涉案房产归属问题，由于涉案房产未进行不动产物权的转让登记，物权的转让不发生效力，故涉案房产仍属于钟某珠与张某来共同所有，执行法院对涉案房产进行查封符合上述规定。故判决驳回钟某珠的上诉。

**(三)再审裁判要旨**

首先，案涉离婚协议的签订在张某来债务形成之前，也在法院查封案涉商铺之前，亦无证据证明离婚协议关于案涉房屋归钟某珠所有的约定系虚假或伪造，故可认定该离婚协议真实有效。其次，钟某珠与张某来在近 6 年时间里未办理房屋产权变更手续，从时间上看，钟某珠对办理案涉商铺产权变更登记持消极态度。虽然在离婚时，因案涉商铺上仍有抵押担保，客观上不能办理过户登记，但是离婚后，钟某珠仍然以张某来名义用案涉商铺抵押贷款，表明钟某珠对案涉商铺不办理产权变更登记手续持放任态度，其对案涉商铺未办理过户登记存在过错，故钟某珠享有的民事权益不足以排除对案涉商铺的执行。

## 再审研习

在此类纠纷中，争议焦点为离婚协议约定的房屋所有权人是否享有排除法院强制执行的权益。前述案例中法院依据离婚协议形成的时间、权属登记未变更的过错形态等因素判定异议人不享有排除执行的权利。在类似案例中,法院除考虑以上两种因素外,还会根据具体案情的不同予以综合评判和考量。

| 能否排除执行 | 案号 | 裁判观点归纳 |
|---|---|---|
| 能 | (2015)民一终字第150号 | 第一,从成立时间上看,该请求权要远远早于王某因与林某达股权转让纠纷所形成的金钱债权。第二,从内容上看,钟某玉的请求权系针对诉争房屋的请求权,而王某的债权为金钱债权,并未指向特定的财产,钟某玉的权利优于王某的金钱债权。第三,从性质上看,王某与林某达之间的金钱债权,系林某达与钟某玉的婚姻关系解除后发生的,属于林某达的个人债务。第四,从功能上看,该房产具有为钟某玉及其所生子女提供生活保障的功能,在伦理上具有一定的优先性。 |
| 能 | (2019)黔民终639号 | 首先,案涉房产原系夫妻共同财产,并经离婚分割归郭某所有。在二人离婚后,案涉门面在二人登记离婚后一直由郭某管理并享有收益。其次,案涉房产一直未过户到郭某的名下,并非郭某自身的原因造成。再次,峄兴公司答辩认为郭某和蒋某松为了规避债务才离婚,但峄兴公司未举证证明,故对该主张不予采纳。 |
| 不能 | (2020)最高法民申7055号 | 2008年10月23日,一审法院向秦某韬公告送达执行通知书。2008年11月18日,刘某红与秦某韬办理离婚登记。2008年12月8日,一审法院查封案涉房屋。二审判决基于上述事实,认为尽管案涉离婚协议签订于人民法院查封之前,但该离婚协议的真实性存疑,判决驳回刘某红排除人民法院对案涉房屋强制执行的诉讼请求,并无不当。 |
| 不能 | (2020)湘民申1331号 | 首先,离婚协议虽约定涉案房产归聂某华所有,但因双方并未履行房产变更登记手续,不发生物权变动的效力,聂某华实际并未取得涉案房屋所有权,且离婚协议不具有对抗第三人的法律效力。其次,根据原审查明的事实,聂某华在与赵某新离婚后10余年间无正当理由怠于办理房产过户手续,其本身存在过错。 |

续表

| 能否排除执行 | 案号 | 裁判观点归纳 |
| --- | --- | --- |
| 不能 | (2019)粤 03 民终 32161 号 | 汤某梅与王某法于 2014 年 3 月 13 日签订离婚协议,而案涉债务发生在 2014 年 8 月之后,据此法院认定夫妻双方关于涉案房产归属的约定属实。但是,王某法陈述涉案房产没有办理过户手续,系因其需要名下有房产方可继续领取深圳市人民政府领军人才购房补贴款,即双方未完成涉案房产转移登记系为了规避深圳市的政策以获取不应享有的补贴,应当认定汤某梅对涉案房产没有过户到其名下具有过错。 |

## 要点提示

在执行过程中,如有案外人针对执行标的物提出异议,人民法院往往根据《最高人民法院关于人民法院办理执行异议和复议案件若干问题的规定》(2020 修正)进行裁判。但针对本文讨论的情况,离婚协议中约定享有房屋产权的一方是否享有排除执行的权益,由于案外人权利依据的特殊性,人民法院除以法律规定为裁判基础,还将根据案件具体情况进行综合判断。也就是说,此类问题的裁判结果并不统一,结合具体案件的不同情况,人民法院作出的裁判也不尽相同。总体来看,法院考虑的因素主要包括以下四类。

第一,离婚的真实目的。如果案外人的异议请求成立,执行法院将无法对被执行人的房屋继续执行,在巨大利益面前,实践中也不乏通过“假离婚”来逃避执行的情况。在此类案件中,案外人与被执行人离婚的真实性是法院进行裁判的首要因素,而判断双方是否为真实离婚的重要依据是离婚的时间。如双方离婚时间在债权发生之前,法院认定真实离婚的可能性较大。如双方的离婚时间在债权形成之后甚至是强制执行程序启动之后,法院可能会认定离婚真实性存疑。此外,申请执行人如能提出其他证据证明案涉离婚系出于逃避债务的目的,法院也会酌情考虑。

第二,未办理房屋产权变更登记的过错归责。此类案件的产生的根本原因在于被执行人与案外人虽然已经离婚且将案涉房产进行分配,但未能及时变更产权登记,使得人民法院在民事执行过程中将尚处于被执行人名下(单独所有或共同共有)的房产予以查封。因此,案外人对产权未能变更是否负有过错是法院裁判时的重要考量因素,该要件也与《最高人民法院关于人民法院办理执行异议和复议案件若干问题的规定》(2020修正)第28条规定的"非因买受人自身原因未办理过户登记"的裁判要义相吻合。此外,在部分案例中,案外人之所以没有及时变更房屋产权是为了继续享有其他方面的权益,此种情况下,人民法院考虑到案外人已经因此获取不当利益,也会将其作为驳回案外人请求的裁判理由。

第三,案外人是否实际占有房屋。考量房屋的实际占有状态,一是因为占有是权利公示的一种方式,相较于申请执行人享有的债权更具有优先性;二是进一步确认案外人与被执行人离婚的真实性;三是《最高人民法院关于人民法院办理执行异议和复议案件若干问题的规定》(2020修正)第28条第2项亦将买受人的合法占有作为买受人提出执行异议的裁判依据,该规定具有类推适用的价值。

第四,房屋的实际功用。如案涉房屋系案外人用于居住且其名下无其他用于居住的房屋,那么该房屋则兼具了生活保障的功能,基于居住利益至上的考虑,案外人的居住权益应当优先于申请执行人基于债权享有的权益。此种考量因素符合《最高人民法院关于人民法院办理执行异议和复议案件若干问题的规定》(2020修正)第29条基于居住权益对商品房买受人予以倾向性保护的立法精神。

**法条链接**

《最高人民法院关于人民法院办理执行异议和复议案件若干问题的规定》(2020修正)第二十八条、第二十九条

# Case 9 离婚协议中约定将房屋赠与子女，夫妻一方能否任意撤销

再审法院：四川省高级人民法院

再审案号：（2019）川民申6046号

关于在离婚协议中约定将房屋赠与子女,夫妻一方能否任意撤销的问题,理论界和实务界均有多种声音。本文以一则四川省高级人民法院的再审案例为切入点,对该问题进行简要分析以供实务参考。

## 基本案情

2002年,陈某与付某1相知相恋,于2004年12月9日生育女儿付某2,双方于2007年2月7日办理结婚登记手续。

2008年9月8日,陈某和付某1因感情不和协议离婚,离婚协议书约定付某2的监护权归付某1,双方一致同意将登记在付某1名下的一套房屋赠与女儿付某2,单方面均无权对该房屋进行处理。

2018年2月9日,陈某起诉要求变更抚养关系,简阳市人民法院作出(2018)川0180民初847号民事判决,认定付某2从6岁上小学开始一直随陈某生活至今,由陈某抚养为宜,故判决将付某2的抚养权人由付某1变更为陈某。

因简阳市房屋征收补偿局对案涉房屋实施拆迁改造,付某1与简阳市房屋征收补偿局签订了安置补偿合同,合同实行货币补偿,简阳市房屋征收补偿局应支付该房屋拆迁安置总价款898,312元。

付某2认为根据离婚协议,付某1与陈某已经将该房屋赠与自己,因此该房屋拆迁安置款应归自己所有,故将付某1作为被告、陈某作为第三人诉

至法院，诉讼请求为：(1)请求法院确认付某1赠与付某2房屋的协议有效；(2)判令付某1履行赠与协议，即现棚户区改造所获的该房屋的拆迁安置款898,312元归付某2所有；(3)本案诉讼费由付某1负担。

付某1的主要抗辩理由为：离婚协议中约定将讼争房屋赠与付某2的前提是付某2的监护权归付某1，但陈某起诉法院判决付某2由陈某抚养，赠与前提条件已发生变更，且房屋也未办理过户，按照《合同法》第186条的规定，赠与人有权随时撤销赠与合同。

## 裁判要旨

**（一）一审裁判要旨**

从离婚协议内容看不出赠与讼争房屋的条款附条件，付某1也未提供其他证据予以证明，且赠与财产给子女与抚养子女不存在任何必然的关系，故对付某1的该抗辩意见，本院不予采纳。付某1将个人财产作为共同财产进行赠与，属于自愿处分权利，不违反法律规定，且付某1庭审中陈述不存在欺诈和胁迫等情形，故对付某2主张要求确认付某1与陈某有关讼争房屋的赠与协议有效的诉讼请求，本院予以支持。故法院判决付某1与第三人陈某赠与付某2房屋的协议合法有效，房屋因拆迁获得的拆迁款归付某2所有。

**（二）二审裁判要旨**

关于案涉赠与能否撤销的问题，《最高人民法院关于适用〈中华人民共和国婚姻法〉若干问题的解释(二)》第9条规定："男女双方协议离婚后一年内就财产分割问题反悔，请求变更或者撤销财产分割协议的，人民法院应当受理。人民法院审理后，未发现订立财产分割协议时存在欺诈、胁迫等情形的，应当依法驳回当事人的诉讼请求。"案涉赠与条款约定于付某1与陈某离婚协议中，是二人因离婚就财产分割达成的，具有法律效力，本案审理中未发现协议签订时存在欺诈、胁迫等情形，故付某1要求撤销该赠与条款的诉讼请求，本院不予支持。故法院裁定驳回上诉，维持原判。

**（三）再审裁判要旨**

在离婚协议书中，夫妻双方将共同财产赠与未成年子女的约定，与解除婚姻关系、子女抚养、共同财产分割、共同债务清偿等内容构成一个整体，是

“一揽子”的解决方案。在双方婚姻关系事实上因离婚协议书得以解除的情况下，赠与房屋作为离婚协议书中的财产分割部分，夫妻一方在未征得另一方同意的情况下，无权依据《合同法》第 186 条第 1 款“赠与人在赠与财产的权利转移之前可以撤销赠与”之规定单方撤销赠与，故付某 1 所持有权撤销赠与条款的再审申请理由不能成立。故法院裁定驳回付某 1 的再审申请。



## 再审研习

**（一）学术观点争鸣**

关于在离婚协议中约定将房屋赠与子女，夫妻一方能否任意撤销的问题，学界主要有两种观点：一种观点认为，离婚协议中赠与子女房产未办理过户手续或者经过公证，也不具有救灾、扶贫等社会公益、道德义务性质，赠与财产的权利未发生转移，赠与人可依据赠与合同的有关规定行使任意撤销权。另一种观点认为，离婚协议中将房屋赠与子女的条款与其他约定具有整体性，有别于普通民事主体之间的赠与合同。在双方婚姻关系因离婚协议得以解除，协议本身不存在欺诈、胁迫等意思表示不真实情形时，赠与行为不能任意撤销。

**（二）最高人民法院观点**

对于上述两种观点，最高人民法院民事审判第一庭认可后者。其在《民事审判实务问答》一书中对此予以了详细阐述，具体理由如下。

实践中，经常出现协议离婚后，一方反悔，拒绝交付离婚协议中约定的赠与房屋的情形。对此，赠与方往往根据《民法典》第 658 条第 1 款“赠与人在赠与财产的权利转移之前可以撤销赠与”之规定，主张可以无条件撤销赠与。赠与方的观点是不对的，理由在于离婚协议中关于房屋赠与的约定并不构成一般意义上的赠与合同。根据《民法典》第 657 条“赠与合同是赠与人将自己的财产无偿给予受赠人，受赠人表示接受赠与的合同”之规定，构成赠与合同的前提是赠与人将自己的财产无偿给予受赠人而不是要求受赠人为此付出代价或承担任何义务。具体到离婚协议中的赠与而言，实务中很少出现受赠人在离婚协议上确认接受赠与的情形。也就是说，离婚协议中的所谓赠与并未在赠与人与受赠人之间达成一致，不构成赠与合同。

最高人民法院民事审判第一庭认为,离婚协议中的赠与是赠与人为换取另一方同意协议离婚而承诺履行的义务。该义务的特殊之处在于,赠与人的给付房屋义务不向离婚协议相对方履行,而按照约定向合同外第三人履行。根据《民法典》第1076条的规定,“夫妻双方自愿离婚的,应当签订书面离婚协议,并亲自到婚姻登记机关申请离婚登记。离婚协议应当载明双方自愿离婚的意思表示和对子女抚养、财产以及债务处理等事项协商一致的意见”。由于婚姻登记机关办理离婚登记的前提条件是双方对子女抚养和财产分割问题达成一致意见,所以急于离婚的一方可能会在离婚协议中对财产分割作出让步。这类离婚协议中双方主要义务表现为,受赠人配合赠与人办理协议离婚,受赠人向第三人交付房屋。《最高人民法院关于适用〈中华人民共和国民法典〉婚姻家庭编的解释(一)》第69条第2款“当事人依照民法典第一千零七十六条签订的离婚协议中关于财产以及债务处理的条款,对男女双方具有法律约束力”的规定可以理解为上述精神的体现。

**(三)笔者观点**

笔者与上述最高人民法院民事审判第一庭的观点一致,认为夫妻双方在离婚协议中约定将房产赠与子女,离婚后夫妻一方在赠与房产变更登记前反悔,主张行使任意撤销权撤销赠与的,经审查无欺诈、胁迫等情形,人民法院应不予支持。

首先,该观点有明确的法律依据。《最高人民法院关于适用〈中华人民共和国民法典〉婚姻家庭编的解释(一)》第70条规定:“夫妻双方协议离婚后就财产分割问题反悔,请求撤销财产分割协议的,人民法院应当受理。人民法院审理后,未发现订立财产分割协议时存在欺诈、胁迫等情形的,应当依法驳回当事人的诉讼请求。”

其次,离婚协议是夫妻双方权衡利弊之后,围绕婚姻关系解除而形成的一个有机整体,各项内容相互依存。在双方婚姻关系已经解除的前提下,若允许对房屋的赠与予以任意撤销,则有违诚实信用原则。

## 实务建议

第一,在离婚协议中谨慎约定房产赠与条款。《最高人民法院关于适用

〈中华人民共和国民法典〉婚姻家庭编的解释(一)》第69条第2款规定:“当事人依照民法典第一千零七十六条签订的离婚协议中关于财产以及债务处理的条款,对男女双方具有法律约束力。”因此,对于离婚协议中的财产分割条款,当事人不能任意变更或撤销,夫妻双方应深思熟虑后谨慎决定。

第二,加强对赠与行为的约束,降低纠纷发生的可能性。在司法实践中,对于赠与的房产,主流观点通常肯定子女基于离婚协议享有直接、独立的请求权。但为了减少争议、降低解释空间,建议在离婚协议中增加应协助子女将房屋过户的条文以及未按期交付房屋的违约责任。此外,由于经过公证的赠与合同不能任意撤销,故夫妻双方还可以在民政局登记离婚之前或之后,到公证处对离婚协议进行公证。

第三,及时过户,避免房产被他人强制执行。不动产的物权变动以登记为要件。若房屋登记方欠债,他人申请执行该套房产,法院会综合考量执行债权性质、离婚协议是否真实、子女是否占有房产、房产未过户是否为子女过错等因素,判断子女权益与申请执行人权益何者优先。所以,如果夫妻双方在离婚协议中约定将房产赠与子女,建议子女在具备条件的情况下尽快过户,避免权利落空。

**法条链接**

《民法典》第一千零七十六条

# Case 10 债权人能否执行登记在债务人未成年子女名下的房屋

再审法院：最高人民法院

再审案号：（2020）最高法民申 6800 号

近年来，房产已成为被执行人资产的重要表现形式，人民法院办理该类执行案件的数量大幅增长。部分父母未雨绸缪、提前布局，在负债前就早已将房屋登记在未成年子女名下，试图在自己和子女的财产之间挖筑一条护城河，避免被执行时波及子女名下房屋。这些父母能否得偿所愿？本文以一则最高人民法院再审裁定为基点，归纳裁判规则、深度解读案例并提出实务建议。

## 基本案情

**（一）房屋情况**

2004 年 12 月 27 日，李某霖、薛某（夫妻关系）代其女儿李某舸（1998 年 5 月出生）作为买受人签订商品房买卖合同，购买案涉房屋。

2005 年 1 月 24 日，李某霖、薛某针对案涉房屋出具声明书，并进行公证。声明二人为李某舸的父母，自愿为李某舸购买案涉房屋，购房款总额 8,281,420 元人民币，因李某舸未成年，作为其法定监护人，全权代为其办理购房、受赠及产权的相关手续。

2005 年 3 月 9 日，李某霖、薛某将案涉房屋所有权登记在李某舸名下，当时李某舸不满 7 周岁。

2007 年 1 月 10 日，案涉房屋被李某霖、薛某用于为中国农业银行大连分行营业部办理抵押登记（非本案抵押，在本案所涉纠纷中李某霖、薛某仅提供保证担保)。

案涉房屋被用作李某霖、薛某实际控制的大连威兰德集团有限公司(以下简称威兰德集团)、大连航运在线信息技术有限公司(以下简称航运公司)、大连威兰德国际物流有限公司(以下简称威兰德物流公司)的经营用房,并非由李某舸实际占有使用。

**(二)诉讼与执行情况**

2014年,李某霖、薛某、威兰德集团与李某泉签订保证合同,约定李某霖、薛某、威兰德集团为李某泉向威兰德物流公司的借款提供连带保证责任担保。

此后,由于威兰德物流公司未按约还款,李某泉将李某霖、薛某、威兰德物流公司、威兰德集团等诉至法院,法院判决威兰德物流公司偿还李某泉借款本息和违约金,李某霖、薛某、威兰德集团等承担连带偿还责任。

进入执行程序后,作为保证人的李某霖、薛某未履行连带还款义务,李某泉申请执行李某舸名下的案涉房屋。对此,李某舸提起执行异议之诉,一、二审法院均驳回了李某舸的诉讼请求。

李某舸不服,向最高人民法院申请再审。

## 裁判要旨

**(一)一、二审裁判要旨**

一、二审法院综合分析案涉房屋的购买时间、产权登记时间、购房款支付和购买后的使用情况等因素,认定案涉房屋应为李某霖、薛某的家庭共有财产,故均未支持李某舸的请求,认为不应停止对案涉房屋的执行。

**(二)再审裁判要旨**

案涉房屋的承租人为李某霖、薛某实际控制的航运公司,该租赁关系发生于家庭成员与其控制的公司之间,且李某舸当时仍为限制民事行为能力人,案涉房屋的抵押、租赁均明显超过李某舸作为未成年人的日常生活所需。该房屋由李某霖、薛某实际出资,亦长期由该二人掌控的公司占有使用,据此可以认定案涉房屋仍作为家庭共同财产经营使用。一、二审法院认定案涉房屋应包括在李某霖、薛某作为保证人的上述担保责任财产范围之内,并无不当。李某舸申请再审称其对案涉房屋享有排除强制执行的民事权益,缺乏依据,依法不予支持。故再审法院裁定驳回了李某舸的再审申请。

## 再审研习

**(一)案例解读**

针对父母欠债,提前登记在未成年子女名下的房屋能否被执行这一问题,根据前述案例可得出结论:父母将房屋登记在未成年子女名下,如果能够通过证据综合证明该房屋属于家庭共同财产,则能够被执行。

笔者经梳理认为,主要可从以下几个角度主张房屋属于家庭共同财产。

1. 资金来源

购房款源自父母的家庭共同财产,购入房屋属于家庭财产形式上的转化,但未改变家庭财产的根本属性。子女当时尚未成年,没有独立的经济收入,购房资金并非家庭以外的其他人赠与或继承,因此仍属家庭共同财产。

2. 房屋占有使用情况

房屋的登记产权人虽然是未成年子女,但其明显超出子女的生活所需。房屋占有、使用的主体是父母,一直被用作父母二人所控制公司的经营场所。

3. 房屋担保情况

房屋曾被作为抵押物从银行贷款或为他人提供担保,这些显然不是未成年子女的个人行为。因此,虽然房屋登记在未成年子女名下,但房屋的实际权利人并非子女,而是父母,该房屋仍是家庭共同财产。

4. 登记目的

父母将房屋登记在未成年子女名下是出于规避债务、转移资产的长远考虑,该房屋应当作为家庭共同财产责任财产予以执行。

**(二)观点争鸣**

当前,法律法规并未对父母欠债,能否执行提前登记在未成年子女名下的房屋予以明确规定,故在理论界中对前述裁判思路存在不同的声音。

1. 支持观点

目前,支持的观点位居主流。该观点认为:综合全案证据,如果房屋的资金来源以及占有、使用、收益的主体均为父母,即使房屋登记在未成年子女名下，亦可将其认定为家庭共同财产，不得排除执行。可参考《江苏省高级人民法院关于执行疑难问题的解答》第 4 条第 1 款第 3 项："对于被执行人未成年子女名下与其收入明显不相称的较大数额存款，登记在被执行人未成年子女单方名下的房产、车辆或者登记在被执行人和其未成年子女名下的房产等，执行法院可以执行。"但其并非国家层面的通知，对于执行未成年子女房产问题仍待更高层面、更明晰的规定出台。

2. 反对观点

有极少观点认为，将提前登记在子女名下的房产认作家庭共同财产，存在诸多弊端。首先，根据《民法典》第 217 条的规定，"不动产权属证书是权利人享有该不动产物权的证明"。如果动辄不认可登记在未成年子女名下的房产，有违物权的公示公信原则。其次，执行法院应当遵循审执分离理念。未成年子女不是被执行人，法院不应在执行过程中对房屋进行确权。

3. 笔者观点

笔者认为，法院在综合评判的基础上，若认定房屋为家庭共有财产进而予以执行，较为合理。究其原因，实践中一些父母在出现具体债务之前即将房产登记在未成年子女名下，目的就是提前规避执行风险。若简单地以房屋登记在未成年子女为由而不予执行，将损害债权人利益。

《全国法院民商事审判工作会议纪要》引言部分明确：从现行法律规则看，外观主义是为保护交易安全设置的例外规定，一般适用于因合理信赖权利外观或意思表示外观的交易行为；对于实际权利人与名义权利人的关系，应注重财产的实质归属，而不单纯地取决于公示外观。据此笔者认为，法院有必要结合房屋的购买时间、产权登记时间、购房款来源和购买后的使用情况等因素，综合考量是否应将房屋认定为家庭共有财产、纳入执行范围。

## 实务建议

实践中父母将房产登记在其未成年子女名下的现象颇为普遍。当父母因欠债被强制执行之时，登记在子女名下价值不菲的房屋常成为争议焦点。对此笔者建议如下。

**(一)对父母的建议**

首先,应尊重事实、摒弃侥幸思维。部分父母认为提前将房产登记在未成年子女名下,即可实现转移财产之目的。但事实是,法槌之下,欺瞒无处遁形。法院会结合房屋的综合情况进行全面考量,判定该房屋能否被纳入执行范围。因此,笔者不建议父母以提前规避执行为目的,将房屋登记在未成年子女名下,此方式不仅可能无法达至期望效果,反而会给子女徒增讼累。

其次,应尊重房屋权属、留存出资记录。部分父母的内心真意的确是为子女添置资产,事实上亦与规避执行无关。对这类情况,笔者建议父母不应过度控制房屋,不轻易将登记在未成年子女名下的房屋用作其他用途,保护未成年子女享有的财产权利。同时,若案涉房产的资金是未成年子女通过继承、奖励、父母之外第三人赠与、报酬、收益等来源取得,父母务必妥善保存相关证据。

**(二)对债权人的建议**

本文探讨的是父母提前将房屋登记在未成年子女名下,多年后方产生债务并被执行的情况。但现实情形更为复杂多元,父母将房屋登记在未成年子女名下的时机不一,需先进行甄别,再选择适当的应对策略。

首先,如果在债务发生后父母才将房屋登记在未成年子女名下,则债权人可根据《民法典》第 538 条的规定,请求法院撤销债务人的行为。

其次,如果在进入执行程序后,父母才将房屋登记在未成年子女名下,则债权人依然可向法院提起撤销权诉讼,并尝试通过刑事途径追究债务人拒不执行判决、裁定罪。

最后,如果具体情形与本案相似,父母将房屋登记在未成年子女名下的行为已发生多年,则债权人可以搜集资金来源、占有、使用、收益情况等方面的证据,主张房屋属于家庭共同财产,请求法院将该房屋纳入执行范围。

**法条链接**

《民法典》第二百一十七条

# Case 11　父母为婚后子女出资购房是赠与还是借款

再审法院：四川省高级人民法院

再审案号：（2017）川民申 4120 号

敬老慈幼，为人伦之本，亦是法律倡导之理念。当今社会，父母为婚后子女购房出资的情况十分普遍。但在未约定出资性质时，该出资系赠与还是借贷，在以往的司法实践中争议颇大。《最高人民法院关于适用〈中华人民共和国民法典〉婚姻家庭编的解释（一）》及其理解与适用，为认定这一难题提供了思路，即"在父母一方不能就出资为借贷提供充分证据的情形下，一般都应认定该出资为对子女的赠与"。本文从四川省高级人民法院的案例引入，并选取了近年来各地高院的典型再审案例，展示司法观点之间的碰撞与变迁，从中提炼裁判趋势，解读裁判要点并提出实务建议。

## 基本案情

2009 年 9 月，黄某、余某莎登记结婚。2013 年 3 月，余某莎的父母向两人支付 70 万元用于购买房屋。房屋登记为黄某、余某莎共同共有。在离婚后，黄某、余某莎对 70 万元的性质产生纠纷，余某莎及其父母认为 70 万元属于借款，黄某则主张涉案款项系余某莎父母的赠与。

## 裁判要旨

《最高人民法院关于适用〈中华人民共和国婚姻法〉若干问题的解释（二）》第 22 条第 2 款"当事人结婚后，父母为双方购置房屋出资的，该出资应当认定为对夫妻双方的赠与,但父母明确表示赠与一方的除外”的规定,系基于父母有赠与意思表示的前提下,在赠与对象不明确时的认定依据,并不适用于本案的情况。

在当前高房价背景下,部分子女经济条件有限,父母在其购房时给予资助属于常态,但不能将此视为理所当然,也绝非法律所倡导。子女成年后,父母已尽到抚养义务,并无继续供养的义务。子女买房时父母出资,除明确表示赠与的以外,应视为以帮助为目的的临时性资金出借,子女负有偿还义务。

## 再审研习

### (一)再审观点变迁

前述再审案例的作出时间为2017年10月13日,时间较为久远。在父母为婚后子女出资购房,未明确约定出资性质的情况下,该笔出资是赠与还是借款,不同法院的观点存在碰撞与变迁。在此,笔者选取了几个较为典型的再审案例。

1. 辽宁省高级人民法院(2018)辽民再270号——借款

(1)案情概述

2008年12月,徐某、李某在夫妻关系存续期间购买了一套门市房。2010年,徐某、李某又购买了一套住宅,徐某之父徐某金将其自有房屋出售,卖房款14.6万元用于交付该楼房的首付款及相关费用,房屋登记在徐某名下。徐某、李某离婚后,双方对案涉款项的性质是借款还是赠与产生了争议。

(2)裁判观点

关于该款项的性质,案涉住宅楼系徐某以自己名义签订的不动产买卖合同所购买,徐某金只能以其子女名义出资缴付购房款,单就出资行为本身而言,不排除父母将出资借贷给子女买房的可能。而且对于徐某、李某而言,其二人已购置门市房,其居住环境已经得到解决和改善,作为父亲的徐某金自愿另行出资为子女购置房屋的可能性相对较小;对于徐某金而言,该款项并非其闲置、富余的财产,而是其出售了自有房屋的卖房款,其应当具有日后要收回该笔出资的目的,并非赠与。

2. 内蒙古自治区高级人民法院(2019)内民申 2470 号——赠与

(1)案情概述

宋某达、杨某原为夫妻关系,冯某华系杨某之母。2013 年 12 月,宋某达与杨某经登记结婚。2017 年 7 月、8 月,宋某达、杨某共在冯某华账户支取 50 万元,并将该款项用于购买房屋。两人离婚后,冯某华要求宋某达、杨某偿还借款。宋某达主张 50 万元为冯某华出于母子关系的赠与。

(2)裁判观点

父母出资是借贷还是赠与,应依据出资时的行为来判断,出资当时有效的凭证,是判断真实意思表示的依据。在该案中,冯某华出资 50 万元购房款后,并未要求宋某达与杨某出具借据,之后又未主张偿还,在宋某达与杨某离婚纠纷之后,才主张此笔出资是借款,与常情常理不符。

3. 黑龙江省高级人民法院(2020)黑民申 40 号——赠与

(1)案情概述

王某、张某辉原为夫妻关系,张某、荆某兰为张某辉父母。在王某、张某辉夫妻关系存续期间,张某、荆某兰向二人提供 142.5 万元用于购买房屋。在王某、张某辉离婚后,张某、荆某兰起诉要求二人偿还借款,王某则认为案涉款项系赠与而非民间借贷。

(2)裁判观点

根据“谁主张,谁举证”原则,张某、荆某兰主张其出资性质为借贷,负有相应的举证证明责任。在其无充分证据证实借贷关系成立的情况下,则应认定其出资性质为赠与。鉴于此,张某、荆某兰关于在出资时未明确表示赠与即应推定为借贷的诉讼主张,与法相悖,不能成立。

4. 辽宁省高级人民法院(2021)辽民申 4351 号——赠与

(1)案情概述

赵某生与赵某系父子关系,赵某、马某双系夫妻关系。2019 年 3 月,因赵某、马某双购买住房资金不足,赵某生为二人提供 20 万元用于交首付款。此后,赵某生要求赵某、马某双向其偿还 20 万元,但赵某、马某双认为该款项为赠与。

(2)裁判观点

子女刚参加工作缺乏经济能力,无力独自负担买房费用,父母基于子女间的亲缘关系，往往自愿出资为子女购置房屋，绝大多数父母出资的目的是要解决和改善子女的居住条件，希望让子女生活得更加幸福，而不是日后要回这笔出资。因此父母将出资借贷给子女买房的概率远低于父母将出资赠与子女买房的概率，在父母一方不能就出资 20 万元为借贷提供充分证据的情形下，一、二审法院以赵某生的诉讼请求和事实、理由不具体，不符合《民事诉讼法》第 119 条规定的起诉条件为由驳回起诉并无不当。

**（二）再审裁判趋势**

若无明确约定，对于“父母为婚后子女出资购房，是赠与还是借款”这一问题，在实践中存在着截然不同的两种观点。主张借款的观点多为：子女成年后，父母并无继续供养的义务，父母在其购房时给予资助虽属常态，但不能视为理所当然，应视为临时性资金出借。主张赠与的观点多为：父母子女间的亲缘关系决定了父母出资为赠与的可能性高于借贷，父母需对借贷关系的成立进行充分举证，否则应认定为赠与。

通过从 2017 年至今的再审案例可以看出，父母为子女购房出资，在对出资性质没有约定的情况下，此前各地法院比较倾向于认定为借款，而现在法院可能更倾向于认定为赠与。对于这一问题，裁判结果的改变与相关规定与观念的更新有着密切联系，现在法院认定为赠与的可能性更大。

**（三）笔者解读**

1. 相关规定

《最高人民法院关于适用〈中华人民共和国民法典〉婚姻家庭编的解释（一）》第 29 条第 2 款载明：“当事人结婚后，父母为双方购置房屋出资的，依照约定处理；没有约定或者约定不明确的，按照民法典第一千零六十二条第一款第四项规定的原则处理。”

《最高人民法院民法典婚姻家庭编司法解释（一）理解与适用》对该条司法解释予以了解读。其中，对于“父母请求返还出资的处理”问题，最高人民法院民事审判第一庭认为，判断借贷关系是否成立应严格遵循“谁主张谁举证”原则。在父母一方不能就出资为借贷提供充分证据的情况下，一般都应认定该出资为对子女的赠与。

2. 笔者观点

笔者与最高人民法院民事审判第一庭的观点一致，笔者亦认为在没有明确约定与证据的情况下，将父母为婚后子女购房的出资款定性为“赠与”更为合理。首先，借贷关系一般会立字为据，主张借贷关系的父母更容易保存证据。其次，父母子女间的亲缘关系决定了父母出资为赠与的可能性高于借贷，进而由主张借贷关系这一低概率事件存在的父母来承担证明责任，与一般人日常生活经验一致；最后，在现实生活中，当子女与其配偶婚变或者亲子关系恶化，部分父母会否认赠与的内心初衷，而请求返还借款。如果在缺乏证据的情况下推定父母出资是借款，则违背诚实信用原则，容易侵害子女的合法权益。

## 实务建议

在为子女购置房屋等重要方面，父母往往会倾囊相助。但囿于谈钱伤感情的传统观念，许多父母和子女对出资性质没有明确表态，导致相应的财产纠纷屡见不鲜。为减少此类争端，笔者有以下两点建议：

第一，父母在出资时应明确表明款项性质。法律尊重民事主体的意思自治，对父母出资行为的认定原则上以父母的明确意思表示为标准。如果父母与子女之间明确约定为赠与，则为赠与关系；如果约定为借款，则为借款关系。需要注意的是，父母作出意思表示并与子女达成一致务必及时。否则，若出资后关系恶化，届时再主张为借款则为时晚矣。

第二，父母子女应妥善留存证明出资性质的证据。无论父母出资是为了赠与还是借款，双方最好进行书面约定并妥善保管相关凭证，避免因约定不清徒增诉累。根据当前的普遍观点，如果父母有关借贷的举证不充分，则应认定该出资为赠与行为。因此，特别是对于出资为借款的，父母务必与子女、子女配偶共同签订借款合同或借条，避免在发生纠纷时缺乏有力凭证。

### 法条链接

《最高人民法院关于适用〈中华人民共和国民法典〉婚姻家庭编的解释（一）》第二十九条

## Case 12 名为房屋买卖实为民间借贷，出借人如何实现债权

再审法院：四川省高级人民法院

再审案号：（2020）川民再440号

在实践中，常有人以签订买卖合同之名行借款合同之实，以此进行民间借贷。从表面上来看，当事人之间签订了房屋买卖合同，并将合同进行了备案登记或者将房产予以了过户，同时还约定了在未来的某个固定期限，借款人应以一定的对价进行回购。当借款人未回购房产时，出借人是否就拥有了合同所约定的房产或者可以主张将房产过户到自己名下呢？答案是否定的。那么，面对这种名为房屋买卖，实为民间借贷的合同，出借人如何维护自己的权利？笔者以一则再审案例来进行详细解读。

### 基本案情

李某于2006年3月28日在A公司处购买坐落于四川省成都市××街××号××商城××座××楼××号的房屋，建筑面积为669.48平方米，15号、62号、63号、64号房屋建筑面积合计为453.99平方米，80号、81号、82号、85号房屋建筑面积合计492.09平方米，总计1615.56平方米。2006年3月28日，双方签订《商品房买卖合同》，约定：出卖人应当在商品房交付使用后的180日内，将办理权属登记需由出卖人提供的资料报产权登记机关备案。如因出卖人的责任，买受人不能在规定期限内取得房地产权属证书，出卖人按已付房价款的1%向买受人支付违约金。

同日，李某付清全部购房款200万元，取得A公司开具的收据3张。A公司应于2006年4月12日向李某交付房屋（实际上未交付），并在房屋管理

部门登记备案，合同备案号分别为：4819号、4823号、4824号。2006年3月29日，双方签订《房屋回购协议》，约定：A公司在2006年6月27日前向李某一次性支付200万元回购款，回购A公司出售给李某的房屋，如违约则承担违约金。协议签订后，A公司未按约定期限履行合同义务。2006年8月15日，李某依据合同约定向A公司致函，要求A公司出具相关手续并办理房屋产权证，A公司拒绝履行合同义务。李某遂诉至法院。

## 裁判要旨

**（一）一审裁判要旨**

双方当事人在平等自愿基础上签订的房屋买卖合同，系双方真实意思表示，且不违反法律规定和社会公共利益。依据意思自治的原则，李某、A公司所签订的《商品房买卖合同》合法有效，买卖关系成立。双方当事人应按合同约定各自履行付款和交房的合同义务。

一审法院判决结果：第一，A公司于判决生效之日起30日内，出具相关手续为李某所购房屋办理房屋所有权证。第二，限A公司于判决生效之日起5日内向李某支付违约金并承担诉讼费。

**（二）再审裁判要旨**

综合全案证据，双方当事人的行为不符合房屋买卖的一般交易习惯，依据双方签订的《商品房买卖合同》成立的不是真实的房屋买卖关系，而是为借款而设定的担保，故李某要求履行买卖合同的诉讼请求不予支持。

再审判决结果：撤销一审生效判决，驳回李某诉讼请求。

## 再审研习

本案的争议焦点在于，当事人双方签订的《商品房买卖合同》所确定的是真实的房屋买卖关系还是为借款而设定的担保。

再审法院认为本案当事人之间往来名为房屋买卖，实际上是为借款而设定的担保。首先，李某与A公司签订的《商品房买卖合同》约定的房屋单价明显低于市场价，且买受人以现金支付房屋价款200万元与商品房买卖的一般交易习惯不符。其次,李某与A公司签订的《商品房买卖合同》约定的房屋交付期限为合同签订时间,说明在《商品房买卖合同》签订时,诉争房屋已具备交付条件,但双方并没有交接房屋的意思表示。双方在签订《商品房买卖合同》的次日,又签订了《房屋回购协议》,约定:由A公司在一定期限内回购房屋,若A公司支付了回购款,李某即解除对房屋的备案登记;若A公司未能按时支付回购款,可以协商顺延期限并按一定比例支付溢价款费用;若A公司超过约定期限未支付回购款,李某则拥有房屋所有权。上述行为也不符合房屋买卖的一般交易习惯。从审理查明的事实可以看出,李某与A公司之间因为借款关系设立了一种担保债权,即以签订房屋买卖合同并办理商品房预售合同备案的方式来确保债权人在债务人无力还款时可以直接取得房屋所有权来实现债权。故李某与A公司对于房屋买卖欠缺内心的真意且此项非真意的意思表示为对方所明知,双方并未形成真实的房屋买卖合同关系。故A公司与李某在签订《商品房买卖合同》时并无真正转移案涉房屋所有权的意思,为借款设定担保才是双方真实的意思。

## 实务建议

### (一)以买卖之名行借贷之实的法律性质

发生此类情形,当事人的内心本意是以房屋作为民间借贷的担保,绝大多数出借人的本意是借款人一旦不还钱,房子就是自己的了,认为这是非常靠谱的担保方式。并且,在实践中确实存在相当一部分出借人因此而取得房产,借款人也愿意以房抵债,并没有发生争议。这种将财产从形式上转移至债权人名下,用以担保其债权的行为,在学理上称为"让与担保",是一种非典型担保方式。

《民法典》第146条、《最高人民法院关于适用〈中华人民共和国民法典〉有关担保制度的解释》第68条以及《最高人民法院关于审理民间借贷案件适用法律若干问题的规定》第23条,对"让与担保"这种非典型担保方式进行了明确规定。根据以上规定,以买卖之名行借贷之实,其法律性质其实是一种非典型担保,人民法院在审理案件时,不应再以买卖合同法律关系进行处理,而是应根据担保相关法律规定进行处理。

### (二)出借人如何实现债权

1. 诉讼请求应当准确、清楚。由于出借人签订房屋买卖合同的初衷是在借款人违约时能够取得房产,以房产作为借款的担保,所以大多数出借人会在借款人违约的第一时间想到主张借款人履行房屋买卖合同,将房产过户到自己名下,直接取得房屋所有权。但当事人之间的真实意思表示是将房屋作为借款的担保,担保必然要遵循担保的一般原则,即禁止流质、流押。根据相关法律规定,合同约定债权人直接取得房产所有权的,约定无效;债权人请求法院将房产过户给自身的,法院不予支持。正确的做法是请求法院将案涉房产进行拍卖、折价或者变卖,以所得价款进行受偿,如果房产进行了过户登记,那么,债权人还可优先受偿。

2. 在签订买卖合同后,办理房产过户手续。"让与担保"这种非典型担保方式之所以存在较大市场,在于其具有传统的抵押担保所不具有的优势。在《民法典》实施后,在某些情况下债务人可以带抵押转让资产,"让与担保"则可以防止债务人擅自转移资产,限制债务人对房产的处分,保障债权的实现。且在办理房产过户登记后,债权人具有对该房产拍卖、折价或者变卖所得价款的优先受偿权。

3. 要取得房产,需达成新的协议。当事人可以就借款合同进行结算,重新签订房屋买卖合同,多退少补,以合理对价取得房产,办理过户并实际交付,从形式到实质的真实意思表示均做到符合房屋买卖合同的有效要件。

**法条链接**

《民法典》第一百四十六条

《最高人民法院关于适用〈中华人民共和国民法典〉有关担保制度的解释》第六十八条

《最高人民法院关于审理民间借贷案件适用法律若干问题的规定》第二十三条

# Case 13 规避限购政策的借名买房合同是否有效

再审法院：最高人民法院

再审案号：（2020）最高法民再328号

在实践中，规避限购政策的借名买房行为层出不穷，然而在法律、行政法规层面，并未专门对借名买房的合同效力进行明确规定。本文以一则最高人民法院判决为基点，归纳提炼出最新的司法裁判规则，深度解读规避限购政策的借名买房合同效力，并由此展开，简要总结各类型借名买房的合同效力以及有针对性地提出了实务建议。

## 基本案情

**（一）合同签订情况**

1. 借名人和出名人之间的代持关系

2012年12月20日，徐某欣与曾某外签订《房产代持协议》，约定：案涉房屋的一切权利均属于徐某欣。徐某欣以曾某外名义签订案涉购房合同及其他相关配套文件，房屋登记在曾某外名下。曾某外仅代替徐某欣持有房产，并不享有任何权利，未经徐某欣书面同意，曾某外不得单方处分房产。

2. 出名人和房地产公司之间的买卖关系

2013年3月8日，星泰房地产公司与曾某外签订《北京市商品房现房买卖合同》，约定曾某外购买案涉房屋，房屋总价款2659.2万元，买方签名为“曾某外”，并以“曾某外”的名义办理了网签备案。

**（二）合同履行情况**

1. 房屋的购买及使用情况

协议签订后，徐某欣支付了案涉房屋总房款，并以"曾某外"的名义办理了房屋买卖及权属登记手续。2016 年 2 月 19 日，案涉房屋所有权登记在曾某外名下。2016 年 10 月 17 日之前，徐某欣已实际占有使用案涉房屋，并交纳了该房屋的车位租赁费等费用。

2. 案涉房屋被曾某外的债权人查封

2014 年 4 月 25 日，在辽宁中集哈深冷气体液化设备有限公司（以下简称中集哈深公司）与大庆庆然天然气有限公司（以下简称庆然公司）的借款关系中，曾某外为庆然公司的借款提供连带责任保证。2016 年 5 月 16 日，法院判决庆然公司返还中集哈深公司借款本金及利息，曾某外等人承担连带给付责任。判决生效后，中集哈深公司向法院申请强制执行。2016 年 10 月 17 日，法院作出（2016）辽 01 执 579 号民事裁定书，查封了曾某外名下的案涉房屋。

**（三）诉讼情况**

2017 年 4 月 11 日，徐某欣向法院提出案外人执行异议，法院驳回了其申请。之后，徐某欣又以曾某外并非案涉房屋的真实所有权人，无权处分房屋为由，作为原告向法院提起了执行异议之诉，请求中止执行（2016）辽 01 执 579 号民事裁定书，解除对案涉房屋的查封。

## 裁判要旨

**（一）一审裁判要旨**

限购政策为房地产市场的行政调控管理手段，非法律和行政法规的强制性规定，徐某欣占用曾某外的购房资格，曾某外即失去购房资格，不会导致地区限购政策落空，不损害公共利益。故不能因此否定徐某欣对案涉房屋享有的财产权利。

故中止执行案涉房屋。

**（二）二审裁判要旨**

购买案涉房屋虽违反了地方政府限购规定，但限购文件并非法律和行政法规的效力性强制性规定,借名买房合同应认定有效。当物权登记与实际权利状况不符时,要以实际权利状况为依据认定事实。双方通过借名买房的外在形式,将真实物权登记于借名人名下,是对物权的处分方式。

故驳回上诉,维持原判。

**(三)再审裁判要旨**

徐某欣为规避国家限购政策而借名买房,有违公序良俗原则,案涉借名买房合同应认定为无效。

但徐某欣嗣后通过消除限购政策障碍补正了合同效力,并通过生效判决的执行而完成了不动产登记,成为案涉房屋所有权人。在本院裁定提审后出现的新事实,已经从根本上改变了案涉房屋的权属关系,中集哈深公司在对曾某外的执行程序中主张继续执行案涉已经属于徐某欣的房屋,缺乏理据,不应支持。原审判决适用法律虽有错误,但徐某欣已经取得案涉房屋的所有权,足以排除法院的执行。

故维持二审判决。

## 再审研习

**(一)法院观点**

本案的争议焦点是规避国家限购政策的借名买房合同是否有效。再审法院从国家政策导向、公序良俗的角度作出了如下分析:

徐某欣在当时已有两套住房的情况下仍借曾某外之名另行买房,目的在于规避国务院和北京市的限购政策,通过投机性购房获取额外不当利益。司法对于此种行为如不加限制而任其泛滥,则无异于纵容不合理住房需求和投机性购房快速增长,鼓励不诚信的当事人通过规避国家政策红线获取不当利益,不但与司法维护社会诚信和公平正义的职责不符,而且势必会导致国家房地产宏观调控政策落空,阻碍国家宏观经济政策落实,影响经济社会协调发展,损害社会公共利益和社会秩序。故徐某欣与曾某外为规避国家限购政策而签订的《房产代持协议》因违背公序良俗而应认定无效。

**(二)笔者解读**

实际上,在本次最高人民法院认定"规避限购政策的借名买房合同因违反公序良俗无效”之前，在实践中，对于该类借名买房合同是否有效以及能否排除执行尚存一定争议。亦有判决认为借名买房行为不违反法律法规的强制性规定，例如，在(2020)最高法民申 1892 号一案中，法院认可了因规避国家政策规定而产生的借名买房合同的效力，并认为实际购房者对于案涉房产享有的民事权益足以阻却执行。

此次最高人民法院最新作出的判决明确将规避限购政策的借名买房合同归入违反公序良俗的无效合同，体现出我国调控政策持续收紧，强力遏制规避限购政策行为的趋势，起到了规范房屋买卖市场，倡导诚实信用，改善社会风气的作用。在我国大力推行类案检索制度的背景下，最高人民法院作出的这一裁判规则已被各地法院执行，例如(2020)豫民申 8401 号判决，在认定规避限购政策的借名买房合同效力时，河南省高级人民法院采用了最高人民法院的司法观点。

因此，在当前时代背景下，可以得出“规避限购政策的借名买房合同无效”的结论。

但值得注意的是，本次最高人民法院判决存在特殊性，虽然最高人民法院否定了该借名买房合同的效力，但肯定了借名人徐某欣对案涉房屋所享有的物权，排除了中集哈深公司的执行。原因在于徐某欣在法院判决前已取得了北京市的购房资格并办理了房屋过户登记，成为经登记的房屋所有权人。至此，在对曾某外的执行程序中，中集哈深公司主张继续执行已经归属于徐某欣的案涉房屋，已然不具有事实基础和法律依据。因此，笔者在此特别提醒，若您曾因规避限购政策签订了借名买房合同，之后取得了购房资格，需尽快去办理房屋过户登记，方可成为实际物权人，排除出名人债权人的强制执行。

**(三)类案检索**

承前所述，“违反限购政策的借名买房合同”无效。但是否所有的“借名买房合同”都无效？答案是否定的，对此笔者将结合借名买房合同的不同类型，进行简要介绍。

1. 规避政府政策的借名买房合同效力

规避国家政策的借名买房合同，具体可分为许多种类，在当今形势下，均为无效合同，包括：(1)规避限购政策的借名买房合同无效。前文已论证，在此不予赘述。(2)规避限贷政策的借名买房合同无效。例如(2014)粤高法民申字第1692号判决认为:房产限贷令作为严格限制各种名目的炒房和投机性购房,遏制部分城市房价过快上涨的重要政策措施,体现了社会公共利益。借名买房关系损害了社会公共利益,应属无效。(3)规避保障性住房政策的借名买房合同无效。例如(2019)京民申6598号判决认为:涉案房屋属于限价商品房,双方的借名买房行为会损害其他具备限价商品住房购买资格者的权益,借名买房合同关系应属无效。

2. 规避债务、转移财产的借名买房合同效力

在实践中,存在部分实际购房者利用借名买房的形式,隐匿、转移财产,从而损害他人合法权益的情况。例如,某些债务人负债累累,却以他人名义购买房屋,使债权人无法找到其名下房产,实现逃避执行的目的。又如,夫妻一方通过借名买房协议转移财产,避免在离婚时分割这部分资产。根据《民法典》第154条的规定:"行为人与相对人恶意串通,损害他人合法权益的民事法律行为无效。"因此,为规避债务、转移财产而签订的借名买房合同是无效的。

3. 因其他个人原因签订的借名买房合同效力

在现实生活中,也有购房者出于个人原因不想将房产登记在自己名下,仅是单纯地不愿显名。针对这一情形,只要借名买房合同、不存在其他无效情形(不违反法律法规的强制性规定、不违背公序良俗、不损害他人的合法权益),该合同有效。

在此情况下,借名人可以依据实质上的代持关系要求出名人将房屋过户至其名下,但此项权利系基于合同关系所产生的债权请求权,在经法定变更登记程序完成物权公示之前,借名人尚不能依据借名买房的合同关系直接被确认为房屋的物权人,其所享有的债权请求权也不具有对世效力和排他效力。

## 实务建议

**(一)充分认识借名买房的风险,尽量避免借名买房**

首先,对于借名人而言,借名买房的风险有:出名人否认借名事实;由于

房产登记在出名人名下,出名人擅自将房产出卖给第三人;因出名人对外负债等原因,房产被查封、执行;因出名人离婚纠纷,登记在其名下的房产被视为夫妻共同财产进行处理;因出名人去世,登记在其名下的房产被作为遗产进行处理;出名人拒绝配合办理产权过户等。

其次,对于出名人而言,借名买房的风险有:由于多地对购房者的购房记录、贷款记录等有要求,出名人自己可能丧失享受购房政策的条件;若以银行按揭贷款的形式购买房屋,当借名人还贷不及时或者无力还贷,出名人面临偿还债务和产生不良信用记录的风险。因此,借名买房风险极大,笔者不建议采用此方式购置房产。

**(二)如果确需借名买房,借名人应做好风险防控措施**

1. 不踩政策红线。借名人不得故意规避限购政策,也不得购买经济适用房、限价商品房等保障性住房,避免钱房两空。

2. 留存出资证据。借名人应保留好出资的银行转账凭证、购房合同、房屋产权登记证书、税款缴纳凭证等。当出名人主张房屋归其所有时,借名人可提供充分的借名买房证据。

3. 占有使用房屋。借名人应妥善保管水电费支付记录、物业费发票、维修基金收据、停车费发票等,在出名人否认借名买房事实时,佐证双方的借名买房行为。

4. 签订完善的借名买房合同。在合同中要明确房屋权属、双方的权利与义务,并对出名人施以严格的违约责任,避免今后产生纠纷。

5. 要求出名人将房屋抵押给自己。虽然《民法典》规定抵押物可自由转让,但鉴于当前的登记现状,由出名人将该房产抵押给借名人,仍可在一定程度上防止借名人擅自转让房产。

**(三)如果确需借名买房,出名人应十分谨慎**

1. 充分了解当地购房政策。首先,出名人应做到不故意规避当地的购房政策;其次,如果出名人未来有购房需求,还应长远考量借名买房行为是否会影响自身权益,是否会对购房计划产生不利影响。

2. 要求借名人全额支付房款。若采取全款购房的方式,出名人可有效避免因后续的按揭还款问题与借名人产生资金纠纷。

3. 如确需按揭贷款,应审查借名人的还款能力。在同意借名人的请求前，出名人应对借名人进行尽职调查，查询其涉诉情况，是否为失信被执行人，并全面了解其债权债务情况等。如果出名人的还款能力不强，建议审慎对待或拒绝与其合作。

**（四）关于借名人能否排除执行**

在司法实践中，对于借名买房，借名人能否排除执行的问题尚存一定争议，法院对这类案件存在着不同的裁判观点，并非所有借名人均能排除执行。特别是不满足以下条件的，借名人一般不能排除执行，需要予以注意：

1. 借名人需提供充分证据证明其系房屋的真实权利人

由于执行标的登记在出名人的名下，根据公示公信原则，一般认为出名人即为案涉房屋的所有权人。如果借名人不能提供充分的出资、占有使用房屋的证据，法院通常会认为该"借名人"无权就案件执行标的提出异议，其不具备提出对执行标提出异议的申请人主体资格，进而不予受理。若在立案后，法院发现不符合受理条件的，则将裁定驳回借名人的异议申请。

2. 借名买房需不存在故意规避限购限贷等政策的情形，不违反法律的强制性规定，不损害国家和社会的公共利益

例如在最高人民法院作出的（2019）最高法民申 4757 号案中，基于房地产限购等政策，借名人并不具有购房的资格，其借名购买案涉房屋，规避行政监管意图明显，并非法律法规所保护和鼓励的行为，违背了诚实信用原则，故法院认定其对案涉房屋享有的民事权益不足以排除执行。

**法条链接**

《民法典》第八条、第一百五十三条

## Case 14 “地随房走”规则下建筑物“占用范围”的认定

再审法院：最高人民法院

再审案号：（2020）最高法民申 2308 号

建筑物和建设用地在我国民法上属不同的两种标的物，但基于“房”与“地”之间的天然联系，《民法典》明确规定，在处分建筑物时，占用范围内的建设用地使用权一并处分；在处分建设用地使用权时，其地上建筑物亦一并处分，即通常所说的“房随地走、地随房走、房地合一”。在实践中，建筑物和建设用地使用权分离抵押，尤其是只将建筑物或者建设用地使用权其中一项财产设定抵押的情况十分常见。以建筑物抵押的，法律虽规定“该建筑物占用范围内的建设用地使用权一并抵押”，但对于建筑物“占用范围”的具体内涵，现行法律及司法解释均未予以明确规定，在司法实践中亦存在争议。本文拟从现有规定出发，结合最高人民法院再审案例，归纳总结裁判思路，以期为“占用范围”的认定提供参考。

### 基本案情

在杨某泰诉刘某民间借贷纠纷一案中，债权人杨某泰依据生效判决申请对位于沈阳市沈河区建筑面积为 4005 平方米的房产行使抵押权，并主张在债权范围内享有优先受偿权。因案涉房产及其项下的面积为 1443 平方米的土地使用权还存在法院的轮候查封，故在拍卖后，杨某泰首先受偿了房产价值，但对于土地价值部分的 10,971,963 元，法院在制定分配方案时认为应将杨某泰享有抵押权的抵押物范围限定在抵押房产实际占用的土地，即杨某泰作为抵押权人应当仅就该部分土地的拍卖所得优先受偿，剩余部分土地拍卖所得应按查封顺序进行分配。杨某泰对该执行财产分配方案不服,遂提起执行分配方案异议之诉,主张其应该对抵押房产所在的整宗土地使用权的拍卖款项享有优先受偿权。

## 裁判要旨

**(一)一审裁判要旨**

杨某泰对位于沈阳市沈河区建筑面积为4005平方米的房产享有优先受偿权。该房产所占的土地为547.88平方米,占该土地总面积的37.97%,应视为与上述房地一并抵押,抵押权人杨某泰对547.88平方米土地拍卖款即166,054.35元享有优先受偿权;该宗土地剩余面积895.12平方米,占该土地总面积的62.03%,土地拍卖款即6,805,908.65元应按查封顺序进行分配。一审法院作出的执行财产分配方案并无不当,杨某泰的诉讼请求证据不足,一审法院不予支持。

**(二)二审裁判要旨**

杨某泰以房产办理抵押借款,在原房屋所有权人刘某名下的案涉宗地面积内仅有该房屋,抵押权效力应及于建设用地使用权对应的整体宗地之全部,故一审法院依据沈阳市勘察测绘研究院对抵押房产所占的土地位置及面积勘测结果,对占用范围的认定,与事实不符,没有法律依据,导致适用法律错误,依法应予纠正。杨某泰依法对涉案土地全部拍卖款在判决书确定的数额内享有优先受偿权。

**(三)再审裁判要旨**

根据我国地籍管理规定,建设用地使用权的登记以宗地为单位。换言之,建设用地使用权的客体为宗地,一块宗地即为一个物权客体。原审已查明抵押房产系案涉宗地面积范围内唯一合法建筑物,且该抵押房产原由被执行人刘某单独所有,在没有证据证明案涉建设用地使用权存在其他共有人的情况下,杨某泰有权就案涉全部土地拍卖款优先受偿。

## 再审研习

**(一)案件解读**

本案系执行分配方案异议之诉,争议焦点为:对《物权法》第182条(现《民法典》第397条)"占用范围"的理解及土地拍卖款优先受偿比例在本案中应如何确定。

一审法院认为应当以房屋物理范围内的建设用地使用权作为"占用范围",从而根据房屋占地比例核算抵押权人就土地拍卖款优先受偿的范围。二审法院及再审法院依据案涉房屋国有建设用地使用权/房屋所有权的"不动产权证书"载明的"共有宗地面积为1316.6平方米/建筑面积为4005平方米"持相反意见,认为我国建设用地使用权的出让和登记均以宗地为单位,权利人转让或抵押建设用地使用权是指宗地上的建设用地使用权被转让或抵押。故在已查明抵押房屋系案涉宗地面积范围内唯一合法建筑物,且该建筑物系抵押人刘某单独所有的情况下,杨某泰享有的抵押权效力应及于建设用地使用权对应的整体宗地之全部。因此,杨某泰有权就该土地的全部拍卖款在债权范围内优先受偿。

该案一审和二审、再审法院观点之所以不同,本质上还是对"占用范围"的理解存在差异,而在最高人民法院民事审判第二庭著的《最高人民法院民法典担保制度司法解释理解与适用》一书中,在回答"当事人仅就建设用地上的建筑物设定抵押的情况下,如果该建筑物所占用的土地面积远小于该宗建设用地,在抵押权人实现抵押权时,能否就该宗建设用地的全部享有优先受偿权"这一问题时,"倾向认为,出现题设情况的原因是政府规划主管部门的规划。我们经常提到的政府容积率也是据此算出来的。在规划没有改变的情况下,尽管当事人仅就建设用地上的建筑物设定抵押,但是根据房地一体抵押的法律规定,抵押权人可以就该宗建设用地行使优先受偿权"①。由此可见,该案二审及再审观点在一定程度上与书中的倾向性观点一致。

① 最高人民法院民事审判第二庭:《最高人民法院民法典担保制度司法解释理解与适用》,人民法院出版社2021年版,第448页。

### (二)类案分析

其实,从《物权法》到《民法典》施行至今,在漫长的十余年司法实践中,对“占用范围”的认定始终存在争议,持不同理解的裁判观点并不罕见。虽上述(2020)最高法民申2308号再审裁定持“房屋的抵押权效力应及于建设用地使用权对应的整体宗地之全部”的观点,但并未起到一锤定音之效,对于该问题,最高人民法院在裁判观点中依然存在不同的理解。

如,在(2017)最高法民申4257号案中,抵押人将两栋房屋抵押给长城公司,“国有土地使用证”载明该宗地“用地面积”为1120平方米,其中“建筑占地”为656平方米。抵押人主张两栋抵押房屋实际占用土地面积为424平方米,而抵押权人则主张两栋抵押房屋占用土地范围应为宗地之全部,二审法院以“国有土地使用证”载明的“建筑占地”面积为依据,认定房屋抵押权应及于656平方米,再审法院也持该种观点。抵押权人长城公司最终因将案涉抵押房屋及全部土地使用权一并拍卖给抵押人造成了财产损失而承担赔偿责任。可见,在该案中,法院认为应当以建筑物物理范围内的建设用地面积作为“占用范围”,该种理解与上述(2020)最高法民申2308号案的观点相悖。

而在(2020)最高法民申4903号案中,案涉工业项目总用地面积为129,839.58平方米,规划建设规模为55,260.05平方米,密胜公司提供抵押物的建筑面积为24,859.15平方米,占规划总建筑面积的44.99%。除抵押房屋外,涉案地块其余部分的规划建设土地上实际暂未建成其他建筑。对此,最高人民法院再审认为,根据我国地籍管理规定,土地登记以宗地为基本单元,建设用地使用权人所持有的“国有土地使用权证”以宗地为单元进行核发,宗地可以进行分割、合并,即案涉抵押房屋及其占用范围内的建设用地地块与其他尚未实际建成建筑的地块并非不可分割。故景德镇农商行应当就涉案全部土地使用权权益的44.99%享有优先受偿权,其余未建建筑地块本应用于建设其他建筑,而不应作为建筑物“占用范围”内的建设用地。可见,在该案中,法院认为应当以房屋建筑面积占宗地整体规划建筑面积的比例核算“占用范围”,该种对“占用范围”的理解又与上述(2020)最高法民申2308号及(2017)最高法民申4257号案例存在差异。

## 要点提示

上述所列举的3种裁判观点均有一定数量的案例支持，在实践中尚未形成统一。故在进行认定时需要考虑的不仅仅是建筑物与其占用范围内建设用地使用权的功能整体性，还应当充分考虑同一宗地上的其他建筑物与剩余建设用地使用权的功能整体性以及是否具有可操作性。

例如，被抵押建筑物所在的建设用地有且仅有1栋建筑物，该建筑物坐落范围之外的其他土地均为绿化、停车场、小花园等配套设施，并不具有独立的经济效用，在此种情况下，将“占用范围”认定为该建筑物所在的整宗建设用地全部面积将更符合房地的利用价值。

又如，一宗土地上规划建造了6栋建筑物，建成并抵押了其中1栋建筑物，此时该抵押权的效力不应及于其他5栋建筑物所在的建设用地使用权，但如仅对该栋建筑物所在的建设用地进行一并抵押和处分，又会涉及建设用地使用权的分割和不动产单元的分割登记，在操作程序上存在障碍。①

因此，笔者认为，在实践中不同建筑物所在的宗地情况不同，往往受制于复杂的现实情况，现行法律未对“占用范围”的内涵进行明确规定，现有司法实践对此亦持不同的裁判观点，如若将内涵确定，将裁判尺度统一，在操作层面或将难以迎合复杂多变的现实情况。鉴于此，今后在处理个案时，仍可围绕“地随房走、房地合一”的价值取向，坚持具体问题具体分析，结合规划设计条件、土地性质、不动产登记情况及房地功能整体性等因素进行综合考量，从而在符合房地利用价值的基础上最大限度地维护各方权利。

**法条链接**

《民法典》第三百九十七条

《城市房地产管理法》第三十二条

《全国法院民商事审判工作会议纪要》第六十一条

《最高人民法院关于人民法院民事执行中查封、扣押、冻结财产的规定》(2020修正)第二十一条第一款

---

① 参见高圣平:《〈民法典〉房地一体抵押规则的理解与适用》，载《法律适用》2021年第5期。

# Case 15 开发商违约导致购房合同解除，银行按揭贷款谁来偿还

再审法院：最高人民法院

再审案号：（2019）最高法民再 245 号

正常情况下按揭贷款由购房者按月偿还给银行，但如果开发商存在逾期交房，房屋质量不合格等违约行为导致购房合同解除，那么按揭贷款是否仍由购房者偿还？

## 基本案情

2015 年 8 月 12 日，王某诚与越州公司签订《商品房预售合同》，以 1.4 亿元的价格购买越州公司开发的商业用房，交付时间为 2015 年 10 月 30 日前。王某诚首付 7000 万元，剩余 7000 万元按揭贷款。

2015 年 8 月 14 日，王某诚与建行青海分行、越州公司签订《个人住房（商业用房）借款合同》，约定：王某诚向建行青海分行借款 7000 万元，借款人采取等额本息还款方式；担保方式为房产抵押加越州公司阶段性保证，保证期间为自本合同保证条款生效之日起至抵押登记办妥且抵押财产的他项权利证书止，抵押财产为王某诚购买的商业用房，抵押财产价值 1.4 亿元。同日，王某诚与建行青海分行、越州公司签订《房地产抵押合同》，约定：王某诚以其购买的商业用房为前述贷款提供抵押担保；越州公司应按预售合同约定期限向王某诚交房，在越州公司不按期交房而间接影响建行青海分行利益时，越州公司应代替王某诚承担赔偿建行青海分行损失的责任。2015 年 8 月 18 日，建行青海分行取得案涉房屋他项权利证书。

王某诚于 2015 年 5 月向越州公司支付 7000 万元，建行青海分行于 2015

年8月21日分8笔向越州公司支付7000万元。后因越州公司逾期交房,《商品房预售合同》《个人住房(商业用房)借款合同》《房地产抵押合同》均已在另案中被法院判决解除,截至2017年3月21日,王某诚累计偿还贷款本金9,170,995.81元、利息6,095,047.89元,尚欠建行青海分行贷款本金64,799,004.19元。

建行青海分行依据与王某诚签订的《个人住房(商业用房)借款合同》第19条约定"贷款人与借款人的借贷关系解除的,借款人应当立即返还其所欠贷款的本金、利息、罚息及实现债权的费用,或委托售房人直接将上述款项归还贷款人"起诉至青海省高级人民法院,要求借款人王某诚与越州公司共同偿还贷款本金及资金占用损失共计5800万元。

## 裁判要旨

本案的争议焦点在于,购房合同、借款合同以及抵押合同解除后,如果银行按揭贷款尚未清偿完毕,购房者是否还有还款义务?具体如何承担该项义务?银行是否可以根据借款合同约定,要求购房者清偿按揭贷款?

**(一)一审裁判要旨**

1.购房者有还款义务

商品房出卖人越州公司在《商品房预售合同》《个人住房(商业用房)借款合同》《房地产抵押合同》解除后,根据《最高人民法院关于审理商品房买卖合同纠纷案件适用法律若干问题的解释》(2020修正)第21条第2款"商品房买卖合同被确认无效或者被撤销、解除后,商品房担保贷款合同也被解除的,出卖人应当将收受的购房贷款和购房款的本金及利息分别返还担保权人和买受人"之规定,应该向贷款人建行青海分行返还剩余贷款的本息。但是,越州公司向建行青海分行返还贷款本息的义务并不能免除借款人王某诚的还款义务。根据合同相对性原理,购房者王某诚才是借款合同的实质还款人,但是为了减少不必要的重复、烦琐和徒生的风险,司法解释规定商品房出卖人向贷款人返还购房贷款本金及利息。

2.购房者具体承担还款义务的方式,即应当在建行青海分行先行申请强制执行越州公司财产之后,特别是在处置抵押资产之后,承担补充还款责任

首先,本案纠纷的起因在于越州公司未按照约定向购房人王某诚交付所

购房屋，致使《商品房预售合同》因越州公司的违约行为而被解除；随后，导致贷款人建行青海分行与借款人签订的《个人住房（商业用房）借款合同》，建行青海分行与王某诚、越州公司签订的《房地产抵押合同》因合同目的无法实现而被解除，上述合同的解除不能归责于被告。其次，本案诉争的标的是建行青海分行发放的73,970,000元贷款，根据借款人王某诚委托，该笔贷款已经由建行青海分行汇入越州公司账户，因所涉合同目的无法实现，收款人越州公司继续占有该贷款无法律与合同依据，理应将贷款本息如数返还给建行青海分行，由被告与越州公司共同承担还款责任，这意味着越州公司有可能继续占有、使用借款，显然不妥。最后，建行青海分行向王某诚个人办理巨额按揭贷款，从风险防范角度，应严格对借款人、开发商信用状况贷前调查、贷中审查、贷后管理。在担保方式选择上，应当对抵押物全面彻底审查。按揭贷款是一种相对低风险贷款，本质上属于抵押贷款。建行青海分行与王某诚、越州公司签订的《房地产抵押合同》载明抵押物评估价值为147,953,124元，鉴于《商品房预售合同》《个人住房（商业用房）借款合同》《房地产抵押合同》被解除的根本原因在于越州公司违约，鉴于贷款实际收取方为越州公司，鉴于越州公司为借款保证人，鉴于生效判决确认了越州公司的还款责任，并明确了抵押物的抵押人是越州公司，本案中的建行青海分行回避越州公司的还款责任，回避抵押物处置变现，回避申请强制执行越州公司，直接向借款人王某诚主张与越州公司共同承担剩余全部借款本息，存在补救措施不当的情况，亦不能排除建行青海分行与越州公司恶意串通的可能。如果单独要求借款人承担共同还款责任，不仅与生效判决和商品房买卖合同司法解释精神相悖，而且无限扩大了借款人责任。故王某诚承担责任的前提是建行青海分行在穷尽对越州公司的救济方式后仍不能受偿，但建行青海分行怠于向越州公司行使权利，故其在本案中的主张不能成立，本院不予支持。

**（二）二审裁判要旨**

二审法院认为，根据合同相对性原理，建行青海分行主张王某诚偿还贷款本息，并不违反法律规定，也不与生效判决冲突或产生歧义，符合双方合同约定。

2015年8月12日，王某诚与越州公司签订《商品房预售合同》，2015年8

月14日,王某诚等3人与建行青海分行签订《个人住房(商业用房)借款合同》,上述当事人之间发生的民事行为产生的民事法律关系不同。建行青海分行与王某诚因签订《个人住房(商业用房)借款合同》形成借贷民事法律关系,王某诚与越州公司因签订《商品房预售合同》形成商品房买卖民事法律关系,应从案涉当事人形成的民事法律关系分析认定权利义务。根据《最高人民法院关于审理商品房买卖合同纠纷案件适用法律若干问题的解释》(2020修正)第21条第2款的规定,作为商品房出卖人的越州公司将其收到的王某诚购房贷款本息返还给建行青海分行,从法律关系上来说是购房人王某诚委托越州公司向建行青海分行归还贷款本息,越州公司所还款项就是购房人王某诚的还款,故王某诚作为《个人住房(商业用房)借款合同》主债务人的还款责任并未免除。由于案涉《个人住房(商业用房)借款合同》被另案生效判决解除后,越州公司并未依照生效判决向建行青海分行返还王某诚的贷款本息,王某诚对建行青海分行所负债务并未清偿,故双方之间的借贷民事法律关系未消除。王某诚作为越州公司债权请求权人及贷款本息返还的委托人,并未依据生效判决积极主张权利,其怠于行使权利的行为,造成建行青海分行债权受损。建行青海分行权衡利益,根据合同相对性原理,主张由王某诚偿还贷款本息,并不违反法律规定,也不与生效判决冲突或产生歧义,符合双方合同约定,王某诚承担偿还贷款责任后,并不影响其向越州公司主张返还权利。故建行青海分行向王某诚主张偿还剩余贷款本金、利息及律师费,二审法院予以支持。

**(三)再审裁判要旨**

在审理案件时,必须充分考虑商品房按揭贷款商业模式下各合同之间的密切联系和各方权利义务关系的平衡问题,避免因强调单个合同的相对性而造成三方权利义务的失衡。

第一,关于案涉《个人住房(商业用房)借款合同》解除后的贷款返还责任主体问题。《最高人民法院关于审理商品房买卖合同纠纷案件适用法律若干问题的解释》(2020修正)第21条第2款规定:“商品房买卖合同被确认无效或者被撤销、解除后,商品房担保贷款合同也被解除的、出卖人应当将收取的购房贷款和购房款的本金及利息分别返还担保权人和买受人。”在本案中,因越州公司未按照约定期限交付房屋,案涉《商品房预售合同》解除,《个人住房(商业用房)借款合同》《房地产抵押合同》因合同目的无法实现亦被解除。根据前述规定,应由出卖人越州公司将收取的购房贷款本金及利息返还建行青海分行,王某诚不负有返还义务。

第二,关于案涉《个人住房(商业用房)借款合同》中的相关格式条款的适用问题。案涉《个人住房(商业用房)借款合同》第19条载明:“贷款人与借款人的借贷关系解除的,借款人应当立即返还其所欠贷款的本金、利息、罚息及实现债权的费用,或委托售房人直接将上述款项归还贷款人。”该条款系建行青海分行为重复使用而提前拟定的格式条款。在《最高人民法院关于审理商品房买卖合同纠纷案件适用法律若干问题的解释》(2020修正)已经明确规定,商品房买卖合同和商品房担保贷款合同解除后,出卖人将收取的购房贷款的本金及利息直接返还给贷款人而非购房人(借款人)的情况下,建行青海分行拟定该条内容,意味着要求王某诚等3人在既未取得所购房屋亦未实际占有购房贷款的情况下归还贷款,明显不合理地加重了王某诚的责任,根据《合同法》第40条(现为《民法典》第497条)“……提供格式条款一方免除其责任、加重对方责任、排除对方主要权利的,该条款无效”之规定,该条款对王某诚不具有拘束力。

第三,关于在商品房按揭贷款商业模式下各方当事人权利义务关系问题。本案涉及商品房买卖合同和商品房担保贷款合同双重法律关系。从合同内容来看,在商品房买卖合同中,王某诚支付房款,越州公司交付房屋;在商品房担保贷款合同中,建行青海分行将王某诚所贷款项直接支付给越州公司,越州公司实际用款。王某诚并不支配购房贷款,但需偿付贷款本息。如果案涉合同正常履行,王某诚取得房屋,各方权利义务亦可保持平衡。但在本案中,越州公司不能交付房屋致使合同解除,导致合同约定的各方权利义务严重失衡。具体表现为:越州公司违约不能交房导致各方合同解除,但却实际占有使用王某诚支付的首付款及建行青海分行按揭贷款;建行青海分行依据合同约定既享有抵押权,又享有对越州公司、王某诚的债权;王某诚未取得房屋,却既支付了首付款,又需偿还按揭贷款。若按合同约定的权利义务关系处理,则在王某诚对合同解除无过错的情况下,仍要求其对剩余贷款承担还款责任,明显不合理地加重了其负担,各方权利义务失衡,有违公平原则。因此,在审理案件时,必须充分考虑在商品房按揭贷款商业模式下各合同之间的密切联系和各方权利义务关系的平衡问题,避免因强调单个合同的相对性而造成三方权利义务的失衡。

综上,建行青海分行请求王某诚归还剩余贷款并支付利息的请求不能成立,其因本次诉讼产生的律师费亦不应由王某诚承担。王某诚的再审请求成立,应予支持。二审判决对此认定有误,再审法院予以纠正。



## 再审研习

商品房按揭贷款商业模式,包括了买卖合同关系、借贷合同关系和抵押合同关系,购房者为每一个合同关系的主体,但相对方有所不同,分别对应售房者和银行,法律关系复杂,牵一发而动全身。

本案属于比较典型的商品房买卖合同纠纷,涉及购房合同、借款合同和抵押合同解除后的处理问题。针对此种情形,《最高人民法院关于审理商品房买卖合同纠纷案件适用法律若干问题的解释》(2020 修正)第 21 条第 2 款规定:“商品房买卖合同被确认无效或者被撤销、解除后,商品房担保贷款合同也被解除的、出卖人应当将收取的购房贷款和购房款的本金及利息分别返还担保权人和买受人。”该条款规定了出卖人应当将收取的购房贷款和购房款的本金和利息分别返还担保权人(银行)和买受人,但如果出卖人未能将收取的购房贷款和购房款的本金及利息返还担保权人(银行)和买受人,银行是否有权根据贷款合同主张由购房者清偿按揭贷款本息? 从本案来看,各级法院,乃至各个法官都有不同的观点。

从最高人民法院的裁判观点来看,其更加注重各方当事人权利义务的平衡,而不是强调合同的相对性,最根本的原因还在于对民法的基本原则的遵从,即“公平原则”,我国《民法典》总则编第 6 条即明确规定:“民事主体从事民事活动,应当遵循公平原则,合理确定各方的权利和义务。”

## 实务建议

商品房按揭购房合同解除后,一般情况下与此相关的借款合同和抵押合同均应解除,法院也会在裁判文书中对各个合同解除后的责任承担予以明确。但在实践中,关于购房者是否承担还款责任,承担补充还款责任还是共同还款责任，存在不同的司法观点。

站在购房者的角度，本案让我们从一些看似正确而实际上却有违公平原则的败诉案件中看到了希望，虽然最高人民法院没有明确引用民法的基本原则，但其说理部分即是对民法“公平原则”在本案的具体阐释，认为应当充分考虑各当事人之间的权利义务平衡问题，避免强调单个合同的相对性而造成各方权利义务的失衡。

即使法律规定不甚明确或者法律规定对自身不利，我们也不能轻言放弃，此时，不妨动用一下我们“熟视无睹”的民法基本原则，或许能起到意想不到的效果。民法上的基本原则是指具有普遍法律约束力的一般原则，也包括即使在法律文本中没有写明亦具有法律拘束力的法的一般原则。我国民法的基本原则主要包括平等原则、意思自治原则、公平原则、诚实信用原则、公序良俗原则以及绿色原则。无论是对于法官还是对于律师，在重大疑难民事案件中，这些民法基本原则就像是一座座灯塔，指引着办案的方向，预示着案件的结果。

**法条链接**

《民法典》第六条、第四百九十七条

《最高人民法院关于审理商品房买卖合同纠纷案件适用法律若干问题的解释》(2020 修正)第二十一条

## Case 16 开发商解除房屋买卖合同能否排除买受人债权人的执行

再审法院：最高人民法院

再审案号：（2019）最高法民再 299 号

购房人以按揭贷款方式购买商品房，在商品房取得不动产权证并办理抵押登记前，购房人涉及其他案件导致商品房被预查封。此时，开发商因购房人逾期还贷，导致自己承担了担保责任而解除双方签订的《商品房买卖合同》的，能否阻却人民法院对诉争房屋的执行？

### 基本案情

2014 年 12 月 12 日，孙某和领运公司签订了《商品房买卖合同》，合同约定付款方式为银行按揭贷款，同时该合同在房产部门已备案。同年 12 月 15 日，孙某、领运公司与银行共同签订《个人房屋按揭借款合同》，合同约定领运公司对在办理完毕房屋抵押登记之前所产生的所有孙某的应付款项提供连带责任保证。孙某于 2015 年 1 月 13 日取得案涉房屋的预告登记证，但自同年 7 月 21 日起逾期向银行还贷。因孙某逾期 18 个月未偿还贷款，银行通知领运公司承担阶段性连带保证责任，并诉至法院要求孙某及领运公司清偿贷款本息。领运公司于 2018 年 1 月 26 日代为清偿银行贷款本息。

2015 年 4 月 27 日，因孙某与庆丰公司的钢材款纠纷，案涉房屋被法院查封，领运公司对此提出执行异议，法院作出执行裁定驳回其异议请求，并向领运公司送达。

后经领运公司申请，长春仲裁委员会于 2018 年 7 月 26 日作出案涉仲裁裁决，裁决解除领运公司与孙某于 2014 年 12 月 12 日签订的《商品房买卖合同》及其补充协议，孙某应向领运公司支付违约金并立即协助领运公司办理撤销案涉房屋的预告登记。领运公司以该仲裁裁决作为新证据向法院提起执行异议之诉，诉请不得执行案涉房屋，并确认领运公司为案涉房屋的所有权人。

## 裁判要旨

### (一)一审裁判要旨

第一，孙某在案涉房屋被法院查封之前，已向领运公司支付了全部购房款(包括首付款和银行按揭贷款)，并取得案涉房屋的所有权预告登记证。该所有权预告登记尚在有效期内，故孙某取得案涉房屋的原因行为真实且合法有效，法院据此将案涉房屋作为孙某的财产予以查封并无不当。第二，即使领运公司因孙某逾期偿还银行贷款而承担连带保证责任，并就其承担连带保证责任而对孙某享有债权请求权，该债权请求权相较于庆丰公司对孙某享有的对钢材款的债权请求权，效力也并未更优，不足以排除庆丰公司申请的案涉执行行为，故该院对领运公司请求排除执行不予支持。第三，案涉房屋尚未办理所有权初始登记手续，领运公司在本案中亦未提交案涉土地使用权登记证明、建设工程规划许可证等相关证据，且领运公司请求确认其为案涉房屋的所有权人的诉讼请求与本案的执行异议纠纷并无直接关联，在本案中不宜合并审理，对于该项诉讼请求领运公司可另案提起确权之诉。遂一审判决驳回领运公司的诉讼请求。

### (二)二审裁判要旨

二审法院认为一审判决认定孙某取得案涉房屋的原因行为真实且合法有效，法院据此将案涉房屋作为孙某的财产予以查封并无不当。即使领运公司因孙某逾期偿还银行贷款而承担连带保证责任，并就其承担连带保证责任而对孙某享有债权请求权，该债权请求权相较于庆丰公司对孙某享有的对钢材款的债权请求权，效力也并未更优，不足以排除庆丰公司申请的案涉执行行为。虽然领运公司提交案涉仲裁裁决、建设用地规划许可证等5证及备案证明等相关证据，主张案涉仲裁裁决已经解除其与孙某签订的《商品房买卖合同》及补充协议，领运公司为该房屋的合法权利人，法院不应对房屋采取执行行为,但案涉仲裁的提起时间及受理时间均在法院对案涉房屋查封之后,且未发生法律效力,故该仲裁裁决书对本案不发生直接的影响力,其提交的建设用地规划许可证等5证不影响本案事实的认定。故领运公司上诉理由不成立,不予支持。

**(三)再审裁判要旨**

人民法院的查封措施固定的是房屋预告登记本身以及在该登记完成之后对房屋的查封,不包括通过执行程序对标的物进行拍卖、变卖、折价等。房屋预查封的执行效果取决于房屋预告登记是否符合该登记的条件。在案涉《商品房买卖合同》及补充协议解除后,预告登记失效,孙某不再享有相应的物权期待权。而领运公司作为诉争房屋开发企业有权向人民法院申请解除查封,排除执行。

## 再审研习

本案经历一审、二审败诉,再审由最高人民法院改判领运公司有权向人民法院申请解除查封,排除执行。最高人民法院认为,本案系因诉争房屋被查封,领运公司以仲裁裁决解除诉争房屋买卖合同为由提出执行异议之诉,阻却人民法院对诉争房屋的执行。故本案应当审理认定以下几个方面:(1)庆丰公司对人民法院查封的诉争房屋享有的权利性质;(2)人民法院的查封能否限制领运公司行使合同解除权;(3)领运公司对案涉房屋能否享有足以排除强制执行的民事权益。

**(一)庆丰公司对人民法院查封的诉争房屋享有的权利性质**

依据《最高人民法院、国土资源部、建设部关于依法规范人民法院执行和国土资源房地产管理部门协助执行若干问题的通知》第15条的规定:"下列房屋虽未进行房屋所有权登记,人民法院也可以进行预查封:(一)作为被执行人的房地产开发企业,已办理了商品房预售许可证且尚未出售的房屋;(二)被执行人购买的已由房地产开发企业办理了房屋权属初始登记的房屋;(三)被执行人购买的办理了商品房预售合同登记备案手续或者商品房预告登记的房屋。"二审判决认定孙某取得案涉房屋的原因行为真实且合法有效,进而认定人民法院将诉争案涉房屋作为孙某的财产予以查封并无不当。虽然这一认定的理由不妥,但因孙某于2015年1月13日取得案涉房屋的预告登记证,符合上述通知第15条第3项规定的条件,二审判决认定的结论正确,再审法院予以维持。

依据《物权法》(已失效)第20条第1款规定,预告登记系在不动产登记簿中公示,具有一定物权效力,以将来物权变动为内容的预先登记。预告登记的效力在于排除或阻却第三人对登记权利人名下不动产物权的取得,从而保证将来本登记的实现。但预告登记权利人并不因办理了预告登记而当然取得预告登记房屋的所有权。在本案中,人民法院对办理了房屋预告登记的房屋进行查封,查封的是孙某享有的在本登记完成之前的要求领运公司履行案涉《商品房买卖合同》的请求权,属于合同权利。而查封预告登记房屋的执行效果取决于房屋预告登记是否符合该登记的条件。只有当诉争房屋完成该登记(产权人为孙某)时,庆丰公司才能对诉争房屋进行拍卖、变卖、折价等以满足其债权。

**(二)人民法院的查封能否限制领运公司行使合同解除权**

首先,人民法院查封的效力是禁止被执行人处分财产,且法律并无明确规定,与被执行人发生交易关系的合同相对人的合同权利也因交易标的物被查封而不得行使。在本案中,孙某向领运公司购买诉争房屋,2015年1月办理了房屋预告登记,2015年4月人民法院对预告登记在孙某名下的房屋进行查封。故查封的效力限制的是孙某处分诉争房屋的行为,并不当然等同于限制孙某、领运公司关于诉争房屋买卖的合同权利。进一步而言,案涉《商品房买卖合同》及补充协议约定了领运公司享有合同解除权的条件,这是合同当事人的真实意思表示。非因法定事由,不能剥夺领运公司的合同解除权。

其次,领运公司依据其与孙某签订的《商品房买卖合同》及补充协议的约定,向长春仲裁委员会申请确认解除上述合同及补充协议。长春仲裁委员会依据《合同法》第93条、第96条的规定,作出案涉仲裁裁决,解除案涉《商品房买卖合同》及补充协议。庆丰公司及孙某主张长春仲裁委员会作出的上述裁决书在受理、裁决上均存在违反法律法规的情形,无权解除案涉《商品房买卖合同》及补充协议等,目的在于否定上述仲裁裁决书的效力。但依据《仲裁法》第58条规定,当事人申请撤销仲裁裁决的,应当向长春仲裁委所在地的中级人民法院申请,故庆丰公司、孙某在本案再审中提出上述主张没有法律依据,本院不予支持。此外,二审判决认定案涉仲裁裁决未发生法律效力,但未阐述具体理由。庆丰公司及孙某也未能进一步说明。故依据《仲裁法》第57条的规定,裁决书自作出之日起发生法律效力。二审判决认定上述仲裁裁决未发生法律效力缺乏事实根据,本院予以纠正。因此,根据已经查明的事实以及庆丰公司、孙某主张的理由,在案涉仲裁裁决未被撤销的前提下,该裁决的法律效力应当予以采信。

最后,依据《物权法》第20条第2款规定:"预告登记后,债权消灭或者自能够进行不动产登记之日起三个月内未申请登记的,预告登记失效。"《最高人民法院关于适用〈中华人民共和国物权法〉若干问题的解释(一)》进一步对预告登记因债权消灭而失效进行了规定,引起债权消灭的原因很多,例如,债权因为合同被撤销、合同被解除、混同、清偿、免除、提存以及预告登记的权利人放弃债权等其他原因而归于消灭。在本案中,案涉仲裁裁决已经确认解除了案涉《商品房买卖合同》及补充协议,即孙某享有的诉争房屋物权变动请求权因合同解除而消灭,相应的对诉争房屋的预告登记亦归于失效。

**(三)领运公司对案涉房屋能否享有足以排除强制执行的民事权益**

领运公司依据诉争房屋被查封后作出的案涉仲裁裁决排除庆丰公司执行申请,应否得到支持?首先,从《最高人民法院关于人民法院办理执行异议和复议案件若干问题的规定》(2020修正)第25条、第26条规定来看,第25条确立了案外人执行异议形式审查的原则,而第26条则是形式审查原则的例外规定。第26条适用的前提条件是存在案外人依据另案生效法律文书提出的排除执行异议,该法律文书认定的执行标的权利人与依照前款规定得出的判断不一致的,上述两个条文应当同时适用,且以第25条为先。而第26条规定的目的是防止在人民法院作出查封等执行措施之后,当事人再通过另案裁判确认新的物权归属,架空人民法院的查封措施的效力;同时敦促案外人在向作出查封措施的人民法院提出执行异议之诉时进行物权确认,而不是另寻其他法院或者路径解决,以避免生效裁判之间既判力的相互矛盾。在本案中,当事人争议的是不动产,故应当首先适用上引司法解释第25条第1款第1项规定。而领运公司提交的案涉仲裁裁决并未对案涉房屋的所有权归属进行确认,故并未触发上引司法解释第26条的适用。进一步而言,案涉仲裁裁决书的主文是确认解除案涉《商品房买卖合同》及补充协议,并未确认诉争房产的所有权归属。故案涉《商品房买卖合同》及补充协议已经解除的事实能够作为本案认定事实的前提和基础。

其次，领运公司提交了国有土地使用权证、建设工程规划许可证、建设用地规划许可证、建筑工程施工许可证、商品房销(预)售许可证、备案证明等证明，足以证明领运公司为诉争房屋的开发企业。在案涉《商品房买卖合同》及补充协议解除后，根据原《合同法》第97条，2015年《最高人民法院关于适用〈中华人民共和国民事诉讼法〉的解释》第312条第1款第2项规定，能够确认领运公司系诉争房屋的所有权人。在案涉仲裁裁决确认领运公司与孙某之间的《商品房买卖合同》及补充协议解除后，针对诉争房屋的预告登记失效。作为诉争房屋所有权人的领运公司诉求解除人民法院对诉争房屋的查封，本院予以支持。应说明的是，上述认定并不剥夺在案涉《商品房买卖合同》及补充协议解除后，孙某享有的已付购房款项返还请求权，孙某可另寻其他途径解决。领运公司以诉争房屋所有权人身份提起本案诉讼，主张对诉争房屋享有所有权，而二审判决在审理中却将领运公司诉请的法律性质识别为保证人的追偿权，适用法律错误，再审法院予以纠正。

## 实务要点

**(一)开发商解除预售商品房买卖合同的依据**

《民法典》第562条规定，当事人协商一致，可以解除合同。当事人可以约定一方解除合同的事由。解除合同的事由发生时，解除权人可以解除合同。而开发商提起诉讼也往往系因业主出现“断供”等违约行为，因此在房屋买卖合同解除条件成就时，开发商有权请求判决解除与业主签订的商品房买卖合同。

**(二)商品房买卖合同解除对预查封及执行的影响**

对于开发商作为案外人提起执行异议之诉，请求解除对房屋的预查封并停止执行这一诉请应否予以支持，目前法院还没有形成较为统一的裁判观点。

观点一，如前述(2019)最高法民再299号案认为开发商可依据预查封后的生效法律文书解除阻却执行，认为房屋买卖合同通过判决解除后，作为房屋买受人的业主不再享有相应的物权期待权，预告登记的效力消灭。作为房屋出卖人的开发商有权向人民法院申请解除预查封，排除执行。

观点二，如(2019)最高法民申1103号案认为房屋预查封后的生效法律文书不得阻却执行，认为商品房买卖合同的解除并不能改变查封的法律效力，执行法院查封房产后即具有固定权利现状，排除之后物权变动的效力。作为案外人的开发商以另案判决解除房屋买卖合同为由主张停止执行的，不应予以支持。但是，该案判决也明确，虽然开发商此时无法阻却执行排除预查封，但开发商对于已经为业主偿还的银行按揭贷款部分享有优先受偿的权利，作出预查封的法院在拍卖房产时，应当将拍卖房产变价款优先支付给开发商，从而也在一定程度上保障了开发商的利益。

**(三)涉案房屋存在预查封，开发商应如何应对**

首先，开发商应保持并加强与合作贷款银行的沟通以及信息共享，按揭购房的业主，一旦开始出现逾期支付贷款或者资金紧张的情况，开发商应及时与银行进行沟通并共同进行风险判断，尽可能在业主的其他债权人还未对房屋进行预查封前就及时解除合同并保全涉案房屋。

其次，如前所述，目前在实践中法院对于房屋预查封后能否解除预购商品房买卖合同以及解除合同后能否排除执行存在不同观点。因此，若开发商在因业主断供准备解除商品房买卖合同时发现涉案房屋上存在预查封，则此时就应当对作出预查封的法院及其上级法院进行类案检索，以判断该法院的判案思路是更倾向于支持阻却执行还是反对阻却执行。

若该法院持第一种观点，即开发商可依据预查封后的生效法律文书解除阻却执行，那么开发商在通过诉讼取得解除商品房买卖合同的生效裁判文书后，应在第一时间向对涉案房屋作出预查封的法院提出执行异议，以尽快阻却法院对涉案房屋的强制执行。

若该法院持第二种观点，即涉案房屋预查封后的生效法律文书不得阻却执行，则此时建议开发商在承担阶段性担保责任后不要选择与业主解除预售商品房买卖合同，而是作为保证人尽快提起追偿权之诉，要求业主承担偿付责任。并且，通过参与分配的方式加入对案涉房屋的执行程序，尽可能地保障自身权益。

# Case 17 房屋层高不足，买受人能否解除合同

再审法院：最高人民法院

再审案号：（2019）最高法民申 1175 号

房屋作为立体空间,层高对于房屋的使用价值和交易价值可能会存在一定影响,因此房屋层高逐渐成为购房者越来越关注的问题,随之产生的纠纷也日益增加。当层高不足时,买受人能否据此解除合同?本文从一则最高人民法院的再审案例出发,解读裁判规则,提出实务建议。

## 基本案情

2013 年 7 月 13 日,刘某、李某春与案外人刘某军、刘某川等签订《分家协议》,约定将刘某军出资购买的包括唐山万达公司开发的唐山市万达广场 D 区商业 B 段 8 单元 8 号等 10 套商业用房进行分割,刘某、李某春取得前述房产的财产所有权。

在交房过程中,刘某、李某春主张涉案房产的楼层层高与设计不符且存在消防设施配套不齐、消防管道损害等问题而拒绝收房。但唐山万达公司并未提出异议亦未就存在的问题予以解决,案涉房屋一直未向刘某、李某春交付。

因此,刘某、李某春向法院起诉,诉讼请求为:(1)解除与唐山万达公司签订的唐山市万达广场 D 区商业 B 段 8 单元 8 号等共计 10 套房产的《商品房买卖合同》,返还购房款 34,017,619 元,并请求唐山万达公司自 2010 年 3 月 25 日起按照中国人民银行发布的同期贷款利率支付利息;(2)判令唐山万达公司以 4873 元/日自 2011 年 1 月 10 日起至判决生效之日止赔偿可得利益损失;(3)由唐山万达公司承担本案诉讼费用。

## 裁判要旨

**（一）一审裁判要旨**

因涉案合同系双方当事人的真实意思表示，合法有效，一审法院对合同的效力予以认定。刘某、李某春虽然主张涉案房屋存在楼层厚度、层高偏差等问题，并以此为由请求解除合同，但因其并未提供充分的证据证明存在的上述问题足以构成合同解除的法定或约定条件，且经一审法院释明，刘某、李某春亦不申请对房屋质量进行鉴定，故对于刘某、李某春请求解除合同的请求，一审法院不予支持。

一审法院判决：(1)唐山万达公司按照4873元/日的标准自2011年1月10日起至判决生效之日止向刘某、李某春赔偿损失；(2)驳回刘某、李某春的其他诉讼请求。

**（二）二审裁判要旨**

根据双方约定，购房人仅在房屋地基基础和主体结构确实存在质量问题，导致房屋无法正常使用的情况下，才有权解除合同。根据统计表的数据，一层层高存在的最大误差为6cm，最大误差率约为1.1%，刘某、李某春未证实层高误差会对其利益产生实质性的影响。由于双方并未在合同中约定在层高存在多大误差时购房人可以解除合同，法律或司法解释对于层高不足购房人可以解除合同亦无明确规定，故刘某、李某春以层高不足要求解除合同，缺乏事实和法律依据。故一审认定涉案商品房买卖合同不符合解除条件并无不当。

虽然本院对刘某、李某春以房屋楼层厚度、层高偏差等为由要求解除合同的请求不予支持，但涉案房屋确实存在层高不足的问题，故唐山万达公司应承担一定的违约责任。考虑到在本案中刘某、李某春拒不收房，导致房屋长期闲置，损失扩大，也应承担一定的责任，故本院酌定双方各承担一定责任，唐山万达公司应按照1328.21元/日自2011年1月10日起至判决生效之日止向刘某、李某春赔偿损失。

二审法院判决：(1)撤销一审判决；(2)唐山万达公司按照1328.21元/日的标准自2011年1月10日起至判决生效之日止向刘某、李某春赔偿损失；

(3)驳回刘某、李某春的其他诉讼请求。

**(三)再审裁判要旨**

首先,《补充协议》第4条第3项约定,购房人收房后该房屋发生地基基础和主体结构质量问题,经该房屋所在地建设主管部门指定的具备资质的鉴定机构作出结论,认定房屋地基基础和主体结构确实存在质量问题,导致房屋无法正常使用,并经开发商复核确认的,购房人有权选择解除合同。根据上述约定,购房人仅在房屋地基基础和主体结构经鉴定存在质量问题,导致房屋无法正常使用的情况下,才有权解除合同。刘某、李某春虽提出案涉房产存在层高与设计不符,未通水通电,消防配套设施不全等问题,但并未提供证据证明上述问题属于房屋地基基础和主体结构的质量问题。

其次,刘某、李某春主张层高不足属于《补充协议》第8条约定的"经规划部门批准的规划变更、设计单位同意的设计变更导致房屋结构形式、户型、空间尺寸、朝向变化",但《补充协议》未约定层高存在多大误差属于"设计变更";且根据统计表的数据,一层层高存在的最大误差为6cm,最大误差率约为1.1%,小于2003年《最高人民法院关于审理商品房买卖合同纠纷案件适用法律若干问题的解释》第14条规定的买受人可以请求解除合同的面积误差比绝对值3%。故刘某、李某春以层高不足为由要求解除案涉《商品房买卖合同》及《补充协议》缺乏事实依据和法律依据。

## 再审研习

**(一)房屋层高缩水,买受人能否解除《商品房买卖合同》**

本案争议焦点主要围绕"涉案房屋层高不足,能否解除合同"展开,但对于该问题,现有法律法规并未予以明确规定。法院一般会综合考虑各项因素,从合同具体约定,层高误差大小,对买受人的影响程度,合同目的能否实现等角度判定是否符合解除合同的条件。故在司法实践中,支持与反对解除合同的案例均普遍存在,需要具体问题具体分析。

1.不支持解除合同的案例

前述最高人民法院作出的(2019)最高法民申1175号民事裁定,即为不支持解除《商品房买卖合同》的典型案例。在认定刘某、李某春是否享有合同解除权时，最高人民法院着重考量的是“合同约定”和“层高误差比例”。

首先，最高人民法院根据合同条文，认为刘某、李某春未举证证明“房屋地基基础和主体结构确实存在质量问题，导致房屋无法正常使用”，不符合合同约定的合同解除情形；其次，最高人民法院认为案涉房屋层高最大误差为6cm，最大误差率约为1.1%，小于《最高人民法院关于审理商品房买卖合同纠纷案件适用法律若干问题的解释》（该规定现已被修改）第14条规定的买受人可以请求解除合同的面积误差比绝对值3%。故刘某、李某春以层高不足为由要求解除案涉《商品房买卖合同》缺乏事实依据和法律依据。

2. 支持解除合同的案例

（1）层高误差严重影响使用

在（2016）苏民申2739号案中，法院认为根据江苏省住宅工程质量验收规则之规定，层高允许误差是20毫米，该案层高误差为200毫米且无法改变，东方保利公司已构成违约。涉案房屋层高违约严重影响王某、朱某玲生活。层高2.8米与约定3米之间误差比绝对值达到了6.7%，可认定东方保利公司根本性违约。

（2）层高误差超过一定比例

在（2020）辽10民终1260号案中，法院认为《商品房买卖合同》第3条明确约定该商品房层高4.55米，辽阳恒盛置业有限公司向王某慧交付的房屋未能达到合同约定的层高，相差比例最高处达9.38%。辽阳恒盛置业有限公司实际交付的房屋与合同约定明显不符，导致王某慧不能完全实现合同的目的，已构成根本违约，王某慧可依法行使解除权。

（3）层高误差属于重大设计变更

在（2021）黔03民终10850号案中，法院认为当事人购买的商铺除存在40厘米层高误差外，双方签订的《商品房买卖合同》所涉平面图显示承重柱为3根，但实际承重柱为5根，实际承重柱比合同载明的承重柱多出2根，虽承重柱系靠墙修建，但案涉商铺面积较小，多出的承重柱必然对案涉商铺的使用产生较大影响，故应认定属于房屋设计结构的变更，亦属于合同重大事项的变更，谢某娥有权解除合同。

**（二）关于案涉房产未按时交付的责任分担及损失认定**

在前述最高人民法院再审案例中，最高人民法院认为：“关于案涉房产未按时交付的责任分担问题，虽然刘某、李某春要求解除合同的请求不成立，但根据一审、二审查明事实，案涉房屋确实存在层高不足的问题，当时也确实存在水电、消防等方面的问题，这对房屋的接收、使用均会造成一定影响，故万达公司应承担相应的违约责任。同时，根据《补充协议》第4条约定，地基基础和主体结构工程以外的质量或装修问题均不是拒绝收房的约定理由，故刘某、李某春一直拒不收房，对房屋长期闲置、损失扩大也应承担一定的责任。在此情形下，二审判决酌定双方各承担50%的责任并无不当。"

因此，通过前述案例可以看出，若的确存在影响房屋交付的因素且客观上导致了逾期交付，买受人可以尝试主张由开发商承担逾期交房损失，法院可根据双方的过错大小判定或分摊相应责任。

## 实务建议

对于"房屋层高未达到合同的约定，买受人能否解除合同"这一问题，由于缺乏具体明确的统一标准，较难精准预测层高缩水多少才能解除合同，法院最终是否会判定解除合同，存在一定的不确定性。为减少纷争，笔者提出以下几点建议供各方参考。

**（一）对开发商的建议**

1. 合理设计合同条文，并避免被认定为无效格式条款

首先，鉴于主合同一般为不可额外增加条文的示范文本，为降低买受人对层高误差索赔的风险，开发商可以在补充协议中约定交付层高以实际层高为主，买受人自愿放弃层高误差赔偿的请求权。

其次，为减少该条文被法院认定为无效格式条款，进而被排除适用的可能性，开发商可以将该条层高索赔约定显著标识，并在补充协议中载明双方均清晰知晓所有内容，愿意承担相应法律后果，将该段文字加粗加下划线。

2. 严格遵守合同约定，若设计变更应及时通知

首先，开发商应对房屋层高进行严格把控，确保项目严格按照规划设计图、施工图执行，若发现层高有误差，及时予以整改，避免纠纷产生。

其次，若因客观因素，层高的确需要发生变更，开发商应积极向买受人履行告知义务，及时征求买受人的同意，若后期产生纠纷，可以此作为不承担或

少承担责任的抗辩依据。

**(二)对买受人的建议**

1. 检查房屋层高,衡量是否需解除合同

在商品房买卖中,一般是根据房屋面积计算价格,层高并非计价的依据。因此,部分买受人在办理收房时非常关注自己所购买的房屋实测面积是否与合同约定一致,而忽略了房屋的层高。但由于房屋层高可能会对通风采光、居住体验、商业安排等产生影响,故建议买受人同时检查房屋层高,若高度不足,可通过计算误差大小和比例,衡量是否已严重影响了合同目的实现。若确需解除合同,则可积极与开发商协商或提起诉讼。

2. 当层高不足时,通过索赔维护权益

在前述最高人民法院再审案例中,买受人主张开发商应向其赔偿层高不足导致的逾期交房损失。除此之外,若不解除合同,买受人还可要求开发商赔偿层高不足本身造成的经济损失。在合同未约定层高不足赔偿方式的情况下,部分法院认为,虽然层高不足,但不影响房屋正常使用或导致价值贬损,开发商不应赔偿;而部分法院则支持买受人的索赔请求。对于损失赔偿金额,存在众多不同的计算方式。经笔者整理,主要存在以下几种:

第一,根据实际情况酌定,即法院按照涉案房屋总价的比例酌情确定损失赔偿金额,通过"房屋总价 ×酌定比例"的方式计算开发商应承担的赔偿责任。

第二,采用权重系数确定,即法院通过权重系数调整开发商承担的责任轻重,按照"房屋总价 ×层高误差比例 ×权重系数"的方式计算损失赔偿金额。

第三,参照司法解释关于面积误差的处理规则,即差异在3%以内的按房屋单位面积价格标准计算,差异超过3%部分按房屋单位面积价格标准双倍计算,按照"房屋总价 ×层高误差比例 ×体积差"的方式计算层高不足的损失赔偿金额,并通过层高误差比例是否超过3%决定是否加倍计算。

综上,当所购房屋层高不足时,买受人可以根据实际情况,尝试主张赔偿款,尽力维护自己的合法权益。

**法条链接**

《民法典》第五百六十三条

第四部分

# 再审案例之
# 担保相关纠纷篇

4

PART

# Case 1 最高额抵押的最高限额与担保范围

再审法院：最高人民法院

再审案号：（2022）最高法民再 186 号

在最高额抵押中，抵押人可以为在将来一定期间内连续发生的不特定债权提供担保，其显著特点是具有一个确定的最高额度。2021 年生效的《最高人民法院关于适用〈中华人民共和国民法典〉有关担保制度的解释》第 15 条明确了最高额抵押中的最高额度的范围。但在实践中，认识上的模糊导致了一系列问题，本文拟结合最高人民法院的一则再审案例，厘清最高额抵押中的一些基本概念。

## 基本案情

2014 年 9 月 4 日，攀商行凉山分行与捷龙公司签订了 1 份《授信合同》，约定由攀商行凉山分行为捷龙公司提供授信，授信最高额度为人民币 2300 万元整，授信期限自 2014 年 9 月 4 日起至 2017 年 9 月 4 日止。在授信期间和最高授信额度内，捷龙公司可随时向攀商行凉山分行申请使用授信额度。

同日，攀商行凉山分行与邓某辉、曾某沅签订《最高额抵押合同》，约定邓某辉、曾某沅将其共有的位于西昌市的 4 处商铺为捷龙公司自 2014 年 9 月 4 日起至 2017 年 9 月 4 日止依上述《授信合同》与攀商行凉山分行订立的一系列主合同而实际形成的债务最高余额（含贷款及风险敞口）折合人民币（大写）贰仟叁佰万元整提供最高额抵押担保。担保范围为主合同项下全部债务本金及利息（包括复利及罚息），违约金，损害赔偿金，受信人应向授信人支付的其他款项，攀商行凉山分行为实现债权和抵押权而发生的费用（包括但不限于诉讼费、仲裁费、律师代理费、财产保全费、差旅费、执行费、评估费、拍卖费、公证费、送达费、公告费、邮寄费等)。双方于2014年9月18日在西昌市房屋管理局办理了抵押登记。

其后,捷龙公司与攀商行凉山分行签订了3份《流动资金借款合同》,共向攀商行凉山分行借款2200万元,但借款期满后,捷龙公司未按约定还款。攀商行凉山分行遂向法院提起诉讼,请求借款人捷龙公司偿还借款,担保人承担担保责任。在本案中双方当事人的争议焦点之一即为抵押人邓某辉、曾某沅承担担保责任的范围。

## 裁判要旨

关于攀商行凉山分行实现担保物权的范围,一审法院认为,案涉2300万元的担保范围对应本金、利息、违约金、损害赔偿金等在内的全部债权。二审法院认为,2300万元的最高额担保限额应只针对本金。此外,担保范围还应包括利息(包括复利、逾期利息及罚息),违约金,损害赔偿金以及实现债权的费用等款项,该约定具体、明确,而本案欠款本金为2200万元,借款期限为2016年8月31日至2017年8月31日,在案涉《最高额抵押合同》《最高额保证合同》《连带责任保证承诺书》约定的担保金额及期限范围内,故攀商行凉山分行主张对本案确定的全部债务就案涉抵押物折价、拍卖、变卖所得价款享有优先受偿权的主张成立。再审法院认为,根据《最高额抵押合同》的约定,邓某辉、曾某沅等担保人系为捷龙公司与攀商行凉山分行基于《授信合同》而订立的一系列借款合同在授信期限内实际形成的债务的最高余额(含贷款及风险敞口)2300万元提供抵押担保,抵押担保的范围为本金、利息(包括复利及罚息)、违约金、损害赔偿金及为实现抵押权的费用。二审判决认定"2300万元的最高额担保限额应只针对本金而言",与当事人在合同中的约定不符,应予纠正。

## 再审研习

### (一)最高额抵押中的最高额范围与担保范围

最高额抵押见于《民法典》第420条第1款。该条规定:"为担保债务的履行,债务人或者第三人对一定期间内将要连续发生的债权提供担保财产的,债务人不履行到期债务或者发生当事人约定的实现抵押权的情形,抵押权人有权在最高债权额限度内就该担保财产优先受偿。"

从法条用语来看,最高额抵押担保的债权不是未来确定发生的债权,而是不特定的、可能发生亦可能不发生的债权,最高额抵押权无法从属于某一特定债权,这在一定程度上突破了一般抵押权从属于特定债权的特点。

除打破债的从属性外,最高额抵押的另一个显著特点为存在最高债权额度,这也最高额抵押区别于一般抵押的核心点。

1. 最高债权额度

一般抵押权从属于特定债权,除特别约定外,抵押权及于该特定债权的从债权,从债权实际金额不确定,抵押权可请求的金额上限自然无法确定。《民法典》第389条规定:"担保物权的担保范围包括债权及其利息、违约金、损害赔偿金、保管担保财产和实现担保物权的费用。"根据该规定,为主债权设定抵押物权后,如主债权违约产生利息、违约金等,抵押权人可就该利息、违约金向抵押人主张权利。由于该部分金额无法事前确定,因此一般抵押权无明确的金额限制。

但最高额抵押有确定的上限,如何理解该限额,有两种不同的观点。一种观点认为,该限额为主债权的最高限额,不包括从债权。根据《民法典》关于担保物权的一般规定,担保范围包括从债权,因此在最高额范围内主债权产生的从债权,也应受抵押权保护。但相反的观点认为,该限额指债权总额,如果主债权与从债权之和超过了最高债权限额,则超出部分无法主张优先受偿。

《最高人民法院关于适用〈中华人民共和国民法典〉有关担保制度的解释》第15条第1款明确了裁判规则:"最高额担保中的最高债权额,是指包括主债权及其利息、违约金、损害赔偿金、保管担保财产的费用、实现债权或者实现担保物权的费用等在内的全部债权，但是当事人另有约定的除外。”《最高人民法院关于适用〈中华人民共和国民法典〉有关担保制度的解释》赞同后一种观点，在当事人对最高额债权的内容无约定时，最高额抵押限额指债权总额。

2. 最高额范围与担保范围

为明确己方权利，在签订最高额抵押合同时，缔约双方需要关注最高额范围与担保范围两个不同的范围。

最高额范围指纳入最高额计算的范围。若最高额范围仅包括本金，则通常的表述为“为本金不超过××的债权担保”；若最高额范围包括本金及利息等从债权，则相应的表述为“为产生的全部债权提供不超过××的担保”。

担保范围则指能请求优先受偿的债权范围。在一般抵押中，担保范围内的债权均能获得优先受偿，区分两个范围无实际意义。但在最高额抵押中，对于担保范围内的债权，还需要考虑其是否满足最高额条件。根据《最高人民法院关于适用〈中华人民共和国民法典〉有关担保制度的解释》第 15 条第 1 款，在没有约定的情况下，最高额抵押中的最高额范围与担保范围均指代主债权与从债权，担保人可能承担的责任上限即最高担保额。

**（二）最高额抵押登记的特殊性**

我国法律规定，抵押权在登记后设立。在最高额抵押登记系统的核心要素中，有“被担保的债权数额”与“担保范围”两栏，这两栏填写方式的不同也容易引发理解上的争议。

在一般抵押中，所有纳入担保范围的债权均可获得优先受偿。例如，在被担保的债权数额填入 100 万元，担保范围填入本金、利息、复利、罚息、违约金、赔偿金、乙方实现抵押权的费用，该填列方式即可使债权人在 100 万元本金及从债权范围内优先受偿。但对于最高额抵押，同样的填列方式无法指代最高额范围是否包括从债权，由此引发争议。

对于该问题，《全国法院民商事审判工作会议纪要》第 58 条确立了以登记为准，并根据实际情况调整的认定规则：“以登记作为公示方式的不动产担保物权的担保范围，一般应当以登记的范围为准。但是，我国目前不动产担保物权登记，不同地区的系统设置及登记规则并不一致，人民法院在审理案件时应当充分注意制度设计上的差别，作出符合实际的判断：一是多数省区市的登记系统未设置'担保范围'栏目,仅有'被担保主债权数额(最高债权数额)'的表述,且只能填写固定数字。而当事人在合同中又往往约定担保物权的担保范围包括主债权及其利息、违约金等附属债权,致使合同约定的担保范围与登记不一致。显然,这种不一致是由于该地区登记系统设置及登记规则造成的该地区的普遍现象。人民法院以合同约定认定担保物权的担保范围,是符合实际的妥当选择。二是一些省区市不动产登记系统设置与登记规则比较规范,担保物权登记范围与合同约定一致在该地区是常态或者普遍现象,人民法院在审理案件时,应当以登记的担保范围为准。"

但最高额抵押的最高额范围难以通过登记的方式体现。例如,在"被担保的债权数额"处填入100万元,在"担保范围"填入本金、利息等时,根据字面表述,"被担保的债权数额"可能被理解为本金,也可以根据"担保范围"栏理解为本金、利息等金额。但若在"担保范围"栏仅仅填入本金,则可能被理解为放弃对利息等从债权的优先受偿权。

登记系统的模糊在实践中引起较大的争议,法院普遍结合合同约定与抵押登记内容判断最高额范围。如在(2019)最高法民终117号中,法院认为:"由于当地登记系统设置原因,登记部门进行最高额抵押登记时,在'最高债权额'一栏中仅能填写双方合同中约定的最高本金限额,登记的'最高债权额'一栏中填写的最高本金限额,仅指债权本金的最高限额,原审法院判决抵押权人仅在登记的金额范围内享有优先受偿权,将其他利息、违约金、损失排除在担保范围之外,明显与法律不符,本院予以纠正,并最终撤销一审判项,改判兴业银行在本金、利息等范围内优先受偿。"

由于登记系统的限制,当事人的内心真意无法恰当地体现。因此,在判断最高额抵押范围时,不应仅依赖登记系统,还应结合《最高额抵押合同》的具体约定探求当事人的内心真意。

## 实务建议

在最高额抵押中,若债权人希望其从债权亦获得抵押权保护,则需要明确指出:最高额范围仅包括主债权,担保范围包括主债权及从债权。

【示例】当事人可以约定:(1)在本金不超过××的范围内提供担保;

(2)担保范围为包括本金、利息、违约金、损害赔偿金、保管担保财产的费用、实现债权或者实现担保物权的费用等在内的全部债权。(2019)最高法民再155号、(2022)鲁民终639号等案例均支持了该种约定的有效性。

若当事人约定不明,即未明确指出最高额范围仅包括本金,则最高额范围可能被解释为包括主债权与从债权。如在(2020)最高法民终39号中,《最高额抵押合同》约定:"为华奥动漫公司对中铁信托公司在2015年1月14日至2018年1月14日期间形成的一系列债务提供最高额度为6亿元的抵押担保。抵押担保范围包括:所有《借款合同》项下的借款本金、利息、复利、罚息、违约金、赔偿金、乙方实现抵押权的费用、乙方为收回债权而支付的诉讼费、律师费、公证处出具执行证书费和所有其他应付的费用。"该约定未在最高额前强调最高额范围仅为本金,因此6亿元担保限额被法院认定为主债权及从债权总额。

**法条链接**

《最高人民法院关于适用〈中华人民共和国民法典〉有关担保制度的解释》第十五条

《全国法院民商事审判工作会议纪要》第五十八条

# Case 2 破产管理人能否撤销债务人在破产申请受理前一年内借新还旧并新设担保

再审法院：最高人民法院

再审案号：（2020）最高法民再 296 号

在实践中，债务人与金融机构通过"借新还旧"的方式将旧债务转换为新债务，并对新债务新设财产担保的情形大量存在。为保护全体债权人的利益，《企业破产法》第 31 条第 3 项规定，管理人对债务人发生在受理破产申请前一年内"对没有财产担保的债务提供财产担保的"行为，可以行使破产撤销权。但对于债务人与金融机构在可撤销期间内，在签订主合同时一并签订抵押等财产担保从合同的行为，管理人不可行使破产撤销权。

## 基本案情

**（一）借款合同签订履行情况**

2016 年 12 月 20 日、29 日，农行辽源分行与麦达斯公司签订 743 号、780 号、782 号共 3 份《借款合同》，对应借款本金分别为 9700 万元、5300 万元、5500 万元，约定借期为 1 年，用途为借新还旧。

借款到期后，除 780 号《借款合同》项下借款被偿还过 600 万元本金外，743 号和 782 号《借款合同》项下借款均未偿还本金。为此，麦达斯公司与农行辽源分行将以上 3 笔借款的尚欠本金作为本金，采取借新还旧的方式于 2018 年 3 月 15 日签订 123 号《借款合同》，约定：借款金额 1.99 亿元，借期 3 年，借新还旧；担保方式为单人担保及通用设备抵押，若采取最高额担保方式担保，担保合同编号尾号为 1405 号及 1011 号。

### (二)抵押合同签订情况

2016年12月20日,双方签订了1405号《最高额抵押合同》,约定麦达斯公司以机器设备为双方之间发生于2016年12月20日至2018年12月20日期间的借款提供抵押担保,担保限额为15,036万元;在该合同约定的期间和最高余额内,抵押权人在发放该合同约定的贷款或者提供其他银行信用时无须逐笔办理担保手续。同日,双方办理了《动产抵押登记书》。2017年12月21日,双方置换了部分抵押物,办理了变更登记。

2017年10月11日,农行辽源分行与麦达斯公司签订1011号《最高额抵押合同》,约定麦达斯公司以机器设备为与农行辽源分行之间发生于2017年10月11日至2019年10月10日期间的贷款业务提供抵押担保,担保限额为5936万元;在该合同约定的期间和最高余额内,抵押权人发放该合同约定的贷款或者提供其他银行信用时无须逐笔办理担保手续。双方在该《最高额抵押合同》第17条中约定,为麦达斯公司在农行辽源分行处合同编号尾号为782号的5500万元的借款合同提供补充抵押担保。2017年10月26日,双方办理了"动产抵押登记书"。

### (三)债务人破产及管理人诉请

吉林省辽源市中级人民法院(一审法院)于2018年4月2日作出民事裁定,受理麦达斯公司破产重整申请。

麦达斯公司破产管理人向一审法院起诉,请求:撤销麦达斯公司与农行辽源分行就2017年10月11日签订的1011号《最高额抵押合同》项下抵押物设立动产抵押的行为。

## 裁判要旨

### (一)一审裁判要旨

一审法院认为,经核实,农行辽源分行在向麦达斯公司发放贷款的当天即2018年3月15日就将向麦达斯公司发放的4700万元、5500万元和9700万元转出,说明该贷款用途确实是借新还旧。借新还旧系贷款到期不能按时收回,农行辽源分行又向麦达斯公司发放贷款用于归还原贷款的行为,借新还旧与贷款人用自有资金归还贷款,从而消灭原债权债务的行为有着本质的区别。虽然新贷代替了旧贷,但贷款人与借款人之间的债权债务关系并未消除,客观上只是以新贷的形式延长了旧贷的还款期限,故该借新还旧的贷款行为本质上是旧贷的一种特殊形式的展期。麦达斯公司破产管理人基于法律规定的职责行使破产撤销权并无不当。

根据《企业破产法》第 31 条第 3 项的规定,人民法院在受理破产申请前 1 年内,对债务人没有财产担保的债务提供财产担保的,管理人有权请求人民法院予以撤销。麦达斯公司与农行辽源分行在签订 782 号《借款合同》时对 5500 万元借款并没有进行财产抵押担保,双方于 2017 年 10 月 11 日签订 1011 号《最高额抵押合同》时,才为该 5500 万元的借款提供补充抵押担保,并于 2017 年 10 月 26 日办理了"动产抵押登记书"。对于已经存在而没有财产担保的债权,债务人在人民法院裁定受理债务人破产重整前 1 年内提供担保,使不能优先受偿的普通债权转变为可以就该担保财产优先受偿的担保债权,从而造成实际用于清偿普通债权的财产减少,无疑会损害其他债权人的合法权益。故麦达斯公司破产管理人请求撤销该动产抵押行为的诉讼请求符合《企业破产法》关于债务人行为可撤销的规定,应予支持。

**(二)二审裁判要旨**

二审法院认为,相同主体之间的"借新还旧"行为,从形式上来看,确实涉及两个借款关系——发生新的借款关系和结束旧的借款关系。虽然新贷代替了旧贷,但实际上贷款人与借款人之间的权利义务除了延长还款时间外,并无变化。故一审法院将本案中的"借新还旧"行为视为旧贷的一种特殊形式的展期并无不当。由于双方于 2017 年 10 月 11 日签订了 1011 号《最高额抵押合同》为 5500 万元无抵押借款提供补充抵押担保,并在 2017 年 10 月 26 日办理了"动产抵押登记书",且该行为发生在人民法院裁定受理债务人破产重整前 1 年内,又因为之后双方签订的 123 号《借款合同》应视为对之前贷款的一种特殊形式的展期,故该抵押合同应视为对展期的借款又进行了补充抵押担保。一审法院判决撤销就 1011 号《最高额抵押合同》项下抵押物设立动产抵押的行为正确。农行辽源分行的"贷新还旧"行为没有使得麦达斯公司的财产增加,反而减少了麦达斯公司的无抵押债务并增加了有抵押债务。该行为损害了全体债权人的利益,一审判决并不违反《企业破产法》立法精神。

### （三）再审裁判要旨

最高人民法院认为，农行辽源分行与麦达斯公司于2018年3月15日签订的123号《借款合同》，约定借款1.99亿元，对上述3笔借款债务1.99亿元进行“借新还旧”处理，即消灭上述3笔旧债，重新设立新的借款债务1.99亿元。123号《借款合同》并无对上述3笔共1.99亿元旧的借款债务进行展期的约定，并非对上述3笔旧的借款所涉借款合同的补充变更，该合同明确约定借款用途是“借新还旧”，一、二审法院认定123号《借款合同》是对旧的借款的展期与合同约定不符，没有事实和法律依据，应予以纠正。贷款到期后，借款人与贷款人订立新的借款合同，将新贷用于归还旧贷。旧贷因清偿而消灭，为旧贷设立的担保物权也随之消灭。

1011号《最高额抵押合同》包括两部分内容，一是对在2017年10月11日之后2年内发生的新债务在5936万元范围内提供最高额抵押担保，二是该合同第17条约定抵押人同意提供98台机器设备，为782号《借款合同》约定的5500万元债务提供抵押担保。麦达斯公司破产管理人请求法院撤销的1011号《最高额抵押合同》项下“动产抵押登记书”系为782号《借款合同》所作担保。因782号《借款合同》中的5500万元旧债权因借新还旧已经消灭，故前述第17条约定的为该5500万元提供的抵押担保也相应消灭，无须撤销。123号《借款合同》项下1.99亿元为新的借款，农行辽源分行与麦达斯公司约定该1.99亿元借款的同时，还约定以1405号和1011号《最高额抵押合同》共同提供抵押担保，该新的借款1.99亿元在该两份《最高额抵押合同》约定的担保债权额度和期限之内。双方为该1.99亿元提供担保属于为新的债务提供担保，而不是为原本存在的无担保的债务额外提供担保。

《企业破产法》第31条第3项规定破产管理人有权申请撤销的行为是在人民法院受理破产申请前1年内“对没有财产担保的债务提供财产担保的”行为，应当理解为对原没有财产担保的债务提供财产担保的一种偏颇清偿行为。作出该种理解的理由主要是：破产申请受理后，债务人的无财产担保债权只能作为破产债权受偿，如债务人在可撤销期间内为原无担保的债权人提供财产担保，将使该债权人在破产程序中对特定财产享有优先受偿权，得到个别优惠性清偿，故应予以撤销；但债务人与债权人在可撤销期间内在签订主合同时一并签订抵押等财产担保从合同的,不在可撤销行为之列,因其不是对原无财产担保的债权提供担保,不具有改善某一债权人原有清偿地位的不公平性质,而且抵押等担保合同的签订往往是债权人决定签订主合同的对价利益和必要保障(如果没有担保,债权人可能不愿签订主合同)。

鉴于1011号《最高额抵押合同》约定的抵押是为1.99亿元新的债务提供担保,而不是为在破产申请受理前1年内原本存在的无担保的债务提供担保,故1011号《最高额抵押合同》不应撤销。故麦达斯公司破产管理人请求撤销就6046号“动产抵押登记书”项下抵押物设立动产抵押的行为,没有事实和法律依据,应予以驳回。

## 再审研习

### (一)对于“借新还旧”性质认定

最高人民法院在改判本起案件时,首先纠正了一、二审法院对案涉“借新还旧”贷款性质的认定,这是一、二审法院将本次抵押认定为“补充担保”的基础。

“借新还旧”作为金融机构广泛采取的一种贷款操作模式,理论界对其法律性质的认定一直存在争议。观点一认为“借新还旧”本质上是对旧贷的一种特殊形式的展期,原债权债务关系继续存续,从效果上类似于贷款延期,属于“债的变更”;观点二认为“借新还旧”签订新的借款协议,以新贷款归还旧贷款,导致原债权债务关系消灭,双方权利、义务关系由新贷款设立,产生新的法律关系,属于“债的更替”。从形式上来看,“借新还旧”客观上存在两个独立的贷款合同,更符合“债的更替”的表现外观。

《全国法院民商事审判工作会议纪要》第57条明确“贷款到期后,借款人与贷款人订立新的借款合同,将新贷用于归还旧贷,旧贷因清偿而消灭,为旧贷设立的担保物权也随之消灭”。结合《最高人民法院关于适用〈中华人民共和国民法典〉有关担保制度的解释》第16条有关借新还旧提供担保的效力规则及最高人民法院最新的司法裁判来看,观点二已成为当前主流观点。

就本案而言,农行辽源分行在申请再审时首先就强调了本案所涉贷款属于两个不同的借款关系,旧贷因清偿而消灭,新贷设立并发放,本案一、二审法院认定新贷应视为对旧贷的一种特殊形式的展期是错误的。这一性质判断之所以很重要是因为基于此可得出原贷在先，抵押在后，在后抵押应视为“补充担保”这一结论，基于此结论，在后抵押会被管理人撤销。推翻了这一点，在后抵押作为“补充担保”被撤销就缺乏了事实依据。

**（二）同时担保行为不予撤销**

王欣新教授在《论“对没有财产担保的债务财产担保”行为的认定》中指出：“同时担保行为不予撤销，同时担保行为也被称为同期交易。企业破产法规定对没有财产担保的债务提供财产担保的行为应予撤销，仅限于对原无担保的债务补充提供财产担保，进而使该债权人享有原本没有的优先受偿权的情况。据此，债务人与债权人在可撤销期间内签订主合同的同时签订抵押等担保从合同的，不在可撤销行为之列，因其不是对原无财产担保的债权补充提供担保，不具有改善某一债权人原有清偿地位的不公平性质，而且抵押担保合同的签订是具有主合同对价利益的。”

由于案涉 1011 号《最高额抵押合同》明确对在 2017 年 10 月 11 日之后 2 年内发生的新债务在 5936 万元范围内提供最高额抵押担保，123 号《借款合同》项下 1.99 亿元为新的借款，双方为该 1.99 亿元提供担保属于为新的债务提供担保，而不是为原本存在的无担保的债务额外提供担保，债务人与债权人在可撤销期间内在签订主合同时一并签订抵押等财产担保从合同的，相当于是一种同时担保，故不应予以撤销。事实上银行在签订新的贷款合同时，亦是考虑到此笔贷款已有对应的抵押担保这一情形，否则没有抵押担保，银行在旧贷到期后不借新还旧，债务人将更快陷入债务困境。

## 实务建议

第一，为保护银行金融债权，金融机构应加强风险防范意识，做好贷前审查和贷后管理，审慎选择对既存债务追加抵押担保手段，避免触发破产撤销风险。

第二，为避免借新还旧中的追加担保的行为因被认为是“补充担保”而被管理人撤销，参考本案诉讼思路，金融机构在接受担保时，应注意在签订担保合同的同时匹配主合同利益对价。

第三,另案司法裁判认为"撤销追加担保是为了制裁恶意的偏颇清偿行为",故法院在认定追加担保是否应被撤销时还会综合考量行为人是否存在"主观恶意",在此类诉讼中,金融机构可主张其在主观上不存在恶意。

**法条链接**

《企业破产法》第三十一条

《最高人民法院关于适用〈中华人民共和国民法典〉有关担保制度的解释》第十六条

《全国法院民商事审判工作会议纪要》第五十七条

## Case 3 保证合同无效，债权人仍应在保证期间内主张权利

再审法院：最高人民法院

再审案号：（2017）最高法民申 3769 号

在司法实践中，虽然保证合同无效，但保证人仍然可能承担赔偿责任。此时，保证合同约定的或者法律规定的保证期间是否具有法律意义，即债权人向保证人主张赔偿责任是否仍适用保证期间的规则？

### 基本案情

2013 年 10 月 24 日，某家居公司与但某、某市市政工程管理处签订借款合同，约定但某向某家居公司借款 1000 万元，借款期限自 2013 年 10 月 24 日起至 2014 年 4 月 23 日止，借款期限 6 个月。某市市政工程管理处作为保证人为但某的借款提供连带保证责任，保证期间 2 年，自合同签订之日起生效。同日，但某向某家居公司出具收到 1000 万元收条 1 份。同日，某市市政工程管理处还向某家居公司出具担保函及担保函补充约定各 1 份。

借款到期后，但某未清偿到期债务。2015 年 7 月 30 日，但某向某家居公司出具还款承诺书 1 份，承诺 2015 年 9 月 24 日前还清债务。

2016 年 4 月 27 日，某家居公司向兰州市中级人民法院提起诉讼，要求但某偿还借款，并要求某市市政工程管理处承担连带保证责任。

## 裁判要旨

**（一）一审裁判要旨**

兰州市中级人民法院认为，关于某家居公司要求某市市政工程管理处承担连带清偿责任的诉讼请求：某市市政工程管理处为无经营性收益的事业单位，其为但某的债务提供担保，借款合同中的担保条款无效。某市市政工程管理处明知自己为无经营性收益的事业单位，仍为债务人提供担保，具有过错，某家居公司作为企业法人，对于担保人的主体身份，能否承担担保责任等未尽到审查注意义务，亦存在过错。故某市市政工程管理处应当在但某不能清偿债务的 1/2 范围内承担赔偿责任。某家居公司要求某市市政工程管理处承担连带清偿责任的诉讼请求，一审法院不予支持。

**（二）二审裁判要旨**

甘肃省高级人民法院认为，本案中的担保人某市市政工程管理处因属无经营性收益的事业单位，其为但某的借款所提供的担保依法应认定为无效，但是保证合同约定的或者法律规定的保证期间仍然具有法律意义，某家居公司应当在保证期间内向某市市政工程管理处主张保证责任，即在 2016 年 4 月 24 日前向某市市政工程管理处主张保证责任。某家居公司未能提供证据证明其在合同约定的保证期间内向某市市政工程管理处主张过要求其承担保证责任的事实，于 2016 年 4 月 27 日才向一审法院提起诉讼，请求某市市政工程管理处承担连带清偿责任，显然已经超过保证期间。某市市政工程管理处依法应当免除保证责任及保证无效的赔偿责任，一审法院对该部分事实认定错误，应予纠正。

**（三）再审裁判要旨**

最高人民法院认为，由于某市市政工程管理处为无经营性收益的事业单位，其为但某的借款提供保证担保的行为应属无效。但即使保证合同无效，合同约定的保证期间仍对当事人有约束力，债权人在保证期间内没有向保证人主张权利的，保证人不再承担无效保证的赔偿责任。由于某家居公司并未在保证期间内向某市市政工程管理处主张权利，故某市市政工程管理处对无效保证的赔偿责任相应免除。

## 再审研习

本案的争议焦点在于,保证合同无效,因保证合同无效而产生的赔偿责任是否受保证期间约束。对于这一问题,在实践中一直存在较大争议,主要存在两种不同的观点:

一种观点认为保证合同虽然无效,但是保证合同约定的或者法律规定的保证期间仍然具有法律意义,债权人在保证期间未向保证人主张权利,保证人不再承担无效保证的赔偿责任。主要理由有3点:首先,在保证合同无效时,也应当对保证人需要承担的赔偿责任加以限制,而不能让保证人无期限地承担责任。故此,保证期间仍然具有其意义,应当适用。其次,在保证合同无效时,债权人所获得的利益不应当超过在保证合同有效时可以获得的利益。既然在保证合同有效时,债权人没有在保证期间内主张权利的,保证人可以免除保证责任,那么,在保证合同无效时也应当同样处理。如最高人民法院在伟龙置业有限公司诉罗定市人民政府、罗定市财政局担保合同纠纷案【(2011)民四终字第40号】中明确指出:"在合同无效的情形下,债权人所获得的利益不应当超过保证合同有效时,因此保证期间应适用于无效保证合同。"最后,即使保证合同被认定无效,其中的清算条款和争议解决条款仍然是有效的。在保证合同无效后,保证人虽然不需要承担担保责任,但仍然需要根据其对合同无效的过错承担相应的赔偿责任,故此,当事人关于保证期间的约定条款仍然可以解释为清算条款,即债权人应当在保证期间内进行清算。此外,如果在保证合同无效的情形下就不适用保证期间,会导致保证人承担的赔偿责任比保证合同有效时更重,从而出现利益失衡。

另一种观点认为在保证合同无效的情况下,保证责任因缔约过失而转变为赔偿责任,不存在计算保证期间的问题,应适用普通诉讼时效。理由在于:首先,债权人与保证人在保证合同中约定了保证期间,而保证合同无论是因主合同无效而无效还是因自身的原因而无效或被撤销,该保证期间的约定当然也失效。故此,不应当适用当事人约定的保证期间。其次,保证期间是确定保证人的保证责任的期间,该期间适用的前提是保证合同合法有效,保证人依据合同的约定应当承担保证责任。在保证合同无效或被撤销的情形下不应当适用。如重庆市第五中级人民法院在尹某红与贵州壹壹房地产开发有限公司、贵州中诚宜佳房地产开发有限公司等民间借贷纠纷案【(2015)渝五中法民初字第00740号】中指出:“保证合同无效,则关于保证期间的约定或规定也不再约束双方当事人。”最后,保证合同无效后,保证人因为过错而产生的赔偿责任在性质上不是担保责任而是缔约过失责任(或侵权赔偿责任),对于缔约过失责任和侵权赔偿责任应当适用的是诉讼时效的规定。如最高人民法院在中国银行(香港)有限公司与新会市涤纶集团有限公司、江门市新会区经济和信息化局、广东新会涤纶厂股份有限公司担保合同纠纷案【(2011)民申字第167号】中指出:“在保证合同无效的情况下,保证责任因缔约过失而转换为赔偿责任,依法理,不应适用保证期间,而应适用诉讼时效期间。”

在以往的司法实践中,两种观点在不同的案件中交替出现,最高人民法院最终在《最高人民法院关于适用〈中华人民共和国民法典〉有关担保制度的解释》中,选择了上述第一种观点。最高人民法院认为,“债权人通常不会主观上认为保证合同无效或者可撤销,否则就不会订立保证合同。因此,在债权人不知道保证合同无效或者可撤销时,如果其认为保证人应当承担保证责任,自应在保证期间内向保证人主张保证责任。相应地,债权人未在保证期间内依法向保证人主张责任,通常可以解释为债权人不再要求保证人承担保证责任,当然也就无意要求保证人承担赔偿责任。更为重要的是,如果保证合同无效或者被撤销,保证人不能得到保证期间的保护,就可能导致保证人在保证合同无效或者被撤销时较之保证合同有效时更重……”鉴于此,《最高人民法院关于适用〈中华人民共和国民法典〉有关担保制度的解释》第33条规定:“保证合同无效,债权人未在约定或者法定的保证期间内依法行使权利,保证人主张不承担赔偿责任的,人民法院应予支持。”

因此,“保证合同无效时保证期间是否适用”的问题至此尘埃落定。依据上述解释第33条的规定,保证合同无效的,如果债权人没有在约定或者法定的保证期间内依法行使权利,保证人可以保证期间届满为由拒绝承担赔偿责任。

## 实务建议

结合《民法典》及相关司法解释的相关规定，为避免发生类似败诉情况，笔者认为应当注意以下问题：

第一，债权人应对担保人的主体身份，能否承担担保责任等尽到审查注意义务，否则保证人不适格，可能导致保证合同无效。但保证合同无效并不代表相关主体无须承担任何责任。保证人明知自己不具有提供保证的资格仍提供保证，从而导致担保合同无效的，属于“债权人与担保人均有过错的”情况。根据《最高人民法院关于适用〈中华人民共和国民法典〉有关担保制度的解释》第 17 条第 1 款第 1 项的规定，债权人与担保人均有过错的，担保人承担的赔偿责任不应超过债务人不能清偿部分的 1/2（此责任为因保证合同无效而产生的损害赔偿责任，而非在保证合同中约定的保证责任）。

第二，因保证合同无效而产生的赔偿责任依旧受保证期间约束，故债权人应当在保证期间内向保证人主张保证责任，并留存已主张保证人承担保证责任的证据。

第三，在保证合同被撤销时，应当参照保证合同无效的规定处理，即在保证合同被撤销时，债权人未在约定或者法定的保证期间内依法行使权利，保证人主张不承担赔偿责任的，人民法院应予支持。

**法条链接**

《最高人民法院关于适用〈中华人民共和国民法典〉有关担保制度的解释》第十七条、第三十三条

# Case 4 债权人可以在保证期间最后一日通过提起诉讼主张权利

再审法院：最高人民法院

再审案号：（2022）最高法民再313号

保证期间是指依保证合同当事人的约定或依法律规定在主债务履行期届满后，保证人能够容许债权人主张权利的最长期限，有督促债权人及时行使权利之意。如何理解在保证期间届满前要求保证人承担保证责任？如果在保证期间内从未直接要求保证人承担保证责任，在最后一日才向人民法院提起诉讼，而此时起诉状副本亦无法在届满日送达保证人，这是否意味着在保证期间内请求保证人承担保证责任呢？本案一、二审法院从文义理解，均认为在此种情形下视为未在保证期间届满前要求保证人承担保证责任，故保证人可因保证期限届满而免除保证责任。但最高人民法院的一则改判案例，则明确了“提起诉讼”系债权人向连带责任保证人主张权利的有效方式，债权人在保证期间内向保证人作出行使权利意思表示的，发生权利行使的法律效果，保证人应当承担保证责任。

## 基本案情

2018年3月23日，甘肃省融资担保集团定西有限公司（以下简称融资担保公司）、甘肃银行股份有限公司定西分行（以下简称甘肃银行）与正东中药材公司签订《委托贷款合同》，融资担保公司委托甘肃银行向正东中药材公司发放贷款1300万元，借款期限12个月，自2018年3月23日起至2019年3月22日止。

2018年3月20日，融资担保公司与中渊药业公司签订了《保证合同》，约定由中渊药业公司为该笔借款提供连带责任保证，保证期间为自本合同生效之日起至主合同项下债务履行期限届满之日起 2 年止。本案另有其他抵押人、保证人提供相应担保。

融资担保公司于 2021 年 3 月 22 日向一审法院提交了民事起诉状，同日交纳了案件受理费 139, 317 元。一审法院立案时间为 2021 年 4 月 19 日，一审法院向中渊药业公司邮寄送达起诉状副本日期为 2021 年 6 月 7 日。

保证人中渊药业公司辩称，在保证期间内，原告从未向其主张过债权，其收到法院传票的时间为 2021 年 6 月，且在 2021 年 7 月 7 日庭前证据交换到开庭的 1 个月时间内，原告未与被告中渊药业公司商量调解事宜或向被告主张债权。中渊药业公司认为原告已放弃了向其主张债权的权利，且担保期限已过，请求法院驳回原告对被告中渊药业公司的诉讼请求，不再承担连带保证责任。

## 裁判要旨

**（一）一审裁判要旨**

原告即债权人在本案保证期间最后一日即 2021 年 3 月 22 日向本院提交起诉状，但在保证期间内债权人未要求保证人承担保证责任，向法院提起诉讼与要求保证人承担保证责任并不矛盾。债权人为了让保证人承担保证责任，完全可以在保证期间内自行通知保证人。债权人向法院起诉的目的并不是让法院通知保证人，而是请求人民法院对纠纷进行审理。通知保证人承担保证责任的义务是债权人自身的义务，不能转移。债权人起诉后，法院向保证人送达起诉状的行为是职务行为，是通知当事人参加诉讼，并不能解释为债权人将通知保证人承担担保责任的义务转移给了法院。

**（二）二审裁判要旨**

本案的争议焦点为中渊药业公司是否应对案涉借款本息承担连带清偿责任。《最高人民法院对〈关于担保期间债权人向保证人主张权利的方式及程序问题的请示〉的答复》第 1 条明确规定“向保证人主张权利”“向保证人主张债权”的方式可以包括“提起诉讼”和“送达清收债权通知”等，但该规定对“提起诉讼”的具体认定标准未予明确规定。与诉讼时效只需要债权人主张过权利不同,保证期间的意义在于使处于或然状态的保证责任成为确定的保证债务,因而不仅需要债权人主张权利,还需要让保证人知道债权人在主张权利。仅由人民法院受理了案件尚不足以构成依法行使权利,只有在起诉状副本送达保证人后才表明债权人依法行使了权利。

一审法院向中渊药业公司邮寄送达起诉状副本的日期为 2021 年 6 月 7 日,即便一审法院 2021 年 3 月 22 日当日立案,根据《民事诉讼法》的规定,送达起诉状副本的期限为自立案之日起 5 日内,该法定期间亦超出了双方约定的保证期间。通知保证人的义务是债权人自身的义务,而人民法院送达起诉状副本属于职务行为,仅在依法送达起诉状副本的情况下产生债权人主张权利的法律效果,二者性质不同。债权人不能以其在保证期间最终日递交起诉状的方式转移因其怠于行使权利而产生的责任,其自身原因造成保证期间经过的,应自行承担责任。

**(三)再审裁判要旨**

本案的争议焦点是中渊药业公司是否应对案涉借款本息承担连带保证责任。诉争事实发生在《民法典》施行前,本案适用当时的法律、司法解释的规定。

再审法院认为,本案融资担保公司于 2021 年 3 月 22 日向一审法院递交了起诉状并交纳了案件受理费 139, 317 元,作出了要求连带责任保证人中渊药业公司承担保证责任的意思表示。至于债权人要求保证人承担保证责任的意思表示,是否需要在保证期间内到达保证人才发生权利行使的法律效果,法律未作出明确规定。考虑到保证期间为权利行使期间,其制度价值和目的在于敦促权利人及时行使权利,在法律未就该行使权利的意思表示是否需要在保证期间内到达相对人才发生法律效果作出明确规定的情况下,应理解为只要权利人在法律所规定的期间内以合理方式向相对人作出主张权利的意思表示,就发生了权利行使的法律效果。否则,如果对债权人需在保证期间届满前请求保证人承担保证责任作出相反的理解和适用,将意思表示到达保证人的时间也限定在保证期间内,就会使得债权人主张保证债权的条件变得难以确定。即使债权人很早就作出向保证人主张权利的意思表示,但仍有可能由于在途邮寄时间过长或其他非因债权人自身的原因,该意思表示到达保证人的时间超过了保证期间,这种不可预测性显然不利于对债权人权利的保护,与权利行使期间的制度设计相悖。

故本案中渊药业公司提供连带责任保证的保证期间为2019年3月22日至2021年3月22日,融资担保公司于保证期间最后一日向一审法院递交起诉状并交纳诉讼费用,已经作出了请求中渊药业公司承担保证责任的意思表示,且该向保证人主张权利的意思表示未超过保证期间。中渊药业公司抗辩应以起诉状副本送达时间作为是否超过保证期间的判断依据于法无据。原审法院认为融资担保公司向保证人中渊药业公司主张权利超过保证期间,属于适用法律错误,应予纠正。

## 再审研习

关于案涉争议焦点,再审法院从3个层面进行分析论述并最终改判:

第一,"提起诉讼"系债权人向连带责任保证人主张权利的有效方式。保证期间的制度设计目的是防止债权人怠于行使权利,确定保证债务是否实际发生。在保证期间内,债权人通过向保证人送达清收债权通知等方式直接主张权利,或者通过向人民法院提起诉讼,向仲裁机构申请仲裁等方式主张权利,均具有债权人让保证债务确定发生的意思表示,均为有效的权利主张方式。《最高人民法院对〈关于担保期间债权人向保证人主张权利的方式及程序问题的请示〉的答复》明确规定,向保证人主张权利的方式包括提起诉讼、送达清收债权通知书等,向人民法院"提起诉讼"属于有效的权利行使方式。

第二,债权人在保证期间内向保证人作出行使权利意思表示的,发生权利行使的法律效果。保证期间为权利行使期间,债权人在保证期间内向保证人主张权利的,保证人应承担保证责任;债权人未在保证期间内向保证人主张权利的,保证人的保证责任消灭。债权人行使权利的意思表示,属于有相对人的意思表示,因此债权人作出行使权利的意思表示,应向相对人为之。至于债权人要求保证人承担保证责任的意思表示,是否需要在保证期间内到达保证人才发生权利行使的法律效果,法律未作出明确规定。如前所述,保证期间为权利行使期间,其制度价值和目的在于敦促权利人及时行使权利。在法律未就该行使权利的意思表示是否需要在保证期间内到达相对人才发生法律效果作出明确规定的情况下,应理解为只要权利人在法律所规定的期间内以合理方式向相对人作出主张权利的意思表示,就发生了权利行使的法律效果。否则,如果对债权人需在保证期间届满前请求保证人承担保证责任作出相反的理解和适用,将意思表示到达保证人的时间也限定在保证期间内,就会使得债权人主张保证债权的条件变得难以确定。即使债权人很早就作出向保证人主张权利的意思表示,但仍有可能由于在途邮寄时间过长或其他非因债权人自身的原因,该意思表示到达保证人的时间也超过了保证期间,这种不可预测性显然不利于对债权人权利的保护,与权利行使期间的制度设计相悖。

《最高人民法院关于债权人在保证期间以特快专递向保证人发出逾期贷款催收通知书但缺乏保证人对邮件签收或拒收的证据能否认定债权人向保证人主张权利的请示的复函》也采取了相同的理解,明确债权人通过邮局以特快专递的方式向保证人发出逾期贷款催收通知书,在债权人能够提供特快专递邮件存根及内容的情况下,除非保证人有相反证据推翻债权人所提供的证据,否则应当认定债权人向保证人主张了权利。该复函明确了债权人要求保证人承担责任的意思表示在保证期间内作出,即视为债权人有效主张了权利。

第三,债权人在保证期间内向人民法院提起诉讼主张保证人承担保证责任,人民法院立案受理的,应视为债权人有效行使权利。人民法院依照法定条件和程序对债权人提起的诉讼予以立案受理,并向保证人送达起诉状副本的行为是具有公权力性质的司法行为,该立案受理以及送达起诉状副本的司法行为是否在保证期间内完成,并不影响对债权人是否在保证期间内向保证人行使权利的判断。但是,债权人虽然在保证期间内向人民法院提起诉讼,但该起诉不符合立案受理条件未被人民法院立案受理的,或者虽然提起诉讼,但在起诉状副本送达保证人之前又撤回起诉的,不能视为债权人在保证期间内向保证人行使了权利。

## 实务要点

保证期间制度属于保证制度中的特有制度,通过设置一定的期间避免保证人长期处于随时可能承担债务的不确定状态,可以促使债权人及时行使权利，保障债权人利益的实现。在发生保证纠纷后，保证期间问题通常是双方争议的焦点之一。与诉讼时效问题中的债务人不提出抗辩则法院不予主动审查不同，根据《最高人民法院关于适用〈中华人民共和国民法典〉有关担保制度的解释》第34条第1款之规定，保证期间是否届满，债权人是否在保证期间内依法行使权利属于法院应当主动予以查明的事项。

在一般保证情况下，债权人行使权利的方式为在保证期间内对债务人提起诉讼或者申请仲裁；在连带责任保证情况下，《民法典》对《最高人民法院关于适用〈中华人民共和国担保法〉若干问题的解释》的表述进行了字面调整，但核心意思未发生变化，即在保证期间内请求保证人承担保证责任。但如何理解该条规定的主张权利的方式，最高人民法院在对青海省高级人民法院《关于担保期间债权人向保证人主张权利的方式及程序问题的请示》的答复中列举了"提起诉讼"和"送达清收债权通知书"等方式，一般情况下当面催收要求保证人承担保证责任并由责任方签字确认也是在实践中常见的主张权利的具体方式。

另外，我们还应当区分本案裁判说理部分提及的：债权人虽然在保证期间内向人民法院提起诉讼，但该起诉不符合立案受理条件未被人民法院立案受理的，或者虽然提起诉讼，但在起诉状副本送达保证人之前又撤回起诉的，不能视为债权人在保证期间内向保证人行使了权利，与《最高人民法院关于适用〈中华人民共和国民法典〉有关担保制度的解释》第31条第2款之规定的不同情形下的区别，"连带责任保证的债权人在保证期间内对保证人提起诉讼或者申请仲裁后，又撤回起诉或者仲裁申请，起诉状副本或者仲裁申请书副本已经送达保证人的，人民法院应当认定债权人已经在保证期间内向保证人行使了权利"。故提起诉讼可作为主张权利的方式之一，但若债权人撤回起诉，则要区分起诉状副本是否送达保证人。若已送达，则视为行使了权利；若在送达前撤回，则不能视为在保证期间内行使了权利。

因此，在实务中建议债权人在签订保证合同时，对保证期间予以明确约定，防止约定不明和举证困难带来的风险。此外，债务履行期届满后，债权人应积极行使权利，按照法定方式及时向债务人和保证人主张权利，并做好证据留痕，防止权益受损。

**法条链接**

《民法典》第六百九十三条

《最高人民法院关于适用〈中华人民共和国民法典〉有关担保制度的解释》第三十四条

《最高人民法院对〈关于担保期间债权人向保证人主张权利的方式及程序问题的请示〉的答复》

《最高人民法院关于在保证期间内保证人在债权转让协议上签字并承诺履行原保证义务能否视为债权人向担保人主张过债权及认定保证合同的诉讼时效如何起算等问题请示的答复》

《最高人民法院关于债权人在保证期间以特快专递向保证人发出逾期贷款催收通知书但缺乏保证人对邮件签收或拒收的证据能否认定债权人向保证人主张权利的请示的复函》

## Case 5 协议书中有“担保”字样，是否需要承担保证责任

再审法院：四川省高级人民法院

再审案号：（2020）川民再 459 号

担保是指法律为确保特定的债权人实现债权，以债务人或第三人的信用或者特定财产来督促债务人履行债务的制度。作为法定担保方式之一的保证是指保证人和债权人约定，当债务人不履行到期债务或发生当事人约定的情形时，保证人按照约定履行债务或者承担责任。保证通常由当事人各方订立书面的保证合同，然而在合同中有“担保”的字样，是否就一定能要求对方承担法律意义上的保证责任呢？

### 基本案情

2015 年 3 月 20 日，张某平与正强公司、邓某学、杜某洋签订的《借款协议书》约定，张某平向正强公司出借 200 万元，用于正强公司生产经营所需。邓某学、杜某洋作为正强公司股东同意正强公司的本次借款行为并确保其将借款专用于生产经营，同时担保正强公司按时归还借款本息。该《借款协议书》上有授权签字人张某平、杜某洋的签名以及正强公司的公司印章。另 2014 年 8 月 18 日，邓某学向张某平出具《授权委托书》1 份，载明委托人邓某学特别委托受托人张某平代邓某学办理正强公司的一切事务。

协议签订后，张某平履行款项出借义务，因正强公司到期未还款，张某平遂向法院提起诉讼，要求借款人还本付息，并要求邓某学、杜某洋承担担保责任。

## 法院裁判

**（一）一审裁判**

1. 裁判要旨

关于邓某学、杜某洋二人是否应承担担保责任，邓某学辩称其未授权张某平处理与正强公司无关的事务，而提供担保是其个人事务，但正强公司股东会决议及董事会决议均明确张某平代邓某学以股东/董事长身份和职务做出的一切法律行为。在本案中，从《借款协议书》的字面意思理解，邓某学基于股东身份提供担保，张某平代为签字并未超出其授权范围，故邓某学应当承担担保责任。此外，《借款协议书》对担保的方式没有约定，按照《担保法》第19条之规定，邓某学、杜某洋二人应承担连带责任担保。

2. 判决结果

邓某学对正强公司的还款义务承担连带担保责任。

**（二）二审裁判**

1. 裁判要旨

关于邓某学是否应当承担担保责任的争议焦点，《授权委托书》明确委托张某平代邓某学股东在正强公司办理一切事务，根据该委托可见，委托的事项与邓某学的股东身份以及正强公司的事务相关。反观《借款协议书》，其在首页丙方处明确表明：（股东）邓某学，在协议中亦明确表示邓某学为正强公司股东，而且在协议尾部签字页，将张某平、杜某洋打印为“张某平”“杜某洋”本人的名字，而在邓某学处打印为“邓某学或授权代表”，对邓某学的落款明显区别于张某平和杜某洋。通观《借款协议书》的内容，该笔借款保证人提供担保系因保证人为正强公司股东，而借款用途系用于正强公司恢复生产需要，故张某平在《借款协议书》的签字并未超出邓某学的授权范围，邓某学应当承担担保责任。邓某学关于其不应承担担保责任的上诉理由不能成立，本院不予支持。

2. 判决结果

驳回上诉，维持原判。

### （三）再审裁判

1.裁判要旨

本院再审认为，本案争议焦点为邓某学应否承担连带保证责任。根据本案查明的事实来看，在案涉《借款协议书》中，张某平作为甲方，正强公司作为乙方，邓某学、杜某洋和宁肯公司共同作为丙方，协议约定"丙方作为乙方股东同意乙方的本次借款行为并确保将借款专用于生产经营，同时担保乙方按时归还本息"。该表述从字面上来看，虽然有"担保"字样，但并未明确表达如果乙方不履行还款义务，则由丙方承担还款责任的意思，更未约定具体的担保方式和担保范围，故张某平关于《借款协议书》明确约定了担保方式为保证的抗辩意见，与查明事实不符，本院不予支持。

正强公司与张某平之间分别于2014年9月26日、2014年10月13日、2015年3月20日和2015年4月10日签订了4份《借款协议书》，本案诉争协议签订于2015年3月20日，其他3份不管是在本案《借款协议书》之前还是之后签订的协议，签订主体均是张某平作为甲方，正强公司作为乙方，邓某学作为丙方，杜某洋作为丁方，且协议明确约定："丙方和丁方作为乙方的实际控制人，为乙方对甲方的全部义务提供连带责任担保（担保范围包括但不限于：款项本金，利息，追索的律师费和诉讼费等实现债权的费用），担保期限至全部义务偿还完毕之日。"结合4份协议签订主体以及文字表述的区别来看，更可以确信各方在签订本案诉争的《借款协议书》时对丙方的义务设定区别于其他3份协议，并无为丙方设定保证义务的意思表示，丙方自然不应承担保证责任。故本案与其他3案基础事实不同，不具有同案同判的基础，对张某平要求同案同判的抗辩意见，本院不予支持。

2.再审判决结果

撤销本案一审、二审判决。

## 再审研习

本文案例是四川省高级人民法院对成都中级人民法院终审判决的改判，通读判决原文可知，四川省高级人民法院是在综合考量全案证据后，确认了根据《借款协议书》无法得出邓某学应承担连带保证责任的意思表示。

法官审判工作以事实为基础，就同一份协议书，不同法官对于其字面意思的不同解读，会得出不同的事实认定，并会带来本案截然不同的判决结果。再审法院通过对原审证据的实体审查，认为原判事实认定错误，协议虽有“担保”字样，但并未明确表达如果乙方不履行还款义务，则由丙方承担还款责任的意思，更未约定具体的担保方式和担保范围，故再审法院未支持张某平关于《借款协议书》明确约定了担保方式为保证的抗辩意见，同时辅以其他证据相补强印证，最终撤销本案一审、二审判决。

与本案例相似的还有最高人民法院(2017)最高法民终 182 号案例，最高人民法院最终认定，案涉协议名称虽为《担保函》，但未对担保内容进行具体特定表示，不具备《担保法》意义上“担保书”的法律效力。

## 实务建议

**(一)保证合同的签订需要有明确具体的意思表示**

《最高人民法院关于审理民间借贷案件适用法律若干问题的规定》第 20 条规定：“他人在借据、收据、欠条等债权凭证或者借款合同上签名或者盖章，但是未表明其保证人身份或者承担保证责任，或者通过其他事实不能推定其为保证人，出借人请求其承担保证责任的，人民法院不予支持。”由此可见，判断在借条等相应债权凭证上签字的第三人是否应当承担保证责任，首要原则即为判断第三人真实的意思表示。根据法律规定，保证合同在形式上既可以是单独订立的书面合同，也可以是主债权债务合同中的保证条款。第三人单方以书面形式向债权人作出保证，债权人接收且未提出异议的，保证合同亦成立。但由于担保具有无偿性，该特点决定了保证人作出担保的意思表示必须明确具体，即明确表达出对于某一债权债务关系愿意以自己的财产担保债务履行的意思，这是保证合同成立的前提条件。如果企业需要对方提供保证担保，则在与第三人签署保证合同时请务必表述出由保证人为债务的履行提供保证担保的明确意思。在实践中有部分案例只签字，或仅列明“担保人”“保”“见证人”“负责解决”“负责协调”等含义模糊的表述，如没有其他证据佐证承担保证责任(如邮件、聊天记录、通话记录)等，则人民法院应当保持审慎态度不认定为保证责任。

### (二)保证责任与债务加入的区别

大千世界,无奇不有,中国文字,博大精深。在现实生活中,第三人往往会在债权凭证或单独出具的承诺上写出"如果债务人不履行,我督促其履行,如果不能履行,我来履行"等话语。在此情形下,应当认定第三人是保证人,还是构成债务加入或第三人代为履行,一直以来是司法认定中的难点。对于非法律专业的老百姓来说,债务加入与承担保证责任在外观上差别很小,即都可以要求其中一人或全部人员同时承担责任。但在理论上,二者之间确实存在较大差别,主要差别为:债务加入后第三人为主债务人,而承担保证责任第三人则为从债务人,主从债务之间本身具有性质上的不同,在保证责任中具备一些独属于保证人的专有制度(如保证期间等)。

对此,《最高人民法院关于适用〈中华人民共和国民法典〉有关担保制度的解释》第36条第2、3、4款规定,"第三人向债权人提供的承诺文件,具有加入债务或者与债务人共同承担债务等意思表示的,人民法院应当认定为民法典第552条规定的债务加入。前两款中第三人提供的承诺文件难以确定是保证还是债务加入的,人民法院应当将其认定为保证。第三人向债权人提供的承诺文件不符合前三款规定的情形,债权人请求第三人承担保证责任或者连带责任的,人民法院不予支持,但是不影响其依据承诺文件请求第三人履行约定的义务或者承担相应的民事责任"。

也就是说判定债务加入和保证,应当依据《民法典》第142条进行解释。如果确有债务加入的意思表示,则应当认定为债务加入;如确有承担保证责任的意思表示,则应认定为保证责任;但是,如难以区分二者,则应当推定为保证,因保证责任相较于债务加入而言,责任更轻(具有保证期间等免责事由)。

### (三)关于《民法典》对保证制度的调整

《民法典》对保证制度进行了重大调整,与修改前相比,同样的借款合同,同样的担保字样,将产生完全不同的结果。

1. 对保证方式没有约定或者约定不明确的,从以前的连带责任保证修改为一般责任保证。保证方式的法律推定是保证规则中变动最大的一条。按照《担保法》的规定,没有约定或约定不明的,推定为连带责任保证,而《民法典》完全相反,作出了颠覆性规定,即推定为一般责任保证。这反映了立法价值取向的变化,由债权人利益的侧重保护转为与保证人之间的利益平衡。《民法典》实施后如约定保证人承担连带责任保证,一定要在合同中明确约定,否则即推定为一般责任保证。由于保证方式的不同,二者在有关债权人的权利实现方式与保证债务诉讼时效起点、权利保全方式、保证人享有的抗辩权等方面存在较大差异,需引起商事主体的特别注意。

2. 保证期间在约定不明的情形下由2年修改为6个月。《民法典》明确了没有约定保证期间或者约定不明确的,保证期间推定为6个月,故实践中的"保证期间自主债务履行期限届满之日开始起算,直至主债务本息还清时为止"之类约定的效力将不会被承认,也不再适用"二年"的保证期间。

**法条链接**

《民法典》第六百八十五条

《最高人民法院关于适用〈中华人民共和国民法典〉有关担保制度的解释》第三十六条

Case 6

# 债务履行期限届满后签订担保协议是担保还是债务加入

再审法院：最高人民法院

再审案号：（2021）最高法民申 7198 号

在审判实践中，债务加入与保证存在诸多相似之处，二者容易混淆。保证合同是为保障债权的实现，保证人和债权人约定，当债务人不履行到期债务或者发生当事人约定的情形时，保证人履行债务或者承担责任的合同。债务加入是指债务人并不脱离原合同关系，第三人加入债的关系之后，与债务人共同向债权人履行义务，债权人据此可以请求第三人在其愿意承担的债务范围内和债务人承担连带责任。当事人在债务履行期限届满后签订担保协议，应认定为担保，还是债务加入？笔者将通过一则再审案例，对该问题进行浅析。

## 基本案情

2012 年 7 月 25 日，辛某因与昆仑学校的借款合同纠纷，诉至一审法院，请求判令昆仑学校支付辛某借款 2500 万元及利息，该案经调解辛某与昆仑学校达成调解协议："昆仑学校于 2012 年 11 月 15 日前一次性偿还辛某人民币本金 2380 万元及利息……"一审法院出具民事调解书确认上述调解协议效力。

民事调解书生效后，昆仑学校不服向中院申请再审，中院指令一审法院再审该案。一审法院经再审审理，撤销上述民事调解书，判令昆仑学校于再审判决生效后 10 日内支付辛某 978 万元及利息。辛某与昆仑学校均提起上诉，中院作出（2018）豫民终 684 号民事判决书，改判昆仑学校于判决生效后

10日内支付辛某本金2115万元及利息。

在辛某与昆仑学校的民间借贷纠纷案件再审审理过程中，辛某与金川公司、昆仑学校三方于2015年4月16日签订《协议书》，协议约定金川公司作为担保方，对辛某的债权承担担保清偿责任。

辛某在中院作出（2018）豫民终684号民事判决书之后，依据2015年4月16日签订的《协议书》诉至一审法院，要求金川公司对（2018）豫民终684号民事判决书中的昆仑学校的给付义务承担连带保证责任。一审法院判决金川公司对昆仑学校支付辛某本金2115万元及利息承担连带清偿责任。二审法院改判金川公司对昆仑学校支付辛某本金19,746,108元及利息承担连带清偿责任。

金川公司不服二审法院判决，向最高人民法院申请再审，金川公司申请再审称：辛某起诉时保证期间可能届满，应免除金川公司保证责任。

## 裁判要旨

**（一）一审裁判要旨**

一审法院认为既然金川公司同意对昆仑学校与辛某之间债权债务提供担保，那么，现辛某与昆仑学校的民间借贷纠纷案件判决已生效，金川公司应当按照协议约定承担担保责任，故判决金川公司对昆仑学校支付辛某本金2115万元及利息承担连带清偿责任。

**（二）二审裁判要旨**

二审法院认为金川公司应当承担担保责任，但改判金川公司对昆仑学校支付辛某本金19,746,108元及利息承担连带清偿责任。

**（三）再审裁判要旨**

根据《担保法》第6条、第17条、第25条、第26条、第31条的规定，保证是保证人与债权人约定，在债务履行期限届满或者约定条件成就的情况下，在债务人不履行其债务时，由保证人按照约定履行债务或承担责任的担保方式。案涉《协议书》在2015年4月16日签订时，昆仑学校对辛某的借款债务已超过清偿期限2年多。因此，虽然《协议书》明确将金川公司约定为“担保方”，但基于《协议书》中的有关金川公司对昆仑学校的债务承担清偿责任的约定,应当认定为金川公司自愿加入该债务,而非对该债务的担保。故金川公司应根据《协议书》的约定,作为债务加入人对昆仑学校的债务承担连带清偿责任。虽然原审法院将《协议书》认定为保证协议,并据此判令金川公司对昆仑学校的案涉债务承担保证责任确有不当,但要求金川公司对昆仑学校的债务承担连带责任的处理结果正确。

## 再审研习

本案主要涉及对债务加入和保证的正确区分认定问题,但因本案案涉《协议书》系在债务履行期限届满后签订的,故认定为债务加入更为准确。除此之外,判断第三人承担债务的承诺构成保证还是债务加入,应根据具体情况确定。若第三人具有提供担保的意思表示,应认定为保证;若第三人为自己承诺承担的债务设定了明确的履行期限及债务范围,债权人因此对第三人享有独立的请求权,该承诺系独立的合同,应认定为债务加入。

**(一)债务加入与保证的联系**

第一,债务加入与保证发挥的功能相似,二者都具有担保债权实现的功能,提高了债权受偿的概率。

第二,在一定条件下,债务加入或承担担保责任的第三人履行义务后,原债权债务关系在履行的范围内消灭。

第三,债务加入与保证可能在同一债务中并存。《民法典》第697条第2款即规定:“第三人加入债务的,保证人的保证责任不受影响。”

**(二)债务加入与保证的区别**

第一,是否具有从属性不同。保证合同是从属于主债权债务合同的从合同,从属性体现于成立、移转、内容及消灭等方面。债务加入仅在产生上具有从属性,债务加入系独立的合同,债权人对债务加入人享有独立的请求权。债务加入后,加入人承担的债务与原债务没有主从关系。债务加入合同的效力不受原合同效力的影响,其效力是独立存在的。原合同无效,债务加入合同不受原合同无效的影响。换言之,如果债务加入合同本身没有无效的因素,则债务加入合同本身是有效的。而保证合同的效力则要受主合同效力的影响,主合同无效的,保证合同无效,除非法律另有规定。

第二，当事人地位不同。债务加入人与原债务人系同等的债务人地位，即只要履行期限届满，无论债务人是否履行，债权人都可要求债务加入人履行义务。而保证具有从属性，保证人不仅可以享有债务人的抗辩权，还可以基于保证合同对债权人主张抗辩权。

第三，能否进行追偿不同。首先，能否向债务人追偿不同。除另有约定外，保证人承担保证责任后享有法定的向债务人追偿的权利。然而法律并未规定债务加入人履行债务后是否对债务人享有追偿权。一种观点认为，这取决于债务加入人与原债务人之间的约定；另一种观点认为，根据《民法典》第552条的规定，一旦债务加入成立，债务加入人与原债务人之间成立连带债务关系，而根据《民法典》第519条第3款的规定，连带债务人之间是相互有追偿权的。其次，能否向债务人的担保人追偿不同。《最高人民法院关于适用〈中华人民共和国民法典〉有关担保制度的解释》第13条规定了担保人有权向其他担保人追偿的两种情形：担保人之间约定相互追偿的，未约定相互追偿但在同一份合同书上签字、盖章或按指印的。但目前法律和司法解释均未规定债务加入人承担债务后可以向债务人的担保人追偿。最高人民法院在成都银行股份有限公司西安分行与杨某恒、杨某晓陕西荟鑫源实业有限公司追偿权纠纷案【(2021)最高法民申1642号】中指出："根据法律规定，在债务加入法律关系中，债务加入人承担连带债务后，不构成债权转移，其与债务人之间的关系，按照其与债务人之间法律关系的性质处理，法律未规定债务加入人承担连带债务后可以向债务人的保证人追偿。"并对债务加入人对保证人追偿的诉请不予支持。

## 实务建议

《最高人民法院关于适用〈中华人民共和国民法典〉有关担保制度的解释》第36条对债务加入与保证的区分认定确定了规则：具有提供担保的意思表示的，按保证规定处理；具有加入债务或者与债务人共同承担等意思表示的，按债务加入规定处理；难以确定的，应当认定为保证。除上述规则外，在司法实务中通常从以下方面予以审查和认定。

第一，优先从文义措辞上来判断。如果第三人出具的承诺函或当事人之间的协议，明确使用“提供担保”“保证人”“保证期间”等措辞，则应首先推定第三人具有提供担保的意思表示，应认定为保证。如果明确使用“加入债务”“与债务人共同偿还”“作为共同借款人”“作为共同债务人”等措辞，则应首先推定第三人具有债务加入的意思表示。

第二，从义务履行顺位来判断。鉴于一般保证具有补充性，只有在主债务人不能履行债务时，债权人才可要求保证人履行义务或承担责任。然而债务加入不具有补充性，债权人可以直接要求债务加入人履行义务。因此，可以从承诺函或协议约定的履行顺位来区分一般保证和债务加入。但连带保证不同于一般保证，债权人可以直接要求连带保证人履行义务，因此履行顺位不能直接区分连带保证和债务加入。对此，可以进一步根据第三人履行债务是否以债务人届期未履行为前提来判断，若承诺函或协议约定第三人履行债务不以债务人届期未履行为前提，而是直接表明第三人代替债务人履行，则可以认定为债务加入。

第三，从愿意承担的债务范围来判断。如果第三人愿意承担的债务内容可以独立于原债务存在，即未区分债务之间的主从关系，债权人对第三人具有独立的请求权，则可能被认定为债务加入，反之则为保证。

第四，难以确定是保证还是债务加入的，根据《最高人民法院关于适用〈中华人民共和国民法典〉有关担保制度的解释》第36条第3款的规定：“前两款中第三人提供的承诺文件难以确定是保证还是债务加入的，人民法院应当将其认定为保证。”存疑即推定为保证。

**法条链接**

《民法典》第五百五十二条

《最高人民法院关于适用〈中华人民共和国民法典〉有关担保制度的解释》第三十六条

# Case 7 出租人能否排除他人对融资租赁物的强制执行

再审法院：最高人民法院

再审案号：（2019）最高法民申 4558 号

在融资租赁合同履行期间，租赁物虽然归出租人所有，却由承租人占有、使用，导致经常出现承租人的债权人申请法院对租赁物采取保全、执行措施的情形。《民法典》施行前，司法实践中的主流观点认为，出租人基于对租赁物享有的所有权，能够排除对租赁物的执行。《民法典》施行后，基于《民法典》有关融资租赁交易担保功能化的立法，学界有观点认为，出租人就租赁物的权利虽名为所有权，但实质上系担保物权。[①] 在实践中，也出现了法院基于上述逻辑，裁定驳回出租人提出的执行异议的案例。[②]《民法典》似乎成为这一问题的分水岭。

## 基本案情

2013 年 7 月 1 日，仲利公司与金龙公司签订买卖合同，约定仲利公司向金龙公司购买案涉标的物，价款 5,051,000 元。仲利公司与金龙公司签订租赁合同，约定仲利公司将案涉标的物出租给金龙公司使用。

在李某龙与金龙公司等民间借贷纠纷一案中，一审法院作出财产保全裁定，查封了金龙公司相关财产，包含案涉标的物。

一审法院裁定驳回仲利公司就案涉标的物提出的排除执行异议后，仲利

① 参见高圣平：《论融资租赁交易中出租人的权利救济路径》，载《清华法学》2023 年第 1 期。

② 参见四川省成都市双流区人民法院执行裁定书，(2023)川 0116 执异 188 号。

公司向一审法院提起执行异议之诉。

## 法院裁判

**（一）一审裁判要旨**

仲利公司在本案中以售后回租主张排除执行的机器设备属于一般动产，动产权属的认定以其占有状态为公示要件。售后回租的动产权属变动方式属于占有改定，占有改定的动产，在外观公示上仍属于原所有权人，因此，依据动产的权利公示状态对机器设备采取保全执行措施，并无不当。而且在融资租赁法律关系中，买受人即出租人的实际身份为担保权人，其实际是以垫资的方式为融资租赁的标的物提供担保。因此，仲利公司主张以融资租赁法律关系排除执行，法理依据尚不充分。

**（二）二审裁判要旨**

即使仲利公司与金龙公司之间存在融资租赁关系，金龙公司为实现融资目的，将其所有的涉案机器设备转让给仲利公司，再从仲利公司处租回继续使用，属于融资租赁法律关系的售后回租交易模式，但金龙公司在签订买卖合同、租赁合同的同时却要负担高额的首付租金、咨询费、履约保证金等，明显与其签订上述合同的目的相悖。另外，在这一法律关系中，仲利公司表面上作为买受人、出租人，其实际身份为担保权人，其实际是以垫资的方式为融资租赁的标的物提供担保，一审判决认定仲利公司以融资租赁法律关系排除执行缺乏法律依据，是正确的。一审法院依据涉案机器设备被金龙公司占有的公示状态，对该机器设备采取保全措施，符合法律规定。

**（三）再审审查裁判要旨**

本案应在查清上述事实的基础上，对案涉合同的性质作出准确认定，并依法作出适当处理。如仲利公司与金龙公司签订的案涉合同系双方的真实意思表示且实际履行，则依据《最高人民法院关于审理融资租赁合同纠纷案件适用法律问题的解释》第 2 条规定，应当认定双方之间的合同系融资租赁合同，仲利公司对案涉设备享有所有权，可以排除强制执行。

## 再审研习

**(一)《民法典》有关融资租赁交易担保功能化的立法**

《民法典》第388条第1款规定,担保合同包括抵押合同、质押合同和其他具有担保功能的合同。

相较于以往《物权法》的规定,《民法典》扩大了担保合同的范围,明确了融资租赁、保理、所有权保留等非典型担保合同的担保功能,增加规定了担保合同包括其他具有担保功能的合同。[①] 上述规定体现了形式主义兼顾功能主义的立法模式,允许新的具有担保功能的担保权利进入担保领域。[②] 在功能主义视角下,融资租赁交易本就是担保交易的一种形式,出租人享有的所有权具有担保功能。[③] 与抵押交易、质押交易等意定典型担保交易不同的是,融资租赁交易系以出租人保有所有权满足其担保作用。基于此,有学者提出,我国《民法典》所规定的所有权有完全所有权和担保性所有权的区分,出租人就租赁物的权利虽名为所有权,但实质上系担保物权。[④]

虽然《民法典》融资租赁合同一章的规则设计仍未凸显担保功能,但《最高人民法院关于适用〈中华人民共和国民法典〉有关担保制度的解释》的规定却有相当的体现,其中第1条开宗明义地规定,融资租赁等涉及担保功能发生的纠纷,适用该解释的有关规定。特别是其中有关担保物权实现规则的

① 参见王晨:《关于〈中华人民共和国民法典(草案)〉的说明——2020年5月22日在第十三届全国人民代表大会第三次会议上》,载《中华人民共和国全国人民代表大会常务委员会公报》2020年特刊。

② 参见王利明:《担保制度的现代化:对〈民法典〉第388条第1款的评析》,载《法学家》2021年第1期。

③ 参见《民法典担保制度司法解释系列解读之二"关于一般规定"部分重点条文解读》,最高人民法院2021年2月10日发布。

④ 参见高圣平:《论融资租赁交易中出租人的权利救济路径》,载《清华法学》2023年第1期。

准用规定,[①]动产担保公示效力的统一适用规定,[②]体现了融资租赁交易担保功能化的基本思想。

**(二)司法实践的回应**

《民法典》施行后,在实践中对于融资租赁出租人提起的排除执行异议以及相应的执行异议之诉,法院通常延续以往的观点,认定出租人享有租赁物的所有权,能够排除租赁物的执行。[③] 在上述案例中,《民法典》关于融资租赁担保功能化立法是否影响出租人排除执行的权利甚至未成为案件的争议焦点。

尽管如此,在实践中已经有法院开始受《民法典》关于融资租赁担保功能化立法的影响,认定融资租赁出租人对租赁物享有的并非真正的所有权,而是实现出租人的租金债权的担保手段;并进一步指出,出租人对租赁物的担保权并不会因法院的查封而受到影响,出租人可以通过参与分配并对租赁物变价所得主张优先受偿维护自身权利,从而裁定驳回出租人提出的排除执行

---

① 《最高人民法院关于适用〈中华人民共和国民法典〉有关担保制度的解释》第65条第1款规定:“在融资租赁合同中,承租人未按照约定支付租金,经催告后在合理期限内仍不支付,出租人请求承租人支付全部剩余租金,并以拍卖、变卖租赁物所得的价款受偿的,人民法院应予支持;当事人请求参照民事诉讼法‘实现担保物权案件’的有关规定,以拍卖、变卖租赁物所得价款支付租金的,人民法院应予准许。”

② 《最高人民法院关于适用〈中华人民共和国民法典〉有关担保制度的解释》第67条规定:“在所有权保留买卖、融资租赁等合同中,出卖人、出租人的所有权未经登记不得对抗的‘善意第三人’的范围及其效力,参照本解释第五十四条的规定处理。”第54条规定:“动产抵押合同订立后未办理抵押登记,动产抵押权的效力按照下列情形分别处理:(一)抵押人转让抵押财产,受让人占有抵押财产后,抵押权人向受让人请求行使抵押权的,人民法院不予支持,但是抵押权人能够举证证明受让人知道或者应当知道已经订立抵押合同的除外;(二)抵押人将抵押财产出租给他人并移转占有,抵押权人行使抵押权的,租赁关系不受影响,但是抵押权人能够举证证明承租人知道或者应当知道已经订立抵押合同的除外;(三)抵押人的其他债权人向人民法院申请保全或者执行抵押财产,人民法院已经作出财产保全裁定或者采取执行措施,抵押权人主张对抵押财产优先受偿的,人民法院不予支持;(四)抵押人破产,抵押权人主张对抵押财产优先受偿的,人民法院不予支持。”

③ 参见江苏省无锡市锡山区人民法院执行裁定书,(2022)苏0205执异27号;湖南省涟源市人民法院执行裁定书,(2022)湘1382执异44号;上海市浦东新区人民法院民事判决书,(2021)沪0115民初48232号;广东省中山市第一人民法院民事判决书,(2022)粤2071民初16684号;广东省东莞市第一人民法院民事判决书,(2021)粤1971民初36382号;广东省东莞市第三人民法院民事判决书,(2022)粤1973民初2251号;广东省广州市黄埔区人民法院民事判决书,(2022)粤0112民初3750号。

异议。①



## 要点提示

基于融资租赁交易的本质，在当前融资租赁立法及司法解释的体系下，出租人在融资租赁法律关系存续期间对租赁物仍享有所有权，笔者倾向于认为能够排除对租赁物的执行：

第一，从融资租赁交易的基本法律关系来看，出租人系基于买卖合同取得租赁物所有权。

融资租赁合同兼具融资与融物的双重属性，出租人根据承租人对出卖人、租赁物的选择，向出卖人购买租赁物，提供给承租人使用。因此，通常情况下，融资租赁涉及三方当事人和两个基础合同，即出租人和出卖人之间关于租赁物的买卖合同，出租人与承租人之间关于租赁物的融资租赁合同。出租人作为买受人，通过与出卖人的买卖合同继受取得租赁物的所有权。承租人则基于与出租人的融资租赁合同，取得占有、使用租赁物的权利。

第二，从《民法典》规定来看，出租人明确享有租赁物的所有权。

《民法典》虽然将融资租赁纳入非典型担保制度，但并未改变出租人在融资租赁法律关系存续期间对租赁物享有所有权的立场。《民法典》第 745 条明确规定，出租人对租赁物享有所有权。结合《民法典》第 752 条关于出租人解除融资租赁合同时，有取回租赁物的权利，第 757 条关于租赁期限届满租赁物归属无约定或约定不明时，租赁物所有权归出租人，第 760 条关于融资租赁合同无效，租赁物归属无约定或约定不明时，租赁物应当返还出租人等规定，可见即使法律允许当事人之间约定租赁期满租赁物的归属，但在整个租赁期间，根据《民法典》的规定，租赁物所有权都归属于出租人。②

第三，租赁物所有权具有担保功能并不意味着出租人的所有权变更为担保物权。

---

① 参见四川省成都市双流区人民法院执行裁定书，(2023)川 0116 执异 188 号。

② 参见贺小荣主编：《最高人民法院第二巡回法庭法官会议纪要》(第 3 辑)，人民法院出版社 2022 年版，第 367 页。

融资租赁合同兼具融资与融物的双重属性，出租人保有租赁物的所有权，其根本是为了担保租金债权的实现，也即租赁物所有权的担保功能。然而，此担保功能是通过出租人行使取回权的方式实现的。该取回权的法理基础，应当是出租人享有的物权请求权，在出租人解除融资租赁合同的情况下，承租人丧失了继续占有、使用租赁物的权源，出租人基于对租赁物的所有权请求承租人返还租赁物。

需要说明的是，承租人行使对租赁物的取回权，并不能解释为担保物的折价清偿。担保物权的行使方式包括折价、拍卖和变卖，折价方式也可以叫作代物清偿，是指担保权人和担保人协议，以担保财产折价，清偿担保债权的方式。[①] 无论是标的物折价，还是标的物拍卖、变卖，均应贯彻清算法理，债权人无法未经清算而直接取得标的物的所有权。[②] 然而，对于承租人行使取回权取回租赁物而言，并非一概需要清算。[③] 根据《民法典》第 758 条的规定，仅在融资租赁合同约定租赁期限届满租赁物归承租人所有，且承租人已经支付大部分租金的情况下，出租人解除合同，取回租赁物的，才需要将收回的租赁物的价值超过承租人欠付的租金以及其他费用的部分返还给承租人。

另外，《最高人民法院关于适用〈中华人民共和国民法典〉有关担保制度的解释》第 65 条有关担保物权实现规则的准用规定，适用于出租人主张租金加速到期，请求支付全部租金的情形，并非适用于出租人主张解除合同，收回租赁物的情形。

第四，从对融资租赁行业的影响来看，应当承认出租人排除租赁物执行的权利。

如果以融资租赁担保功能化为由，否定出租人排除租赁物执行的权利，那么将会对整个融资租赁行业产生重大不利影响。

---

① 参见崔建远：《物权法》，中国人民大学出版社 2021 年版，第 473 页。

② 如根据《民法典》第 410 条的规定，抵押财产折价或者变卖的，应当参考市场价格。抵押权人与抵押人协议以抵押财产折价，协议损害其他债权人利益的，其他债权人可以请求人民法院撤销该协议。

③ 持相反观点的高圣平教授认为："在解释上，《民法典》第 758 条第 1 款仅具有描述功能，并未涉及清算义务的构成要件。"参见高圣平：《论融资租赁交易中出租人的权利救济路径》，载《清华法学》2023 年第 1 期。

首先，出租人的取回权将沦为具文。在租赁物被承租人其他债权人查封、扣押的情况下，由于出租人无法排除对租赁物的执行，一旦执行法院通过拍卖、变卖或者以物抵债的方式将租赁物进行处置，出租人取回租赁物的权利将无从行使。

其次，出租人有权选择维护其权利的最佳方式。根据《民法典》第 752 条与《最高人民法院关于适用〈中华人民共和国民法典〉有关担保制度的解释》第 65 条第 1 款的规定，在承租人根本违约的情况下，出租人既可以选择请求承租人支付全部租金，并以拍卖、变卖租赁物所得的价款受偿，也可以选择解除合同，收回租赁物。因此，出租人可以根据租赁物、承租人、市场行情等具体情况，选择维护其权利的最佳方式。如果否定出租人排除租赁物强制执行的权利，则出租人仅享有对租赁物拍卖、变卖所得价款（优先）受偿的权利。[①] 但并非所有的租赁物均能通过拍卖、变卖的方式，实现其价值最大化。

综上，《民法典》虽然采兼顾形式主义与功能主义的立场，肯定了融资租赁合同的担保功能，但并未否认出租人对租赁物享有的所有权。目前在司法实践中出现的，以融资租赁担保功能化为由，否定出租人享有排除租赁物强制执行的观点，既非主流，也不正确。司法实践应当延续以往出租人有权排除租赁物强制执行的观点，以保障出租人选择维护其利益的最佳途径的权利。

**法条链接**

《民法典》第三百八十八条第一款、第七百三十五条、第七百四十五条、第七百五十二条、第七百五十七条、第七百五十八条、第七百六十条

《最高人民法院关于适用〈中华人民共和国民法典〉有关担保制度的解释》第一条、第五十四条、第六十五条第一款、第六十七条

① 出租人是否享有优先受偿的权利，取决于出租人对租赁物的所有权是否已经办理登记。参见最高人民法院民事审判第二庭：《最高人民法院民法典担保制度司法解释理解与适用》，人民法院出版社 2021 年版，第 546 页。

# Case 8 融资租赁业务纠纷中涉租赁物常见实务争议问题

再审法院：最高人民法院

再审案号：（2021）最高法民再 89 号

融资租赁与借款法律关系最大的区别在于融资租赁法律关系具有融资和融物的双重属性，融资是目的，融物是保障，而借款仅具有融资属性。在融资租赁合同法律纠纷案件中，“租赁物”一直都是各方博弈的焦点。在租赁物并不真实存在，租赁物不适格，租赁物不足值，租赁物权属不能转移等情况下，均不具有融物属性，对此融资租赁公司明知的，即不应被认定为融资租赁法律关系。本文从最高人民法院的一则再审案例说起，与大家探讨在融资租赁业务纠纷中关于“租赁物”的常见实务争议问题。

## 基本案情

2015 年 1 月 5 日，泰康公司、太昌昆明分公司、星耀公司签订《以房抵款协议书》，约定：星耀公司将位于昆明市的新亚洲体育城·游泳馆全民健身中心及国际体育集训基地 6F\7F\8F\9F\22F 写字楼作价 1.09 亿元，抵扣其与太昌昆明分公司的工程款；太昌昆明分公司要求将以上房产 22F 的物业产权办理至泰康公司名下，泰康公司不必为此再支付费用。

2015 年 1 月 9 日，泰康公司与太昌昆明分公司签订《融资租赁合同》，约定：太昌昆明分公司将自有的新亚洲体育城·游泳馆全民健身中心及国际体育集训基地 22F 资产，以融资性租赁为目的作价 1000 万元出售给泰康公司，又将该资产租回使用并支付租金；租赁期限 2 年，自 2015 年 1 月 9 日至 2017 年 1 月 8 日；租金每季度支付，第一、第二期每期支付 164 万元，第三至第七期在相关权属未办理至泰康公司名下期间，每季支付 174 万元，第八期支付 100 万元租金作为回购款；合同签订后太昌昆明分公司支付保证金 100 万元；迟延支付租金，每日加收延付金额 7% 的租金。同日，颜某就诉争融资租赁关系出具《履约担保协议书》。后双方在履行合同过程中发生争议，泰康公司提起诉讼。



## 裁判要旨

### （一）一审裁判要旨

从双方签订的《融资租赁合同》内容来看，融资租赁物为"新亚洲体育城·游泳馆全民健身中心及国际体育集训基地 22F 资产"的所有权，协议约定了资产作价金额、租赁期限、租金金额、租金支付方式、租赁物所有权处置等内容，该协议在形式和内容上均能反映双方融资租赁的真实意思表示。

本案融资租赁物虽为在建工程，但协议双方对此都是明确知晓的，且结合之前的以房抵款协议、融资租赁协议，双方系通过对该资产产权归属及后续手续办理权利主体进行明确约定，从而实现融资租赁的合同目的，并不违反法律规定。太昌公司、太昌昆明分公司认为双方之间为民间借贷关系的抗辩缺乏事实及法律依据，不能成立。

### （二）二审裁判要旨

从本案租赁物的权属来看，涉案标的物系房地产在建工程，而在建工程尚不具备法律上的所有权，因此在签订合同时泰康公司事实上并未实际取得涉案房地产项目的所有权，且至今也未能取得租赁标的物的所有权。本案《融资租赁合同》具备了融资租赁的形式，但是缺少了融资租赁法律关系至关重要的基础，即在租赁期限届满前租赁物的所有权必须由出租人所有，否则即使完成了融资，也并非融资租赁式的融资，故本案中的融资租赁合同关系不能成立。

从租赁关系的性质来看，融资租赁合同是融资和融物的结合，融资是承租人的目的，融物是出租人债权的保障。融资是承租人利用出租人的资金满足自己的发展需求，融物以出租人享有租赁物的所有权为前提，租赁物实际上起到一种物权担保功能，如果承租人不能履行租金给付义务，出租人可以收回租赁物。

在本案中,由于涉案融资租赁物为在建工程,标的物的所有权尚未设立和发生转移,泰康公司实际上无法提供适格的租赁物给太昌昆明分公司承租使用,故本案融资租赁合同中的租赁(融物)关系不成立。依据《最高人民法院关于审理融资租赁合同纠纷案件适用法律问题的解释》第1条"人民法院应当根据合同法第二百三十七条的规定,结合标的物的性质、价值、租金的构成以及当事人的合同权利和义务,对是否构成融资租赁法律关系作出认定。对名为融资租赁合同,但实际不构成融资租赁法律关系的,人民法院应按照其实际构成的法律关系处理"的规定,本案各方的真实意思表示系以融资租赁形式进行借款,故本案的法律关系名为融资租赁,实为借贷。

虽然双方签订的《融资租赁合同》实为借贷法律关系性质,但该合同约定的权利义务内容系当事人真实意思表示,双方在签订合同时对租赁物的权属状况亦应明知,故《以房抵款协议书》和《融资租赁合同》有效。合同中的支付租金和逾期租金的约定实为偿还借款本金及利息的性质,该约定对合同双方均有约束力。太昌昆明分公司和太昌公司关于本案法律关系名为融资租赁,实为借贷的上诉主张成立,但要求按年利率13.79%计算利息的抗辩主张与双方合同约定不一致,应以双方合同约定范围内不超过法律规定的标准计算利息。

**(三)再审裁判要旨**

1.关于本案的法律关系是融资租赁合同关系还是借款合同关系的问题

《合同法》第237条规定:"融资租赁合同是出租人根据承租人对出卖人、租赁物的选择,向出卖人购买租赁物,提供给承租人使用,承租人支付租金的合同。"融资租赁交易具有融资和融物的双重属性,缺一不可。如无实际租赁物或者租赁物所有权未从出卖人处转移至出租人处,或者租赁物的价值明显偏低无法起到对租赁债权的担保作用,应认定该类融资租赁合同没有融物属性,仅有资金往来,系以融资租赁之名行其他法律关系之实。《最高人民法院关于审理融资租赁合同纠纷案件适用法律问题的解释》第1条规定:"人民法院应当根据合同法第二百三十七条的规定,结合标的物的性质、价值、租金的构成以及当事人的合同权利和义务,对是否构成融资租赁法律关系作出认定。对名为融资租赁合同,但实际不构成融资租赁法律关系的,人民法院应按照其实际构成的法律关系处理。"本案《融资租赁合同》签订时,第22层写字楼没有修建,太昌昆明分公司不可能在当时向泰康公司转移标的物的所有权然后回租,且至今为止,太昌昆明分公司和泰康公司都没有取得案涉第22层写字楼的所有权,太昌昆明分公司自始至终都没有实际承租和使用该房屋,故双方的法律关系只有融资,没有融物。因而,双方形成的是借款合同关系。二审法院认定"《以房抵款协议书》和《融资租赁合同》有效,合同中支付租金和逾期租金的约定实为偿还借款本金及利息的性质",将本案法律关系从一审认定的融资租赁合同关系改为借款合同关系正确。



2. 关于二审判决认定欠款本息是否正确的问题

由于本案系借款合同纠纷,案涉借款本息应按照《合同法》和《最高人民法院关于审理民间借贷案件适用法律若干问题的规定》计算。现查明,泰康公司向太昌昆明分公司支付了借款1000万元,太昌昆明分公司同日以交付保证金的名义返还100万元,按照《合同法》第200条"借款的利息不得预先在本金中扣除。利息预先在本金中扣除的,应当按照实际借款数额返还借款并计算利息"的规定,本案借款本金应认定为900万元。二审判决认定本案借款本金为1000万元,并按照《融资租赁合同》关于租金的标准计算本息错误,应予纠正。

## 再审研习

**(一)关于融资租赁合同的性质和效力问题**

《民法典》第735条规定:"融资租赁合同是出租人根据承租人对出卖人、租赁物的选择,向出卖人购买租赁物,提供给承租人使用,承租人支付租金的合同。"

根据上述规定,融资租赁合同兼具融资与融物的双重属性,相较于其他类似合同具有以下特征:第一,融资租赁合同通常涉及三方主体与两个合同,三方主体即出租人、承租人和出卖人,两个合同即出租人和承租人之间的融资租赁合同,及出租人和出卖人之间的买卖合同;第二,出租人根据承租人对出卖人、租赁物的选择购买租赁物;第三,租金不仅是租赁物占用、使用的对价,而且是租赁物购买价格分期负担的对价,即租金的价值不仅包括了租赁物的购买价格,还包括了购买价款的利息以及出租人的合理利润;第四,租赁期间,出租人对租赁物有所有权,出租人的所有权具有担保租金债权的作用;第五,租赁期满后,根据融资租赁合同的约定确定租赁物的归属。

**(二)最常见的融资租赁交易方式**

在实践中,按照融资租赁交易过程中的各方权利义务关系,最常见的融资租赁交易形式有直接租赁及售后回租。直接租赁与售后回租的区别主要在于直接租赁有三方主体"融资租赁公司、销售方、承租方",而售后回租只有两方主体"融资租赁公司和承租方"。

1. 直接租赁

融资租赁直接租赁是指出租人根据承租人对出卖人及租赁物的选择向出卖人购买租赁物,提供给承租人使用,承租人支付租金。

2. 售后回租

售后回租是指承租人为了实现融资目的,将其自有物的所有权转让给出租人,再从出租人处租回该物使用,并按期向出租人支付租金的交易方式。在此交易模式下,出卖人与承租人归于一体。由于售后回租先卖出后租回的交易特性,合同通常会约定以占有改定的方式完成标的物所有权的转移交付,标的物并不发生实际转移。

**(三)涉及租赁物的常见实务争议问题**

1. 租赁物客观上不真实存在

融资租赁是一种特殊的交易制度,其核心是租赁物。在(2018)沪 0115 民初 32100 号案例中法院认为,"真实的租赁物系融资租赁法律关系的存在前提及构成要件。本案中,虽然双方签订了《售后回租赁合同》和《所有权转让协议》,并列明了租赁物的详细信息,但是被上诉人提供的十张租赁物设备发票系虚假的,而且仅凭上诉人单方面出具的《租赁物件接收证明》并不能确认租赁物的真实存在和价值。于此情况下,被上诉人除了上述上诉人单方面出具的《租赁物件接收证明》之外,未能提供其他证据直接证明《售后回租赁合同》所涉租赁物是真实存在的,案涉《售后回租赁合同》不具有融物属性,被上诉人与上诉人之间不存在融资租赁法律关系。因《售后回租赁合同》不具有融物属性,故可以认为案涉《售后回租赁合同》系以融资租赁合同之名行借贷之实,双方之间形成的是民间借贷法律关系"。

2. 租赁物不具有“物”的属性，不存在转让所有权的适当性

《融资租赁公司监督管理暂行办法》第 7 条第 1 款和《金融租赁公司管理办法》第 4 条均将融资租赁的租赁物限定为固定资产，那些不具有“物”的属性的资产，不存在转让所有权的适当性，不能作为融资租赁关系的租赁物。

（1）以在建工程作为租赁物

上述再审案例即属于此种情况，二审判决认为，“从本案租赁物的权属来看，涉案标的物系房地产在建工程，而在建工程尚不具备法律上的所有权，因此在签订合同时泰康公司事实上并未实际取得涉案房地产项目的所有权，且至今也未能取得租赁标的物的所有权……太昌昆明分公司自始至终都没有实际承租和使用该房屋，故双方的法律关系只有融资，没有融物”。

另在（2018）粤 06 民初 56 号案中，“对于租赁物，海晟公司提交了‘租赁物明细表’，对租赁物进行了统计罗列，明确为原值分别……的宁阳盛运公司主厂房、生活垃圾焚烧炉、汽轮发电机、锅炉及其他资产 5 项，并提供了前 4 项资产相应的合同、发票以及照片等证据以证明该项主张。（一）对于宁阳盛运公司主厂房，经审查，本院认定其在诉争合同关系确立时仍为在建工程，尚不完全具备法律上‘物’的特性，不存在转让所有权的适当性。因此，海晟公司与宁阳盛运公司约定以宁阳盛运公司主厂房作为租赁物不符合法律的规定。（二）关于‘其他资产’一项，‘包括宁阳盛运公司在垃圾焚烧项目主厂房建设及设备安装使用过程中所涉及的测绘费用、环评费用、科研设计费用、规划方案设计费、工程咨询服务费、电力工程勘探设计、电力接入系统、进场道路施工、设备安装、排污管道、环保设备、烟气净化系统等相关费用，上述费用均属于租赁物形成过程中产生的必要成本’，实为宁阳盛运公司工程建设期间支出的费用，显然不属法律上‘物’的范畴，与融资租赁法律关系对租赁物所有权归属于出租人的要求不符，海晟公司与宁阳盛运公司约定以该部分‘其他资产’作为租赁物亦不符合法律的规定。就本案而言，在宁阳盛运公司垃圾焚烧项目筹建的过程中，海晟公司与宁阳盛运公司笼统地以宁阳盛运公司‘工程资产及设备’作为租赁物，简单地以签署合同、粘贴铭牌、概括性登记的方式开展所谓的融资租赁业务，而未依法定程序核定租赁物并进行所有权的转移。显然，双方订立合同的根本目的与‘融物’无涉，而仅仅在于资金的融通。也就是说，双方之间实为借款关系”。

又如，在(2021)青民终113号案件中，租赁物清单列明的租赁物均为承包合同、施工协议、工程合同等。青海省高级人民法院认为，工程不是某种实物，亦不是各种生产工具及设备的简单叠加，案涉租赁物清单亦含有“路基开挖”“道路扩宽”等无法对应具体的物的工程项目，故《融资租赁合同》约定的租金并无与之产生对价关系的实物。当承租人不履行租金给付义务时，出租人是无法收回租赁物的，故本案中的“融资租赁”只有融资没有融物。

(2)以权利作为租赁物

对于以权利作为租赁物的情况，《民法典合同编理解与适用》认为“实践中，以权利作为标的物的主要包括：一是收费权，如高速公路收费权；二是专利权、商标权等知识产权。由于权利不属于物，一般不能构成融资租赁合同关系”。如在(2019)沪0115民初13365号案中法院认为，“以著作权为租赁物的‘融资租赁合同’不构成融资租赁合同关系”。

但在天津市高级人民法院发布的2021年度十大影响性案例中，全国首例涉无形资产融资租赁合同入选其中，由我国目前唯一的专业化审理融资租赁案件的法庭天津东疆融资租赁中心法庭宣判，合议庭在对涉案租赁物性质、租赁物价值、租金构成、合同双方的权利义务等方面进行全面分析的基础上，认定涉案以电视栏目著作权为标的物的合同，符合融资租赁法律关系的特征，合法有效，为该类案件提供了创新示范案例样板，值得关注。

3. 合同约定的租金与租赁物的客观价值相差过大

融资租赁法律关系是否成立，价值是考量因素之一，且租赁物价值应当以合同订立时为基准，在不损害第三人利益的前提下，原则上尊重当事人之间就融物融资形成的合意。如有证据证明出租人与承租人明知租赁物实际价值与融资租赁合同约定的租赁物价款存在巨大差异，可能导致该协议不能被认定为融资租赁合同，合同各方实际构成借贷等其他法律关系。

如在(2021)京民终127号案件中，北京市高级人民法院指出，该案虽存在租赁物，但根据查明的事实，在售后回租的模式下，租赁物的账面价值与评估价值相差达10倍之多，明显存在“低值高估”的情况，租赁物未能起到物的担保作用，故案涉合同不符合融资租赁合同的法律特征，其法律关系性质应为民间借贷。

4. 租赁物权属无法转移

租赁物在法律层面上无法完成转让也会被认为合同双方不存在融资租赁关系。如在(2014)民二终字第109号案件中,最高人民法院指出,案涉《融资租赁合同》约定的租赁物商品房在合同订立前已被有关行政主管部门认定为违章建筑,在租赁期间,该项目亦未取得商品房预售许可,故租赁物的所有权无法从出卖人(承租人)处转移至买受人(出租人)处,且双方对此均为明知,因此双方之间的真实意思表示为借款法律关系。

## 实务建议

1. 出租人的合理审查义务

《融资租赁企业监督管理办法》第20条规定:"融资租赁企业不应接受承租人无处分权的、已经设立抵押的、已经被司法机关查封扣押的或所有权存在其他瑕疵的财产作为售后回租业务的标的物。融资租赁企业在签订售后回租协议前,应当审查租赁物发票、采购合同、登记凭证、付款凭证、产权转移凭证等证明材料,以确认标的物权属关系。"

据此,在融资租赁法律关系中,出租人负有核实租赁物之义务,在双方当事人就租赁物是否存在等发生争议时,应由出租人举证证明租赁物真实存在。在售后回租交易模式下,出租人的证明标准更高,出租人应尤为注意:在取得租赁物所有权时,确保租赁物权属清晰,内容明确,且符合法律规定;对租赁物进行实物检查,定期维管,了解租赁物的现状及存放地点;同时对于上述相关书证资料,出租人应当妥善保管存档。

2. 对转移所有权行为进行明显留痕

融资租赁要求租赁物的所有权应从出卖人处转移到出租人处,故对于转移所有权的行为,笔者建议应当尤其注意,尽量留有明显的痕迹,如在登记、现场交付或直接签署租赁物交付证书、交付确认书、所有权转移证书等环节。同时应注意交付证书、所有权转移证书等书证原则上应载明具体的租赁物名称、型号等。

3. 确保租赁物价值合理存续

通常情况下租赁物的价值与约定的转让价款差异过大,合同易被认定为单纯的融资,不构成融资租赁法律关系。融资租赁公司在从事该项业务时,应尽可能通过审核租赁物购买发票、原始合同、凭证等确定租赁物价值,建立、健全对租赁物的价值评估和定价体系,并根据租赁物的价值、其他成本和合理利润等确定租金水平,确保租赁物价值合理存续,减少纠纷的发生。

**法条链接**

《民法典》第七百三十五条

《最高人民法院关于审理融资租赁合同纠纷案件适用法律问题的解释》(2020 修正)第一条、第二条

# Case 9 主债权获得生效裁判后，抵押权保护的期间应如何界定

再审法院：最高人民法院

再审案号：（2021）最高法民再154号

抵押权属于物权，其本身不适用诉讼时效。作为主债权的从权利，抵押权随主债权的存在而存在。根据《民法典》第419条的规定（沿袭《物权法》第202条），抵押权人应当在主债权诉讼时效期间行使抵押权；未行使的，人民法院不予保护。按照该条规定，抵押权存在行使期间的限制，该行使期间与主债权诉讼时效期间相同，随着主债权诉讼时效中断、中止而变化。在主债权未经生效裁判确定之前，抵押权保护的期间为主债权诉讼时效期间；在主债权经诉讼程序被生效裁判确定后，抵押权保护的期间又应如何界定呢？本文通过最高人民法院的一起再审改判案例，对上述问题进行解读。

## 基本案情

2013年8月30日，吉盛公司与天地人公司等签订借款合同，约定吉盛公司向天地人公司出借2400万元，借款期限自2013年8月30日至2013年10月29日；并同时约定了相应利息与罚息。同日，吉盛公司与天地人公司签订抵押合同，约定天地人公司将其所使用的土地及在建房屋抵押给吉盛公司。

后因天地人公司无力偿还贷款，吉盛公司诉至法院，法院于2014年8月20日作出判决，判令天地人公司返还吉盛公司借款本金2304万元及利息。诉讼期间吉盛公司未行使抵押权。

2014年10月13日，吉盛公司向法院申请执行。在该案执行过程中，法院于2015年1月6日裁定受理天地人公司申请的破产清算，并指定管理人。

2015 年 4 月 20 日，吉盛公司向天地人公司破产管理人申报债权，并载明“有财产担保的债权”。

2017 年 6 月 7 日，吉盛公司向天地人公司破产管理人送达请求确认优先受偿权申请书。2019 年 11 月 7 日，天地人公司破产管理人向吉盛公司送达无异议债权确认表，将其中 2995 万元确认为普通债权。

2019 年 11 月 26 日，吉盛公司向一审法院提起诉讼，请求法院确认吉盛公司破产债权 2995 万元在天地人公司提供的抵押物范围内享有优先受偿权。

## 裁判要旨

### （一）一审裁判要旨

关于本案的抵押权诉讼时效问题。依照《物权法》第 202 条“抵押权人应当在主债权诉讼时效期间行使抵押权；未行使的，人民法院不予保护”，《民法总则》第 195 条“有下列情形之一的，诉讼时效中断，从中断、有关程序终结时起，诉讼时效期间重新计算：（一）权利人向义务人提出履行请求；（二）义务人同意履行义务；（三）权利人提起诉讼或者申请仲裁；（四）与提起诉讼或者申请仲裁具有同等效力的其他情形”的规定，吉盛公司主债权在法院的起诉时间为 2014 年 2 月 27 日，自该日起主债权诉讼时效中断。主债权对应的判决生效时间为 2014 年 8 月 20 日，申请执行时间为 2014 年 10 月 13 日，故本案诉讼时效再次中断，诉讼时效的重新计算时间为申请执行时间。鉴于吉盛公司与天地人公司等单位借款合同的审理时间在《民法总则》实施之前，故本案适用 2 年诉讼时效，主债权诉讼时效应至 2016 年 10 月 12 日。吉盛公司于 2015 年 4 月 20 日向天地人公司破产管理人申报债权的同时主张该债权有财产担保，故吉盛公司主张的抵押权尚在主债权诉讼时效期间内。天地人公司主张本案已过诉讼时效，于法无据，不予支持。

### （二）二审裁判要旨

吉盛公司作为抵押权人，应在主债权诉讼时效存续期间，即抵押权的司法保护期内以以下两种方式（《物权法》第 195 条第 1 款）行使抵押权：一是与抵押人天地人公司达成协议，以抵押财产折价或者以拍卖、变卖该抵押财产所得价款优先受偿；二是请求有管辖权的人民法院拍卖、变卖抵押财产（《物权法》第 195 条第 2 款)。

吉盛公司因已就其主债权提起诉讼并形成具有强制执行效力的生效判决,故其主债权的诉讼时效不再存在,与之相关的行使抵押权的期限也随之届满,即吉盛公司的抵押权因未及时行使而消灭。吉盛公司行使抵押权是在主债权诉讼时效存续期间届满之后,其虽主张其在主债权诉讼文书生效后及时向人民法院申请强制执行,且在天地人公司及时进行了破产债权申报,但这两种行为不符合抵押权的行使方式,并非行使抵押权。同时,抵押权属于主债权的从权利,抵押权的行使应在主债权的诉讼时效期间内,不适用诉讼时效的中断。因此,吉盛公司的诉讼请求因不符合法律规定,不予支持。

**(三)再审裁判要旨**

抵押权作为担保物权的一种,本身不适用诉讼时效制度,但为了防止抵押权人怠于行使抵押权,充分发挥抵押财产的经济效用,《物权法》规定抵押权人应在主债权诉讼时效期间内行使抵押权,实质在于明确抵押权人应在主债权受到法律保护的期间内行使抵押权。该受到法律保护的期间,在主债权未经生效裁判确定之前,为主债权诉讼时效期间。在主债权经诉讼程序被生效裁判确定后,此时主债权固然不存在诉讼时效问题,但在裁判生效后,主债权不一定就能实现,在债务人未主动履行的情况下,还存在执行问题。只要当事人在申请执行期间内对债务人申请强制执行,参照《物权法》第 202 条之规定,就应视为抵押权人在主债权受到法律保护的期间内行使了权利,抵押权人的权利仍应受到保护。换言之,在主债权经生效裁判确认后,此时的主债权受到法律保护的期间不再是诉讼时效期间,而是申请执行期间。同理,在债务人破产的情况下,此时的主债权受到法律保护的期间就是法律规定的申报债权期间。

综合前述分析,吉盛公司在申请执行期间、法律规定的申报债权期间内行使了主债权,主债权仍在受到法律保护的期间内,相应地,其抵押权也应当受人民法院的保护。二审法院仅以吉盛公司就主债权形成生效判决,主债权的诉讼时效不再存在为由,认定吉盛公司的抵押权因未及时行使而消灭,适用法律错误,本院予以纠正。

## 再审研习

按照法律原文“未行使的,人民法院不予保护”及本案再审裁判要旨解读,抵押权人行使抵押权存在一个受法律保护的期间,在该期间内,抵押权人只要积极行使权利,向抵押人主张抵押权,其抵押权就能够受到法律保护。该受到法律保护的期间,在主债权未经生效裁判确定之前,为主债权诉讼时效期间;在主债权经诉讼程序被生效裁判确定后,为申请执行期间;在债务人破产的情况下,即为法律规定的申报债权期间。

**抵押权人行使抵押权的存续期间**

| 法律名称 | 内容 |
|---|---|
| 《担保法》(已废止) | 未规定。 |
| 《最高人民法院关于适用〈中华人民共和国担保法〉若干问题的解释》(已废止) | 第十二条　当事人约定的或者登记部门要求登记的担保期间,对担保物权的存续不具有法律约束力。<br>担保物权所担保的债权的诉讼时效结束后,担保权人在诉讼时效结束后的二年内行使担保物权的,人民法院应当予以支持。 |
| 《物权法》(已废止) | 第二百零二条　抵押权人应当在主债权诉讼时效期间行使抵押权;未行使的,人民法院不予保护。 |
| 《全国法院民商事审判工作会议纪要》 | 59. 抵押权人应当在主债权的诉讼时效期间内行使抵押权。抵押权人在主债权诉讼时效届满前未行使抵押权,抵押人在主债权诉讼时效届满后请求涂销抵押权登记的,人民法院依法予以支持。以登记作为公示方法的权利质权,参照适用前款规定。 |
| 《民法典》 | 第四百一十九条　抵押权人应当在主债权诉讼时效期间行使抵押权;未行使的,人民法院不予保护。 |
| 《最高人民法院关于适用〈中华人民共和国民法典〉有关担保制度的解释》 | 第四十四条　主债权诉讼时效期间届满后,抵押权人主张行使抵押权的,人民法院不予支持;抵押人以主债权诉讼时效期间届满为由,主张不承担担保责任的,人民法院应予支持。主债权诉讼时效期间届满前,债权人仅对债务人提起诉讼,经人民法院判决或者调解后未在民事诉讼法规定的申请执行时效期间内对债务人申请强制执行,其向抵押人主张行使抵押权的,人民法院不予支持。 |

续表

| 法律名称 | 内容 |
| --- | --- |
| 《最高人民法院关于适用〈中华人民共和国民法典〉有关担保制度的解释》 | 主债权诉讼时效期间届满后,财产被留置的债务人或者对留置财产享有所有权的第三人请求债权人返还留置财产的,人民法院不予支持;债务人或者第三人请求拍卖、变卖留置财产并以所得价款清偿债务的,人民法院应予支持。<br>主债权诉讼时效期间届满的法律后果,以登记作为公示方式的权利质权,参照适用第一款的规定;动产质权、以交付权利凭证作为公示方式的权利质权,参照适用第二款的规定。 |

## 要点提示

**(一)针对抵押权人**

抵押权虽从属于债权,但有其相对的独立性,必须单独主张。抵押权人在主债权诉讼时效期间内除了主张实现主债权外,亦应当主张行使抵押权。为减少诉累以及法律风险,建议抵押权人在主债权诉讼中一并主张行使抵押权。

如前期仅提起了主债权诉讼,则应当在申请法院强制执行时效期间内对债务人申请强制执行,从而保证抵押权的延续,使抵押权能够继续受到法律保护。

如抵押权人为第二顺位抵押,则可关注第一顺位抵押权人的主债权诉讼时效期间是否经过:如已经过,可与相关方沟通注销第一顺位抵押登记;如第一顺位抵押权人不予配合,可考虑在执行程序中通过执行分配方案异议之诉等予以解决。

**(二)针对抵押人**

参照《全国法院民商事审判工作会议纪要》的观点,抵押权人在主债权诉讼时效届满前未行使抵押权的,抵押人在主债权诉讼时效届满后可以向人民法院请求涂销抵押权登记。

抵押人应积极关注自身财产,对于抵押权人怠于行使抵押权,主债权诉讼时效期间已经过的情况,可以主动向法院提起注销抵押登记的诉讼,请求抵押权人协助办理注销手续;如抵押权人不予配合,可在取得生效判决后向法院申请强制执行,在取得法院协助执行通知书后单方面向登记部门申请注销抵押登记。笔者亦曾经办过一起依据上述规定,在取得法院判决后成功注销抵押登记的案例。

**法条链接**

《民法典》第四百一十九条

《最高人民法院关于适用〈中华人民共和国民法典〉有关担保制度的解释》第四十四条

《全国法院民商事审判工作会议纪要》第五十九条

## Case 10 不动产抵押未办理登记，抵押人应承担何种责任

再审法院：最高人民法院

再审案例：（2021）最高法民申 2606 号

在不动产抵押引发的诸多纠纷中，抵押人未按约办理抵押登记的情形屡见不鲜，此时抵押人应承担何种责任？应承担违约责任还是担保责任？司法观点不一。本文将通过一则再审案例，并结合现行规定对此进行分析。

### 基本案情

2015 年 1 月 29 日，工行大港支行与沃森公司签订了《国内信用证开证合同》，约定工行大港支行为沃森公司开立国内信用证。同日，宁基公司作为抵押担保人与沃森公司共同出具承诺书，内容为：沃森公司在工行大港支行处开立延期国内信用证 3000 万元，宁基公司以名下位于天津市宁河区桥北新区面积总计约 1600 平方米、价值约 3200 万元的商品用房为该笔融资追加抵押，待该抵押物竣工及房产证齐全后及时办理抵押手续。

上述合同签订后，工行大港支行于 2015 年 1 月 29 日指令所属二级支行中国工商银行天津迎宾支行开立一张金额为 3000 万元的"中国工商银行信用证"，付款期限为运输单据日后 179 天。

2015 年 7 月 27 日信用证到期后，工行大港支行划扣沃森公司的保证金后仍未有足够的资金用于支付信用证款项，造成工行大港支行为沃森公司垫付 20,996,850 元。

因沃森公司一直未履行还款义务，工行大港支行诉至法院，其中要求宁基公司在其抵押担保的天津市宁河区桥北新区面积总计约 1600 平方米的商

品用房价值范围内对沃森公司的债务承担连带清偿责任。



## 裁判要旨

**(一)一审裁判要旨**

关于抵押担保问题,一审法院认为:宁基公司虽然出具了承诺书,承诺以其名下商品用房作为抵押,为30,000,000元的信用证提供担保,但是,事后双方并未办理抵押登记,且工行大港支行未能提供证据证实未能办理抵押登记的责任在于宁基公司,故对工行大港支行提出的相应诉请,本院不予支持。

**(二)二审裁判要旨**

关于宁基公司是否应基于承诺书承担赔偿责任问题,二审法院认为:不动产抵押合同依法成立,但未办理抵押登记手续,债权人请求抵押人办理抵押登记手续的,人民法院依法予以支持。因抵押物灭失以及抵押物转让他人等而不能办理抵押登记,债权人请求抵押人以抵押物的价值为限承担责任的,人民法院依法予以支持,但责任范围不得超过抵押权有效设立时抵押人所应当承担的责任。不动产抵押物未进行抵押登记,抵押权未设立,不影响抵押合同的效力,抵押合同有效,抵押人应承担在不能办理抵押登记情况下的损害赔偿责任。涉案《承诺书》记载,以宁基公司"位于天津市宁河区桥北新区××号××号楼××层面积总计约1600平方米价值约3200万元的商品用房"为涉案信用证作抵押,该承诺书有抵押人宁基公司的签章确认。本院认为,承诺书系当事人真实意思表示,且未违反法律、行政法规的强制性规定,应认定《承诺书》合法有效。虽然抵押人宁基公司未办理抵押登记,抵押权未设立,但不影响承诺书的合法效力。工行大港支行关于宁基公司应基于《承诺书》承担责任的请求具有法律依据。在本案中,因抵押权没有成立,且承诺书没有明确约定由宁基公司承担连带责任,故应当认定宁基公司在主债务人沃森公司不能清偿时以抵押物价值32,000,000元为限承担相应责任。

**(三)再审裁判要旨**

最高人民法院认为,该承诺书具备了抵押合同的主要内容,应当认定该抵押合同成立并生效。依据《物权法》的相关规定,不动产抵押物未进行抵押登记,抵押权未设立,但不影响抵押合同的效力。二审判决认定抵押合同成立并生效,依据充分,并无不当。宁基公司作为能够掌握不动产权利证明的抵押物权利人,是办理不动产抵押登记的主要义务人。在本案中,宁基公司申请再审称,2020 年 5 月案涉不动产抵押物取得了房产证,但直至 2020 年 12 月 24 日二审判决作出时,宁基公司仍未办理案涉不动产抵押登记。二审判决认为抵押人应承担在不能办理抵押登记情况下的损害赔偿责任,判决宁基公司在主债务人沃森公司不能清偿时以抵押物价值为限承担相应赔偿责任,不存在认定事实缺乏证据证明,适用法律错误而应予再审的情形。因此,最高人民法院裁定驳回宁基公司的再审申请。



## 再审研习

**(一)抵押合同的成立与抵押权的设立**

《民法典》第 215 条确立了物权变动的原因行为与物权变动的区分原则,明确区分了合同效力(物权变动原因)与物权效力(物权变动结果)。至于抵押合同成立后,抵押权是否设立,应作具体考察,不可一概而论。《民法典》第 402 条至第 404 条关于抵押权设立的基本原则是:对于不动产抵押,原则上采登记生效主义,抵押权自登记时设立;对于动产等其他财产来说,则采登记对抗主义,抵押权自抵押合同生效时设立,未经登记只是不得对抗善意第三人。因此,签订不动产抵押合同但未办理抵押登记的,抵押合同有效成立,但抵押权未设立。

**(二)抵押权未设立的,抵押人应承担何种责任**

在未办理登记的不动产抵押合同中,抵押权未设立,抵押人应承担何种责任,司法观点不一。

观点一:违约责任说(前述再审案例采用此观点)

仅签订不动产抵押合同未办理抵押权登记的,抵押权并未设立,债权人主张抵押权缺乏法律依据,但仍可依据抵押合同请求抵押人承担违约责任,包括要求抵押人继续履行办理抵押登记义务,以及在不能办理抵押登记情况下承担违约损害赔偿责任。鉴于基于违约责任赔偿的是履行利益损失,因此,抵押人应以抵押物的价值为限向债权人承担违约责任。

观点二:担保责任说

无论抵押人是否违反办理抵押登记的义务,根据《民法典》第215条之区分原则,债权人即可依据有效之抵押合同要求抵押人承担抵押合同上的担保义务。此种担保在性质上属于债权,是介于保证与抵押权之间的非典型担保。其与保证合同的相同之处在于二者均属人保范畴,不同之处在于保证系以保证人不特定财产进行担保,而此种不规则担保系以特定物进行担保。其与抵押权的相似之处在于二者均以特定物提供担保,不同之处在于前者属于债权担保,后者属于物权担保。当债权人要求抵押人承担抵押合同上的担保责任时,抵押人应以抵押物价值为限承担连带清偿责任,而非补充清偿责任。

笔者认为,在已签订不动产抵押合同但未办理抵押登记时,抵押人承担的是违约责任还是保证责任,其区别在于如何认定抵押合同与主合同的关系。

违约责任说从抵押合同着眼,认为抵押人未履行抵押合同项下的办理抵押登记义务,本身就是违反抵押合同的违约行为,应承担相应的违约责任,包括继续办理抵押登记以及承担不能办理抵押登记情况下的损害赔偿责任。与违约责任说不同,担保责任说则着眼于抵押合同与主合同的关系,认为抵押合同是主合同的从合同,当事人签订抵押合同的目的就在于为主债务的履行设定担保,因此抵押人应承担担保责任。鉴于抵押权并未设立,此种担保责任并非抵押责任,债权人不享有优先受偿权。此种责任亦非保证责任,因为保证合同中的保证人应以自己的全部责任财产为主债务担保;而在抵押合同责任中,抵押人仅以抵押财产的价值为限承担担保责任,类似于有限保证,本质上属于非典型担保的一种。

综上,违约责任说与非典型担保说的抵押人均须以抵押物的价值为限承担责任。但非典型担保说不仅于法无据,而且在理论上也过于牵强;反观违约责任说既有合同依据又有法理依据,故采违约责任说更具说服力。

**(三)抵押人承担的是补充责任还是连带责任**

判断抵押人承担的是补充责任还是连带责任,主要着眼于抵押合同与主合同的关系。

连带责任说的主要依据是,既然抵押人承担的是类似于保证责任的非典型担保责任,则根据我国以连带责任为原则的法理,抵押人自然应当与债务人承担连带责任，只不过其责任范围并不以主债务为限，而是以抵押物的价值为限。

但《民法典》第178条第3款明确规定，“连带责任，由法律规定或者当事人约定”。据此，在未办理不动产抵押登记的情形下，法律对担保人之责任形态未作规定，如当事人未约定承担连带责任，认定抵押人承担连带责任似缺乏法律依据。就此而言，除非抵押合同明确约定抵押人承担连带责任，否则，其仅在债务人不能清偿时承担补充责任。此种补充责任是以抵押物价值为限承担的责任，而不是以抵押人的全部责任财产承担的责任。在抵押物毁损灭失或被处分的情况下，仍应作相同理解。

## 要点提示

不动产抵押权的设立以登记为必要，签订抵押合同但未办理抵押登记的，抵押权并未设立，债权人主张享有抵押权的，不应得到支持。但是否登记并不影响抵押合同的效力，抵押合同有效成立后，就对双方具有约束力。如抵押人依约负有办理抵押登记的义务，但因抵押物灭失或转让而不能办理抵押登记，抵押人应承担相应的违约责任，即以抵押物的价值为限赔偿债权人履行利益的损失。连带责任须有明确的法定或约定依据，在双方并未约定抵押人承担连带责任的情况下，债权人请求抵押人承担连带责任的，不应得到支持。

**法条链接**

《最高人民法院关于适用〈中华人民共和国民法典〉有关担保制度的解释》第四十六条

# Case 11 能否冻结、扣划银行保证金账户中的款项

再审法院：最高人民法院

再审案号：（2019）最高法民再198号

执行法院通过网络查控系统对被执行人名下的银行账户、不动产、有价证券等进行查控，可能会涉及当事人在银行开立的保证金账户。在保证金账户中的款项被法院冻结、扣划时，如被执行人或者利害关系人不提出执行异议，则法院一般情况下不会改变执行措施，但执行法院的该行为可能会损害有关权利人的优先受偿权。笔者通过对最高人民法院一则经典再审案例的解读，来与大家探讨银行保证金账户中款项的有关执行问题，保证金账户的权利人能否申请排除强制执行，以及申请排除执行所应具备哪些条件。

## 基本案情

2015年7月20日，西安一得贸易有限公司（以下简称西安一得公司）与陕西秦农农村商业银行股份有限公司沣东支行（以下简称秦农银行沣东支行）签订《合作协议书》，约定西安一得公司为其经营商户的贷款提供担保，并开立尾号为671的保证金账户，按担保借款金额20%的比例缴纳保证金，若借款人或者担保人到期不能偿还借款本息，银行有权直接扣收质押保证金等。

协议书签订当日，西安一得公司按约定开立了尾号为671的保证金账户。之后秦农银行沣东支行向57户商户发放贷款，西安一得公司亦按约定缴纳保证金。截至2016年9月29日，缴纳至尾号为671账户的保证金共计1138万余元。

后经西安一得公司申请，秦农银行沣东支行及其下属的二级支行层级批

准，分5次共计退还西安一得公司1000余万元，西安一得公司用该款项来偿还所担保的贷款利息及其在该行其他支行的贷款。截至2016年9月29日，尾号为671的账户余额为103万余元。

2016年10月8日，法院在执行西安沣祥工贸有限责任公司（以下简称沣祥公司）与吴某鸿（西安一得公司）借款合同一案时，冻结并扣划了西安一得公司尾号为671的账户中的103万元。秦农银行沣东支行提出执行异议，被驳回后遂提起本案案外人执行异议之诉，以尾号为671的账户系保证金账户为由，请求排除执行。

## 裁判要旨

**（一）一审裁判要旨**

本案审理的焦点问题为，秦农银行沣东支行对西安一得公司开立在秦农银行天台路支行尾号为671的账户内的103万元资金是否享有足以排除人民法院强制执行的民事权益以及对该资金是否享有质权。根据西安一得公司缴纳保证金的时间、金额及案涉账户资金能够对应相应借款等事实，同时根据一审法院对案涉账户资金去向的审查，即该账户资金除用于担保有关业务外，未发现其他用途，可以认定秦农银行沣东支行主张的其对案涉账户内的资金享有质权的理由成立。

秦农银行沣东支行对涉案账户内的资金享有足以排除强制执行的民事权益，在保证金所担保的债权未清偿前，在秦农银行沣东支行对户名西安一得公司、尾号为671的账户内的资金享有质权的情况下，不得执行该账户内的资金。

**（二）二审裁判要旨**

本案争议的焦点是尾号为671的账户内的资金是否特定化和债权人是否实际占有控制账户资金。现有证据证实已经退还的1000余万元保证金仅有部分用于偿还《合作协议书》项下西安一得公司所担保的秦农银行沣东支行的逾期债权，大部分用于偿还西安一得公司自己在秦农银行其他支行的借款利息或其所担保的秦农银行下属其他支行的债权，实际突破了案涉尾号为671的账户资金的保证金特定用途，影响了该资金的特定化，导致秦农银行沣东支行在尾号为671的账户资金上并未合法设立有效的金钱质押权，不能排除人民法院的强制执行。

**（三）再审裁判要旨**

保证金账户系债权人与保证人按约定设立，债权人对该账户实际控制管理，该账户内的款项符合金钱以保证金的形式特定化及移交债权人占有的条件，可以认定债权人与保证人对该账户内的款项设立了质权。经保证人申请，债权人及其相关下属支行层级批准后退还部分保证金是在案涉账户内的款项已设立质权的前提下，债权人作为质权人放弃部分质押财产的行为，该行为并未改变债权人对案涉账户内款项的实际控制及账户内剩余款项的性质和用途。债权人对保证金账户的款项享有质权，足以排除强制执行。

## 再审研习

从上述再审案例中法院的裁判思路来看，能否排除法院对保证金账户内款项的执行措施，关键在于"该账户内的款项是否符合金钱以保证金的形式特定化及移交债权人占有"。

保证金特定化的实质意义在于使特定数额金钱从出质人财产中划分出来，成为一种独立的存在，使其不与出质人其他财产相混同，同时使转移占有后的金钱也能独立于质权人的财产，避免特定数额的金钱因占有即所有的特征混同于质权人和出质人的一般财产中。具体到保证金账户的特定化，就是要求该账户区别于出质人的一般结算账户，使该账户资金独立于出质人的其他财产。在《民法典》施行之前，最高人民法院早于2000年在《最高人民法院关于适用〈中华人民共和国担保法〉若干问题的解释》第85条中，就保证金特定化问题作出了规定："债务人或者第三人将其金钱以特户、封金、保证金等形式特定化后，移交债权人占有作为债权的担保，债务人不履行债务时，债权人可以以该金钱优先受偿。"《民法典》颁布后，最高人民法院又在《最高人民法院关于适用〈中华人民共和国民法典〉有关担保制度的解释》第70条第1、2款中，再次就此问题作出了规定："债务人或者第三人为担保债务的履行，设立专门的保证金账户并由债权人实际控制，或者将其资金存入债权人设立的保证金账户，债权人主张就账户内的款项优先受偿的，人民法院应予支持。当事人以保证金账户内的款项浮动为由，主张实际控制该账户的债权人对账户内的款项不享有优先受偿权的,人民法院不予支持。在银行账户下设立的保证金分户,参照前款规定处理。”根据上述规定,以及《人民币银行结算账户管理办法》第13条第1款规定的“专用存款账户是存款人按照法律、行政法规和规章,对其特定用途资金进行专项管理和使用而开立的银行结算账户”,在实践中,保证金账户主要体现为以下3种情形:第一,债务人或者第三人设立专门的保证金账户并由债权人实际控制;第二,债务人或者第三人将其资金存入债权人设立的保证金账户;第三,在一般存款账户等其他账户名下设立保证金分户。即设立保证金账户既可以是设立专门的保证金账户,也可以是在银行账户下设立保证金分户,但无论是何种形式,只要设立了专门的保证金账户,并且由债权人实际控制该账户,即可满足保证金账户特定化的要求。

然而,在实务中,对于保证金账户的约定以及使用存在诸多不规范的情况,比如当事人虽然在协议中约定了保证金账户,但对于保证金所担保的主债权约定不明,保证金账户中的金额与协议约定的担保条款不符,或者保证金账户中的资金用于非担保事项等,不一而足。在司法实践中,在上述情形下即便当事人将某账户约定为“保证金”账户,但账户内款项并不符合金钱以保证金的形式特定化及移交债权人占有的标准,并不能形成有效的质权,不能排除法院的强制执行。

## 实务建议

对于执行案件中的申请执行人来讲,其可以申请法院对被执行人名下的全部银行账户进行冻结扣划,不必区分账户的性质,事实上申请执行人也没有能力加以区分。如被执行人或者案外人提出执行异议或者执行异议之诉,法院会对有关事实进行审理,并依法作出裁判。对于“保证金账户”问题,申请执行人一方,可以将“该账户内的款项没有特定化及移交债权人占有”作为抗辩理由,来达到对名为“保证金账户”,而实际上并未形成质权的款项采取执行措施的目的。

对于执行案件中的被申请人及利害关系人而言,如被采取执行措施的银行账户为保证金账户,则被申请人及利害关系人应在终结执行前提出执行异议，并举证证明"该账户内的款项符合金钱以保证金的形式特定化及移交债权人占有的条件"，以达到排除执行的目的。

**法条链接**

《最高人民法院关于适用〈中华人民共和国民法典〉有关担保制度的解释》第七十条

## Case 12 在非法吸收公众存款案件中，担保人是否应清偿借款利息

再审法院：最高人民法院

再审案号：（2020）最高法民申 5587 号

对于非法吸收公众存款(以下简称非吸)罪的出借人,其除了自刑事程序获赔外,法律还赋予了其通过民事途径向担保人主张承担担保责任、清偿债务的权利。在实践中,以往案例多支持担保人应当偿还出借人的全部本金及合法利息,而最高人民法院的一再审裁定以及河北省高级人民法院的一再审判决,或显示出司法裁判有了新的趋势。

### 基本案情

浙鑫公司作为担保人通过银行收取了彭某等 17 人资金 2329 万元,由浙鑫公司再向中汇公司等出借资金。后因彭某等人索要借款,中汇公司与鑫鑫公司协商,用双方合作开发的部分房产折抵中汇公司欠浙鑫公司的债务。随后,各方签订六方协议书、二方协议书,约定彭某为第三方债权人享有“以房抵债”而购买鑫鑫公司和中汇公司合作开发项目 2299.63 平方米的商铺所有权。在此基础上,鑫鑫公司和彭某等签订房屋回购协议,彭某将所享有的 2299.63 平方米商铺以回购的方式,退卖给鑫鑫公司,并对退还金额、违约责任等作出明确约定。后彭某起诉要求鑫鑫公司向其偿还借款本息,并由中汇公司承担连带责任。

在另一案件中,浙鑫公司法定代表人李某涉嫌非吸犯罪,已由检察机关依法提起公诉,之后彭某等 17 人向浙鑫公司出借款项的事实经刑事非吸审计报告所确认。

## 裁判要旨

**（一）一审裁判要旨**

一审法院认为，尽管浙鑫公司法定代表人李某涉嫌非吸犯罪被提起公诉，但依据河南省高级人民法院（2019）豫民终303号民事裁定书，彭某提起本案诉讼涉及的9间门面房及对应价款未被刑事办案机关列入浙鑫公司犯罪资产，因此应当进行实体审理。彭某请求判令鑫鑫公司与张某华共同偿还借款本金16,777,040元及相应利息，证据充分，予以支持。

**（二）二审裁判要旨**

关于鑫鑫公司应还款数额问题，二审法院认为，相关刑事案件确认彭某等17人的债权额是2322万元；彭某受让后的债权总额为2329万元，其中潘某转让的债权数额比刑事案件审计报告多出20万元，朱某转让的债权数额比刑事案件审计报告多出30万元，均应从债权总额中扣除。故彭某受让后的债权总额应为2279万元。根据刑事案件审计报告，李某、朱某等人已经从浙鑫公司通过多种方式受偿1,936,871元，该款亦应从债权总额中扣除，扣除后的债权总额为20,853,129元。而彭某向鑫鑫公司主张的退房款为18,397,040元，小于其债权总额，亦未损害鑫鑫公司的利益。一审判决确认鑫鑫公司应偿还本金16,777,040元以及按月利率2%计算利息并无不当。

**（三）再审裁判要旨**

最高人民法院则认为，尽管现有证据能够证明各方当事人之间债权转让及债务转移的真实性，但彭某等17人对浙鑫公司享有的基础债权系彭某等17人投入的存款本金及其孳息。彭某等17人作为非吸案件的参与人，其将存款存入浙鑫公司试图获取的高额利息并不受法律保护，不能通过债权转让及债权转移而将其合法化，原审法院认定的利息不妥，并指令河南省高级人民法院再审本案。

遗憾的是，经笔者查询中国裁判文书网，在最高人民法院指令河南省高级人民法院再审后，河南省高级人民法院针对本案作出的（2021）豫民再148号民事判决书并未公布。仅从本案相关的执行异议之诉民事裁定书（2021）豫民终892号披露的内容来看，河南省高级人民法院通过对本案的新判决确认了鑫鑫公司作为受让债权的新债务人仅需承担债务本金，而无须支付相应利息。



## 再审研习

**（一）非吸案件的担保人，在以往司法实践中多被判决承担本息还款责任**

针对在非吸案件中借款人涉嫌非吸犯罪或者被生效裁判认定非吸罪名，出借人与借款人之间的借款关系以及出借人与担保人的担保关系是否真实成立的问题，现行法律采取了“民刑分离”的程序处理模式，即认为借款人涉嫌非吸犯罪或者被生效裁判认定非吸罪名，仅系刑法对借款人一方单独实施的违反相关强制性规定的行为进行的负面评价，而出借人与借款人双方之间的借款关系，出借人与担保人双方之间的担保关系是否成立属典型的民事法律关系，应当根据民法进行评价。如当事人间达成借款与担保的合意是真实的、自愿的，没有损害国家、集体、公共利益或者第三人利益，不具备合同无效的法定情形，则应当尊重当事人间意思自治，认定相应借款合同与担保合同真实有效。

因此，《最高人民法院关于审理民间借贷案件适用法律若干问题的规定》第8条明确赋予了出借人直接起诉担保人的权利。而在借款合同、担保合同均有效的前提下，以往实践多倾向于认定担保人应承担全部的担保责任，即担保人应当承担偿还出借人的全部本金以及合法利息的责任，以此保护出借人的债权利益，如：

1. 吴某军诉陈某富、王某祥及德清县中建房地产开发有限公司民间借贷、担保合同纠纷案【《最高人民法院公报》2011年第11期公报案例】

裁判要旨：从维护诚信原则和公平原则的法理分析，将与非吸罪交叉的民间借贷合同认定为无效会造成实质意义上的不公，会造成担保人以合同无效为由抗辩其担保责任，即把自己的担保错误作为自己不承担责任的抗辩理由的现象，这更不利于保护不知情的债权人，维护诚信、公平也无从体现。债权人要求债务人提供担保人，这是降低贷款风险的一种办法。保证人同意提供担保，应当推定保证人已充分了解行为的后果。若因债务人涉嫌非吸而认定借贷合同无效，根据《担保法》，主合同无效前提下的担保合同也应当无效，保证人可以免除担保责任。债权人旨在降低贷款风险的努力没有产生任何效果,会造成事实上的不公。

2. 屈某军与大连北府集团有限公司、大连天兴房地产开发有限公司等民间借贷纠纷二审民事判决书【最高人民法院(2014)民二终字第142号】

裁判要旨:案涉《借款协议》合法有效,借款关系真实。借款人未按协议约定偿还借款构成违约,出借人要求借款人偿还借款本息有相应的事实及法律依据,担保人亦就借款本息承担连带清偿责任。

3. 曾某、李某保证合同纠纷再审审查与审判监督民事裁定书【四川省高级人民法院(2016)川民申1801号】

裁判要旨:该案当事人之间的借款行为,系当事人的真实意思表示,没有损害国家、集体以及第三人的合法利益,也不存在"以合法形式掩盖非法目的"的情形,因而该借款行为是合法有效的,建立在借款合同之上的担保民事行为亦有效。原审判决担保人承担本息还款责任并无不当。

4. 德阳市天韵文化发展有限公司、刘某慧民间借贷纠纷再审审查与审判监督民事裁定书【四川省高级人民法院(2017)川民申1724号】

裁判要旨:非吸犯罪与民间借贷合同,前者是一方主体实施的行为,后者则是双方主体共同实施的行为,由刑法和民法分别予以评价。该案中的民间借贷合同及保证合同的效力应根据《合同法》的相关规定予以判断。该案中的民间借贷合同和保证合同不存在《合同法》第52条和《最高人民法院关于审理民间借贷案件适用法律若干问题的规定》第13条所规定的无效情形,应属有效。担保人应当承担保证合同约定的保证责任。

5. 延安市建筑总公司房地产开发公司、赵某科保证合同纠纷再审审查与审判监督民事裁定书【最高人民法院(2018)最高法民申6141号】

裁判要旨:由于案涉借款合同并不存在违反《合同法》第52条及《最高人民法院关于审理民间借贷案件适用法律若干问题的规定》第13条规定的情形,故借款合同应为有效合同。担保人关于主合同无效,担保合同亦属无效的诉讼主张不能成立。担保人应当偿还借款人借款本息。

**(二)近年来,司法实践出现担保人不承担借款利息的判决倾向**

除本文引用的再审案例外,河北省高级人民法院作出的(2021)冀民再115号民事判决书也出现了类似倾向。

河北省高级人民法院认为,案涉借款合同、担保合同系当事人真实意思表示,亦不违反法律、行政法规的强制性规定,应认定为有效。但《刑法》第64条规定,犯罪分子违法所得的一切财务,应当予以追缴或者责令退赔。《最高人民法院、最高人民检察院、公安部关于办理非法集资刑事案件适用法律若干问题的意见》第5条规定"向社会公众非法吸收的资金属于违法所得。以吸收的资金向集资参与人支付的利息、分红等回报,以及向帮助吸收资金人员支付的代理费、好处费、返点费、佣金提成等费用,应当依法追缴。集资参与人本金尚未归还的,所支付的回报可予折抵本金……"根据上述规定,非吸的本金及所约定的利息,均已被定性为刑事涉案财物汇总的"违法所得",已经给付的利息,应予以追缴并视情况折抵本金。即从刑事法律适用角度来看,借款人对约定利息不承担偿还责任。保证合同等担保类契约的最大特性就是从属性。保证合同相对于借款合同而言,属于从合同,保证责任相对于主债务而言,属于从债务。这就决定了保证债务无论是成立生效,还是存续转移,抑或范围变更,均依附于主债务。主债务的偿还范围不包括利息,保证责任的范围亦不应包含利息。

综上,虽然案涉保证合同有效,但借款人的责任范围已经被刑事法律强制评价,缩减至本金而不包括利息,所以无论是从主从债务相一致的角度,还是基于公平原则,抑或为避免刑民冲突,作为次债务的保证债务都不含利息。河北省高级人民法院最终判决本案担保人仅承担非吸案件参与人的借款本金,无须承担任何利息。

## 要点提示

早年间的非吸案件,因涉及人数较多,维稳压力较大,一般认定款项出借人为"受害人",甚至有部分案件最终由地方政府买单兑付。而随着非吸案件的不断爆发,近年来,在非吸案件中已不再存在"受害人"这个角色,出借人的身份演变为"参与人"(个别地区在实践中仍沿用了"受害人"的称呼,但根据相应法律规定的精神应理解为"参与人")。因为非吸案件的刑事立法本意在于维护金融管理秩序,打击非法金融业务活动,而参与人的财产权并不在其所保护的法益中,所以法律规定非吸参与人应当对自己的投资损失自担责任,办案机关并没有为其挽回损失的法定义务。但这并不影响出借人通过民事程序保障自身合法权益。

但对于担保人是否应当在民事程序中承担相应借款利息,理论界与实务界均存在一定争议。一种观点认为,在确认担保合同真实有效的前提下,根据当事人间的真实意思表示及诚实信用原则,担保人应当严格按照担保合同的约定对借款利息承担担保责任,实现刑事程序与民事程序"上帝的归上帝,凯撒的归凯撒"。另一种观点则认为,尽管非吸案件中的担保合同被认定为有效,但考虑到相应利息已被刑法认定为"违法所得",需予以追缴并可冲抵本金,在借款人无须支付借款利息的前提下,担保人作为从债务人,无论是基于公平原则,还是为避免刑民冲突,都不应承担超过主债务人的清偿责任。

在以往实务中,包括最高人民法院在内的审理法院大多倾向于第一种观点,即便约定过高的借款利息也多被认可在合法范围内由担保人承担。在多年来严厉打击非吸案件的大背景下,相关部门一直致力于向参与人进行"普法教育",告知各参与人投资有风险,损失需自担。随着民间借贷利率的调低与对职业放贷人的认定和防范,法律对民间借贷行为的限制和要求越来越高,侧面体现出一定程度上不鼓励、不支持的倾向。而本文引用的最新最高人民法院再审裁定和河北省高级人民法院再审判决,也印证了审判机关出现了与以往不同的价值趋向,对非吸案件中的出借利息谨慎处理,审慎认定,乃至完全不予认可。

是保护善意出借人,还是保护善意担保人,法律正在艰难地寻求二者间的平衡。

**法条链接**

《最高人民法院关于审理民间借贷案件适用法律若干问题的规定》(2020 第二次修正)第八条

第五部分

# 再审案例之
# 公司相关纠纷篇

5

PART

Case 1

# 免职的法定代表人可诉请公司限期涤除工商登记

再审法院：最高人民法院

再审案号：（2022）最高法民再 94 号

在实践中，存在着大量公司法定代表人已实际变更，但未办理变更登记的情况。若公司成为被执行人，法定代表人可能会被限制高消费，生活受到影响。此时，法定代表人可通过提起“请求变更公司登记纠纷”诉讼予以救济。本文通过分析最高人民法院的一起再审改判案例，为在实务中办理该类诉讼案件提供参考思路。

## 基本案情

宝塔房地产公司于 2013 年 3 月 26 日成立，注册资本 2000 万元，宝塔投资公司和嘉鸿公司为其股东，宝塔投资公司认缴出资 1900 万元，嘉鸿公司认缴出资 100 万元，韦某兵担任宝塔房地产公司的董事长及法定代表人。

宝塔房地产公司章程第 13 条规定：“宝塔房地产公司股东会是公司的权力机构，有权选举和更换董事。”章程第 19 条规定：“董事会董事由股东委派，董事会对股东会负责，执行股东会决议，董事长由董事会选举产生。”章程第 26 条规定：“董事长为公司法定代表人。”

2017 年 7 月 20 日，宝塔投资公司出具的“免职通知书”载明：“韦某兵：根据宝塔石化集团宝总发〔2017〕63 号总裁办文件，本公司现通知你，免去你在宝塔房地产公司董事长、法定代表人职务……本公司已将对你的免职决定通知另一股东新疆嘉鸿投资有限公司，该公司未提出异议。本通知自发出之日生效。”

在韦某兵被免职后,宝塔房地产公司一直未为其办理法定代表人工商变更登记。韦某兵遂诉至法院,要求宝塔房地产公司为其办理法定代表人工商变更登记。

## 裁判要旨

**(一)一审裁判要旨**

公司法定代表人依照公司章程的规定,由董事长、执行董事或者经理担任,并依法登记。公司法定代表人变更,应当办理变更登记。公司变更法定代表人的,应当自变更决议或者决定做出之日起30日内申请变更登记。在本案中,原告未提交宝塔房地产公司章程,不能证明该公司对于法定代表人任免的规定。原告韦某兵起诉要求变更宝塔房地产公司工商登记的法定代表人,但未提交有效证据证明宝塔房地产公司曾作出决议或决定将公司法定代表人进行变更登记,其应当对此承担举证不能的法律后果。

**(二)二审裁判要旨**

《公司法》第13条规定:"公司法定代表人依照公司章程的规定,由董事长、执行董事或者经理担任,并依法登记。公司法定代表人变更,应当办理变更登记。"在本案中,韦某兵未提交宝塔房地产公司的章程,不能证明该公司对于法定代表人任免的规定,也未提交证明宝塔房地产公司作出决议或决定将公司法定代表人进行变更登记的有效证据,宝塔投资公司、嘉鸿公司未拒绝办理变更登记,韦某兵的诉求不符合《公司法》的相关规定,其上诉请求不能成立,应予驳回。

**(三)再审裁判要旨**

再审法院认为,本案案由为请求变更公司登记纠纷,争议焦点主要为宝塔房地产公司应否为韦某兵办理公司法定代表人工商变更登记。综合本案情况,宝塔房地产公司应当为韦某兵办理公司法定代表人工商变更登记,理由如下:

1.宝塔房地产公司已经终止与韦某兵之间的法定代表人委托关系,韦某兵已经不具有代表公司的法律基础。

法定代表人是对外代表公司意志的机关之一,登记的法定代表人依法具有公示效力，但就公司内部而言，公司和法定代表人之间为委托法律关系，法定代表人行使代表人职权的基础为公司权力机关的授权，公司权力机关终止授权则法定代表人对外代表公司从事民事活动的职权终止，公司依法应当及时办理工商变更登记。

在本案中，宝塔房地产公司章程第 13 条规定："宝塔房地产公司股东会是公司的权力机构，有权选举和更换董事。"该章程第 19 条规定："董事会董事由股东委派，董事会对股东会负责，执行股东会决议，董事长由董事会选举产生。"该章程第 26 条规定："董事长为公司法定代表人。"2013 年 3 月 26 日，宝塔房地产公司成立，韦某兵任董事长兼法定代表人，并办理了工商登记。因此，韦某兵系受公司权力机关委托担任公司法定代表人。韦某兵被通知免职后，未在该公司工作，也未从公司领取报酬。

在本案诉讼中，嘉鸿公司明确表示韦某兵知晓并同意公司决定，因此，可以认定宝塔房地产公司两股东已经就韦某兵免职作出了股东会决议并通知了韦某兵，该决议符合宝塔房地产公司章程规定，不违反法律规定，依法产生法律效力，双方的委托关系终止，韦某兵已经不享有公司法定代表人的职责。

2. 宝塔房地产公司怠于履行义务，对韦某兵的权益造成了损害，依法应当办理法定代表人变更登记。

根据《企业法人法定代表人登记管理规定》第 6 条"企业法人申请办理法定代表人变更登记，应当向原企业登记机关提交下列文件：(一)对企业原法定代表人的免职文件；(二)对企业新任法定代表人的任职文件；(三)由原法定代表人或者拟任法定代表人签署的变更登记申请书"，以及第 7 条"有限责任公司或者股份有限公司更换法定代表人需要由股东会、股东大会或者董事会召开会议作出决议……"之规定，宝塔房地产公司只需提交申请书以及对原法定代表人的免职文件，对新法定代表人的任职文件，以及股东会、股东大会或者董事会召开会议作出的决议即可自行办理工商变更登记。

在本案中，韦某兵被免职后，其个人不具有办理法定代表人变更登记的主体资格，宝塔房地产公司亦不依法向公司注册地工商局提交变更申请以及相关文件，导致韦某兵在被免职后仍然对外登记公示为公司法定代表人，在宝塔房地产公司相关诉讼中被限制高消费等，这已经给韦某兵的生活造成实际影响，侵害了其合法权益。除提起本案诉讼外，韦某兵已无其他救济途径，故韦某兵请求宝塔房地产公司办理工商变更登记,依法有据,应予支持。



## 再审研习

原则上,包含法定代表人在内的任何公司变更登记事项均属于公司内部自治范围,由其独立决策,司法不宜强行干预,除非股东之间能够形成合法有效的内部决议。本案再审之所以最终支持了原告的诉请,是因为原告被公司免职后,有相关的"免职通知书"并送达各方,最高人民法院经审查后认为宝塔房地产公司已经终止与韦某兵之间的法定代表人委托关系,韦某兵已经不具有代表公司的法律基础。

**(一)案件管辖法院**

"请求变更公司登记纠纷"是因与公司登记事项相关的公司内部相对人要求公司向登记部门变更公司登记信息所产生的纠纷。《市场主体登记管理条例》第8条第1款规定:"市场主体的一般登记事项包括:(一)名称;(二)主体类型;(三)经营范围;(四)住所或者主要经营场所;(五)注册资本或者出资额;(六)法定代表人、执行事务合伙人或者负责人姓名。"

《最高人民法院关于适用〈中华人民共和国民事诉讼法〉的解释》第22条规定:"因股东名册记载、请求变更公司登记、股东知情权、公司决议、公司合并、公司分立、公司减资、公司增资等纠纷提起的诉讼,依照民事诉讼法第二十六条规定确定管辖。"《民事诉讼法》第27条规定:"因公司设立、确认股东资格、分配利润、解散等纠纷提起的诉讼,由公司住所地人民法院管辖。"故当事人在变更公司登记方面存在纠纷时应向公司住所地人民法院提起诉讼。

**(二)法院裁判观点总结**

在"请求变更公司登记纠纷"中,以法定代表人请求涤除登记的情况最为普遍。在该类纠纷中,法定代表人起诉要求公司限期变更其工商登记中的法定代表人事项。近年来,不同法院的处理结果往往有所不同,主要有以下几种:

1.法院认为属于公司自治范畴,裁定驳回起诉

部分法院认为变更法定代表人属于公司的自治事项,不属于人民法院应当受理的民事诉讼范围,故直接裁定驳回起诉。但该种观点已被(2020)最高

法民再88号案否定。在该案中,法院确立的规则为,公司的法定代表人辞职后,因公司拒不办理法定代表人变更登记,起诉要求公司履行股东决议办理变更公司法定代表人工商登记的,系平等主体之间的民事争议,属于人民法院受理民事诉讼的范围。原告对此有诉的利益,符合起诉条件,不具有提起诉讼的障碍事由的,人民法院应当予以立案受理。至于原告的诉讼请求是否具有事实和法律依据,应否予以支持,应通过案件的实体审理予以判定。

2. 法院不支持涤除法定代表人登记诉请的情形

(1)法定代表人应举证证明公司已经就法定代表人变更事项作出有效决议,法院原告未完成举证责任而驳回其诉讼请求。

在不支持的案例中,法院的观点基本与本案一审、二审观点一致,认为法定代表人变更登记属于公司的内部自治事项,应由公司内部机关决议确定,变更法定代表人需要取得公司权力机关决议,由于原告未完成举证责任,从而驳回诉讼请求。如在(2018)京02民终6292号案中,法院认为公司法定代表人的选任属于公司内部事务,由公司依据相关法律规定及公司章程作出决定,田某文未能举证证明朗途融通公司已经作出变更法定代表人的决议或决定,其要求朗途融通公司办理公司法定代表人工商变更登记没有事实和法律依据,不予支持。

(2)挂名法定代表人不能成为法定代表人主张涤除法定代表人登记事项的理由。

《最高人民法院关于限制被执行人高消费及有关消费的若干规定》第3条第2款规定:“被执行人为单位的,被采取限制消费措施后,被执行人及其法定代表人、主要负责人、影响债务履行的直接责任人员、实际控制人不得实施前款规定的行为。因私消费以个人财产实施前款规定行为的,可以向执行法院提出申请。执行法院审查属实的,应予准许。”执行法院通常会在将法人列入失信被执行人以及限制高消费名单的同时,将其法定代表人同步列入限制高消费名单。此条规定的本意就是通过限制法定代表人促使其监督或者代替失信公司尽快履行清偿责任。为避免个别企业法定代表人为规避“限高”措施,通过诉讼方式来解决“限高”困境,法院往往会从严把握,即使法定代表人仅挂名,也不是可以涤除登记的理由。

如在(2021)沪01民终7912号案中,法院认为即便孙某仅为挂名执行董事和法定代表人,未实际参与公司经营管理,也并不能成为其主张涤除法定代表人登记的理由。孙某对其任职是完全同意的,故作为具有完全民事行为能力的成年人,应当对自身的行为所造成的风险负责。

3. 法院支持涤除法定代表人诉请的情形

除了本文案例外,在司法实践中还有以下几类诉请得到法院支持的常见情形,具体如下:

(1)当公司内部治理失范,且有证据证实该状况已对相关权利主体利益造成侵害或者发生侵害的可能时,司法可以有条件地介入并提供救济。

如在(2020)粤01民终9854号案中,法院认为公司法定代表人的选举、任命和登记,属于公司内部治理范畴,在一般情况下,只要相应选举程序符合法律规定的条件,司法不应予以介入。但是,当公司内部治理失范,且有证据证实该状况已对相关权利主体利益造成侵害或者发生侵害的可能时,司法可以有条件地介入并提供救济。在该案中,从张某提交的证据来看,中某城公司虽对于变更法定代表人登记工作从未拒绝,但自张某于2011年提出辞职并获批,直至双方诉讼发生之日,中某城公司一直未履行其承诺的变更义务。此外,从张某提交的另案生效裁定书来看,中某城公司未进行法定代表人的工商变更,直接影响了张某的征信和日常生活的便利性。因此,纵然中某城公司对配合履行变更登记并无异议,但鉴于中某城公司未能实际履行变更承诺的客观事实,张某有权以诉讼方式请求完成中某城公司法定代表人的变更登记手续。

(2)在有证据证明挂名法定代表人与挂名企业不存在实质关联的情况下,法定代表人可起诉要求公司办理涤除登记事项。

法人在性质上属于法律拟制人格,主要通过其法定代表人对外开展民事活动。这就要求法定代表人与其所代表的法人之间存在实质关联性。如在(2020)京0106民初22204号案中,法院即认为依据史某提供的证据,史某在2018年1月至2020年5月实际在东兆长泰集团公司工作并实际缴纳社保,现有证据无法证明其实际在实业公司工作,参与日常经营管理及领取任何报酬。且根据实业公司章程,执行董事为公司的法定代表人,由股东会选举产生,但对于选举史某作为执行董事的股东会决议,作为股东之一的资产管理公司既未参会也不知情。故有理由认为由史某担任实业公司法定代表人既违背了实业公司章程的规定，也背离了公司法的立法宗旨，更不利于维护正常的社会经济秩序。

此外，在(2021)京0101民初12115号案中，法院从3个角度出发论述了其支持原告诉讼请求的理由，值得参考。

第一，从法定代表人制度的立法宗旨来看，法定代表人应当与公司之间存在实质关联性。依据《公司法》第13条，公司的法定代表人需由担任特定职务的人出任，由其依法行使公司的经营管理权和决策权。法定代表人与公司之间的实质关联性主要体现在法定代表人应参与公司的经营管理。

第二，从法定代表人与公司之间的法律关系来看，两者之间属于委任关系，现行法律对委任关系并无特别规定，从法理上可认为委任关系本质上属于民法典上的委托范畴，准用委托代理关系。原告作为法定代表人可以行使单方解除权，不再担任法定代表人。

第三，从保护自然人合法权益的角度来看，虽然变更法定代表人系公司自治事务，司法应谨慎介入，但当法定代表人与公司之间的利益冲突已无法通过公司自治机制解决，或者穷尽了公司自治救济程序仍无法解决时，便有了司法介入的必要性。

## 实务建议

第一，诉前向公司提出变更请求，证明已穷尽救济手段仍无法解决转而求助司法救济。由于变更法定代表人系公司自治事务，司法应谨慎介入，故只有在法定代表人与公司之间的利益冲突已无法通过公司自治机制解决，或者穷尽了公司自治救济程序仍无法解决时，才有司法介入的必要性。法定代表人向人民法院请求变更公司登记，首先需要证明其已依照公司章程规定的程序向公司机关提出变更请求，非因其自身原因而未能完成变更决议和登记程序。

第二，将公司及股东(或实际控制人)列为共同被告，要求公司限期办理变更登记，股东等予以配合。股东会是公司的权力机关。公司未及时变更法定代表人实际上是股东及董事未及时履行职责。虽然公司此时是被诉主体，但是真正的责任主体不仅包括公司，还包括股东、实际控制人等。据此，在诉讼中,除了将公司列为被告,还可以考虑将其他股东(或实际控制人)一并列为被告,由其配合办理变更登记,以使判决具有可执行性。

**法条链接**[①]

《公司法》(2018 修正)第十三条

① 因本书所述案例发生于《公司法》(2023 修订)施行前,为便于阅读,法条仍链接《公司法》(2018 修订)。

Case 2

# 公司为自身股转款支付提供担保时担保条款的效力

再审法院：最高人民法院

再审案号：（2021）最高法民申 2177 号

在公司股权转让过程中，部分转让方会要求目标公司对股权受让方的股转款支付义务提供担保，对于此类担保条款的效力，在实践中不乏争议。一些法院将其认定为有效，另一些法院则认为该类条款因违反公司法关于股东不得抽逃出资的规定而无效。本文拟通过最高人民法院的一则再审案例浅析相关裁判规则。

## 基本案情

净雅公司持有海诺公司 100% 的股权。2011 年 5 月 10 日，净雅公司（甲方）与王某、章某乐（共同作为丁方）、海诺公司（丙方）及其他主体（乙方与戊方），共同签订《协议书》一份。

《协议书》约定：甲方同意将其持有的丙方 100% 股权全部转让给丁方或丁方指定方，股权转让价款由丁方分两次支付，第一笔股转款为 3258 万元，第二笔股转款为 2800 万元。甲方将丙方交接给丁方后，丙方、乙方、戊方共同对丁方向甲方的股转款支付义务承担连带清偿责任。缔约各方当事人均在该《协议书》中签字或盖章，但海诺公司项下仅加盖了印章，无代表人或代理人签字。缔约承担担保责任的公司均提交了同意承担担保责任的股东会决议，但海诺公司未提交股东会决议。

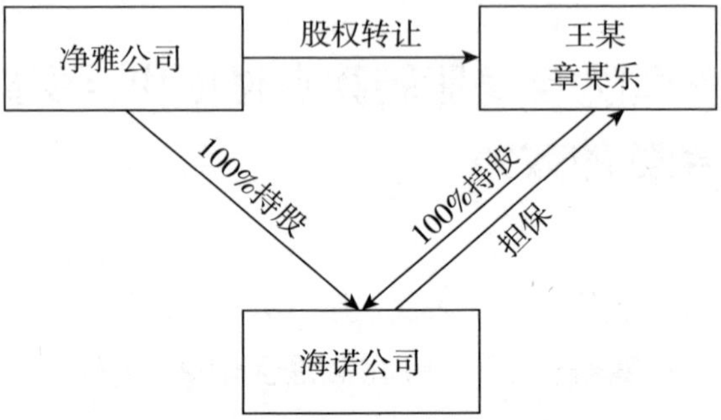


此后,王某、章某乐向净雅公司支付了第一笔股权转让款 3258 万元,紧接着双方完成了公司交接和股权变更登记手续。第一笔股转款支付后,王某、章某乐未向净雅公司支付第二笔股转款,净雅公司遂向法院提起诉讼请求支付第二笔股转款,并由海诺公司及其他担保主体为该付款承担连带责任,而海诺公司则提出担保条款无效的抗辩,从而主张不承担担保责任。

## 裁判要旨

**(一)一审裁判要旨**

一审法院认为:《协议书》关于海诺公司承担连带清偿责任的约定违反了公司法关于股东不得抽逃出资的强制性规定,且净雅公司在该行为中不具有善意,该约定应为无效。主要理由为:

首先,该约定不符合股东对公司出资义务的规定。如果允许公司为股东之间的股权转让提供担保,势必会出现在受让股权的股东不能支付股权转让款时,由公司先向转让股权的股东支付转让款的情况,会导致公司利益及公司其他债权人的利益受损,形成股东以股权转让的方式变相抽回出资的情形,有违《公司法》关于不得抽逃出资的规定。在本案中,由海诺公司对王某、章某乐付款义务承担连带责任,这意味着在王某、章某乐不能支付转让款的情况下,海诺公司应向净雅公司支付,从而会导致净雅公司以股权转让方式从公司抽回出资,将损害公司及债权人合法权益,属于《公司法》的禁止行为。

其次,净雅公司对海诺公司向其转让股权提供担保的行为,不具有善意。一方面,公司财产是公司对外独立承担责任的物质基础。在本案中,海诺公司向净雅公司承担连带清偿责任后，虽然可以获得对王某、章某乐的债权追偿权，但该债权与公司资本的物权不具有一致性。另一方面，在案涉股权转让协议书签订时，净雅公司作为海诺公司股东，没有要求海诺公司提供股东会决议或者以书面决议置备于海诺公司，海诺公司法定代表人也没有在案涉《协议书》上签字确认，净雅公司未能对此尽必要的审查注意义务，不能认定净雅公司在海诺公司为股东股权转让担保行为中具有善意。

最后，不符合公司担保的形式要件。《公司法》第16条第2款规定，公司为股东或实际控制人提供担保的，需经股东会或股东大会决议。该条属于强制性规范，公司违反该规定对外签署担保合同构成无权代表。在本案中，海诺公司仅在《协议书》上加盖公章，没有法定代表人或授权人签字，并且净雅公司作为海诺公司唯一股东亦未依法以书面形式决议并置备于海诺公司，与《公司法》的强制性规定不符。

**（二）二审裁判要旨**

二审法院认为，《协议书》关于海诺公司承担连带清偿责任的约定，实质为由公司为股东的对外付款责任提供连带担保。《公司法》第16条第2、3款并不禁止公司为股东或者实际控制人提供担保，而是要求必须经股东会或者股东大会决议，其目的就在于保证公司在为股东提供担保时，不受被担保股东的意志影响，而由其他股东进行表决，从而反映公司的真实意思表示，避免其他股东的权益因此遭受损害。

在本案中，虽未有股东会或者股东大会决议，但王某、章某乐作为股权受让人，同时作为海诺公司的股东，该二人在《协议书》上签字及海诺公司在《协议书》上盖章的行为，足以认定海诺公司为王某、章某乐提供担保系公司的真实意思表示，符合公司股东与公司利益一致性的原则，并不存在损害其他股东权益的情形。故海诺公司的该担保行为系合法有效之担保，其应当就王某、章某乐向净雅公司的付款义务承担连带责任。本案并不属于《最高人民法院关于适用〈中华人民共和国公司法〉若干问题的规定（三）》第12条列举的股东抽逃出资的情形，一审法院认定海诺公司为王某、章某乐提供担保构成抽逃出资缺乏法律依据。

**（三）再审裁判要旨**

最高人民法院认为，因净雅公司与王某、章某乐二人均在《协议书》上签字盖章，故海诺公司不能以其项下只加盖有印章而无代表人或代理人签字为由否认其行为系其真实意思表示。在订立合同之时，净雅公司对海诺公司100%持股。股权依约转让之后，王某、章某乐二人也能够控制海诺公司100%的股权。

因此，即使海诺公司没有提交同意提供担保的股东会决议，亦不能以未经其股东会同意为由主张不承担担保责任。法律并无禁止目标公司为支付其自身股权转让款提供担保的规定，股权转让合同所约定的也是净雅公司将海诺公司交接给丁方之后，由海诺公司对丁方的付款义务承担连带清偿责任。现海诺公司虽主张如其承担担保责任将构成净雅公司抽逃出资，但未提交证据证明净雅公司确系以海诺公司承担担保责任的方式抽逃出资。不能仅因目标公司为支付其自身股权转让款提供了担保，就认为其违反了《公司法》第35条关于股东不得抽逃出资的规定。

## 再审研习

**（一）目标公司担保条款效力之争**

关于公司为股权受让方股转款支付义务提供担保，在实践中主要存在两种情形：其一为公司股东间转让股权，其二为股东向股东外的其他主体转让股权。就第一种情形而言，《全国法院民商事审判工作会议纪要》（最高人民法院民事审判第二庭向社会公开征求意见稿）第10条就公司为股东之间转让股权提供担保的效力曾有过规定："有限责任公司的股东之间相互转让股权，公司与转让股东签订协议，承诺对股权转让款支付承担担保责任，公司根据《公司法》第十六条的有关规定履行了决议程序，如无其他影响合同效力的事由的，应当认定担保合同有效。"但《全国法院民商事审判工作会议纪要》正式稿删除了这一条。

在司法实践中，针对本文涉及的担保条款效力问题有两种截然不同的观点：

观点一：有效说。代表案例有（2019）最高法民申4849号、（2021）最高法民申2177号等。该观点主要从意思自治角度出发，认为公司为股东提供担保只需满足《公司法》第15条规定的董事会、股东（大）会决议程序即可。公司为受让方股东支付股转款提供担保与股东抽逃出资之间并不存在必然联系，即使公司因承担担保责任而实际支付了股转款，公司仍可取得对受让股东的追偿权。本案即秉持了这一观点。

观点二：无效说。代表案例有（2017）最高法民申3671号等。该观点主要从公司资本维持原则出发，认为目标公司为股权受让方股转款支付义务提供担保将导致股东以公司资产优先支付股转款，从而会导致股权转让方实际抽逃出资。该行为因违反《公司法》第53条及《最高人民法院关于适用〈中华人民共和国公司法〉若干问题的规定（三）》第12条关于股东不得抽逃出资的规定而无效。无效说实际直接跨过了对担保条款本身效力的判断，直接将落脚点置于股东抽逃出资的问题上。

**（二）担保条款效力的具体判断**

实际上，在公司为自身股转款支付提供担保的情形下，担保条款本身无效与担保条款因违反股东抽逃出资的规定而无效是两个不同的问题。在无效说中，所谓的担保条款无效并非指担保条款本身因违反董事会、股东（大）会决议程序而无效，而是规避了这一问题，直接引用其他条款否定担保条款效力。

因此，结合相关案例裁判观点，笔者认为此类担保条款的效力判断应分为两个层面：第一个层面为该担保条款本身的效力问题，判断依据为《公司法》第15条；第二个层面为判断该担保条款是否构成股东实际抽逃出资。

1. 担保条款本身效力判断

《公司法》第15条将股东对外提供担保分为了两种情形，其一为向非关联主体提供担保，其二为向股东或实际出资人提供担保。对于第一种情形，公司应当根据章程规定做出董事会或股东（大）会决议；对于第二种情形，必须由股东（大）会作出决议。在前述两种情形中，若董事会、股东（大）会未作出相关决议，构成法定代表人越权担保，则应当适用《全国法院民商事审判工作会议纪要》第17～21条的规定，根据相对人是否善意具体判断担保条款的效力。

但是，在本案中海诺公司并未提交相关股东会决议，最高人民法院以"海诺公司股权转让前后股东均已在合同中签字同意该担保条款"为由，认为海诺公司无须就该担保再提供股东会议决。该情况亦符合《全国法院民商事审判工作会议纪要》第19条第4项关于担保合同系由单独或者共同持有公司三分之二以上有表决权的股东签字同意,则无须机关决议的规定。

2. 该类担保条款是否实际构成股东抽逃出资

在认定此类担保条款无效的案例中,法院的理由几乎均为该类型条款违反了公司法关于股东不得抽逃出资的规定。例如(2017)最高法民申3671号判例即指出:"公司为股东内部股权转让提供担保的行为,实际是以公司资产担保股权转让款的实现,一旦需要公司承担担保责任,无异于以公司资产为股东之间的股权转让买单,本质上会导致公司回购本公司股权或股东从公司抽回出资的情形,更会对公司的债权人和交易安全造成损害,与公平原则相悖。"在此类案例中,法院往往并无股东抽逃出资的明证,而是从"防患于未然"的角度出发,采取十分谨慎的态度提前预判了可能出现的不利后果。而本文所举案例则与此相反,法院认为若被告方无确切证据证明原告股东实际抽逃出资,则不应将担保条款认定为无效。

## 要点提示

笔者认为,本文所述情况与股东抽逃出资实际存在一定区别。股东抽逃出资系指公司成立后,股东非经法定程序,从公司抽回相当于已交纳出资数额的财产,同时继续持有公司股份的情形,股东抽逃出资的后果为公司资产实际减少。而在目标公司为受让股东支付股转款的情形下:一方面,由于股权转出,转让方实际已不享有公司股权;另一方面,公司承担担保责任后得到了对受让股东的一项债权,公司资产并未实际减少,只是改变了存在形式。

因此,本文讨论的情况并不必然导致股东实际抽逃出资,若当事人一方主张股东抽逃出资,必须提出确切证据加以证明。但此种交易模式的结果可能导致公司资产从物权变为债权,将在一定程度上加大目标公司资产减少的风险。

**法条链接**

《公司法》(2018修正)第十六条、第三十五条

# Case 3 关联担保中关联股东未回避表决的决议效力探析

再审法院：最高人民法院

再审案号：（2021）最高法民申 7078 号

我国现行法律对担保问题作出了概括性规定，拓展了公司外部非关联担保和公司内部关联担保的理论内涵和实践应用，并辅之以相关程序的限制，包括权力机构决议、关联股东回避规则等。而在司法实践中，关联担保的关联股东未回避表决所形成的决议并不必然无效，通常还应结合实际情况进行区分认定。基于此，本文以《公司法》第 15 条为基础，结合相关再审案例对关联担保中的关联股东未回避表决的决议效力进行探究，从而在实务层面提出建议，以期为该类担保决议的审查提供参考。

## 基本案情

南保景公司 2014 年 4 月 30 日注册成立，注册资本 1 亿元，法定代表人买某才，注册股东孙某山（持股比例 51%）、买某才（持股比例 49%），2017 年 4 月，法定代表人变更为王某庭。

2017 年 3 月 8 日，孙某山、买某才、王某庭、云南保景公司签订《借款协议》一份，主要内容为：买某才、王某庭于 2015 年 3 月 17 日及 2016 年 3 月 15 日共同从孙某山处分两次各 1000 万，共借到人民币 2000 万元（以汇款凭证为准），孙某山的借款由云南保景公司提供担保。合同首部显示：孙某山在“出借方”处签名，买某才、王某庭在“借款方”处签名，按指印；合同尾部显示：买某才、王某庭在“借款方”处签名，按指印，云南保景公司在“担保方”处加盖公章并由买某才签名，按指印。

其后,买某才与王某庭未按约还款,孙某山遂向法院提起诉讼请求借款人还款,并要求云南保景公司承担担保责任。



## 裁判要旨

本案争议焦点之一即为云南保景公司为其股东买某才借款提供的担保是否有效。对此,一审、二审及再审法院的观点一致,均认为担保有效,主要理由为:在涉案借款协议签订时,孙某山和买某才为云南保景公司股东,持股比例分别为51%和49%,买某才时任公司法定代表人,云南保景公司以保证人身份在借款协议上加盖印章,并由时任的法定代表人买某才签名,约定担保方式为承担连带责任。根据《公司法》第16条第2款规定,公司为公司股东或者实际控制人提供担保的,必须经股东会或股东大会决议。该条第3款规定,前款规定的股东或者受前款规定的实际控制人支配的股东,不得参加前款规定事项的表决。该项表决由出席会议的其他股东所持表决权的过半数通过。云南保景公司的担保行为并未违反上述法律规定,故,对于孙某山要求云南保景公司承担连带保证责任的主张,应予支持。

## 再审研习

### (一)案例分析

在本次选取的再审案例中,虽未涉及决议效力认定的问题,但一审、二审依然沿用了排除关联股东,剩余其他无关联股东签字满足过半数担保即为有效的裁判思路。同时,《全国法院民商事审判工作会议纪要》第19条及《最高人民法院关于适用〈中华人民共和国民法典〉有关担保制度的解释》第8条规定了几种无须机关决议的例外情况,其中包括"担保合同系由单独或者共同持有公司三分之二以上对担保事项有表决权的股东签字同意"这一情形。在本案例中,非关联且剩余的唯一股东孙某山持股49%,其与关联股东买某才一同在《借款协议》的保证人处签字,故在排除买某才的签字效力后,孙某山的签字仍符合前述所列举的例外情形。从该角度分析,也可认定本案符合《公司法》第15条规定的关联担保有效的条件。

**（二）关于公司对外提供担保**

公司具有拟制人格的法人属性，公司提供担保是规范公司外部经营活动及内部管理运营的重要命题。现如今，《公司法》第 15 条已成为规制公司担保事项的一般性条款，依据不同的担保对象，可将第 16 条第 1、2、3 款所涉公司担保区分为“公司非关联性担保”与“公司关联担保”，而关联股东回避规则即蕴含在公司关联担保的条款中。

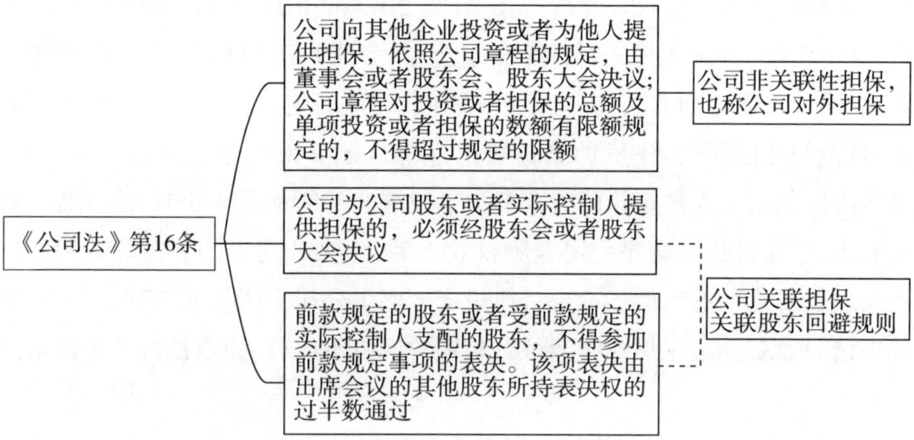


根据上述规定，公司向其他企业投资或者为他人提供担保的为非关联性担保，《公司法》要求公司依据章程规定由董事会或者股东（大）会决议；公司为公司股东或者实际控制人（以下统称关联股东）提供担保的为关联担保，《公司法》要求公司必须经股东（大）会决议，且该关联股东不得参与表决，由出席会议的其他股东所持表决权的过半数通过。从字面意思理解，涉及关联担保，原则上关联股东均不得在该项股东（大）会的决议上表决签字，若关联股东参与表决则违反了关联担保的回避规则。此举的初衷是为了防止大股东滥用控制权，损害公司及中小股东利益，最大限度地体现以程序正义确保实体正义的多维度平衡。

但实务中的绝大多数商事主体因不了解法律规定，通常难以完全按照法律的要求去操作，即便是专业的金融机构，在作为债权人时也会遇到决议并不完全契合法律规定的情况。除本文选取的前述再审案例外，针对本文所涉问题，实践中还存在大量其他案例。以下为笔者检索总结的几个裁判较为典型的案例，相关案例也提出了不同的裁判观点，反映了司法实践对该问题的思考（在实务中上市公司提供担保的规定更为严苛，本文研究对象主要为非上市公司。——笔者注）。

1. 在排除关联股东表决权效力后，看决议中的无关联股东行使表决权所达到的比例是否符合法律规定

【案号：(2019) 最高法民申 3163 号】

裁判摘要：根据原审法院查明的事实，2014 年 6 月 18 日、2015 年 5 月 25 日，世纪花园、翠倚华庭分别召开股东会，共形成 6 份股东会决议，同意世纪花园、翠倚华庭为南星公司、粤星公司向中行番禺支行申请贷款提供抵押担保，且世纪花园、翠倚华庭的其他股东亦承认该 6 份股东会决议的真实性。虽然南星公司作为被担保的股东参加了股东会并行使了表决权，决议程序存在瑕疵，但在否决了南星公司表决权效力后，大来公司作为无关联方股东行使表决权所达到的比例仍符合法律规定。盛乐公司主张股东会决议不真实，并申请对股东会决议形成时间进行鉴定的理由不充分，原审法院不予准许并无不妥。

案例研习：从该案例的裁判观点不难看出，法院并非机械地认为只要关联股东参与了表决签字，就应当直接否认该决议的效力，而是先排除被担保股东的表决权，再判断剩下的股东所持表决权是否满足过半数的条件。质言之，该案最高人民法院认为，即便关联股东参与表决在决议程序上存在瑕疵，但在否决关联股东表决权效力后，其他无关联股东行使表决权所达到的比例只要过半数就符合法律规定，决议有效，其所对应的担保合同亦应当有效。该裁判观点也与后来出台的《全国法院民商事审判工作会议纪要》第 18 条对"善意"的认定相一致，第 18 条明确规定"为公司股东或者实际控制人提供关联担保，《公司法》第 15 条明确规定必须由股东（大）会决议，未经股东（大）会决议，构成越权代表。在此情况下，债权人主张担保合同有效，应当提供证据证明其在订立合同时对股东（大）会决议进行了审查，决议的表决程序符合《公司法》第 15 条的规定，即在排除被担保股东表决权的情况下，该项表决由出席会议的其他股东所持表决权的过半数通过，签字人员也符合公司章程的规定"。

2. 关联股东未回避，债权人未尽注意义务的担保无效，双方依据过错确定责任承担

【案号:(2021)最高法民申 4116 号】

裁判摘要:关于易逊公司担保合同的效力问题。易逊公司为其实际控制人徐某佳与高某峰的借款提供担保，在股东会决议上仅有徐某佳的代持人易逊公司法定代表人张某签字，该担保行为违反了《公司法》第 16 条第 3 款的规定。据二审案卷所附高某峰上诉状、二审庭审笔录及该院询问，高某峰在案涉借款发生及易逊公司提供担保时明知徐某佳为易逊公司实际控制人，但高某峰未尽到应尽的注意义务，未对易逊公司提供的股东会决议是否符合《公司法》第 16 条的规定作出审查，其不属于《最高人民法院关于适用〈中华人民共和国担保法〉若干问题的解释》(法释〔2000〕44 号)第 11 条规定的善意相对人。原审判决认定案涉担保无效并酌情判决易逊公司承担赔偿责任，并无不当。

【案号:(2020)川民再 460 号】

裁判摘要:在本案中，吴某良以广安达江公司名义为其个人借款提供担保，应经股东会决议，且吴某良本人不能参与股东会表决。也就是说，吴某良以广安达江公司名义为其个人借款提供担保，必须经公司另一股东刘某同意。吴某良称通过电话取得了刘某的同意，但刘某予以否认，吴某良无证据证明该事实，故该主张没有事实依据。吴某良未经股东会决议，擅自以广安达江公司名义为其个人借款提供担保，显然构成越权代表行为，艾某在签订担保合同时未要求吴某良提交股东会决议，并非善意相对人，故案涉担保合同无效。

案例研析:上述两个案例之所以被认定担保无效，一方面是基于决议排除了其他股东的知情权和表决权，即无论穿透与否本质上均只有关联股东在掌控决议的出具;另一方面是基于债权人未尽到合理审查的义务，不是善意相对人。根据《最高人民法院关于适用〈中华人民共和国民法典〉有关担保制度的解释》第 7 条第 1 款第 2 项，“相对人非善意的，担保合同对公司不发生效力;相对人请求公司承担赔偿责任的，参照适用本解释第十七条的有关规定”。而根据第 17 条，在担保无效的情况下，并非担保人就当然地不承担责任，而是要根据债权人和担保人是否有过错进行区分认定。故该两个案例

均判决担保无效，且易逊公司作为担保人因存在过错，需酌情承担赔偿责任。

**《最高人民法院关于适用〈中华人民共和国民法典〉有关担保制度的解释》第 17 条**

| 主合同效力 | 债权人过错 | 担保人过错 | 担保人责任<br>（以债权人不能清偿部分为基数） |
|---|---|---|---|
| 有效 | 无 | 有 | 全部/连带 |
| | 有 | 有 | 不超过 1/2 |
| | 有 | 无 | 不担责 |
| 无效 | 不考虑 | 无 | 不担责 |
| | | 有 | 不超过 1/3 |

## 实务总结

从以上案例及相关规定可知，认定担保合同效力的前提是决议的效力，即便没有决议，审查的关键也是看无关联股东的表决权是否符合法律及章程的规定。那么，在实务中，遇到公司为关联股东提供担保的情况，应当如何审查？在遇到有瑕疵决议的情况下应当如何区分应对？笔者总结了几个简单的要点以供债权人参考适用。

**（一）审查是否存在股东（大）会出具的担保决议**

根据《公司法》第 15 条的规定，无论是关联担保还是非关联性担保，均需公司出具权力机构的决议作为公司集体意思自治的体现。对于关联担保而言，需出具的权力机构决议为股东（大）会决议，故在审查时，应当先审查是否存在股东（大）会的决议。如公司提供的是董事会决议或没有提供决议，但债权人未注意到并已经接受了担保，则审查的重心应放在担保合同的签字人是否满足“系由单独或者共同持有公司 2/3 以上对担保事项有表决权的股东签字同意”这一条件上。若满足，则债权人可依此主张担保有效；若不满足，债权人或将被认定为未尽注意义务，不是善意相对人，进而承担相应的不利后果。

**（二）审查股东（大）会决议是否存在瑕疵**

对是否存在决议进行审查后，债权人还需审查该决议作出的程序及内容是否符合法律及章程的要求。在关联担保中,债权人关注的重点主要还是在股东(大)会决议中关联股东是否已经回避表决。原则上,关联股东应当回避,即其不得在决议上签字表决,但如债权人在审查决议时发现关联股东已在决议上表决签字,此时,审查的重心应放在决议排除该关联股东的表决权后,剩余表决是否满足"出席会议的其他股东所持表决权的过半数"的条件。如满足,根据现有司法判例,决议符合《公司法》第 16 条的规定,可认定为有效;如不满足,建议债权人要求担保人重新出具符合要求的决议,避免因决议无效而产生不必要的风险,以最大限度地维护自身的利益。同时,需强调的是,从《全国法院民商事审判工作会议纪要》到《最高人民法院关于适用〈中华人民共和国民法典〉有关担保制度的解释》,相关规定对债权人的审查义务认定呈现出趋严的态势,故从审慎角度考虑,原则上建议债权人严格依据法律规定审查决议。

**(三)如发现决议及担保合同无效,可根据过错情况确认诉讼请求**

承前所述,如债权人发现担保合同或将因决议及程序不符合法律规定而被认定为无效,债权人并非当然地丧失全部担保债权。对此,可以依据《最高人民法院关于适用〈中华人民共和国民法典〉有关担保制度的解释》第 17 条的规定,结合案件具体情况进一步确认债权人及担保人是否有过错。而根据第 17 条规定,在主合同有效的前提下,无论债权人是否存在过错,只要有证据证明担保人有过错,则担保人应承担不超过债务人不能清偿部分 1/2 的赔偿责任。因此,债权人在后续启动诉讼进行维权时,应具体问题具体分析,根据相关证据确认担保人的赔偿责任,并依此确认诉讼请求,以最大限度地维护自身合法权益。

**法条链接**

《公司法》(2018 修正)第十六条

# Case 4 未履行出资义务股东转让股权后是否对公司债务承担责任

再审法院：最高人民法院

再审案号：（2021）最高法民申 6423 号

在被执行人为公司的执行案件中，申请执行人为尽可能获偿，往往通过多重方式增加被执行主体，追加股东即为最常见的方式之一。现行法律明确规定申请执行人有权追加未依法履行出资义务即转让股权的原股东，本文以一则最高人民法院再审案例为切入口，分析在不同情形下未履行出资义务即转让股权的股东可能面临的责任，并根据最新公司法修正之内容，提出笔者的一些思考。

## 基本案情

A 公司在申请执行债务人（公司）的过程中，认为债务人原股东 B 公司在未履行出资义务的情况下即向他人转让股权，且在股权转让时 A 公司与债务人的合同正在履行，B 公司存在恶意逃避债务的嫌疑，故诉请 B 公司在未实缴出资范围内对债务人不能清偿债务承担连带责任。

## 裁判要旨

本案经三级法院审理，结果均为不支持原告的诉讼请求。法院的裁判理由为：《公司法》第 28 条第 1 款规定："股东应当按期足额缴纳公司章程中规定的各自所认缴的出资额。股东以货币出资的，应当将货币出资足额存入有限责任公司在银行开设的账户；以非货币财产出资的，应当依法办理其财产权的转移手续。”在认缴期限届满前，股东享有期限利益，故股东在认缴期限内未缴纳或未全部缴纳出资不属于未履行或未完全履行出资义务。在认缴期限届满前转让股权的股东无须在未出资本息范围内对公司不能清偿的债务承担连带责任，除非该股东具有转让股权以逃废出资义务的恶意，或存在在注册资本不高的情况下零实缴出资并设定超长认缴期等例外情形。

## 再审研习

**（一）出资期限已届满，无论股东是否转让股权，均应在未履行出资义务的范围内承担责任**

对于出资期限已届满的现股东而言，其本就负有到期出资的法定义务。从理论上分析，债权人要求出资义务到期的股东在未出资范围内承担公司债务，本质上是行使“债权代位权”的表现。根据代位权理论，债权人主张次债务人清偿债务，应满足次债务已到期的前提条件（股东出资期限已届满）。

而对于出资期限已届满，未履行出资义务即转让股权的股东，尽管相关股权转让协议往往约定出资义务由受让股东承担，但该约定并不能对抗外部债权人。股东在出资期限到期后本应及时履行出资义务，如不限制其转让权利，必将导致股权空转，公司资产受损。因此，为避免股东恶意规避债务，保护公司外部债权人的利益，《最高人民法院关于民事执行中变更、追加当事人若干问题的规定》赋予了债权人追加未履行出资义务的转让股东为被执行人，要求其在未依法出资的范围内承担责任的权利。

**（二）出资期限未届满，转让股东以不承担清偿责任为原则，承担清偿责任为例外**

根据现行法律规定，出资期限未届满的股东享有认缴制下法律保护的期限利益，此时原则上债权人无权要求股东突破出资期限承担公司债务，只有在存在特殊情况致使出资义务加速到期时，方可要求股东承担清偿责任。

对于出资期限未届满的现股东，其可能在未出资范围内承担公司债务的情形可大致分为以下两种：

1. 法定出资义务加速到期情形：目前，有明确法律规定股东出资义务加速到期的情形为公司进入破产程序或者进入解散后的清算程序。主要法律理论在于,在该两种情形下,公司可能归于消亡,因此须将公司资产及债权债务予以明确和了结。

2. 例外出资义务加速到期情形:通常司法实践认为,在公司确无财产执行,股东存在恶意逃债等情形时,也可由法院依据事实和法理在个案中确认股东出资义务加速到期。例如最高人民法院在《全国法院民商事审判工作会议纪要》中提出,在公司实质上破产而未申请破产,公司在债务产生后恶意延长股东出资期限这两种情形中可以例外适用股东出资义务加速到期制度。又如在部分个案中,法院综合考量债权人对特定股东出资行为的充分确信和合理信赖,债权形成时间早于股权转让时间等特殊情况。

而对于出资期限未届满即转让股权的股东,其并不能适用上述第一种情形。在公司破产/清算情形下,已完成股权转让的股东无须再以出资为限对公司债务承担责任;只有在转让股东存在恶意逃废债等特殊情形时,由法院依据法理在个案中作出例外认定。本文引用的再审案例,最高人民法院就列出了"具有转让股权以逃废出资义务的恶意,或存在在注册资本不高的情况下零实缴出资并设定超长认缴期等例外情形"。

## 公司法修订草案及新《公司法》正式稿的规定分析

上文已说明,根据现行法律规定及司法实践,出资期限未届满即转让股权的股东对公司不能清偿的债务以不承担责任为原则,承担责任为例外,且该例外情形并无法律明确规定,由司法实践在个案中综合判断。该种规则背后蕴含的法理是,未届出资期限的股权出资,在股权转让后的承担义务主体为受让人,故原则上应由受让人以未出资数额为限对公司债务承担责任,只有在特殊情形下才能扩大责任主体,由转让人共同承担。

### (一)公司法修订草案及新公司法规定的变化

公司法修正草案及新公司法也对上述规则进行了回应,但先后三稿呈现差异明显的价值取向:首先是《公司法(修订草案)征求意见》(2021 年 12 月 24 日)。该征求意见稿第 89 条规定:"股东转让已认缴出资但未届缴资期限的股权的,由受让人承担缴纳该出资的义务。股东未按期足额缴纳出资或者作为出资的非货币财产的实际价额显著低于所认缴的出资额,即转让股权的，受让人知道或者应当知道存在上述情形的，在出资不足的范围内与该股东承担连带责任。”

其次是《公司法(修订草案二次审议稿)征求意见》(2022 年 12 月 30 日)。该审议稿第 88 条规定："股东转让已认缴出资但未届缴资期限的股权的，由受让人承担缴纳该出资的义务；受让人未按期足额缴纳出资的，出让人对受让人未按期缴纳的出资承担补充责任。未按期足额缴纳出资或者作为出资的非货币财产的实际价额显著低于所认缴的出资额的股东转让股权的，受让人知道或者应当知道存在上述情形的，在出资不足的范围内与该股东承担连带责任。”

最后是 2023 年新《公司法》，第 88 条规定："股东转让已认缴出资但未届出资期限的股权的，由受让人承担缴纳该出资的义务；受让人未按期足额缴纳出资的，转让人对受让人未按期缴纳的出资承担补充责任。未按照公司章程规定的出资日期缴纳出资或者作为出资的非货币财产的实际价额显著低于所认缴的出资额的股东转让股权的，转让人与受让人在出资不足的范围内承担连带责任；受让人不知道且不应当知道存在上述情形的，由转让人承担责任。”

在法学理论领域，第一次征求意见稿中由受让人承担转让后的未届期出资义务被称为"单独承担模式"；第二次审议稿及新公司法中由出让人对受让人未按期缴纳的出资承担补充责任，即转让股东对未届期的出资义务不因股权的移转而得以完全免除，则被称为"共同承担模式"。限于篇幅，本文不再深入分析两种模式各自的法理和正当性依据，仅聚焦本文的核心问题，提出笔者对两种不同模式的一点思考。

**(二)笔者的思考**

从具体条文内容来看，"单独承担模式"实质上维持了原有的规则，转让股东在完成股权转让后，对未届期的出资不再负有履行义务，而是将出资义务与股东权利一起转让给受让人。因股权转让的前提是其他股东放弃优先受偿权，这在实质上已就出资义务的主体变更取得了作为"债权人"之公司的同意，则自然可以由受让股东承担未届期的出资义务。只有存在上文陈述的恶意逃废债等例外情形下，转让股东才仍然需要对公司债务在未出资范围内承担责任。在认缴制背景下，该种规则充分保护了股东的期限利益，有利于促进股权自由转让,股东也享受更高效、便捷的合理退出机制。

而“共同承担模式”则将打破原有规则,赋予转让股东更高的注意义务,即对受让方的资金实力作出更严格的审查,确保受让股东具备出资到位的经济实力,才可避免自身陷入原公司的债务纠纷。这势必会在一定程度上增加股权交易成本,打击投资积极性,阻碍股权自由流通;但从另一个角度而言,由此减少股权空转、转股逃债等恶劣现象,引导更优质的市场交易也不无可能。

**法条链接**

《公司法》(2018修正)第二十八条

《全国法院民商事审判工作会议纪要》第六条

## Case 5 股权未办理过户登记被法院冻结受让人如何救济

再审法院：最高人民法院

再审案号：（2020）最高法民申 1430 号

《公司法》第 34 条规定，有限责任公司股权转让，应当办理工商变更登记，未经登记不得对抗善意第三人，由此可知办理工商登记并非股权转让协议的生效要件，而是对抗要件。在人民法院对股权采取查封、冻结等措施时，一般以工商行政管理机关的登记、企业信用信息公示系统的信息判断所有权人。因此，在股权已转让但尚未办理过户登记时，可能出现因出卖方涉诉而冻结其名下股权的情况。此时买受人应当采取何种诉讼手段维护自身权益？需要满足哪些条件才能排除强制执行？本文浅析如下。

### 基本案情

吕某与程某签订《股权转让协议书》，约定程某将其持有的海翼公司 29% 的股权以 9036 万元的价格转让给吕某。协议签订后程某一直未办理过户登记，但吕某实质参与了海翼公司的生产经营。后因程某涉诉，登记于其名下的海翼公司 29% 的股权在诉前保全程序中被冻结。现吕某起诉要求将该股权变更登记至其名下。

### 裁判要旨

**（一）一审裁判要旨**

案涉《股权转让协议书》合法有效，且吕某已履行了支付股权转让款的义务，而程某至今未履行办理股权变更登记的义务，故吕某诉请程某、海翼公司协助办理股权变更登记，符合法律规定。关于案涉股权查封是否会导致合同标的不能履行的问题。经查明，程某所持有的海翼公司股权是在签订《股权转让协议书》之后被其他法院查封的，且当前的查封为诉前财产保全所采取的措施，程某未提供证据证明其他诉讼已经进入执行程序，故在《股权转让协议书》被确认合法有效的情况下，吕某可凭借其为股权权利人的身份向作出查封的法院提出异议，在作出查封的法院解除对案涉股权的查封后即可办理股权过户手续，故案涉股权现被查封并不导致股权过户存在法律上的绝对履行不能。一审法院判决支持吕某关于要求变更登记的诉讼请求。

**（二）二审裁判要旨**

程某持有的海翼公司股权现已全部被人民法院冻结。吕某提起的本案诉讼可能导致审判权与执行权工作的冲突，二审法院根据《最高人民法院关于人民法院立案、审判与执行工作协调运行的意见》第8条"审判部门在审理确权诉讼时，应当查询所要确权的财产权属状况。需要确权的财产已经被人民法院查封、扣押、冻结的，应当裁定驳回起诉，并告知当事人可以依照民事诉讼法第二百二十七条的规定主张权利"的规定，驳回吕某的起诉。

**（三）再审裁判要旨**

本案案由虽为股权转让纠纷，但案涉股权的归属问题属本案基本事实，而就案件处理的法律效果而言，与是否确认吕某的股东资格，并无实质不同。参照《关于执行权合理配置和科学运行的若干意见》第26条、《最高人民法院关于人民法院立案、审判与执行工作协调运行的意见》第8条的规定，需要确权的财产已被人民法院冻结，当事人依照《民事诉讼法》（2017修正）第227条的规定主张权利，更有利于及时、有效地解决纠纷，维护当事人的合法权益。事实上，案涉股权被执行法院冻结后，产生了限制登记权利人程某处分保全财产的法律效力；而在此情况下，吕某提起本案诉讼，请求人民法院判令程某等人协助其办理股权变更登记，将会导致本案裁判结果与另案执行程序的冲突。因此，原审法院综合考虑审判与执行工作协调运行等情况，认为在案涉股权已被另案执行法院全部冻结的情况下，吕某应依照《民事诉讼法》（2017修正）第227条的规定主张权利。

## 再审研习

**(一)救济途径的选择**

在股权被司法冻结的情况下,一般不能随意进行所有权变动,也就是说买受人在股权被冻结后不能自行予以变更登记。在前述案例中,买受人直接向人民法院提起诉讼要求确认股权所有权并要求办理过户登记。对此,一、二审和再审法院对该种救济途径的选择产生争议,即在此种情况下,买受人应该直接向人民法院提起诉讼要求过户,还是应该在另案中提出异议。一审法院支持了买受人的诉讼请求,认为案涉股权现被查封并不导致股权过户存在法律上的绝对履行不能,在作出查封的法院解除对案涉股权的查封后,亦可根据本案判决办理股权过户手续。但二审法院和再审法院着重考虑了本案裁判结果与另案执行程序的冲突问题。

笔者认为,买受人径行向人民法院提出诉讼要求确权或者要求出卖方承担过户义务的,其实质均为确认买受人的股东资格。而根据最高人民法院颁布的《关于人民法院立案、审判与执行工作协调运行的意见》第 8 条规定:“审判部门在审理确权诉讼时,应当查询所要确权的财产权属状况。需要确权的财产已经被人民法院查封、扣押、冻结的,应当裁定驳回起诉,并告知当事人可以依照民事诉讼法第二百二十七条的规定主张权利。”任何人对已查封、扣押、冻结财产提出确权之诉的,法院都应当裁定驳回,买受人正确的救济途径应为依据《民事诉讼法》第 238 条提起执行异议。该规定的立法目的在于避免确认之诉的裁判结果与另案执行程序相冲突,也即防止审判权与执行权工作的冲突。

**(二)问题衍生——买受人排除强制执行之要件**

在股权买受人的救济途径只有提起执行异议之诉的情况下,关于股权买受人能否在股权未办理过户登记的情况下,排除出卖方另案债权人的强制执行,在司法实践中也存在较大争议,最高人民法院对此也存在不同观点。

(2020)最高法民终 844 号认为,未办理过户登记,不能排除强制执行。在该案中,最高人民法院认为股权买卖双方关于股权转让的约定仅在协议签订双方之间具有法律效力,对外不具有公示效力,不能对抗第三人。在诉争股权仍然登记在出卖方名下的情形下，申请执行人有理由相信工商行政管理机关的登记和企业信用信息公示系统公示的信息是真实的。因此，不论买受人是否支付对价，均不能以其与出卖方之间的股权买卖关系排除人民法院的强制执行行为。

（2022）最高法民再 117 号、（2019）最高法民终 1946 号则认为未办理过户登记，在满足一定条件时可排除强制执行。在此类观点中，最高人民法院认为《公司法》第 34 条第 2 款中的变更登记作为对抗要件，所针对的“第三人”仅限于与名义股东存在交易的第三人。买受人在满足一定条件的情况下可以排除强制执行：其一，受让人与被执行人应当在人民法院查封之前签订真实有效的转让合同；其二，受让人应在人民法院查封之前完成公司股东名册的变更，其可依据股东名册向公司主张股东权利；其三，受让人在查封之前已足额支付转让价款或已依约支付部分价款且将剩余价款按照人民法院的要求交付执行。

通过上述判例可见，在持否定观点的判例中，主要法律依据为《公司法》第 34 条，股权转让如果没有办理变更登记，则对外不具有公示效力，不能对抗第三人。其中的“第三人”内涵较为宽泛，不仅包括买卖关系中的第三人，还包括其他债权第三人。且依据《最高人民法院关于人民法院办理执行异议和复议案件若干问题的规定》第 25 条第 1 款第 4 项之规定，判断异议人是否为争议股权权利人的依据为工商行政管理机关的登记和企业信用信息公示系统的信息。故在未变更过户登记的情况下，买受人无权排除其他债权人的强制执行。

在持肯定观点的判例中，“第三人”的内涵仅限定于基于案涉股权的交易人。债权人对涉案股权主张执行，如不是基于以涉案股权为标的的交易行为，而是基于普通债权，那么该债权人则不属于商事外观主义保护的第三人，并无信赖利益保护的需要。故在股权未变更登记的情况下，受让人满足特定要件可以排除强制执行。

## 实务建议

股权转让系实践中较为常见的商业行为，为保护交易主体的利益及交易安

全,规避风险及减少不必要的纠纷,在股权转让过程中应当注意如下细节问题:

针对股权买受人:第一,及时变更登记。在签订股权转让协议后应及时实现变更登记,同时应特别注意明确转让方及标的公司有义务配合买受人在限定时间内完成标的股权的工商变更登记,如任何一方因其自身原因怠于履行工商变更登记义务,应承担违约责任,赔偿守约方的损失。第二,及时完成股东名册的变更并正确行使股东权利。在签署股权转让协议后,应尽快按照约定修订公司章程,完成股东名册的变更,并通过委派董事、监事、高级管理人员等方式,证明受让方实际参与公司的经营和管理等。第三,如确因特殊情况未能及时办理股权变更的工商登记,应当尽快通过确认之诉明确股权转让协议的合法有效性,明确受让方已经实际取得并享有标的股权,享有股东权利,并且要求转让方限期协助受让方办理工商变更登记等。

针对股权执行申请人:应在债权设立时争取与债务人协商以股权设立质权,避免债务人名下资产转移,同时保证自身债权的优先性。

**法条链接**

《公司法》(2018 修正)第三十二条

《民事诉讼法》(2023 修正)第二百三十八条

《最高人民法院关于人民法院立案、审判与执行工作协调运行的意见》第八条

# Case 6 代持股权被执行时如何保障隐名股东权益

再审法院：最高人民法院

再审案号：（2019）最高法民再 45 号

出于保护隐私或规避监管的考虑，部分投资者在投资过程中时常通过代持股权协议来实现“隐名投资”。当显名股东的债权人向法院提出强制执行显名股东名下的股权时，隐名股东通常会选择就此提起执行异议，但不同裁判观点对保护利益的倾向性不同，导致在实践中出现较多冲突裁判。本文以最高人民法院的裁判文书为例，试浅析该问题。

## 基本案情

黄某、李某俊与蜀川公司签订《确认书》，载明：2011 年 12 月 20 日以蜀川公司名义向新津小贷公司出资 500 万元，占新津小贷公司 5% 股份；现各方确认该股份实际系黄某出资，股份归黄某所有，其股东权利义务由黄某享有和承担；蜀川公司只是名义上的持股人，不实际享有公司股东权利和承担股东义务。

在另案中，蜀川公司因没有主动履行民间借贷还款义务，债权人皮某向人民法院申请强制执行。在执行程序中，执行法院冻结登记在蜀川公司名下的新津小贷公司 5% 股权。黄某在向执行法院提出异议申请被驳回后提起本案一审诉讼，诉请：（1）判令蜀川公司持有的新津小贷公司 5% 股权属于黄某所有；（2）解除对蜀川公司持有的新津小贷公司 5% 股权的冻结措施。

## 裁判要旨

**（一）一审裁判要旨**

依照《最高人民法院关于适用〈中华人民共和国公司法〉若干问题的规定（三）》（2014 修正）第 24 条的规定，黄某既基于股权代持关系享有案涉股权对应的投资权益，也基于半数以上股东认可其实际股东身份的事实享有请求确认投资权益所对应的案涉股权归其所有，确认其股东身份，使其就案涉股权所享有的投资权益转化为对外宣誓的股权的物权请求权。该物权请求权优先于皮某基于民间借贷产生的债权请求权，可以排除案件执行，故支持黄某诉讼请求。

**（二）二审裁判要旨**

首先，黄某对案涉股权享有的权利属债权请求权，黄某要求确认股权所有权的诉讼请求实质是变相的请求对处于查封状态下的案涉股权权属进行变更和处分，不具法律依据。其次，从风险预知与风险控制的角度而言，黄某系具有完全民事行为能力的一般理性人，有能力预见由此而产生的包括案涉股权因蜀川公司对外债务可能被法院查封乃至执行在内的各类交易风险，黄某对案涉股权外观与实际情况不一致存在过错，由此而产生的各类交易风险应由其自行承担。最后，《公司法》第 32 条第 3 款关于"公司应当将股东的姓名或者名称向公司登记机关登记；登记事项发生变更的，应当办理变更登记。未经登记或者变更登记的，不得对抗第三人"的规定中的"第三人"应当是指基于对工商登记的信赖而相信公司具有履约能力，从而与公司进行商业交易的善意无过失的第三人，而不应仅限于基于权利外观的信赖与登记股东发生股权交易的第三人。故二审法院判决驳回黄某诉请。

**（三）再审裁判要旨**

首先，关于投资权益显名化其实质是否是变相请求对处于查封状态下的案涉股权权属进行变更和处分的问题。本案系代持股权引发的纠纷，投资权益显名化的核心是确认代持股权的法律关系，并非对已查封股权的处分和转移，仅仅是恢复事物的本来面目，进而保护实际出资人对案涉股权享有的实际权益。故二审法院对该部分的理解有误，本院予以纠正。

其次,关于《公司法》第32条的理解与适用问题。该条规定:"公司应当将股东的姓名或者名称向公司登记机关登记;登记事项发生变更的,应当办理变更登记。未经登记或者变更登记的,不得对抗第三人。"工商登记是对股权情况的公示,与公司交易的善意第三人及登记股东之债权人有权信赖工商机关登记的股权情况并据此做出判断。其中"第三人"并不限于与显名股东存在股权交易关系的债权人。根据商事外观主义原则,有关公示体现出来的权利外观,会导致第三人对该权利外观产生信赖,即使真实状况与第三人信赖的内容不符,只要第三人的信赖合理,第三人的民事法律行为效力即应受到法律的优先保护。基于上述原则,显名股东的非基于股权处分的债权人亦应属于法律保护的"第三人"范畴。

## 再审研习

### (一)类案研判

在前述案例中,最高人民法院援引商事外观主义原则说理,认为《公司法》第34条第2款规定的未办理登记不可对抗"善意相对人"范围除包括股权交易中的债权人,还应当包括一般债权人,因此对于显名股东的一般债权人予以支持。笔者认为,此类观点所坚持的不仅是权利外观主义原则,亦从风险承担角度对该问题进行了考量,即隐名股东选择代持股形式,不仅仅享受由此带来的商业利益,同时也需要担负此类代持股形式所带来的固有风险。

但在司法实践中也存在不同观点,认为"第三人"仅指与显名股东进行民事法律行为的主体,不包括一般债权人。持该种观点的法院在隐名股东执行异议这类诉讼中,不再保护一般债权人权利。因此在司法实践中,就该问题最高人民法院也作出过与前述案例相反的裁判,最为典型的例如(2018)最高法民申5464号。在该案中,最高人民法院最终保护的是隐名股东的利益,主要审理观点包括:

1. 从权利形成时间上来看,谢某平(隐名股东)实际出资,作为隐名股东取得案涉股权,经其他股东同意担任公司总经理等事实均发生在据以查封案涉股权的合伙协议纠纷案件调解书形成之前,虽然谢某平并未登记为汇丰公司的显名股东,但其对于案涉股权享有的权利在查封前即取得。

2. 从权利性质上来看,江某权(显名股东债权人)系基于在合伙协议纠纷案件中形成的民事调解书确定的一般债权而对案涉股权采取查封措施,谢某平系基于返还请求权而对案涉股权执行提出异议,江某权的权利主张并不能当然优先于谢某平的权利主张。

3. 江某权与钟某彤(显名股东)之间并未就案涉股权建立任何信赖关系,江某权亦不属于因信赖权利外观而需要保护的民事法律行为之善意第三人,在该案中并不适用《最高人民法院关于适用〈中华人民共和国公司法〉若干问题的规定(三)》(2014 修正)第 25 条以及《物权法》第 106 条之相关规定。

在该案中,最高人民法院援引商事外观主义原则说理,认为《公司法》第 32 条第 3 款中所规定的"第三人"除包括股权交易中的债权人,还应当包括一般债权人,因此对于显名股东的一般债权人予以支持。笔者认为,此类观点所坚持的不仅是权利外观主义原则,亦从风险承担角度对该问题进行了考量,即隐名股东选择代持股形式,不仅仅享受由此带来的商业利益,同时也需要担负由此类代持股形式所带来的固有风险。与之相反,在司法实践中也存在不同观点,认为"第三人"仅指与显名股东进行民事法律行为的主体,不包括一般债权人。持该种观点的法院在隐名股东执行异议这类诉讼中,不再保护一般债权人权利。

**(二)观点研习**

《全国法院民商事审判工作会议纪要》征求意见稿曾规定:在执行金钱债权时,对于显名股东名下登记的有限责任公司的股权,人民法院采取强制执行的措施;而隐名股东可以出示有效证据证实自己是实际出资人的,法院应当支持隐名股东提起的执行异议请求。但学界与司法界也有另一种声音,认为不应支持隐名股东阻却执行的请求。虽然在此意见稿中,这两种观点均被列述其中,但正式文件却没有对此进行最终确认。最高人民法院于 2019 年颁布的《关于审理执行异议之诉案件适用法律问题的解释(一)》(向社会公开征求意见稿)再次提出两种矛盾处理方式,但也未作出最终定论,足以看出最高人民法院的纠结与犹豫,也足以反映司法价值衡量的艰难。笔者通过检索发现,在司法实践中适用商事外观主义原则,即裁判支持一般债权人的观点系更为主流的观点,也从一定程度上反映出在没有明确法律规定的情况下,审判者倾向于更为审慎的裁判原则。

该类案件产生不同裁判结果是不同价值取向导致的,两种裁判路径各有利弊。两利相衡取其大,两弊相权取其轻,因此,笔者赞同更为中庸的裁判方式,原则上坚持以保护实际权益为价值取向的裁判路径,例外情况下保护显名股东的一般债权人的权益。具体来说:

《最高人民法院关于适用〈中华人民共和国公司法〉若干问题的规定(三)》第22条、第24条均为如何确认股东地位的规定,从中不难看出,股东资格是以其履行出资义务与否来认定的。履行了出资义务这一实质特征优先于登记这一表面特征。根据隐名股东提供的证据资料,如果隐名股东对显名股东名下的股权履行了实际出资义务,这时就应当认定隐名股东为实际权利人,显名股东只能被认定为代持股人。事实上,股权的实际出资人对股权享有的是所有权,此权利是物权性质,隐名股东为物权人,显名股东的债权人所享有的债权一般都属于普通的债权,而物权优于债权,故实际出资人享有的股权更应得到保护。

但在特殊情况下,如果隐名股东为了规避法律关于身份、关联方、比例等投资限制性规定而隐名,此种情况属法律不应保护的恶意行为,无给予保护的必要,应当责令其承担相应的法律后果。

## 实务建议

隐名股东虽在法律外观上并未获得权利形式,但作为实际出资人理应享有股权所带来的实际权益,作为隐名股东,在设置股权代持或权益受到侵害后应如何维护自身合法权益?笔者在此提出如下建议:

第一,设立股权质押。在设置股权代持时,隐名股东可以选择通过对代持股权设立股权质押的方式保障对代持股权的控制,避免出现显名股东因个人纠纷被法院强制执行其代持股权的情况。

第二,及时变更登记。在具备显名条件后,建议隐名股东及时进行权利变更登记,消除虚假权利外观,避免因股权不在自身名下产生不必要的法律纠纷和经济损失。

第三,主张赔偿责任。如显名股东在代持股权过程中因自身原因产生股权灭失或被强制执行，给隐名股东造成了经济损失，隐名股东可根据合同约定或法律规定向显名股东主张赔偿责任。



**法条链接**

《公司法》(2018 修正)第三十二条

《最高人民法院关于适用〈中华人民共和国公司法〉若干问题的规定(三)》(2020 修正)第二十二条、第二十四条

# Case 7　法人人格否认之诉中财务混同的举证责任分配

再审法院：最高人民法院

再审案号：（2020）最高法民申5116号

对于法人人格否认问题，《公司法》的规定较为原则，引发了适用上的困难。《全国法院民商事审判工作会议纪要》在《公司法》的基础上进一步细化了该制度，尤其强调了财务混同在人格混同中的核心地位。本文拟结合相关理论，通过具有代表性的再审案例分析在法人人格否认之诉中财务混同的举证责任分配问题。

## 基本案情

1. 国发华企对国电光伏负有4149万元债务

2016年5月30日，北京仲裁委裁决国发华企向国电光伏支付工程价款6152万元。

2017年10月11日，北京市第二中级人民法院作出（2016）京02执723号之二执行裁定，载明双方已和解，履行2003万元，剩余债权共计4149万元，由于无法查询到被执行人财产而终止本次执行。

2. 债务人国发华企之实控人郭某成还持有另外两国发系公司股权，即国发节能与国发后勤

据此，债权人国发光伏于2019年10月21日向江苏省中级人民法院提起诉讼，要求刺破国发华企公司面纱，由国发节能、国发后勤与郭某成对国发华企的债务承担连带责任。

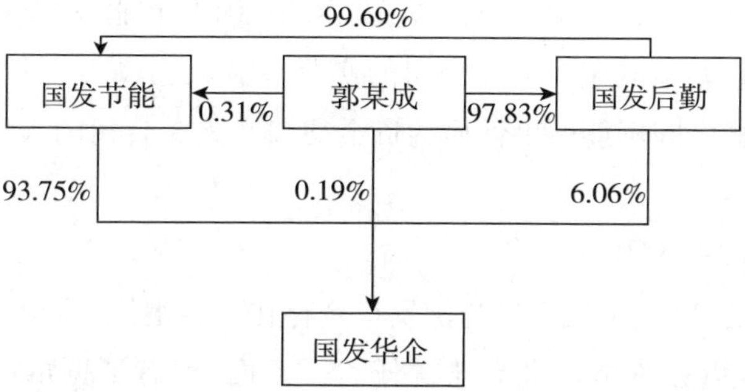


**国发华企与关联主体股权结构**

## 裁判要旨

本案一审、二审及再审法院的最终判决结果一致,均为:(1)国发节能、国发后勤、郭某成对国发华企拖欠国电光伏的应付款50,304,697.38元及该款自2016年12月23日起至实际给付之日止按年利率5%计算的利息承担连带清偿责任;(2)驳回国电光伏的其他诉讼请求。相关法院的裁判要旨如下。

**(一)一审裁判要旨**

首先,国发节能、国发后勤与国发华企的住所地、联系方式、高管人员等存在混同或交叉的情形;且3公司在公示的年度报告中载明的联系电话与电子邮箱信息一致,在法定代表人、董事、监事、经理等高级管理人员的职位上存在重合的情形,容易引发混淆。

其次,在原告有初步证据怀疑国发华企股东有滥用法人独立地位逃避债务的情况下,国发华企的3股东以及国发华企均不配合财务审计,应承担举证不能的法律后果。在本案中,国电光伏提供了相应的工商公示信息,初步证明国发华企及法人股东均由郭某成实际持股控制。在此情况下,国电光伏通过申请调取国发华企的银行流水发现,国发华企与国发节能、国发后勤之间资金往来频繁,对此,国发华企及其3股东均无法明确往来性质。基于此,国电光伏申请审计国发华企、国发节能和国发后勤的财务账册,但国发华企及其3股东在法院明确释明的情况下仍未予同意,应就此承担不利的法律后果。

最后,通过分析相关主体的持股关系可知,国发节能、国发后勤与国发华企系关联公司,郭某成应为上述公司的实际控制人,其应对国发华企与国发节能、国发后勤之间不能明确性质的资金往来及该3公司的人格混同负有直接责任。

**(二)二审裁判要旨**

首先,国发节能、国发后勤与国发华企存在人格混同,应对国发华企对国电光伏的案涉债务承担连带清偿责任。一方面,现有证据可以表明国发节能、国发后勤、国发华企之间存在混同可能。根据法院查明的事实,国发节能、国发后勤、国发华企的住所地、联系方式、高级管理人员、业务范围等存在混同或交叉的情形,3公司的5个银行账户存在大量性质不清的转账往来。另一方面,一审法院对本案举证责任的分配符合法律规定。在3公司存在混同嫌疑的情形下,其拒不配合原告提出的财务审计,并拒绝提供财务账册,应当就此承担举证不能的后果。

其次,郭某成为3公司的实际控制人,对公司过度支配与控制,使公司丧失了独立性,严重损害了公司债权人利益,应对国发华企对国电光伏的案涉债务承担连带清偿责任。

**(三)再审裁判要旨**

原判决关于举证责任的分配正确,在案件现有证据下,认定3公司存在人格混同并无不当。从郭某成和3公司的持股关系可推断出,郭某成系3家公司的实际控制人,原判决据此认定郭某成存在过度支配与控制3公司的高度可能性,并无不当。郭某成主张公司可能有隐名股东或其他实际控制人,但并未提供证据,不予采信。

## 再审研习

**(一)本案当事人举证情况**

由于债权人信息渠道的客观限制,法院可能对债权人证明标准要求较低,只要债权人能够初步举证证明债务人及其股东之间存在经营、人员或其他方面的混同即可。此后举证责任转移,债务人需向法院提供证据解释该种怀疑。本案即属于该种情况。在本案法庭辩论中,债权人提交了以下核心证

据,以期证明债务人及相关主体存在人格混同可能。以下为债权人提交的核心证据:

| 证据内容 | 证明目的 | 证据来源 |
|---|---|---|
| 国发华企和国发节能的招聘信息 | 债务人及其控股股东对外宣传及招聘信息载明的办公地址相同,均为北京市西城区院 17 号楼 2 层。 | 网络查询 |
| 工商公示信息 | 郭某成为 3 个国发系公司的实际控制人。 | 网络查询 |
| 工商公示信息 | 3 个国发系公司的公开联系方式相同,均为 010 - 66053310,公开邮箱相同。 | 网络查询 |
| 工商公示信息 | 3 个国发系公司的人员、经营范围存在交叉。 | 网络查询 |

根据以上公开信息,债权人认为,本案 3 个国发系公司在经营范围、联系方式、高级管理人员、办公地点上均存在交叉,因此向法院申请调取 3 公司自 2010 年 12 月至 2019 年 1 月的全部账务账册及银行流水,拟进一步证明 3 公司之间存在财务混同。

法院应债权人的申请调取了国发华企共 5 个银行账户的往来明细。往来明细显示,国发华企与国发节能、国发后勤之间存在大量资金往来,累计资金往来高达 9.5 亿元。在法院调取的共计 104 笔的银行往来中,仅 3 笔标注了具体的资金用途(1 笔标注为"借款",2 笔标注为"划资"),其余往来仅标注为转账、汇兑业务或往来款。此外,国发华企的股东常在债务人收到各类款项后数天内将资金转出。

以上即为本案的举证逻辑,在债权人对财务混同提出合理怀疑后,举证责任转移,由债务人承担未发生财产混同的举证责任,如无法举出证据,则应当承担败诉的不利后果。

**(二)关于财产混同举证责任的争议**

实际上,通过研究法律规定及司法实践可以发现,在法人人格否认情形中财产混同的举证责任究竟应由哪一方承担并不十分清晰。在实践中甚至存在着两种相反的观点。

第一种观点认为,《民事诉讼法》第 67 条第 1 款规定:"当事人对自己提出的主张,有责任提供证据。"《最高人民法院关于适用〈中华人民共和国民事诉讼法〉的解释》第 90 条规定:"当事人对自己提出的诉讼请求所依据的事实或者反驳对方诉讼请求所依据的事实,应当提供证据加以证明,但法律另有规定的除外。在作出判决前，当事人未能提供证据或者证据不足以证明其事实主张的，由负有举证证明责任的当事人承担不利的后果。”因此，除法律有相反规定外，应当坚持《民事诉讼法》确立的“谁主张，谁举证”的基本原则。故除一人公司法人人格否认情形外，应当由债权人承担债务人存在财产混同情形的举证责任。

第二种观点认为，虽然《民事诉讼法》及司法解释规定了举证责任的基本原则，且法律未对非一人公司人格否认问题做特别规定，但在实际情况中，债务人对自身情况更为了解，债权人处在债务人公司外部，难以直接掌握债务人内部财产混同的直接证据，若强行要求债权人承担举证责任，未免过于苛责，不利于约束股东滥用公司地位的行为。故应当采用举证责任倒置规则。且在司法实践中，该种观点日益盛行，本文选取的再审案例即为一例。

笔者赞同后一种观点，因为在实践中确实存在债权人处于信息劣势而举证困难的普遍情况，故在举证责任分配时，应考虑到债权人面临的困境。但笔者并不赞同完全的举证责任倒置，举证责任倒置应存在一个必要的前提，即：作为原告方的债权人，必须先举出一定的可以引起合理怀疑的证据。如在本案中，债权人向法院提交了 3 个国发系公司的企业公开信息，以证明 3 公司在经营范围、联系方式、高级管理人员、办公地点上均存在交叉，主张 3 公司可能存在财产混同。

此外，笔者也注意到，除了向法院提交初步证据，在实践中债权人还会向法院申请调查取证，要求调取债务人的财务信息、银行流水等，以期进一步达到证明目的。回到本案，本案债权人即向法院申请调取了 3 公司自 2010 年 12 月至 2019 年 1 月的全部账务账册及银行流水，拟进一步证明 3 公司之间存在财务混同。有实证研究发现，原告债权人提出调查取证或者司法审计的申请，对提高刺破率有显著影响。

## 实务总结

结合前述案例，从债权人角度证明债务人与其股东之间存在人格混同主要可分三步：

第一步，搜集初步证据。该部分证据可能为债务人与其股东的少数几笔可能引起怀疑的转账,也可能是在对外公开信息中查询到的可疑之处。就本案例而言,债权人提供的初步证据较简单,主要来自工商登记中的电话、邮箱、人员、经营范围,少量来自互联网招聘信息。

第二步,亦是最关键的一步,即说服法院采信初步证据,转移举证责任。若法院可以应债权人的要求调取或责令债务人提供相关银行流水等信息,则是巨大的成功,债务人提交的证据越多、越杂,债权人的发挥空间可能就越大。

第三步,乘胜追击。利用对方提交的证据,深入分析,继续寻找可疑之处(如存在多笔无法说清用途的转账等),并要求对方提供进一步证据,最终说服法官。

在前述举证步骤中,从技术上考虑,只要完成第二步,债权人即成功了一大半。但在企业的日常经营中,多个实控公司间归集资金、协同经营是普遍现象,也符合企业经营、资金管理规律。虽然大型集团公司可以规范化、制度化地设计管理流程,甚至设立财务公司,但对大多数公司而言,这些方式成本过高,需要另辟蹊径。从债务人的角度分析,公司经营需要更具个性化的管理制度、财务制度,在保证所控制资源合理调配的同时,做到依法依规,避免潜在法律风险。

# Case 8 夫妻公司是否属于一人有限责任公司

再审法院：最高人民法院

再审案号：（2019）最高法民再 372 号

夫妻公司应如何定性，可否将夫妻公司认定为实质上的一人有限责任公司？对此，在司法实践中存在不一样的观点，不同地区、不同层级法院裁判结果可能存在不同，导致公司债权人的权利存在一定不确定性。本文拟从最高人民法院的一则再审案例出发，探析实务中的具体裁判规则。

## 基本案情

**（一）案件背景：主体关系**

2011 年 8 月 3 日，熊某平与沈某霞登记结婚。2011 年 11 月，两人出资成立江西青曼瑞服饰有限公司（以下简称青曼瑞公司），注册资本 200 万元，实收资本 200 万元，熊某平、沈某霞各持股 50%。

2015 年 6 月 24 日，武汉市中级人民法院作出（2015）鄂武汉中民商初字第 00494 号民事调解书，确认青曼瑞公司应向武汉猫人制衣有限公司（以下简称猫人公司）支付货款 2,983,704.65 元。

**（二）本案相关：执行阶段**

2015 年 8 月 5 日，猫人公司向武汉市中级人民法院申请执行。同日，武汉市中级人民法院立案受理，案号为（2015）鄂武汉中执字第 00707 号。

2016 年 6 月 15 日，武汉市中级人民法院裁定终结案件的本次执行程序。猫人公司认为青曼瑞公司符合一人有限责任公司的实质要件，请求追加熊某平、沈某霞为被执行人，对青曼瑞公司所负债务承担连带责任。

2017 年 10 月 11 日,武汉市中级人民法院驳回猫人公司追加熊某平、沈某霞为本案被执行人的请求。

**(三)本案历程:执行异议之诉**

2017 年 11 月 20 日,猫人公司(申请执行人)作为原告,以青曼瑞公司(被执行人)、熊某平、沈某霞为被告,向武汉市中级人民法院提起执行异议之诉,请求法院追加被告熊某平、沈某霞为(2015)鄂武汉中执字第 00707 号执行案件的被执行人。

2018 年 5 月 30 日,武汉市中级人民法院作出(2017)鄂 01 民初 4309 号一审民事判决书。猫人公司不服,提起上诉。

2018 年 12 月 28 日,湖北省高级人民法院作出(2018)鄂民终 1270 号二审民事判决书。熊某平、沈某霞不服,申请再审。

2020 年 6 月 28 日,最高人民法院作出(2019)最高法民再 372 号再审民事判决书。

## 裁判要旨

**(一)一审裁判要旨**

界定一人有限公司的标准在于公司股东在法律上的个体数量,即"一个自然人"或者"一个法人"。熊某平和沈某霞虽然是夫妻关系,但从法律主体上来看,熊某平和沈某霞是两个自然人。青曼瑞公司不是一人有限责任公司,猫人公司关于追加熊某平、沈某霞为被执行人的请求不能成立。

**(二)二审裁判要旨**

青曼瑞公司的全部股权实质来源于同一财产权,并为一个所有权共同享有和支配,该股权具有利益的一致性和实质的单一性。据此应认定青曼瑞公司系实质意义上的"一人有限责任公司",应适用举证责任倒置规则。但熊某平、沈某霞未举证证明其自身财产独立于青曼瑞公司财产,应承担举证不力的法律后果。熊某平、沈某霞应对青曼瑞公司案涉债务承担连带清偿责任。

**(三)再审裁判要旨**

青曼瑞公司系实质意义上的一人有限责任公司,适用《公司法》对一人有限责任公司的规定。据此,熊某平、沈某霞应对青曼瑞公司财产独立于双方其他共有财产承担举证责任。在二审法院就此事项要求熊某平、沈某霞限期举证的情况下,熊某平、沈某霞未举证证明其自身财产独立于青曼瑞公司财产,应承担举证不力的法律后果。二审法院支持猫人公司追加熊某平、沈某霞为被执行人的申请,并无不当。

## 再审研习

**(一)案件解读**

本案系执行异议之诉,争议焦点为:青曼瑞公司是否为一人有限责任公司。经笔者归纳,再审法院的论述主要从以下两个角度展开:

首先,设立公司的资金来源和归属具有实质单一性。青曼瑞公司虽系熊某平、沈某霞两人出资成立,但熊某平、沈某霞为夫妻,青曼瑞公司设立于双方婚姻存续期间,且在青曼瑞公司工商登记备案资料中没有熊某平、沈某霞财产分割的书面证明或协议,熊某平、沈某霞亦未补充提交。根据婚姻法相关规定,青曼瑞公司的注册资本来源于熊某平、沈某霞的夫妻共同财产,青曼瑞公司的全部股权属于熊某平、沈某霞婚后取得的财产,应归双方共同共有。青曼瑞公司的全部股权实质来源于同一财产权,并为一个所有权共同享有和支配,该股权主体具有利益的一致性和实质的单一性。

其次,为保护债权人利益,有必要适用一人有限责任公司制度。青曼瑞公司由熊某平、沈某霞夫妻二人在婚姻关系存续期间设立,公司资产归熊某平、沈某霞共同共有,双方利益具有高度一致性,亦难以形成有效的内部监督。熊某平、沈某霞均实际参与公司的管理经营,夫妻共同财产与青曼瑞公司财产亦容易混同,从而损害债权人利益。在此情况下,应参照《公司法》第23条第3项的规定(对一人有限责任公司的规定),将公司财产独立于股东自身财产的举证责任分配给股东熊某平、沈某霞。

综上,青曼瑞公司与一人有限责任公司在资金构成和规范适用上具有高度相似性,二审法院认定青曼瑞公司系实质意义上的一人有限责任公司并无不当。

**(二)夫妻公司性质至关重要,直接影响举证责任的分配**

通过研析上述案例可知,在三级法院的审理中,均将夫妻公司的性质作为案件的核心焦点予以审理。显然,“夫妻公司是否为一人有限责任公司?”并非简单的文字或概念之争。

《公司法》第23条第1款规定了公司法人人格否认制度。较之有限责任公司,法律对一人有限责任公司股东的证明义务更为严苛,采取了“举证责任倒置”的规定。根据《公司法》第23条第3款的规定,一人有限责任公司的股东不能证明公司财产独立于股东自己的财产的,应当对公司债务承担连带责任。在证明公司财产独立性时,对夫妻公司的性质认定,直接关乎举证责任的分配。

法谚有云,举证责任之所在,即败诉之所在。承担举证责任的一方有着巨大压力,若举证不能,将承担败诉风险。在上述最高人民法院再审案例中,法院正是在认为青曼瑞公司为一人有限责任公司的基础上,将证明财产独立的举证责任分配给股东。由于熊某平、沈某霞举证不能,应承担举证不力的法律后果,故法院追加其为被执行人。试想,若法院不认为青曼瑞公司实质上为一人有限责任公司,则猫人公司需承担证明财产混同的举证责任,而猫人公司作为外部人员,举证难度较大,裁判结果将可能背道而驰。

**(三)最高人民法院再审判决具有积极的社会价值**

上述最高人民法院再审判决肯定了“夫妻公司为实质意义上的一人有限责任公司”的观点。再审团队认为,若从社会效果的角度考量,该判决具有较为积极的社会意义。因为夫妻公司客观利益高度集中,主观意思高度一致,往往缺乏分权制衡的内部治理体制,个人财产和公司财产极易混同,对交易相对人利益的保护存在明显缺陷,解决问题的关键在于加强对夫妻公司的法律规制。鉴于夫妻公司的特殊性,可将夫妻股东视作一个集合整体,合并看待两个股权。当夫妻所设立的公司为实质上的一人有限责任公司时,须遵循法律对一人有限责任公司的特殊、严格要求。由此,可强化对公司债权人的保护,维护交易安全。

**(四)类案检索**

其实,从公司法准许设立一人有限责任公司起,在漫长的十余年司法实践中,对夫妻公司的性质认定始终存在争议,相互矛盾的裁判并不罕见。虽然,上述(2019)最高法民再372号再审判决持“夫妻公司为实质意义上的一人有限责任公司”的观点,但并未起到一锤定音之效。对于该问题的判断,仍然纷争不断。

1. 典型的相反案例

最典型的即是最高人民法院于2020年12月30日作出的(2020)最高法民申6688号民事判决书。再审申请人明确主张应参照前述(2019)最高法民再372号民事判决,追加夫妻股东为被执行人。但再审法院认为:一人有限责任公司是指只有一个自然人股东或者一个法人股东的有限责任公司。该案中的有限责任公司,虽然是由两位股东以夫妻共同财产出资设立,但将其定性为一人有限责任公司,缺乏法律依据。故,再审法院认为申请人的主张不符合《最高人民法院关于民事执行中变更、追加当事人若干问题的规定》第20条规定的追加被执行人的情形,驳回了再审申请。

2. 类似支持案例

认同夫妻公司属于实质一人有限责任公司的判决很多。截至目前,在裁判说理部分直接引用并肯定前述(2019)最高法民再372号再审民事判决书的文书就有4份。具体如下:

| 案号 | 案件名称 | 裁判日期 |
| --- | --- | --- |
| (2021)鲁0682执异30号 | 莱阳优力美色彩科技有限公司、潍坊宝汇经贸有限公司买卖合同纠纷案 | 2021年3月17日 |
| (2021)鲁0682执异39号 | 山东丰获机械制造有限公司、大连龙城食品集团有限公司承揽合同纠纷案 | 2021年4月27日 |
| (2021)鲁0682执异50号 | 战新伟、烟台天斯鞋业有限公司劳动争议案 | 2021年6月3日 |
| (2020)浙0782民初17456号 | 上海灿叠装饰工程有限公司、上海绝色企业形象策划有限公司、彭苏萍等建设工程合同纠纷案 | 2021年4月13日 |

综上,在当前司法实践中,对于可否将夫妻公司认定为实质一人有限责任公司的问题,不同地区、不同层级法院在裁判结果上可能有所不同。在法律对夫妻公司性质没有明确规定的情况下,想要拨开迷雾,统一裁判规则依然道阻且长。

## 实务建议

在司法裁判中,对夫妻公司的性质认定存在争议,可能会对公司股东或债权人带来较大风险。对此,再审团队分别有以下建议。



**(一)对公司股东的建议**

1. 充分认识夫妻公司风险

由于夫妻财产的和人身关系的特殊性,虽然夫妻公司在形式上公司股东为复数,满足有限责任公司的成立要件,但当发生纠纷时,债权人常会主张实际上只有一个股权。若在实质层面上,夫妻公司被法院认定为一人有限责任公司,股东将面临更重的举证责任,加大股东对公司债务承担连带责任的风险。因此,在审判观点尚未明晰的情况下,建议各位在设立公司之时,谨慎考虑采取此种模式。

2. 提前做好风险防控措施

首先,在设立公司时,夫妻双方可在设立协议中载明二人出资的财产来源及性质、股权分配比例、经营管理权力范围等,并将约定财产制协议、财产分割协议或证明加入工商登记备案资料中。其次,在公司运营中,夫妻双方需格外注意公司的规范化运作,健全公司财务制度及决策程序,避免公司与股东财务混同。

3. 在已涉诉涉执时,向法院阐述抗辩理由

在夫妻公司已经涉诉涉执,债权人主张公司为一人有限责任公司,请求股东承担连带责任的情况下,结合类案经验,再审团队梳理出了以下抗辩理由和证据,供股东参考:

主张夫妻公司不属于一人有限责任公司:

(1)法律规定:我国法律法规尚未明确规定在夫妻关系存续期间,以夫妻共同财产出资,股东为夫妻二人的有限责任公司为一人有限责任公司。

(2)股东数量:只有一个股东的公司为一人有限责任公司。而夫妻公司的股东数量为二,与一人有限责任公司的数量限制不符。

(3)股权属性:虽然股东出资源自夫妻共有财产,但公司股权不仅具有单一财产属性,还有股东的人身权利属性,法院不应仅因为公司财产源自夫妻共有财产,从而适用婚姻、家事法律的审理理念,突破公司法的规定,对公司性质作出不同于公司法的认定。

(4)民事主体:缔结夫妻关系并不会使夫妻二人丧失各自具有的独立民事主体资格,夫妻以各自名义认缴出资取得股东资格,各自独立行使股东权

利，履行股东义务，并无依据可认定夫妻股东为实质上的一人股东，不能将夫妻公司等同于一人有限责任公司。

(5)执行程序：人民法院在执行程序中，就申请执行人追加被执行人的申请，应依照法律和司法解释的规定，以形式审查为原则。对于夫妻股东设立的公司是否属实质意义上的一人有限责任公司，是否存在公司财产与股东个人财产混同等争议问题，应通过实体程序审理后才能予以认定。

主张股东与夫妻公司不存在财务混同：

即使法院认为夫妻公司属于一人有限责任公司，对证明公司与股东财务独立适用举证责任倒置规则，股东亦可通过积极举证，避免对公司债务承担连带责任。因此，夫妻股东应向法院提供证据，证明公司治理结构严谨、规范，不存在任何混同，其不应对公司债务承担连带责任。相关证据包括但不限于：完备的公司章程、独立规范的财务制度、公司及股东的全部财务账册及银行流水、经审计的财务会计报告、重大事项的表决记录等。

**(二)对公司债权人的建议**

1. 深入认识夫妻公司风险

夫妻公司尽管有两名股东，但由于股东之间利益具有高度一致性，难以形成有效的利益平衡与制约，个人财产和公司财产容易混同，从而损害公司债权人利益。但夫妻公司从形式上来看，又与普通的有限责任公司无异，往往不受法律对一人有限责任公司的限制。因此，与夫妻公司交易的风险较大，需审慎抉择，选择运营制度规范的夫妻公司进行交易。

2. 若已与夫妻公司发生纠纷，可考虑主张由股东承担连带责任

在债权人已与夫妻公司发生债权债务纠纷的情况下：在诉讼程序中，债权人可以将公司与夫妻股东作为共同被告，要求股东承担连带责任；在执行程序中，债权人可请求追加股东为被执行人。结合类案经验，再审团队梳理出了以下理由和证据，供各位参考：

主张夫妻公司属于一人有限责任公司

(1)股权来源：夫妻公司的全部股权实质来源于同一财产权，并为一个所有权共同享有和支配，该股权具有利益的一致性和实质的单一性。据此应认定夫妻公司系实质意义上的一人有限责任公司。

(2)财产混同：准许一人设立有限责任公司的出发点在于节约创业成本，

繁荣市场经济。但该种便利性亦会带来天然的风险。《公司法》规定的一人有限责任公司财产独立性举证责任倒置规则就是对该种风险予以规制的措施之一。夫妻公司在为同一所有权实际控制的情况下,难以避免公司财产与夫妻其他共同财产的混同,有必要参照《公司法》中的一人有限责任公司举证责任倒置规则。

(3)法律效果:依照我国婚姻法确立的夫妻财产共同共有原则,夫妻股东持有的全部股权应构成不可分割的整体,而公司实质充任了夫妻股东实施民事行为的代理人,若依法人有限责任制度认定夫妻股东设立的公司承担有限责任,同时,不对夫妻股东其他义务予以强化和规制,则有违民法的公平原则,也不利于对交易相对方利益的平等保护。

(4)执行程序:《最高人民法院关于民事执行中变更、追加当事人若干问题的规定》第20条规定:"作为被执行人的一人有限责任公司,财产不足以清偿生效法律文书确定的债务,股东不能证明公司财产独立于自己的财产,申请执行人申请变更、追加该股东为被执行人,对公司债务承担连带责任的,人民法院应予支持。"若法院认可夫妻公司属于实质上的一人有限责任公司,则债权人可依据此条文追加公司股东为被执行人。

*主张股东与夫妻公司存在人格混同*

即使法院认为夫妻公司不属于一人有限责任公司,不对股东适用举证责任倒置规则,债权人亦可通过积极举证,证明股东和公司存在人格混同,刺破公司面纱。因此,债权人可向法院提供证据,包括:证明"股东无偿使用公司资金或财产,不作财务记载","公司账簿与股东账簿不分,致使公司财产和股东财产无法区分","股东自身收益与公司盈利不加区分,致使双方利益不清"等情形,相关证据包括但不限于:公司的工商登记资料、公司财务账簿、公司和股东之间的银行流水、公司和股东间的交易情况、相关证人证言等。

# Case 9 请求公司回购股权，如何确定回购价格

再审法院：浙江省高级人民法院

再审案号：（2017）浙民再89号

《公司法》第89条赋予了异议股东股权回购请求权，旨在解决有限公司封闭性和人合性带来的中小股东因股东压制、公司僵局而产生的权利救济困难问题。在符合《公司法》第89条规定情形的前提下，异议股东可以请求公司按照合理价格收购其股权"离开"公司，不再受"多数决"形成的决议约束。在请求公司收购股份纠纷中，股价如何确定？笔者以一起再审案例展开分析。

## 基本案情

赵某系海力生公司股东，持有公司2.12%股份，出资额106万元。2015年1月9日，海力生公司召开股东大会，就公司第一轮经营期限届满后是否继续经营进行表决，其中持有92.78%股份的股东同意公司继续经营，赵某反对公司继续经营。2015年2月27日，赵某向公司提交书面申请，要求海力生公司以第三方资产评估价格为基础，以合理公允的价格收购其股份。

2015年3月9日，海力生公司股东会审议通过股权转让价格为出资额的2.5倍，对股东会上不同意公司持续经营的股东的股权收购价也确定为2.5倍出资额。2015年4月25日，14名自然人股东以出资额2.5倍的价格将股份转让给股东马某。184名职工持股会会员退股，4月25日工会委员会将职工所占股份也以出资额2.5倍的价格转让给股东马某。

海舟会计师事务所审计了海力生公司的财务报表，认为其财务报表公允

反映了公司在2014年12月31日的财务状况及2014年度的经营成果和现金流量,其中合并资产负债表载明所有者权益合计113,032,227.14元。赵某认为公司实际净资产明显超过账面所有者权益,因此,诉至法院要求公司按第三方财务审计、资产评估后的净资产折算的股价收购其2.12%股份。

## 裁判要旨

### (一)一审裁判要旨

赵某要求以第三方财务审计、资产评估后的净资产折算的股价收购其所持有的股份,虽委托资产评估机构对公司净资产进行评估作价能确定海力生公司股价,但评估并非唯一确定合理收购价的途径。公司股东会审议通过的收购价为出资额的2.5倍,该价格被14名自然人股东和184名持股会会员所认可并完成股权转让。该198名自然人对公司的股价均有其理性的判断,也期待自身利益最大化,诸多交易所采纳的2.5倍出资额价格较客观地反映了公司的真实股价。法院对公司以出资额的2.5倍收购赵某股份的主张,予以采纳。

### (二)二审裁判要旨

根据公司2000年章程第13条,股东调离公司,经公司董事会同意,其股权可由公司内部转让,转让价格可参考上年末资产净值,由双方议定。公司章程对所有股东均有约束力。海力生公司给出的按股东出资额的2.5倍价格收购赵某股权,系根据2014年度公司财务审计报告显示的2014年末资产净值确定,符合公司章程的约定。而赵某未提供充分证据证明海力生公司2014年度的财务审计报告存在问题,因此,第三方出具的审计报告可以作为确定当时股权价格的参考依据。加之14名自然股东和184名持股会会员接受该价格,在一定程度上说明该价格为市场所认可。以上事实足以认定海力生公司按出资额2.5倍的价格收购股东股权符合市场公允价格。

### (三)再审裁判要旨

赵某主张通过第三方财务审计和资产评估来确定股权收购价,但这并非判断"合理的价格"的唯一途径。认定合理价格的关键,在于法院是否在审查全案事实之基础上,就市场公允价格作恰当的司法判断。按一般理解,公司收购异议股东股份的合理价格,应当是指按公司净资产计算出的股权价值。在公司财务会计制度规范的情况下,企业资产负债表中的所有者权益能够反映出公司真实的净资产。即使如赵某所述,2007 年版公司章程对股权收购价未作约定,以年末所有者权益为据计算股权收购价也并无不妥。鉴于海力生公司 2014 年度财务报告已通过审计,赵某没有提供直接充分的证据推翻该财务报告结果,因此,一、二审法院采信该财务报告作为定价依据并无不当。

## 再审研习

本再审案例的典型意义在于,三级法院均一致认为虽然委托资产评估机构对公司净资产进行评估作价能确定目标公司股价,但评估并非唯一确定合理收购价的途径,只是确定合理价格的参考依据之一,根据案件具体情况,在已有足以认定市场公允价格的参考依据时,无须再委托第三方进行评估确定股价。

因此,在请求公司收购股份纠纷中,若法院认为在案证据能证明目标公司股权收购价的公允合理,在对市场公允价格能作出恰当的司法判断的情形下,即使异议股东在诉讼中申请鉴定,请求法院委托评估机构进行股价评估,法院也可能不同意该申请。

《公司法》第 89 条规定:"有下列情形之一的,对股东会该项决议投反对票的股东可以请求公司按照合理的价格收购其股权……"该条仅规定了应当按"合理价格"收购股权,但何谓"合理价格",法律未给出明确解释。从立法原则和行为性质来看,股价的确定应由异议股东和目标公司先行协商确定,但在诉讼中双方无法协商一致的情况居多,那在此情况下法院如何确定合理公允的股价呢?可参考以下具有代表性的裁判观点。

| 案号 | 裁判要旨 |
| --- | --- |
| (2014)沪二中民四(商)终字第 1406 号 | 本院提请上海高院指定沪银会计师事务所对被告会计账簿等审计,经本院多次释明,被告无正当理由仍拒不提供完整的会计账簿,致使审计、评估被告资产的目的无法实现,被告应对此承担不利的后果,推定原告主张的被告当前净资产 1000 万元的事实成立,即原告股权价值为 400 万元。 |

续表

| 案号 | 裁判要旨 |
| --- | --- |
| (2014)大民三终字第497号 | 股权收购的价格,应当由股东和公司协商确定,在双方不能达成一致意见时,应由专业的评估机构评估确定。公司单方面出具的会计报表虽经专业的会计师事务所进行了审计,但该会计报表的各项数据仅能体现公司各项资产的账面价值,公司资产的实际市场价值无从确定,因此,该会计报表不能作为股权收购合理价格的确定依据。 |
| (2019)桂民申5117号 | 因双方当事人均未能提供相应资料进行评估而评估不能,法院已穷尽了价格认定程序,故根据公平原则以本案股权买受之初的价格为基数,结合被申请人近几年来会计年报的资产负债情况,酌定以每股3元即原股价3倍的价格确定本案股权价格。 |
| (2020)苏05民终8941号 | 津津公司提交了回购其余案外10名老股东股权的转让协议及付款凭证,对褚某、周某的股权回购比例实际也系1:10提供了证据佐证。同时,津津公司提交的2018年和2019年的财务审计报告显示,公司注册资本与年末所有者权益的比例亦为1:10左右,进一步印证了公司按照1:10回购其他股东股权价格的合理性。 |
| (2020)苏05民终7917号 | 涉案通博公司在股权回购纠纷期有28名公司的股东对外转让通博公司的股权(税前每1万元注册资本权益的价格为16.7万元左右),该28份股权转让协议已成立生效,作为一般理性人,股东请求公司回购股权,均希望股权价值得到公平公正的估值……加上通博公司提供的委托天健评估公司出具的《通博公司拟回购部分股东持有的通博公司4.62%股权项目资产评估报告》中的评估结论为计算流动性折扣后评估对象的评估价值为3481.30万元,即每1万元注册资本权益的价格为16.5万元左右,故"合理价格"应当参照前述价格确定。 |
| (2021)沪02民终2456号 | 本院委托评估机构对王某持有的前航公司1.62%股权的价值进行资产评估……股价评估值为356.47万元。该评估报告在评估价值类型、评估基准日、评估依据、评估方法……均作了详细说明,较为客观公允地反映了公司的净资产及以此为基数按照流通性折扣及王某持股比例计算1.62%股权的市场公允价格,可以作为请求公司收购其股权的合理价格的计算依据。 |

## 实务总结

《公司法》第89条原则性地规定了"按照合理的价格收购其股权",但没有对"合理价格"的确定标准作出具体规定。结合本再审案例、类案裁判,以及《公司诉讼裁判标准与规范》一书的观点，对请求公司收购股份纠纷中法院对股价的确定，即《公司法》规定的"合理的价格"的确定规则，总结如下：

合理价格的确定，首先应由目标公司与异议股东之间进行自由协商，在无法协商一致情况下，法院便需要综合全案证据确定合理价格。结合司法裁判观点，基本原则是股东在公司结构发生重大变化前的利益均应得以补偿，相应地，股东如果因为反对公司结构发生重大变化，拒绝投票同意该重大事项的变化而选择退出企业，该股东不应分享任何因公司结构发生重大变化而产生的增值，也不应分担任何由此所产生的损失。

综上，合理评估在公司结构发生重大变化前股东所持有股份的价格，在司法实务中一般根据请求回购股权时股权所代表的净资产值来确定，即根据能真实反映目标公司净资产的财务报表、审计报告确定，或委托第三方评估机构进行司法鉴定，而目标公司在未能提交完整会计账簿等资料的情况下，将承担举证不能的后果。

**法条链接**

《公司法》(2018 修正)第七十四条

Case 10

# 董事、高级管理人员利用关联交易损害公司利益责任纠纷的认定

再审法院：最高人民法院

再审案号：（2021）最高法民再 181 号

公司董事、高级管理人员在公司管理层中担任重要职务，掌握关键权利，如其利用职务便利，通过关联交易进行利益输送，侵害公司利益，应如何追责？本文拟通过分析最高人民法院的一起再审改判案例，为实务中的该类诉讼案件的认定提供参考。

## 基本案情

**（一）本案的关联关系**

2009 年 5 月，西安陕鼓汽轮机有限公司（以下简称 S 公司）成立，为国有参股企业，高某华、程某任公司董事。2011 年到 2012 年期间，S 公司聘任高某华为副董事长、总经理，并聘任程某先后兼任总装试车车间代主任、销售部部长。S 公司章程明确规定董事及公司经营层人员未经章程或股东会同意，不得同本公司订立合同或者进行交易。上述人员违法行为给公司造成损害的，应当依法承担赔偿责任。

2009 年 5 月 12 日，钱塘机电有限公司（以下简称 Q 公司）成立，高某华及程某为 Q 公司合计控股 60% 的股东。2016 年 11 月 18 日，Q 公司经清算后注销。

**（二）S 公司与 Q 公司的关联交易**

2015 年 6 月 ~2017 年 4 月，S 公司作出了《S 公司部分高管进行关联交易损害公司利益的调查报告》，通过调查发现：

1. 2010 年至 2015 年 5 月期间，S 公司与 Q 公司共签订采购合同近 2100 份，总额约为 2.5 亿元，占 S 公司总采购量的 60% 以上，并且采购的是汽缸、冷凝器等汽轮机主要大型部件，S 公司采购价格对产品成本影响较大，经比较，采购价格高于市场询价。

2. Q 公司不具备协作和加工能力，实质上为贸易公司，S 公司转给 Q 公司的所有采购件，Q 公司全部转包外部协作单位完成。

3. S 公司与 Q 公司的关联交易，未经 S 公司内部及股东会审批决议，高某华、程某与 Q 公司的关联关系未向 S 公司披露、审批或报批。

同时，通过对 Q 公司的调查发现，除了 S 公司外，Q 公司无其他任何客户。

因 S 公司一股东为国有上市公司，上级单位均有纪委部门，在 2015 年初通过工商系统查询到高某华、程某与 Q 公司的股权关联关系后，S 公司纪委成立调查组展开调查，并作出调查报告，随后即免除了高某华、程某的职务，继而以董事、高级管理人员关联交易损害赔偿责任纠纷为由提起了本案诉讼。

## 裁判要旨

**（一）一审裁判要旨**

一审法院认为，首先，S 公司与 Q 公司之间不仅交易时间长，而且交易金额大。在此种情况下，即使高某华、程某未提供直接证据向 S 公司披露二人担任 Q 公司股东的相关事实，S 公司作为交易的一方，对于 Q 公司的相关股权情况应当也是可以通过查询工商档案知晓的。在本案中，S 公司仅以高某华、程某未披露相关任职情况而否认关联交易的合法性，不具有合理性。

其次，二人既不是 S 公司控股股东也不是实际控制人或法定代表人。高某华、程某对 S 公司对外采购合同的订立是否具有决定权缺乏证据支持，二人是否利用其特殊身份促成关联交易尚难以确认。

再次，S 公司提供的两份报告系其单方制作，在内容上虽然认定采购配件价格过高，但其依据的仅为初步询价信息。S 公司与 Q 公司之间的采购合同涉及的相关配件并无统一市场定价。各个生产厂基于生产成本、产品自身质量等多方面因素确定的产品价格有高低差异，而这种价格差异是否必然导致S公司利益受损尚缺乏依据。

最后，S公司的财务报表显示，在整个关联交易的2011年至2015年期间，S公司始终处于盈利状态，该事实也可以在一定程度上反映关联交易未损害公司利益。

故，由于S公司提供的证据均无法证明高某华、程某作为S公司的董事、高级管理人员违反了忠诚的义务，在S公司与Q公司之间的关联交易中损害了S的利益，对于S公司的诉讼请求，不予支持。

**（二）二审裁判要旨**

二审法院认为：第一，S公司提供的两份调查报告不足以说明案涉关联交易价格不合理；第二，从Q公司存续期间的资产负债表来看，其经营利润符合正常的商业规律，通过其历年的资产负债表亦不能判断案涉关联交易有失公允。

因此，S公司主张Q公司所获利润是其多支出的采购成本，属于其损失的理由无事实及法律依据，其上诉理由不能成立。

**（三）再审裁判要旨**

再审法院认为，本案系公司关联交易损害赔偿责任纠纷，各方当事人对S公司与Q公司之间的交易系关联交易均无异议，法院予以确认。本案争议焦点主要为案涉关联交易是否损害了S公司的利益，对此法院从以下3点展开评述：

1. 高某华、程某是否履行了披露义务

披露关联交易有赖于董事、高级管理人员积极履行忠诚及勤勉义务，将关联交易情况向公司进行披露及报告。根据S公司公司章程的规定，在本案中，高某华、程某作为董事及高级管理人员，未履行披露义务，违反了董事、高级管理人员的忠诚义务。根据《公司法》第21条第1款关于“公司的控股股东、实际控制人、董事、监事、高级管理人员不得利用其关联关系损害公司利益”的规定，高某华、程某的行为不仅违反了S公司公司章程的约定，亦违反了上述法律规定。

2. 案涉关联交易价格是否符合市场公允价格

公司法并未禁止关联交易，反而保护合法有效的关联交易，合法有效的关联交易的实质要件是交易对价公允。参照《最高人民法院关于适用〈中华人民共和国公司法〉若干问题的规定(五)》第1条第1款关于“关联交易损害公司利益,原告公司依据民法典第八十四条、公司法第二十一条规定请求控股股东、实际控制人、董事、监事、高级管理人员赔偿所造成的损失,被告仅以该交易已经履行了信息披露、经股东会或者股东大会同意等法律、行政法规或者公司章程规定的程序为由抗辩的,人民法院不予支持”的精神,应当从交易的实质内容即合同约定、合同履行是否符合正常的商业交易规则以及交易价格是否合理等方面进行审查。

在S公司与Q公司的采购交易模式中,S公司本可以在市场上采购相关产品,而通过Q公司采购产品则增设了不必要的环节并增加了采购成本,增设环节的利益由Q公司享有。

综上,S公司关于高某华、程某本可以通过市场采购的方式购买相关产品转由向Q公司进行采购,增加了购买成本,损害了S公司权益的主张,有事实和法律依据。法院对S公司关于案涉交易对价高于市场价且不具备公允性的上诉主张,予以采信。

3. 高某华、程某的行为与S公司损害结果的发生有因果关系

关联交易发生在高某华、程某任职董事期间,在高某华任总经理主持生产经营工作期间,关联交易额占S公司采购总额的比例大幅上升。在高某华、程某被解除相应职务后,关联交易急速减少并消失。关联交易的发生及变化与高某华、程某任职期间及职务变化存在同步性。根据《公司法》第21条的规定,高某华、程某共同实施的关联交易行为,损害了S公司利益。

## 再审研习

**(一)什么是关联关系**

《公司法》第216条第4项规定:“关联关系,是指公司控股股东、实际控制人、董事、监事、高级管理人员与其直接或者间接控制的企业之间的关系,以及可能导致公司利益转移的其他关系。但是,国家控股的企业之间不仅因为同受国家控股而具有关联关系。”《公司法》第21条规定:“公司的控股股东、实际控制人、董事、监事、高级管理人员不得利用其关联关系损害公司利益。违反前款规定,给公司造成损失的,应当承担赔偿责任。”可知,公司法并

不禁止关联交易,而只是禁止相关主体利用关联交易损害公司利益。

**(二)什么是忠实义务**

《公司法》第147条规定:"董事、监事、高级管理人员应当遵守法律、行政法规和公司章程,对公司负有忠实义务和勤勉义务。"忠实义务的核心是要求董事、高级管理人员不得利用职务之便牟取私利,通俗来说就是作为公司的董事、监事、高级管理人员不能对公司起坏心眼。

**(三)关联交易损害赔偿责任纠纷的认定**

在司法实务中,关联交易损害赔偿责任纠纷的认定需要从主体、行为、损害结果、因果关系4个方面考量:

第一,主体上,要满足公司法规定,损害方为公司的控股股东、实际控制人、董事、监事或者高级管理人员;

第二,损害方实际开展关联交易的行为;

第三,损害的表现形式包括直接经济损失与本应得的间接的合法经济利益损失;

第四,损害方的关联交易与公司的受损具有因果关系。

上述四点考量因素均需受损公司承担举证责任,在实践中证明关联关系、关联交易相对容易,但要证明董事、高级管理人员的关联交易损害了公司的利益,损失的具体金额,以及关联交易与公司的受损之间的因果关系,却相对较难,如公司无法充分举证,则要承担举证不能的后果。

**(四)合法有效的关联交易需要满足的条件**

合法有效的关联交易应当满足信息披露充分、程序合法、价格公允等条件,这也是对董事、高级管理人员忠实义务的要求。信息披露充分要求董事、高级管理人员在进行关联交易时,应向公司全面报告;程序合法要求根据公司章程和法律的规定,得到股东会、董事会同意后再进行交易;交易价格公允则可以从交易的实质内容即合同约定、合同履行是否符合正常的商业交易规则以及交易价格是否合理等进行审查。

《最高人民法院关于适用〈中华人民共和国公司法〉若干问题的规定(五)》第1条进一步规定,即使履行法定程序也不能豁免关联交易赔偿责任,最高人民法院民事审判第二庭相关负责人就该司法解释适用答记者问时强调,关联交易的实质是公平,即合法有效的关联交易应当符合公平原则。

针对一审、二审举证不能导致的败诉结果，受损公司在再审时提交了更多的证据来证明高某华对公司实际掌控的事实，具体为：高某华具有公司财务最终审批权及对外合同签订和执行的权利，案涉关联交易价格不公允等。基于此，再审法院对相关交易结构进行了实质审查，认定在高某华、程某的操控下，S公司本可以在市场上采购相关产品，而通过Q公司采购产品则增设了不必要的环节和增加了采购成本，由Q公司享有增设环节的利益，实质上就是高某华、程某利用职务便利谋取不正当利益的情形，最终实现再审改判。

## 实务建议

**（一）加强公司合规管理，开展定期审计，提高监事会履职能力**

良好的内部治理制度能够有效规避不当关联交易，公司应加强内部合规管理，健全内部治理制度，开展定期审计，提高监事会履行监督职责的能力，对有关经营、投资、合同等重大事项实行决议审批制，避免给董事、高级管理人员牟取私利提供空间。

**（二）在公司章程或内部制度中详尽忠实义务及责任**

公司应善于通过章程的制度设计，对董事、高级管理人员在经营中的职责、权限予以规范化、明细化。对于可能产生的董事、高级管理人员利益输送的交易行为通过章程或内部制度予以事先的风险防范。

**（三）重视董事、高级管理人员的任命和管理，适度扩大高级管理人员范围**

在其他涉此类型纠纷案件中，被告抗辩较多的理由是其并非公司的董事、高级管理人员，因该类案件主体特定，公司应重视对相关董事、高级管理人员的任命和管理，注意职位明确化，可对高级管理人员的范围适度扩大，并通过书面文件固定高级管理人员身份。

**（四）充分组织证据，及时行权**

受损公司应充分组织证据，特别是对于损害行为、损害结果、因果关系，避免承担举证不能的后果。另公司在行权时应注意及时行权，关联交易损害公司利益诉讼为侵权责任纠纷，应在知道或应当知道公司利益受损之日起3年内行使诉讼权利；如公司主张撤销关联交易，则应注意1年的除斥期间。

**法条链接**

《公司法》(2018 修正)第二十一条、第一百四十七条、第一百四十八条、第一百四十九条、第二百一十六条

《最高人民法院关于适用〈中华人民共和国公司法〉若干问题的规定(五)》(2020 修正)第一条

# Case 11 出资期限届满前公司未按法定程序减资，股东需承担责任

再审法院：广东省高级人民法院

再审案号：（2019）粤民再 432 号判决

在司法实务中，出资期限届满前公司未按法定程序减资的，股东是否承担责任？法律制度的冲突暗含着立法价值的冲突，如何在法律框架内实现股东出资期限利益与债权人利益的平衡，成为司法适用的难题。就该问题，笔者在进行大数据检索后，从佛山市物业资产经营有限公司（以下简称佛山物业公司）诉黄某丽、李某成等股东损害公司债权人利益责任案入手分析，抛砖引玉，与诸位共探讨。

## 基本案情

2015 年 7 月 2 日，景星公司注册资本从 200 万元（实缴）增加至 1000 万元，认缴 800 万元，认缴期限至 2065 年 6 月 30 日。

2016 年 2 月 5 日，景星公司召开股东会，将注册资本由 1000 万元变更为 200 万元，时任股东黄某丽、李某成向工商部门提供了《公司债务清偿（或债务担保）情况说明》，承诺已在作出减资决议之日起 10 日内通知了债权人，并于 2016 年 2 月 5 日在民营经济报上刊登了减资公告，承诺公司的债务已清偿完毕，若有遗漏由股东按原出资额承担清偿责任。

2016 年 3 月 25 日，景星公司变更工商登记，注册资本从 1000 万元减资至 200 万元（实缴）。后黄某丽、李某成将其股权转让给廖某兰、李某才。

2016 年 7 月 6 日，佛山物业公司向广东省佛山市禅城区人民法院提起诉讼，法院判令景星公司支付佛山物业公司 2015 年 7 月 21 日至 2016 年 8 月

31 日期间的租金、占有使用费、逾期付款违约金及律师费。佛山物业公司胜诉后景星公司提起上诉，佛山市中级人民法院作出(2017)粤 06 民终 391 号民事判决书，判令支持景星公司的诉讼请求。

2017 年 6 月 12 日，佛山物业公司向佛山市禅城区人民法院申请强制执行，法院未发现景星公司有其他可供执行的财产，裁定终结本次执行。

其后，佛山物业公司起诉景星公司股东邱某文、邱某生、黄某丽、李某成、李某才、廖某兰、张某玲(历任股东)至法院，要求相关股东对景星公司拖欠佛山物业公司的债务承担连带清偿责任。

## 裁判要旨

**(一)一审裁判要旨**

第一，股东在章程约定的出资认缴期限届满之前未足额缴纳出资的，不违反法律规定。2013 年 12 月 28 日公布的《公司法》已将原有的注册资本实缴制变更为认缴登记制，股东的认缴出资额、出资期限等事项均交由公司章程自行规定，股东在其认缴期限届满前未缴足认缴部分的注册资本的，不违反法律规定。

第二，股东对其认缴注册资本减资，未到认缴期限的不应承担未全面履行出资义务的法律责任。虽然根据《最高人民法院关于适用〈中华人民共和国公司法〉若干问题的规定(三)》第 13 条第 2 款的规定，公司债权人可以请求未履行或者未全面履行出资义务的股东在其未出资本息范围内对公司债务不能清偿的部分承担补充赔偿责任，但前提条件系认缴期限到期，具体到本案，进行减资的股东是黄某丽、李某成，减资部分认缴期限至 2065 年 6 月 30 日。即使股东存在不当减资的行为，在其认缴注册资本未至原认缴期限的情况下，股东仍有期限利益，故佛山物业公司要求黄某丽、李某成对涉案债务承担连带清偿责任，缺少请求权基础。

第三，股东出资义务的加速到期存在严格的法律限制。在公司对各债权人已不具备清偿能力或可能丧失清偿能力，且公司存在其他债权人的情况下，如果赋予单个公司债权人请求股东提前履行出资义务的权利，实质上是允许了公司对单个债权人进行个别清偿，这会对其他债权人造成不利影响。

根据目前的法律规定,认缴出资期限提前到期仅限于公司清算、破产等情况之下,债权人没有申请启动破产程序而径行请求加速到期股东出资义务缺少法律依据。

**(二)二审裁判要旨**

第一,为促进商事交易,提升资金利用效率,2013 年修正的《公司法》赋予公司自主决定减资事宜的权利。

第二,2013 年 12 月 28 日公布的《公司法》已将原有的注册资本实缴制变更为认缴登记制,股东的认缴出资额、出资期限等事项均交由公司章程自行规定,股东在其认缴期限届满前未缴足认缴部分的注册资本不违反法律规定。

第三,景星公司已经通过章程等工商登记信息向外界公示了实有资本及股东出资期限等信息,佛山物业公司在与景星公司交易时应当理性评估并承担相应的商业风险。

**(三)再审裁判要旨**

再审法院经过审理后改判,认为黄某丽、李某成应当在不当减资的本息范围内对景星公司的涉案债务向佛山物业公司承担补充赔偿责任,理由如下:

第一,资本维持角度。《公司法》(2013 修正)第 3 条第 2 款规定:"有限责任公司的股东以其认缴的出资额为限对公司承担责任。"公司注册资本是公司股东承担有限责任的基础,是公司的交易相对方判断公司的财产责任能力的依据。虽然《公司法》在 2013 年修正时将注册资本实缴制改为认缴制,但这并非对资本确定原则的否定,而是对资本确定原则的继承与发展。在注册资本认缴制下,我国公司法仍然坚持资本不变原则,公司不得违反法定条件与程序而随意增减资本,包括未届认缴期限的出资。

第二,法定程序角度。《公司法》(2013 修正)第 177 条第 2 款规定了减少注册资本的法定程序,股东未按照法定程序通知债权人即予以减资,减损了公司资本信用基础,降低了公司偿债能力,构成抽逃出资的,应当承担相应的法律责任。关于抽逃出资的法律责任,《最高人民法院关于适用〈中华人民共和国公司法〉若干问题的规定(三)》第 14 条第 2 款规定:"公司债权人请求抽逃出资的股东在抽逃出资本息范围内对公司债务不能清偿的部分承担补充赔偿责任。”

第三，股东具有恶意角度。根据(2017)粤06民终391号判决，景星公司应当向佛山物业公司支付的租金从2015年7月21日开始计算，并从2015年12月1日起景星公司应当支付迟延违约金。因此，自2015年7月21日开始，佛山物业公司就已经是景星公司的债权人，到2015年12月1日，景星公司已出现迟延履行到期债务的情形。2016年2月5日，景星公司召开由黄某丽与李某成参加的股东会，共同决定将注册资本由1000万元变更为200万元，并于同年3月25日变更了工商登记。黄某丽与李某成时任景星公司股东，知道或者应当知道景星公司对佛山物业公司负有到期债务未履行，但未依照法定减资程序通知佛山物业公司，应当同时作为抽逃出资与协助抽逃出资的股东，依据上述规定承担相应法律责任，景星公司于2016年3月25日不当减资800万元。

综上，黄某丽与李某成应当在不当减资的本息范围内对景星公司的涉案债务不能清偿部分向佛山物业公司承担补充赔偿责任。

## 再审研习

**(一)减资程序研习**

《公司法》第224条第2款规定了建设注册资本的法定程序：“公司应当自股东会作出减少注册资本决议之日起十日内通知债权人，并于三十日内在报纸上或者国家企业信用信息公示系统公告。债权人自接到通知之日起三十日内，未接到通知的自公告之日起四十五日内，有权要求公司清偿债务或者提供相应的担保。”

公司减资时对已知或应知的债权人应履行通知义务，不能在未先行通知的情况下直接以登报公告形式代替通知义务。公司减资时未依法履行通知已知或应知的债权人的义务，公司股东不能证明其在减资过程中对怠于通知的行为无过错的，当公司减资后不能偿付减资前的债务时，公司股东应就该债务对债权人承担补充赔偿责任。故，公司股东应当按照法律规定的程序积极履行通知义务，避免承担责任。

**(二)责任基础研习**

《最高人民法院关于适用〈中华人民共和国公司法〉若干问题的规定(三)》第14条规定:"股东抽逃出资,公司或者其他股东请求其向公司返还出资本息、协助抽逃出资的其他股东、董事、高级管理人员或者实际控制人对此承担连带责任的,人民法院应予支持。公司债权人请求抽逃出资的股东在抽逃出资本息范围内对公司债务不能清偿的部分承担补充赔偿责任、协助抽逃出资的其他股东、董事、高级管理人员或者实际控制人对此承担连带责任的,人民法院应予支持;抽逃出资的股东已经承担上述责任,其他债权人提出相同请求的,人民法院不予支持。"

在(2019)最高法民申5080号案(最高人民法院第六巡回法庭2019年度参考案例)中,法院认为:"根据公司资本维持原则,公司在存续过程中,应当保持与其资本额相当的财产以防止公司资本的实质性减少,维持公司偿债能力,保护债权人利益。对此,《中华人民共和国公司法》(2013修正)第一百七十七条规定公司减资需履行法定程序。《中华人民共和国公司法》(2013修正)第三十五条也规定,公司成立后,股东不得抽逃出资。"

在(2011)一中民终字第10849号案(入选《人民法院案例选集》)中,法院认为:"《中华人民共和国公司法》(2005修订)规定公司减资必须通知债权人并公告,是保障债权人的合法权益不因减资而受损。在法定资本制下,减资意味着公司注册资本的减少,注册资本的减少又将导致公司所有者权益的减少,公司的偿债能力降低。如果减资时没有通知债权人,将产生股东优先于债权人分配的后果,有悖《中华人民共和国公司法》(2005修订)的设计理念。易言之,《中华人民共和国公司法》(2005修订)规定公司减资时必须通知债权人并公告,其目的在于保障债权人债权的优先受偿。"

在(2020)苏02民终2487号案中,法院认为资本维持原则应体现为,在股东认缴资本额全部实缴之前,公司在正常开展营业的同时应避免出现无法清偿对外债务的境况。一旦公司丧失这种偿付能力,股东应向公司补充缴付认缴未缴的财产,以保持公司的债务清结。否则,公司资本制度的设计将纵容股东,伤害债权人,最终损害整体性的社会交易安全。

通过分析相关案例,可以看出法院认为在资本认缴制下,公司高度自治的倾向越发明显,法律赋予了公司股东更多的自由性,股东控制着公司的各项信息，而债权人只能通过公司自愿披露的信息了解债务人的实际情况，在交易往来中债权人客观上居于弱势地位，公司债权人更需要得到法律保护。

公司减资时未按照《公司法》第224条对已知债权人进行通知的，实质上其影响与股东违法抽逃出资导致债权人利益受损的影响一致，故法院依据《最高人民法院关于适用〈中华人民共和国公司法〉若干问题的规定(三)》第14条的规定判令股东承担责任。

**(三)举证责任研习**

《最高人民法院关于适用〈中华人民共和国民事诉讼法〉的解释》第90条第1款规定："当事人对自己提出的诉讼请求所依据的事实或者反驳对方诉讼请求所依据的事实，应当提供证据加以证明，但法律另有规定的除外。"债权人和股东各自承担不同的举证责任。

笔者以海德力西集团有限公司诉江苏博恩世通高科有限公司、冯某、上海博恩世通光电股份有限公司买卖合同纠纷案为例，分析如下：

1. 债权人需举证债权在减资前发生

法院认为："根据德力西公司与被上诉人江苏博恩公司在合同中约定的交货、验收、付款条款以及实际履行情况看，江苏博恩公司与德力西公司的债权债务在江苏博恩公司减资之前已经形成。"

笔者研究相关案例发现，法院一般会根据公司与债权人签订合同、对账单的事实以及其他事实，来综合判断减资是否发生在债权确定前，故债权人应当留存相关证据，并充分证明债权确定时间。

2. 股东需证明履行了通知债权人的义务

法院认为："虽然江苏博恩公司在《江苏经济报》上发布了减资公告，但并未就减资事项直接通知德力西公司，故该通知方式不符合减资的法定程序，也使得德力西公司丧失了在江苏博恩公司减资前要求其清偿债务或提供担保的权利。"

故股东或公司应当举证证明其向债权人履行了通知义务，笔者建议公司在通知债权人时尽量采用邮寄及书面通知的方式，注意证据留痕。

## 实务建议

**(一)建议股东了解公司运营情况,作出减资决议后,应当督促公司按照法律规定积极履行通知义务**

《公司法》(2013 修正)第 57 条第 1 款规定:“股东有权查阅、复制公司章程、股东名册、股东会会议记录、董事会会议决议、监事会会议决议和财务会计报告。”根据该条规定,公司股东可以实时了解公司运营情况,了解公司对外债权债务情况,督促公司按照法律规定通知债权人减资事宜,避免承担责任。同时,还可以通过裁判文书网了解公司涉诉情况,全方位了解公司运营及债权债务情况。

**(二)建议债权人实时关注债务人公司经营情况,发现减资时应当及时与公司管理者沟通协商,必要时通过诉讼方式解决**

对于债权人而言,严格减资程序能够减少公司减资可能对债权人造成的不利影响,建议债权人通过企查查等工商信息查询网站实时关注债务公司经营情况。若发现债务公司经营情况异常,应当在专业人士的指导下及时固定债权已到期的证据,保留相关追索证据;若前期证据不足,可通过询证函、对账单等方式补救。同时,还应当固定债务人未尽到通知义务的证据,如通过电话录音或微信的方式询问债务人何时减资以及为何没有通知减资,固定债权到期且债务人未履行通知义务的证据,为日后可能发生的诉讼奠定基础。此外,为减小风险,笔者建议公司在对外进行大宗交易时可先进行尽职调查,查询对方公司的经营情况、股东实际出资情况及各股东自有资产情况,避免对方公司因经营随意减资,尽可能避免损失。

在资本认缴制下,法律赋予公司高度自治的空间,赋予公司股东更多的自主性,但股东也应当认识到公司注册资本不仅是公司股东承担有限责任的基础,也是公司的交易相对方判断公司的财产责任能力的依据。股东不能仅享受法律的权利而忽略法律赋予的义务,各股东在日常经营中应当树立诚信经营之理念,不得将公司沦为其转嫁经营风险的工具,不得恶意损害债权人利益,规范经营行为,合规管理,坚守法律底线。

**法条链接**

《公司法》(2013 修正)第三条第二款、第一百七十七条

《最高人民法院关于适用〈中华人民共和国公司法〉若干问题的规定(三)》(2020 修正)第十四条

# Case 12 人章分离下合同效力辨析

再审法院：四川省高级人民法院

再审案号：（2018）川民再 462 号

在商事活动中，盖章是一个常见且十分重要的环节。根据盖章人和章的真实性，有 4 种情况。行为人具有代表或代理公司签订合同的权限①并加盖真实的公司印章（真人真章），合同对公司发生效力。对于行为人具有代理权但加盖假印章（真人假章）的情形，根据《全国法院民商事审判工作会议纪要》第 41 条②的规定，合同对公司发生效力。然而在行为人不具有代理权但加盖真实的公司印章（假人真章）或行为人不具有代理权且加盖假印章（假人假章）的情形下，合同的效力应当如何认定，《全国法院民商事审判工作会议纪要》并未作出明确的规定。下面通过一则再审案例试浅论之。

---

① 为行文之便利，以下均表述为"代理权"。

② 参见《全国法院民商事审判工作会议纪要》41.【盖章行为的法律效力】："司法实践中，有些公司有意刻制两套甚至多套公章，有的法定代表人或者代理人甚至私刻公章，订立合同时恶意加盖非备案的公章或者假公章，发生纠纷后法人以加盖的是假公章为由否定合同效力的情形并不鲜见。人民法院在审理案件时，应当主要审查签约人于盖章之时有无代表权或者代理权，从而根据代表或者代理的相关规则来确定合同的效力。法定代表人或者其授权之人在合同上加盖法人公章的行为，表明其是以法人名义签订合同，除《公司法》第 16 条等法律对其职权有特别规定的情形外，应当由法人承担相应的法律后果。法人以法定代表人事后已无代表权、加盖的是假章、所盖之章与备案公章不一致等为由否定合同效力的，人民法院不予支持。代理人以被代理人名义签订合同，要取得合法授权。代理人取得合法授权后，以被代理人名义签订的合同，应当由被代理人承担责任。被代理人以代理人事后已无代理权、加盖的是假章、所盖之章与备案公章不一致等为由否定合同效力的，人民法院不予支持。"

## 基本案情

2013 年 1 月 19 日，君源公司成立西昌分公司，由西昌分公司代表君源公司在西昌区域内依法从事建筑业生产经营活动，任命刘某忠为分公司负责人。2013 年 4 月 9 日，君源公司与刘某忠签订分公司经营目标管理责任书，双方往来款项（含投标及履约保证金）经办人张某梅，公司提供原件（法人印章、营业执照、资质证书、安全生产许可证、组织机构代码证）1 套给分公司使用。

2014 年 5 月 7 日，君源公司与凉山工业公司签订《建筑工程施工承包合同》，由君源公司承包凉山工业公司位于西昌市长安的众合信广场及同德公司棚户区改造项目工程，因资金周转原因，先后向习某春借款 150 万元。刘某忠于 2014 年 5 月 10 日向习某春出具借条，借条载明："今借到习某春人民币伍拾万元整，用于公司长安棚户区项目周转使用，月息 3%。"刘某忠于 2014 年 7 月 15 日向习某春出具借条，借条载明："今借到习某春家人民币现金壹佰万元整，用于公司长安棚户区项目周转使用，月息 3%。注此条中有 50 万元是 2014 年 2 月借用打保证金，退回未还款。"两张借条均由刘某忠作为经手人签名及君源公司盖章予以确认。在借款后，刘某忠向习某春支付了至 2015 年 4 月 15 日的利息共计 461，400 元，借款本金及剩余利息至今未偿付。

习某春向一审法院提起诉讼，要求判决君源公司、刘某忠偿还借款本金 150 万元及利息。

## 法院裁判

**（一）一审裁判要旨**

刘某忠作为君源公司西昌分公司负责人，以君源公司名义向习某春借款事实清楚。借条明确了借款是用于君源公司在西昌市的项目周转，并且借条上有君源公司的印章予以确认，故刘某忠向习某春借款的行为属于君源公司的职务行为，君源公司应当承担本案债务的清偿责任。习某春要求君源公司偿还借款本息的请求,一审法院予以支持。

**(二)二审裁判要旨**

刘某忠系君源公司西昌分公司的负责人,案涉的长安棚户区改造项目系君源公司承建项目,君源公司也向业主方交纳了1000万元工程保证金,案涉项目由君源公司交由刘某忠负责,工程保证金由刘某忠代表公司筹集。后刘某忠因项目缺少资金,向刁某春借款150万元并出具借条,该借条加盖有君源公司的印章,根据《民法通则》第43条"企业法人对它的法定代表人和其他工作人员的经营活动,承担民事责任"的规定,刘某忠的借款行为属刘某忠代表君源公司履行职务的行为,其产生的民事法律后果依法应由君源公司承担。因此,君源公司上诉主张案涉借款未用于案涉工程,系刘某忠个人借款,既没有提供证据,也与审理查明事实不符,不予支持。2014年5月8日刘某忠向君源公司出具的承诺说明,系刘某忠与君源公司的企业内部关系,对外不具有法律效力,故一审法院以承诺说明与本案无关联性为由不予采用正确,依法予以确认。

**(三)再审裁判要旨**

根据刘某忠与君源公司订立的《印章管理使用说明书》记载的君源公司公章及法定代表人李某私章"由刘某忠保管和使用,该印章仅限四川省君源水电建设有限公司西昌办事处就投标文件、资料及与代理或业主单位有关的事务工作使用,不得用于签约、借款、欠款等其他事项"的内容,刘某忠虽有权使用君源公司公章,但并未得到君源公司对外借款的授权,反而被君源公司明确禁止在签约、借款、欠款等事项中使用公章,且刘某忠系分公司负责人,并非总公司法定代表人,其在对外借款中擅自使用不在其使用职权范围内的总公司公章并非履职行为,而是无权代理行为。该无权代理行为是否有效,应依据《合同法》第49条"表见代理"的规定进行认定。

虽然在一般情形下,合同上加盖公司印章,就具有推定该合同为公司意思表示的法律效力,但公章本身只是权利主体表达意志的工具和载体,公章的持有状态既可能是授权,亦可能只是保管,公章的使用亦既可能系授权使用,也可能是未经授权的盗用。因此,如其他事实或证据足以证明公章的使用与公司的真实意思表示不一致,则公章的意思表示推定效力应被否定。在本案中,刘某忠虽持有公章,但该事实应当与其他足以构成授予代理权外观的证据和事实相结合,其对君源公司的表见代理方能成立,不能在刘某忠没有被君源公司授予对外借款代理权的情形下,仅以刘某忠私盖公章或在有该公章的空白纸上添加借款内容的行为,认定该行为对君源公司构成表见代理。



## 再审研习

### (一)"假人真章"与合同的效力

就"假人真章"而言,一方面,行为人不具有代理权,其行为系无权代理,合同对公司不发生效力。在前述再审案例中,四川省高级人民法院明确指出,仅印章真实并不足以认定合同对公司发生效力。另一方面,印章作为代理权的外观因素,[①]可能导致行为人的行为产生具有代理权的表象,进而需要进一步考察行为人的行为是否构成表见代理。因此,在司法实践中对于"假人真章"之合同效力的判断,落脚点在于表见代理制度的适用。

关于表见代理,《民法典》第172条规定:"行为人没有代理权、超越代理权或者代理权终止后,仍然实施代理行为,相对人有理由相信行为人有代理权的,代理行为有效。"通说认为,适用表见代理须同时符合两项要件:第一,权利外观要件,即行为人无权代理行为在客观上形成具有代理权的表象;第二,主观因素要件,即合同相对人善意且无过失地相信行为人有代理权。关于权利外观要件,需要结合合同订立过程中的各种因素,综合判断行为人的行为能否产生具有代理权的表象。如:(1)行为人的身份、职务是否与被代理人有关联;(2)被代理人对行为人是否存在可合理推断的授权关系;(3)在合同等对外文件材料上是否加盖有与被代理人有关的、可正常对外使用的有效印章;(4)合同关系的建立方式是否与双方以往的交易方式相符;(5)合同订立过程、交易环境和周围情势等是否与被代理人有关等。[②] 关于主观因素要件,应当结合合同订立过程中的各种因素,综合判断合同相对人是否已尽到合理注

---

① 参见《关于当前形势下审理民商事合同纠纷案件若干问题的指导意见》(法发〔2009〕40号)第13条。

② 参见上海市高级人民法院:《商事合同案件适用表见代理要件指引(试行)》第6条。

意,不存在明显的疏忽或懈怠。如:(1)合同相对人与被代理人之间是否存在交易历史以及相互熟识程度;(2)合同相对人在订立合同之前是否即已充分知悉权利外观事实;(3)合同相对人注意义务与交易规模大小是否相称;(4)交易对效率的要求与合同相对人核实代理权限的成本是否相称等。①

因此,公司的印章真实仅仅是权利外观要件的考量因素之一,相对人仍应当符合主观因素要件,即相对人善意且无过失地相信行为人具有代理权。在"达某某与甘肃某地产开发有限公司民间借贷纠纷再审案"中,行为人为公司的前法定代表人,其以公司的名义与相对人签订了借款合同并加盖了公司公章。最高人民法院认为,虽然合同上加盖了公司公章,但行为人未取得公司授权,仅凭其持有公司原营业执照和公章,不足以证明其具有代理人身份。相对人未通过工商查询核对行为人提供的营业执照,未履行审慎注意义务,行为人的行为不构成表见代理。②

**(二)"假人假章"与合同的效力**

在行为人不具有代理权且加盖假印章的情形下,合同并非一定不对公司发生效力。法院仍可能以表见代理为由,认定合同对公司有效,③即印章是否私刻或是否与备案印章不一致,并不影响行为人的行为是否构成表见代理。在行为人具备其他代理权表象且相对人善意无过失的情形下,法院亦可认定合同对公司发生效力。

在"福建省某房地产开发有限公司与游某某民间借贷纠纷再审案"中,行为人虽然并无代表公司签订合同的权限,且合同加盖的系其私刻的公司公章,但最高人民法院认为,尽管公章为行为人私刻,但结合行为人在公司所任特殊职务(董事长)以及股东身份等权利外观,已经足以让交易相对人产生合理信赖,让相对人负有对公章真实性进行实质审查的义务,对于相对人而言要求过于严苛,不利于保护交易安全,并最终认定合同对公司发生效力。④

---

① 参见上海市高级人民法院:《商事合同案件适用表见代理要件指引(试行)》第7条。

② 参见最高人民法院民事判决书,(2020)最高法民申1328号。

③ 参见最高人民法院民事裁定书,(2016)最高法民申733号;最高人民法院民事判决书,(2018)最高法民终509号。

④ 参见最高人民法院民事判决书,(2016)最高法民申733号。

另外，即使法院最终认定合同对公司不发生效力，但作出如此认定也并非仅仅因印章为假，而是综合案件整体事实来看，行为人不具有代理权且不符合表见代理的构成要件。如最高人民法院在"青海某混凝土有限公司与某建设集团有限公司青海分公司等民间借贷纠纷案"中指出，不能仅以合同加盖的公章与公司备案公章不一致来否定合同对公司的效力，而应当根据交易相对人是否有合理理由相信行为人有权代理公司进行相关法律行为来判断。[①]

## 要点提示

在人章分离的情形下，"人"是决定合同效力的关键，而非是"章"。在行为人具有代理权的情况下，无论印章的真假，合同均对公司发生效力；而在行为人不具有代理权的情况下，合同是否对公司有效，不仅仅取决于印章的真假。真实的印章虽可以作为行为人具有代理权的外观因素，但仍需要结合其他案件事实来证明行为人的行为符合表见代理的构成要件；即使是假印章，相对人也可以通过其他案件事实来证明行为人的行为符合表见代理的构成要件，从而使合同对公司发生效力。

**法条链接**

《全国法院民商事审判工作会议纪要》第四十一条

《民法典》第一百七十二条

① 参见最高人民法院民事判决书，(2019)最高法民终1535号。

# Case 13　股东行使利润分配请求权的实务要点

再审法院：最高人民法院

再审案号：（2021）最高法民再 23 号

分红权是公司股东的基本权利，股东主张公司分配利润必须严格遵守法律规定的步骤和程序。本文拟从最高人民法院的一则再审案例出发，分析在实践中股东请求公司分配利润的必要条件以及注意事项。

## 基本案情

乾金达公司持有万城公司 52.5% 的股份。2012 年，万城公司按照股东会决议，以现金形式给各股东按持股比例分配了利润。2014 年 3 月 27 日，万城公司召开股东会并形成了万城股字〔2014〕2 号股东会决议。该决议载明：公司 2013 年度实现利润总额 227,050,779.10 元，可供股东分配的利润为 218,930,221.51 元，本年度已分配支付利润 162,000,000 元，剩余未分配利润 56,930,221.51 元暂未支付，公司将在 2014 年 6 月之前完成分配。2014 年 6 月 25 日，万成公司召开 2014 年第二次临时股东会，并形成《临时股东会会议纪要》，该会议纪要第 6 条为：会议同意对万城公司 2013 年未分配利润在 7 月底之前进行分红，2014 年按季度分红。

2015 年 9 月 24 日，乾金达公司将其持有的万城公司 52.5% 的股份转移登记到乾金达公司下属全资子公司乾金达资产管理公司名下。2015 年 6 月 18 日，乾金达公司与赵某堂签订《股权转让协议书》，乾金达公司以 48,000 万元将其全资子公司乾金达资产管理公司 100% 的股份转让给赵某堂，该协议第 6.3 条约定："自本协议签署后，甲方承诺不再对乾金达资产管理公司、万城公司进行直接或间接分红，不再动用乾金达资产管理公司、万城公司资金账户内的资金，不得出现任何可能减少乙方股东权益的行为。”2015 年 12 月 17 日，乾金达资产管理公司 100% 的股份从乾金达公司名下转移登记到案外人赵某堂名下。

2017 年 10 月 10 日，乾金达公司向万城公司及各股东送达一份函件，函件主要内容为：乾金达公司要求万城公司向乾金达公司支付 2015 年 6 月 18 日前的利润 34,732,804.98 元。但万城公司拒绝向乾金达公司分配利润，因此成讼。

## 裁判要旨

**（一）一审裁判要旨**

一审法院认为，对于 2013 年度的未分配利润，因万城公司做出了具体的分配方案，故对乾金达公司主张的分配 2013 年度未付利润款的诉讼请求予以支持。对于 2014 年度的未分配利润，因《临时股东会会议纪要》只提到 2014 年按季度分红，并未载明 2014 年度具体利润分配方案，且该纪要亦非股东会有效决议，故对乾金达公司关于 2014 年利润分配的主张，不予支持。

**（二）二审裁判要旨**

二审法院认为，原股东向公司主张利润分配请求权应当基于原股东在转让股权之前公司已经股东会或股东大会决议形成了具体的分配方案，及该股东已经基于该分配方案享有具体利润分配请求权。在本案中，万城公司万城股字〔2014〕2 号股东会决议虽然通过了 2013 年度利润分配方案，但仅就 2013 年度待分配的利润总数额进行了决议，对于每位股东应当分配的利润尚未确定具体明确的分配方案。同理，万城公司对于 2014 年的利润分配也未形成方案。因此，乾金达公司作为原股东，其主张分配利润的请求权并未转化为对公司应当支付其利润的确定的债权，其关于万城公司应支付 2013 年度、2014 年度未分配公司利润的请求，不予支持。

**（三）再审裁判要旨**

再审法院认为，股东要求公司分配利润的必要条件是提交载明具体分配方案的股东会决议。具体的利润分配方案应当包括待分配利润数额、分配政策、分配范围以及分配时间等具体分配事项。在本案中,万城公司2013年度利润分配方案明确了具体的分配数额,二审法院对此认定错误,但乾金达公司主张利润分配的诉讼时效已届满。而关于2014年度利润分配,无具体的利润分配方案。故法院对于乾金达公司要求万城公司分配2013年及2014年利润的请求不予支持。

## 再审研习

**(一)股东提交载明具体分配方案的股东会决议是请求利润分配的必要条件**

公司分配利润的基础条件是有可分配利润,对此本文不再加以讨论,本文重点探讨在公司有可分配利润且能够分配的情况下,经常遇到的疑难问题。

《最高人民法院关于适用〈中华人民共和国公司法〉若干问题的规定(四)》第14条规定:“股东提交载明具体分配方案的股东会或者股东大会的有效决议,请求公司分配利润,公司拒绝分配利润且其关于无法执行决议的抗辩理由不成立的,人民法院应当判决公司按照决议载明的具体分配方案向股东分配利润。”第15条规定:“股东未提交载明具体分配方案的股东会或者股东大会决议,请求公司分配利润的,人民法院应当驳回其诉讼请求,但违反法律规定滥用股东权利导致公司不分配利润,给其他股东造成损失的除外。”

由此可知,股东要求公司分配利润的必要条件是提交载明具体分配方案的股东会决议。司法观点认为,决定是否分配利润是公司股东(大)会的权利,在公司作出决议之前,司法机关不宜直接作出分配利润的判决。同时,股东的盈利状况既取决于公司的盈利状况,也取决于公司的股利分配政策;股利分配与否以及如何分配,不仅取决于公司是否有可资分配的利润,还取决于公司的意思,法院原则上不宜干预公司股利分配政策的实体内容,例外干预需要具备一定的条件。分配方案是否具体,不只是看股东会决议本身的内容,如果股东会决议虽存在不明确的地方,但可以通过其他证据材料予以明确,那么就可以认定分配方案具体、明确,股东就可以依此分配方案向公司主张分配利润。

如果没有载明具体分配方案的股东会决议，是否就不能向公司主张分配利润呢？法律对此规定了除外情形，即“违反法律规定滥用股东权利导致公司不分配利润，给其他股东造成损失的除外”。司法观点认为：如果部分股东通过掌握公司的控制权，滥用公司控制权操纵公司股东（大）会，侵害了公司中小股东的股利分配请求权，法律应当进行必要的干预，允许其他股东向法院提起强制分配公司盈余的诉讼，以法院判决的强制性规范公司股东的行为，同时对遭受损害的股东提供必要的救济途径。在这种情况下，法院应当行使自由裁量权，结合具体的案件情况，综合考虑公司的经营状况、营利情况等，合理地作出关于分配金额的判决。

**（二）股东转让公司股权后，其对公司的利润分配请求权并不必然随股权转让而转让**

按照通常的理解，分红权是公司股东的基本权利，在股东转让公司股权后，其股东权利将转移给股权受让方，其也就不再享有对原公司的任何股东权利。在股权转让交易过程中，当事人会充分了解交易股权的价值以及股权所在公司的财务情况，即便股权所在公司存在应分配利润情况，也会在交易价格中或者具体的协议条款中有所体现。但凡事都有例外，如果转让股权所在公司确实存在应分配利润，而且利润分配方案也已通过了股东会决议，但由于某种原因一直拖延未实际分配，股权转让协议也未提及应分配利润的事，那么原股东能否主张公司分配利润呢？这就是文章开头出现的问题。

最高人民法院在再审案例中对上述问题给出了明确的答案：载明具体分配方案的股东会决议一经作出，抽象性的利润分配请求权即转化为具体性的利润分配请求权，从股东的成员权转化为独立于股东权利的普通债权。股东转让股权时，抽象性的利润分配请求权随之转让，而具体的利润分配请求权除合同中有明确约定外并不随股权转让而转让。当分配利润时间届至而公司未分配时，权利人可以直接请求公司按照决议载明的具体分配方案给付利润。

## 实务建议

通过对以上再审案例的研析，笔者提出以下几点建议以供参考。

**(一)及时将公司利润转化为股东对公司的债权**

股东分红权作为公司股东的一项基本权利,应当给予特别的重视,无论公司是否盈利,股东都应当关注公司的财务状况,在公司具备利润分配条件的情况下,应当及时召开股东会,对利润分配方案进行表决,将抽象的股东分红权转化为对公司实实在在的债权。

**(二)公司利润分配方案应当具体、明确**

具体的利润分配方案应当包括待分配利润数额、分配政策、分配范围以及分配时间等具体分配事项,应当具有可实施性。如果分配方案不够具体,那么就需要提供其他的材料,如公司章程、投资协议等来对缺失信息加以补充,否则容易引起纠纷。

**(三)针对大股东滥用股东权利导致公司不分配利润的情形,其他股东可提起诉讼请求强制分配利润**

根据《最高人民法院关于适用〈中华人民共和国公司法〉若干问题的规定(四)》第15条的规定,在公司利润分配上,部分股东通过掌握公司的控制权,滥用公司控制权操纵公司股东会或者股东大会,侵害公司中小股东的股利分配请求权的,其他股东可以向法院提起强制分配公司盈余的诉讼,以法院判决的强制性规范公司股东的行为,同时对遭受损害的股东提供必要的救济途径。

**(四)购买或者转让股权时,应注意目标公司是否存在应分配利润**

在进行股权交易时,虽然在上述再审案例中法院认为,分配方案一经股东会决议通过,抽象的利润分配请求权即变成了对公司的债权,此时的利润分配请求权除合同有明确约定外并不随股权转让而转让,但为了避免事后产生纠纷,建议在股权交易合同中对利润分配请求权是否随股权一并转让加以明确。

**法条链接**

《最高人民法院关于适用〈中华人民共和国公司法〉若干问题的规定(四)》(2020修正)第十四条、第十五条

# 后 Epilogue 记

感谢罗毅律师再审团队每位成员利用工作之余与休息时间参与本书编辑工作,正是依靠大家的通力配合,才有本书的精彩呈现,谢谢大家!坎坷之路,终抵星空,今日我们齐聚众人之力,完成本书的创作,如有不足之处,欢迎各位斧正。